Das Buch

Der Weg Deutschlands vom Ende des Ersten Weltkriegs in die Katastrophe der nationalsozialistischen Gewaltherrschaft ist nicht leicht zu erklären; einfache Urteile über Versagen oder Verrat einzelner Personen oder Parteien greifen zu kurz. Hans Mommsen, einer der herausragendsten Zeithistoriker Deutschlands, hat sich in seinen wegweisenden Arbeiten den tieferen und wahren Gründen dieser Tragödie gewidmet. Seine Aufsätze, deren wichtigste in dieser Ausgabe versammelt sind, liefern entscheidende Impulse zur Erforschung der Ursachen und des Verlaufs der nationalsozialistischen Führerdiktatur und des Holocaust. In ihrer sprachlichen und analytischen Brillanz sind sie ein eindrucksvolles Beispiel für die hohe Schule der Geschichtswissenschaft.

Der Autor

Dr. phil. Hans Mommsen, geboren 1930 in Marburg an der Lahn, wurde 1968 als ordentlicher Professor für Neuere Geschichte an die Ruhr-Universität Bochum berufen und blieb dort bis zu seiner Emeritierung 1996. Er ist Mitglied der British Academy und der Österreichischen Akademie der Wissenschaften. Mommsen empfing zahlreiche Auszeichnungen und Ehrungen für seine bahnbrechenden Studien zur deutschen Geschichte des 20. Jahrhunderts.

Hans Mommsen

Von Weimar nach Auschwitz

Zur Geschichte Deutschlands in der Weltkriegsepoche

Mit einer Würdigung von Ian Kershaw

Ullstein

Ullstein Taschenbuchverlag
Der Ullstein Taschenbuchverlag ist ein Unternehmen der Econ Ullstein List
Verlag GmbH & Co. KG, München
1. Auflage 2001

Umschlagkonzept: Lohmüller Werbeagentur GmbH & Co. KG, Berlin
Umschlaggestaltung: Morian & Bayer-Eynck, Coesfeld
Titelabbildung: Hulton-Deutsch Collection/CORBIS
Druck und Bindearbeiten: Ebner Ulm
Printed in Germany
ISBN 3-548-36288-5

Inhalt

Vorwort

Die in der nachfolgenden Sammlung von Beiträgen zur Geschichte Deutschlands in der Epoche der Weltkriege vereinigten Arbeiten sind im Verlauf von mehr als drei Jahrzehnten entstanden. Gleichwohl stehen sie in einem inneren Zusammenhang. Sie spiegeln die innen- und außenpolitische Entwicklung des Deutschen Reiches vom November 1918 bis zum Zusammenbruch des Dritten Reiches und der Gründung der Bundesrepublik Deutschland. Mit dem Namen Auschwitz sind die nahezu unvorstellbaren Verbrechen umschrieben, die das NS-Regime gegen das europäische Judentum, aber auch andere rassische und ethnische Gegnergruppen beging.

Die leitende Frage aller Beiträge zielt auf die Faktoren, die zum Niedergang der Weimarer Republik, zur Übertragung der Regierungsgewalt an Adolf Hitler und zu der widerstandslosen Durchsetzung der nationalsozialistischen Führerdiktatur beigetragen haben. Zusätzlich richtet sie sich auf die spezifischen Strukturen des NS-Regimes, dessen Gewaltentfesselung nach innen und nach außen und schließlich dessen Zusammenbruch und dessen Nachwirkungen.

Die Textauswahl konnte nur einen Teil der möglichen Beiträge berücksichtigen und ist überdies von der Absicht geleitet, Arbeiten, die im letzten Jahrzehnt entstanden, gegenüber bereits »klassischen« Texten zu bevorzugen. Die Zusammenstellung erhebt nicht den Anspruch, die deutsche Entwicklung in der Weltkriegsepoche systematisch zu beleuchten. Sie umfaßt indessen Fallstudien, von denen aus sich die größeren Zusammenhänge erschließen, ohne eine Gesamtdarstellung der Epoche zu ersetzen, von der bislang nur die

Geschichte der Weimarer Republik aus der Feder des Autors vorliegt.[1]

Die nachstehend abgedruckten Aufsätze gehen von strukturellen Problemen aus, welche zur Krise des liberal-parlamentarischen Systems von Weimar geführt haben: einerseits die Auflösung des liberalen Bildungsbürgertums und der Aufstieg des neuen Mittelstandes, andererseits der nach 1918 in den Vordergrund tretende Generationskonflikt, der zur »Auswanderung« der jungen Generation aus der Republik führt. Dazu gehört aber auch die Durchsetzung eines irrationalistisch geprägten Nationalismus, der sich aufs engste mit dem Führerkult und der Vision eines grundlegenden gesellschaftlichen und politischen Neuanfangs als Folge der Weimarer Krise verbindet.

Parallel dazu steht der Aufstieg der NSDAP, der an zwei spezifischen Problemen sichtbar gemacht wird: der strategischen Zielsetzung Hitlers beim Marsch auf die Feldherrnhalle und seiner Einschätzung durch die engeren Gefolgsleute, die auf dessen spezifisch propagandistisch geprägtes Politikverständnis verweist. Flankierend dazu wird die Rolle der Präsidialkabinette als Mittelstück zwischen Demokratie und Diktatur untersucht, die von der Erwartung beeinflußt war, daß es zum Ende der Rolle der politischen Parteien überhaupt kommen werde.

Der sozio-ökonomische Hintergrund der Strukturkrise der Weimarer Republik und die Probleme der Sozialpolitik im engeren Sinne, desgleichen das Verhältnis von Arbeit und Kapital, das den Hintergrund der Machtübertragung an Adolf Hitler darstellt, können gestreift werden.[2] Die wichtigsten Gesichtspunkte werden je-

1 Hans Mommsen, Aufstieg und Untergang der Republik von Weimar 1918–1933, Taschenbuchausgabe Berlin 1997. Eine Gesamtdarstellung der NS-Epoche durch den Autor befindet sich in Vorbereitung.

2 Siehe dazu Hans Mommsen, Das Dilemma Tarifpolitik. Die Politisierung der industriellen Arbeitsbeziehungen in der Weimarer Republik, in: Karsten Rudolph / Christel Wickert (Hg.), Geschichte als Möglichkeit. Über die Chancen von Demokratie. Festschrift für Helga Grebing, Essen 1995, S. 211–233 und die dort angegebene Literatur; ders., Heinrich Brünings Politik als Reichskanzler. Das Scheitern eines politischen Alleingangs, in: Karl Holl (Hg.), Wirtschaftskrise und liberale Demokratie. Das Ende der Weimarer Republik und die gegenwärtige Situation, Göttingen 1978, S. 15–45; ders., Die Sozialdemokratie in der Defensive: Der Immo-

doch in dem Beitrag zum »Scheitern der Weimarer Republik« herausgestellt, der zugleich die Grundlage für die Schilderung der »nationalsozialistische Machtergreifung« im engeren Sinne bildet.

Was die Geschichte des NS-Regimes angeht, so wird der wichtige Komplex des Reichstagsbrandes in dem zusammenfassenden Artikel über »Van der Lubbes Weg in den Reichstag« dargestellt.[3] Die Analyse von Typus und Profil der NSDAP schildert deren Funktions- und Strukturwandel nach der Machtergreifung, ohne daß der von ihr entfaltete politische Stil dadurch zugunsten des klassischen Regierungssystems zurücktritt. In den Beiträgen über »Hitlers Stellung im nationalsozialistischen Herrschaftssystem« und zur »Herrschaftstechnik des NS-Regimes« wird die spezifische Struktur des Systems analysiert, die es nicht opportun erscheinen läßt, darauf den herkömmlichen Begriff des »Staates« anzuwenden, der sich gerade in einer fortschreitenden Auflösung befindet.

Die sich anschließenden Beiträge behandeln zentrale Dimensionen der nationalsozialistischen Vernichtungspolitik – den Weg zum Genozid am europäischen Judentum, die Ostraumpolitik Heinrich Himmlers, die eine bis in die Zeit vor dem Ersten Weltkrieg zurück reichende Vorgeschichte besitzt, und den Zusammenhang zwischen den Umvolkungsplänen des Regimes und der Vernichtungspolitik gegen das europäische Judentum. In diesen sowie dem Aufsatz über »Barbarei und Genozid« wird zum neuesten Forschungstand in der Frage der Implementierung des »Holocaust« Stellung genommen und diese in den Gesamtzusammenhang der NS-Politik eingeordnet.

Der Beitrag zur »inneren Auflösung des Dritten Reiches« erbringt den Nachweis, daß das Regime sich längst in einem inneren Auflösungsprozeß befand, bevor die militärische Niederlage das Ende herbei zwang. Daß das Regime gleichwohl bis zum Mai 1945 äußerlich zusammenhielt, obwohl am bevorstehenden militärischen

---

bilismus der SPD und der Aufstieg des Nationalsozialismus, in: ders. (Hg.), Sozialdemokratie zwischen Klassenbewegung und Volkspartei, Frankfurt a.M. 1974, S. 106–133.

3 Die Grundlage dafür bildet mein (mehrfach abgedruckter) Beitrag über: Der Reichstagsbrand und seine politischen Folgen, in: VfZ 12(1964), S. 351–413.

Zusammenbruch spätestens seit dem Sommer 1944 nicht mehr gezweifelt werden konnte, hing mit dem inneren Zersetzungsprozeß des Systems zusammen, in dem keine Institution mehr bestand, die an die Stelle des realitätsblinden Diktators hätte treten und den Krieg beenden können. Die Rückkehr der NSDAP zu den Mythen der Kampfzeit und ihr Bestreben, die nationalsozialistische Revolution nun erst recht zu vollenden, wirkte kriegsverlängernd und macht die totale debellatio durch die Alliierten unabwendbar.

Der abschließende Beitrag über den »langen Schatten« der Weimarer Republik schildert das Fortleben der verfassungs- und gesellschaftspolitischen Vorstellungen der späten Weimarer Republik über den Umbruch von 1945 hinaus und ihre Reaktivierung in den öffentlichen Verfassungsdebatten vor der Verabschiedung des Grundgesetzes. Daran wird deutlich, daß die entscheidende innenpolitische Zäsur in der deutschen Nachkriegsentwicklung erst 1948/49 mit der Durchsetzung der Kanzlerdemokratie Konrad Adenauers anzusetzen ist.

Der vorliegende Band klammert den Komplex der Widerstandsbewegung gegen Hitler bewußt aus, da er Gegenstand einer gesondert erscheinenden Publikation mit dem Titel »Alternative zu Hitler. Studie zur Geschichte des deutschen Widerstands« (erscheint demnächst bei C.H. Beck, München) sein wird.

An meiner Stelle hat der britische Historiker Ian Kershaw, der jüngst mit seiner erstrangigen Hitler-Biographie hervorgetreten ist, »statt einer Einleitung« einen Essay beigesteuert, der weit besser, als ich es je vermöchte, den von mir entwickelten (und in den nachstehend abgedruckten Beiträgen gespiegelten) methodischen Ansatz und dessen Bedeutung für die Gesamtinterpretation des Nationalsozialismus und der deutschen Geschichte in der Epoche der Weltkriege darlegt. Ich bin ihm für die Bereitschaft, diese wissenschaftliche Würdigung meines Oeuvres dem nachstehenden Band voranzustellen, ganz besonders dankbar. Desgleichen danke ich der Deutschen Verlags-Anstalt und insbesondere Bernhard Suchy für die liebenswürdige und kompetente Betreuung dieses Bandes.

Hans Mommsen

Ian Kershaw

Statt einer Einleitung

Hans Mommsen gilt in den USA, in Großbritannien, in Frankreich, in Israel und in vielen anderen Ländern als einer der herausragenden Zeithistoriker Deutschlands.[1] Es ist dabei unstrittig, was als Kern der wissenschaftlichen Lebensaufgabe Hans Mommsens anzusehen ist: Aufklärung über die dunkelste Episode der deutschen Geschichte. Seine Arbeit als Historiker ist nicht im Rankeschen Sinne erfolgt, um festzustellen »wie es eigentlich gewesen« ist; auch nicht bloß, um – der Sache Willen – Klarheit über komplizierte oder umstrittene Fragen der historischen Interpretation zu schaffen. Sie ist – auch aus einem Gefühl der moralisch politischen Verantwortung – erfolgt, um zur politischen und sozialen Bildung, zur Festigung des demokratischen Bewußtseins, zur gesellschaftlichen Aufarbeitung des Nationalsozialismus einen Beitrag zu liefern. Seine Arbeit als Historiker dient nicht nur rein wissenschaftlichen, sondern darüber hinaus aktuell bildungspolitischen und didaktischen Zwecken. Er will sich an der nach wie vor notwendigen, unaufhörlichen Auseinandersetzung mit dem Nationalsozialismus – und dadurch an der Schaffung einer besseren Gesellschaft – engagiert und energisch beteiligen.

»Der Teufel steckt im Detail«. Die Redewendung läßt sich durchaus für die Beschäftigung Hans Mommsens mit dem Detail in der Geschichtsschreibung verwenden. Er verbindet diese Genauigkeit stets mit moralischem Engagement. Exaktheit der histori-

1 Aus dem Vortrag »Der Nationalsozialismus als Herausforderung an die Geschichtswissenschaft und an die deutsche Gesellschaft«, gehalten an der Ruhr-Universität Bochum am 7. Februar 1996 anläßlich der Emeritierung von Hans Mommsen.

schen Methode und moralisches Engagement: Diese Kombination macht das Besondere an Hans Mommsen als Historiker aus. Er hat sich stets geweigert, modische Theorien, attraktive Formeln, gängige Begriffe aufzunehmen, ohne daß er sie der rigorosesten Überprüfung durch eine genaue und kritische Beschäftigung mit dem kleinsten empirischen Detail unterzogen hat. Er selbst arbeitet nicht mit theoretischen Modellen. Gleichwohl hat sich aus seiner Methode und aus der Originalität seiner Konzeption faktisch eine quasi-theoretische, auf jeden Fall originelle und überzeugende Erklärung der »deutschen Katastrophe« (wie Friedrich Meinecke es nannte) gebildet.

Sein Engagement, sowohl schriftlich in seinen zahlreichen wichtigen Aufsätzen als auch mündlich bei seinen öffentlichen Auftritten, und seine leidenschaftliche Suche nach besseren Wegen, im Interesse der Gegenwart und der Zukunft den größten Zivilisationsbruch der Vergangenheit zu erklären, haben stets der Aufarbeitung der NS-Zeit als gesellschaftlicher Verantwortung gedient und dazu einen unermeßlichen Beitrag geleistet. Nicht zuletzt haben die Genauigkeit und Ehrlichkeit seiner historischen Methode ihm ermöglicht, jede Art von akzeptierten Tabus zu überprüfen, fest verwurzelte historische Legenden und Mythen zu enttarnen. Seine Aufsätze über den Reichstagsbrand bilden ein gutes Beispiel der Durchbrechung von Tabus und Widerlegung von historischen Legenden durch eine kritische, vorurteilslose Überprüfung des genauen Tatbestandes anhand aller zugänglichen Quellen.

Die Vorstellung eines fest durchdachten und ausgearbeiteten Machtergreifungsplans der Nationalsozialisten, im Rahmen dessen der Reichstag in Flammen aufgehen sollte, um den Kommunisten die Schuld in die Schuhe zu schieben und durch die Einführung von drakonischen Notverordnungen die Macht fest in die Hand zu bekommen, wurde in der Nachkriegszeit von namhaften Historikern unterstützt. Indem man nicht weiter als zum raffinierten Machtkalkül von Hitler, Göring und Konsorten als Erklärung der NS-Machtübernahme schaute, trennte man die angenommene NS-Täterschaft von allen tiefergehenden Fragen der gesellschaftlichen Verantwortung für die Machtdurchsetzung der Nationalsozialisten ab. Die Frage der Urheberschaft des Reichstagsbrandes hatte exemplarische Bedeutung.

Aus diesem Hintergrund ist nachvollziehbar, daß die These der Alleintäterschaft van der Lubbes, die zuerst vom Amateur-Historiker Fritz Tobias aufgestellt wurde, sofort heftig attackiert wurde. Diese These fand indessen bald ihre volle Bestätigung in einem Aufsatz von Hans Mommsen.[2] Die NS-Führung wurde, so konnte Mommsen zeigen, selbst von der unvoraussehbaren Tat des Einzelnen überrascht. Hitler, Göring, Frick, aber auch Papen und andere Konservative, reagierten zunächst nahezu hysterisch, im Zeichen, wie sie meinten, eines unmittelbar bevorstehenden kommunistischen Aufstandes. Die drakonischen Notverordnungen, die die Weimarer Verfassung außer Kraft setzten und einen Ausnahmezustand für die Dauer des Dritten Reiches verhängten, wurden in der Nacht des Brandes schleunigst zusammengestellt. Einige der schärfsten Maßnahmen wurden von Konservativen vorgeschlagen. Im Gegensatz zum Bild des klugen Machtkalküls standen nun – nach der Darlegung Hans Mommsens – der rücksichtslose Opportunismus und die skrupellose Improvisation als Merkmale der NS-Machtübernahme. Von einem konkreten, machiavellistischen Plan zur Machtausweitung im Frühjahr 1933, der die Verbrennung des Reichstags einbeschlossen hätte, konnte keine Rede mehr sein. Die Komplizenschaft der nicht-nationalsozialistischen, aber ebenfalls fanatisch antikommunistisch eingestellten nationalkonservativen Eliten beim Machtdurchsetzungsprozeß kam in der Interpretation nun größere Bedeutung zu. Auch der hysterische Antikommunismus in der Bevölkerung, der sich keineswegs auf die NS-Anhängerschaft beschränkte und ein Haßklima schuf, das die begeisterte Befürwortung der brutalsten Terrormaßnahmen in vielen Teilen der Bevölkerung umrahmte, spielte in der veränderten Optik eine weitaus bedeutsamere Rolle. Statt eine Perspektive, die kaum weiter als zum raffinierten Machtkalkül des stufenweisen Aufbaus eines totalitären Regimes hin blickte, einzunehmen, wurde nun versucht,

2 Der Reichstagsbrand und seine politischen Folgen, ursprünglich veröffentlicht in: VfZ 12 (1964), S. 351–413.

die hinter der NS-Machtübernahme stehenden breiteren gesellschaftlichen Strömungen, und dadurch auch die gesellschaftliche Verantwortung dafür, genauer zu berücksichtigen.

Die Überwindung von Mythen und Beseitigung von Tabus durch historische Methodik und scharfsinnige Argumentation tritt auch in Hans Mommsens zahlreichen Beiträgen zur Widerstandsproblematik zutage. Die Heroisierung und Monumentalisierung des Widerstandes hatte bis in die sechziger Jahre ein kritisches Verständnis äußerst erschwert. Statt einer rein ethisch-moralischen Bewertung, statt der unhistorischen Hervorhebung der Widerstandskämpfer als Wegbereiter der antifaschistischen, demokratischen Nachkriegsordnung – als Väter der Bundesrepublik – stellte Hans Mommsen die Männer des 20. Juli erstmals in ihren historischen Kontext.[3] Das daraus entstandene Bild war zweifelsohne wahrheitsgetreuer, wenn auch unbequemer, als das frühere versteinerte Image der unantastbaren Heldenfiguren. Die von den leitenden Ideen der Nachkriegszeit weit entfernten Denkmuster der Verschwörer, so konnte Hans Mommsen zeigen, wurzelten in den nicht-nationalsozialistischen aber dennoch stark antidemokratischen Vorstellungen der konservativ-nationalistischen Kreise während der Weimarer Republik. Von den christlich-moralischen Vorstellungen des Kreisauer Kreises abgesehen strebten die Widerstandskämpfer – läßt man den kommunistischen Widerstand außer Acht – keine grundsätzliche Transformation der Gesellschaft an. Ein andersartiges, auf der Macht einer Oligarchie ruhendes, aber vom plebejistischen Nationalsozialismus sich trennendes autoritäres System hätte den Wünschen von führenden Figuren des Widerstands durchaus entsprochen. So kontrovers Hans Mommsens neue Darlegung des Widerstands anfangs war, so hat sie sich wiederum bewährt und ist inzwischen zur Standardinterpretation geworden.

---

3 Gesellschaftsbild und Verfassungspläne des deutschen Widerstandes, zuerst erschienen in: W. Schmitthenner/Hans Buchheim (Hg.), Die deutsche Widerstandsbewegung gegen Hitler, Köln/Berlin 1966, S. 73–167. Siehe demnächst die Sammlung Hans Mommsen, Alternative zu Hitler. Studien zum deutschen Widerstand gegen Hitler, München 2000.

Auch hier wird – ein Leitmotiv in Mommsens Arbeit – der Blick auf die Verantwortung und auf das Versagen der bürgerlichen nationalkonservativen Eliten gelenkt. Diese Schicht – die traditionell herrschende Elite – hat Hitlers Machtübernahme und -entfaltung ermöglicht, seinem Weg in den Krieg maßgeblich geholfen und die Rassendiskriminierung, jedenfalls in den Anfangsstadien, meist befürwortet. Die gleiche Schicht bildete dann den Kern der späteren fundamentalen Opposition zu Hitler, wofür sie einen hohen Preis zahlte. Diesen komplizierten Sachverhalt hat Hans Mommsen grundlegender als jeder andere Historiker untersucht, beleuchtet und erklärt.

Die Tragödie der Widerstandskämpfer führt unmittelbar zur zentralen Frage der Dynamik des NS-Regimes und dessen kontinuierlicher Radikalisierung. Dieses Motiv liegt im Kern von Mommsens Interpretation des Dritten Reiches. Die Verstrickung der Funktionseliten in die »kumulative Radikalisierung« des NS-Systems – ein Begriff, der von Hans Mommsen stammt und der sich inzwischen der NS-Forschung eingeprägt hat – stellt sich als Schlüssel einerseits zur verspäteten Entstehung der Verschwörung gegen Hitler und andererseits zu ihren beschränkten Erfolgschancen dar.

Der Begriff der »kumulativen Radikalisierung« hat sich auch in einem anderen Zusammenhang als hilfreich erwiesen. Er hat zur vertieften Analyse eines zentralen Fragenkomplexes, der von der Auseinandersetzung mit dem Nationalsozialismus untrennbar ist, wesentlich beigetragen: dem »Holocaust«. Zu Beginn der sechziger Jahre bestand in der deutschen Gesellschaft und in der deutschen Geschichtswissenschaft erstaunlich wenig Interesse am »Holocaust«. Die gängige Interpretation war damals eine recht simple und immanent weitgehend apologetische. Sie unterstellte, daß Hitler, der paranoide Erzantisemit, von einer verbrecherischen Clique der NS-Führer unterstützt, die Judenvernichtung von vornherein gewollt, geplant und dann – sobald sich im Krieg die Gelegenheit ergab – systematisch durchgeführt habe. Hitler habe prinzipiell sehr früh, nach mancher Darlegung sogar seit seiner Erblindung und einem daraus entstandenen psychologischen Trauma im Lazarett bei Pasewalk im Jahre 1919, die Juden physisch vernichten wollen, systematisch nach 1933 den Weg dahin gesteuert und schließlich, sobald er konnte, den Befehl für die »Endlösung« gegeben. Himmler, Heydrich und andere NS-Führer seien dabei seine eifrigen Helfershelfer gewesen. Die vom totalitären Staat unterdrückte und mundtot gemachte deutsche Bevölkerung habe das zwar nicht gewollt, sei aber ihrerseits keineswegs in der Lage gewesen, Einwände dagegen zu erheben, geschweige denn diese Barbarei zu verhindern.

Selbst innerhalb von Fachkreisen blieb lange eine hitlerzentrische Interpretation vorherrschend, die mehr oder weniger zur allgemein akzeptierten Vorstellung paßte. Eine breitere und tiefe Betroffenheit wurde bekanntlich hierzulande erst infolge der amerikanischen Fernsehserie »Holocaust«, Ende der siebziger Jahre, erweckt. Seitdem hat es eine wahre Flut von Veröffentlichungen – natürlich auch viele wirksame Abhandlungen in Massenmedien und Filmen – zum Thema gegeben. International ist es inzwischen durch neue Forschungen zu weit tiefergreifenden Analysen der Judenpolitik, besonders während der kritischen Jahre zwischen 1939 und 1941, gekommen. Auch in Deutschland änderte sich der Forschungsstand sehr rasch. Zu den wichtigsten Beiträgen zur verbesserten Forschungslage gehörten wiederum Aufsätze von Hans Mommsen. Weniger die Geschichte des Antisemitismus und erst recht nicht die Psychohistorie des Adolf Hitler stand nun im Zentrum der Erklärungsversuche. Eher konzentrierten sie sich auf die Struktur – oder besser gesagt: die Strukturlosigkeit – und die chaotische Funktionsweise des NS-Regimes.

Anstatt von der Vorstellung eines planmäßigen Verlaufs der Judenverfolgung und -vernichtung auszugehen, leitete Hans Mommsen den Mord an den europäischen Juden ausgerechnet aus der strukturellen *Unfähigkeit* des NS-Regimes, systematisch und rational zu planen und aus den selbstgemachten Problemen der improvisierten Versuche, die ersehnte »Lösung der Judenfrage« herbeizuschaffen, ab. Die »Endlösung« entstand daher, laut Mommsen, ohne direkten Führerbefehl aus einer Kette von Improvisationen, Fehlplanungen und Verlegenheitslösungen – freilich alles im Kontext eines breit angelegten ideologischen Imperativs, der sich aber nirgends bis Ende 1941 in konkreten Zielsetzungen festgesetzt hatte. Die Fixierung auf Hitler und auf dessen pathologischen Antisemitismus lenkte nach dieser Interpretation den Blick von der selbstradikalisierenden Dynamik, den atavistischen Strukturen und der »Wirkungsmacht sekundärer bürokratischer Apparaturen« ab. Schließlich reiche es nicht, die Entstehung des Judenmordes allein oder sogar hauptsächlich auf ideologische Faktoren zurückzuführen, geschweige denn als Kulmination einer seit Jahrhunderten mit Antisemitismus verseuchten politischen Kultur zu betrachten. Bei genauer, detaillierter Analyse der tatsächlichen Entwicklung arbeitete Hans Mommsen in seinen Aufsätzen – statt teleologisch zu argumentieren – das Improvisatorische und Chaotische am Verlauf der NS-Judenpolitik auf eindrucksvolle Art heraus.

Was die eigentliche Genesis der »Endlösung« 1941/42 in den besetzten Gebieten von Polen und der UdSSR angeht, so konnte Hans Mommsen die erst allmählich sich herauskristallisierende Vernichtungspraxis ableiten aus einer Verkettung größenwahnsinniger Fehlplanung, unklarer Befehlsgebung, meist unkoordinierten Aktionen der NS-Machthaber und der Bereitwilligkeit der Nicht-NS-Funktionseliten, mit den Vernichtungsagenten und -truppen zu kollaborieren. Nach seiner Formulierung war der Holocaust daher »ein zwingendes Resultat des Systems kumulativer Radikalisierung«.[4] Die Forschungen von Götz Aly haben überzeugende Beweise für die Stichhaltigkeit von Hans Mommsens Interpretation erbracht.

Was daraus für die Herausforderung des Nationalsozialismus an die Gesellschaft folgt, wird aus dieser veränderten Perspektive deutlich. Fällt der Versuch weg, die Verantwortung nahezu exklusiv auf Hitler und seine Clique abzuwälzen, so breitet sich automatisch die gesellschaftliche Verantwortung für den Holocaust aus. So läßt sich auch der »Holocaust« nicht mehr als Produkt eines krankhaften

---

4 Die Realisierung des Utopischen. Die »Endlösung der Judenfrage« im »Dritten Reich«, in: Geschichte und Gesellschaft 9 (1983), S. 381–420. Vgl. die Beiträge »Barbarei und Genozid« und »Umvolkungspläne des Nationalsozialismus und der Holocaust« in diesem Band.

oder verrückten Gehirns betrachten. Vielmehr kann er nur als gesellschaftliches Produkt innerhalb von einem »amoklaufenden« politischen System verstanden werden. Die Relevanz des »Holocaust« als Mahnung an die Gegenwart und Zukunft – auch für eine veränderte Situation, wo der Rassenhaß sich neu ausbreiten aber andere Zielgruppen angreifen könnte – wird durch diese Optik wesentlich verstärkt.

Hans Mommsens Interpretation ist auch in dieser Frage eine viel unbequemere; sie stimmt viel nachdenklicher, als die alte hitlerzentrische. In seinen eigenen Worten: »Die Entstehung des Holocaust ist ein abschreckendes Exempel für die Verführbarkeit sonst normaler Individuen, sofern sie unter Bedingungen des permanenten Ausnahmezustandes, der Auflösung der rechtlichen und institutionellen Strukturen und der öffentlichen Rechtfertigung verbrecherischen Handelns als nationale Tat existieren. Der ›Holocaust‹ ist daher nicht nur ein Menetekel gegenüber rassischen Phobien und sozialen Ressentiments gegen Minderheiten; er weist zugleich auf die anhaltende Gefährdung auch fortgeschrittener Industriegesellschaften hin, die in manipulativer Verformung der öffentlichen und privaten Moral besteht.«

Die Vernichtung der europäischen Juden ausgehend von den kumulativen Radikalisierungsprozessen des NS-Regimes und nicht von einer individuellen Überbetonung des Führerwillens und Führerbefehls zu beschreiben, führt direkt in die Hauptproblematik des NS-Herrschaftssystems. Wie läßt sich der Nationalsozialismus als politisches *System* oder als politische *Struktur* überhaupt bezeichnen? Vor vielen Jahren hat Martin Broszat geschrieben, der Nationalsozialismus lasse sich »als Herrschaftsform überhaupt nicht theoretisch befriedigend darstellen, geschweige denn auf einen gemeinsamen Nenner bringen«. Hans Mommsen hat z.T. auf diese wichtige Einsicht von Broszat gebaut und sie weitergeführt. Er hat in wichtigen Aufsätzen nicht den *Aufbau* eines NS-Staates, sondern geradezu die *Aushöhlung* des Staates als zweckrational planenden und handelnden Herrschaftsapparat durch den entweder auf kurzfristige Verlegenheitslösungen oder auf weit entfernte utopische Ziele fixierten, jedenfalls zu jeder rationalen Planung völlig unfähigen Nationalsozialismus als Hauptmerkmal des Systems hervorgehoben. Eigentlich sei es falsch, überhaupt von einem *System* zu reden. Gerade die fortschreitende, unausweichliche Systemlosigkeit bedeute, Mommsen zufolge, daß der Nationalsozialismus nicht nur eine erstaunliche Destruktivität als wesentliche Eigenschaft innehatte, sondern daß eine selbstzerstörerische Tendenz – die schiere Unfähigkeit, ein Herrschaftssystem aufzubauen, und deswegen die Inkapazität, sich selbst zu reproduzieren – der NS-Herrschaft von vornherein eingebaut wurde. In der Beleuchtung dieser unmittelbar aus der kumulativen Radikalisierung hervorgehenden sowohl zerstörerischen als auch selbstzerstörerischen Dynamik des NS-Regimes hat Hans Mommsen seinen wichtigsten Beitrag zur NS-Forschung geleistet. Er hat sich immer grundsätzlich gegen leichtfertige Begriffe wie »Hitler-Staat«, »Hitler-Herrschaft« und »Hitler-Diktatur« gesträubt. Wegen ihrer zugespitzten Hitler-Zentrik enthalten solche Begriffe nach dem Verständnis von Hans Mommsen unausweichlich eine immanent exkulpatorische Funktion, indem sie beim engen Fokus auf einen Einzelnen – d.h. die Betonung der Schuld Hitlers – die Verantwortung der breiteren Gesellschaft abschwächt.

Die entfesselten Kräfte und sozialen Motivationen, die teils durch Hitler mobilisiert wurden, teils die Wirkung Hitlers erst ermöglichten, traten durch die von Hans Mommsen eröffnete Perspektive in den Vordergrund. Die Machtausübung Hitlers wird nun mehr von diesen gesellschaftlichen Kräften, die seine Macht ermöglichten und förderten, als von der angeblich magischen Persönlichkeit des Führers, vom Willen eines Individuums, erklärt. Weniger seine persönliche Weltanschauung denn seine Funktion als Führer, der um ihn sich ausbreitende, umfassende, keineswegs aber nur als Propagandaprodukt anzusehende Führerkult, die politische und moralische Korruption der Führerschicht, die Bereitschaft zur Kollaboration auf allen Seiten und die vagen ideologischen Fernziele, die sich leicht in utopische Erwartungen übersetzen ließen und in der Führerfigur verkörpert wurden, trugen dazu bei, die selbstradikalisierende Dynamik des Regimes immer weiter voranzutreiben. Dabei wird, statt einer anhaltenden Dämonisierung Hitlers, eine sozial-politische Erklärung angeboten, die eine echte Herausforderung an die Gesellschaft darstellt.

Hans Mommsen hat für die neue, seit 1989 immer modischer gewordene Relativierung des Nationalsozialismus entweder als bewußt »modernisierend« oder – im Zuge der Aufwärmung des alten von ihm konsequent verworfenen Totalitarismusbegriffs – als weniger schlimm denn der Stalinismus, wenig übrig. Der Nationalsozialismus bleibt nach seiner Sicht immerhin weit mehr als ein Stück Geschichte. Es kann und darf keinen Schlußstrich geben. Die Herausforderung nicht nur an die Geschichtswissenschaft, sondern auch an die Gesellschaft, bleibt aufrechtzuerhalten. »Wir werden mit Hitler nie fertig werden« hieß es einst bei Andreas Hillgruber. »Wir sollen und dürfen mit dem Nationalsozialismus nie fertig werden« hieße es wohl bei Hans Mommsen.

Ian Kershaw

Die Auflösung des Bürgertums seit dem späten 19. Jahrhundert

Eine Bestimmung dessen, was den Inhalt der bürgerlichen Epoche bzw. die Kriterien ausmacht, die den Begriff des Bürgertums aus einer ursprünglich auf die ständische Schichtung bezogenen Bezeichnung der nicht in den feudalen Zusammenhang eingegliederten städtischen Bevölkerungsgruppen in eine Sozialverhalten, Mentalität, Lebensformen und kulturelle Stile umfassende idealtypische Zuordnung verwandeln, entzieht sich vermutlich einer systematischen Methode. Faßt man unter Bürgertum nicht einfach die Mittelschicht im technischen Sinne, in dem es in jeder Gesellschaftsformation existiert, sondern als spezifische soziokulturelle Erscheinung, könnte der Versuch, die Problematik von späteren Entwicklungsphasen her zu beleuchten, zumindest eine klärende oder doch korrigierende Funktion besitzen. Dieser Versuch soll mit den folgenden Überlegungen unternommen werden. Sie beruhen auf der Hypothese, daß die politische und soziale Entwicklung in Deutschland seit dem ausgehenden 19. Jahrhundert von der Tendenz zu einer fortschreitenden Aushöhlung der bürgerlichen Lebensformen und zur Auflösung des bildungsbürgerlichen Selbstverständnisses bestimmt gewesen ist.

Legt man die Hypothese zugrunde, daß das Bürgertum vor allem im 19. Jahrhundert sowohl objektiv wie subjektiv, bei allen inneren Differenzierungen, eine einheitliche soziale Formation mit einem spezifischen Wertbewußtsein gewesen ist[1], daß diese sich freilich erst im Gegensatz zu anderen Klassen herausbildende Einheitlichkeit um die Jahrhundertwende zurücktritt und daß das Bürgertum sich als Gesamtformation auflöst, so lassen sich möglicherweise aus dem Zerfallsprozeß Kriterien gewinnen, die zu einer begrifflichen Klärung des untersuchten Gegenstands beitragen. Parallel dazu drängt sich nunmehr die Frage auf, wie lang die für das Bürgertum spezifischen Formen politischer und kultureller Assoziierung Bestand gehabt haben. Dasselbe gilt für die es bestimmenden soziokulturellen Bewußtseinslagen. Ließe sich ein Wertewandel oder eine Aushöhlung bislang akzeptierter Werte konstatieren, die anzeigen, daß die soziale Formation Bürgertum nicht nur als Klasse, sondern auch als Träger einer spezifischen Kultur zurücktritt, würde dies zur näheren Ausfüllung der mit dem Begriff der »Bürgerlichkeit« umschriebenen soziokulturellen Formation hilfreich sein.[2]

Bei einer Analyse wird man zwischen den objektiven sozioökonomischen Faktoren und deren Rückwirkungen auf das Selbstverständnis und die organisatorischen Formen insoweit unterscheiden müssen, als erstere sich erst mit einer gewissen zeitlichen Verzögerung auswirken. Der rasche soziale Umschichtungsprozeß in der imperialistischen Periode, der sich in verstärkter Binnenwanderung, insbesondere der Vermehrung der städtischen Bevölkerung, dem Vordringen des Urbanisierungsprozesses, der Veränderung der sozialen Aufstiegsvoraussetzungen und der Auflösung einer bisher festgefügten bürgerlichen Honoratiorengesellschaft niederschlägt[3], bildet den Hintergrund für das sich seit der Jahrhundertwende ausprägende bürgerliche Krisenbewußtsein.[4] Der Umschichtungsprozeß vollzieht sich zugleich auf der Ebene der Wohnbezirke, die sich nun sozial zu durchmischen beginnen, und im kommunalpolitischen Bereich, in dem die bislang sakrosankte Position der bürgerlichen Honoratioren unter Konkurrenzdruck gerät. Im Zusammenhang damit wird die soziale Vorrangstellung der bildungsbürgerlich geprägten Segmente der oberen Mittelschicht sowie der neu aufsteigenden wirtschaftsbürgerlichen Gruppen gefährdet, nicht zuletzt unter dem Einfluß der neuen, häufig auch jüdische Gruppen umfassenden Geldaristokratie. Die zunehmende soziale Differenzierung der Mittelschichten, die mit dem Aufstieg der Angestelltenklasse zusammenfällt, spiegelt sich in einer deutlichen Aufsplitterung des Verbandswesens, das zwar in der Abwehr der Sozialdemokratie gemeinsame bürgerliche Interessen repräsentiert, im übrigen jedoch durchaus heterogene Interessen verfolgt.[5]

Die hier nur roh skizzierten sozioökonomischen Veränderungen werden im bürgerlichen Lager in erster Linie als Kulturkrise wahrgenommen, lösen aber zugleich eine breite bürgerliche Selbstkritik aus, die sich teilweise in pointiert antibürgerliche Strömungen umsetzt. Die Jugendbewegung als Protest gegen bürgerliche Sekurität[6], die parallel einsetzenden Reformbewegungen, die von sektiererischen Erscheinungen begleitet sind, der Vitalismus und eine durchbrechende Neigung zur Irrationalität sind noch als Erscheinungen hinzustellen, die sich innerhalb des bürgerlichen Lagers vollziehen und als partielle Deviation die Gesamtheit der bürgerlichen Struktur sicherstellen. Der Paria ist so lange geduldet, als er diese Struktur nicht zum Einsturz bringt. Das gilt für die Akzeptierung des assimilierten Judentums ebenso wie für die Außenseiter vom Monte Verità, die Anhänger der Freikörperkultur, die Anthroposophen und andere neureligiöse Bewegungen, die bislang systematisch noch nicht untersucht sind.[7] Der Protest gegen bürgerliche Sekurität – als »Spießertum« negativ artikuliert –, der sich gegen eine bloß materialistische bürgerliche Gesinnung richtet, ist eine für breite Gruppen der Intellektuellen im *fin de siècle* charakteristische Grundhaltung. Sie hängt eng zusammen mit dem um sich greifenden Wertrelativismus, der schon früh die Tendenz zu dezisionistischen Werthaltungen begründet.[8]

Der Erste Weltkrieg akzelerierte diese Stimmungen, die in dem Ruf nach einem neuen gesellschaftlichen Aufbruch gerade bei den aktiven Vertretern der jungen Generation Ausdruck fanden. Das Gefühl, daß der Krieg so oder so die Periode bürgerlicher Prosperität und Sekurität beendet habe, war weit verbreitet. Dies verknüpfte sich mit einem ideologisch überhöhten Konflikt der Kriegs- und Nachkriegsgeneration mit den nach wie vor den Werthaltungen der wilhelminischen Gesellschaft verpflichteten Funktionseliten.[9] In der Agitation der äußersten Rechten, so bei Gregor Strasser und Joseph Goebbels, ging die Polemik gegen das «überholte» Bürgertum mit derjenigen gegen die Vergreisung der Weimarer Republik eine unauflösliche Verbindung ein.[10] In unüberbrückbarem Gegensatz zu den bürgerlich geprägten Weimarer Führungseliten zu stehen war auch das Selbstverständnis der bündischen Jugend, die, zunächst aus politischer Partizipation herausflüchtend, gleichwohl nach neuen Gemeinschaftsformen suchte, die eine Grundlage für die ersehnte gesellschaftliche Neuformierung darstellen sollten.[11] Parallel dazu zielte das Denken der Neokonservativen, deren Rückhalt in Kreisen der Intelligenz nicht gering zu veranschlagen ist, auf die Rückgängigmachung der Revolution von 1789, auf die Aufhebung nicht nur der liberalen politischen Formen, sondern auch des ihnen vorausliegenden bürgerlichen Individualismus.[12]

Antibürgerlich zu sein wurde in Weimar zur Modeerscheinung unter den Angehörigen der jüngeren Generation, und ähnliches galt für die neokonservativen Autoren, die hinter dem Stahlhelm standen, die Ideenlieferanten für eine neue konservative Politik darstellten und die in den letzten Jahren der Republik in Zehrers »Die Tat« ein Sprachrohr fanden.[13] Auf der reformistischen Linken gab es ähnliche Gefühle, denen Theodor Haubach Ausdruck gab, wenn er von der Absperrkette der Republik gegenüber den Kräften der jungen Generation sprach.[14] Hinter dem Generationenkonflikt verbarg sich jedoch ein neues Lebensgefühl, das sich als antibürgerlich verstand, obwohl es nur auf dem Boden spezifisch bürgerlicher Lebensformen Entwicklungsmöglichkeiten besaß. Das Beispiel der Freikorps, die sich durchweg aus dem Bürgertum rekrutierten, ist im gleichen Zusammenhang anzuführen. Dem Selbstverständnis nach entwickelten sie eine heroisch-militärische Gegenkultur zur bürgerlichen Gesellschaft. Ernst von Salomon war einer der typischen Repräsentanten dieser Gegenkultur, die aus einer tiefen Protesthaltung gegen das saturierte 19. Jahrhundert erwuchs.[15] Er repräsentierte zugleich die Verherrlichung der Gewalt in der Politik, die, wie Hitler klug berechnete, bei breiten Gruppen des Bürgertums auf positive Resonanz stieß. In der Abkehr von geordneter institutioneller Konfliktregelung und der Flucht zu einem ästhetisierten Gewaltmythos ist die Preisgabe bürgerlicher Wertüberzeugungen mit Händen zu greifen[16], wenngleich sie in dialektischem Zusammenhang mit dem Festhalten an spezifisch bürgerlichen Ordnungsvorstellungen stand.

Der Aushöhlungsprozeß spezifisch bürgerlicher Sozialformen ist im politischen Felde am ehesten anschaulich zu machen. Man wird nicht fehlgreifen, wenn man den Verein als die für das Bürgertum typische kulturelle und politische Organisationsform bezeichnet und diese in enge Verbindung mit dem Begriff der »bürgerlichen Öffentlichkeit« bringt.[17] Anders als die vorkonstitutionellen politischen Organisationsformen der Clubs, der Lesehallen, der Geheimgesellschaften, der Salons, die eine Übergangsphase darstellten, bildete der Verein eine Assoziationsform, die grundsätzlich sowohl innerorganisatorisch wie nach außen hin Öffentlichkeit anstrebte und herstellte und die prinzipiell durch den freien Zugang von Gleichgesinnten bestimmt war. Es ist nicht untypisch, daß mit der Durchsetzung des konstitutionellen Systems und dem Übergang zu parlamentarischen Formen die politischen Parteien die Form des Vereins annahmen, was sich allerdings im konservativen Lager nur verspätet durchsetzte und frühzeitig von interessenverbandlichen Integrationsformen überlagert wurde.[18] Dies gilt auch für den größeren Teil des bürgerlichen Verbandswesens, wenngleich es hier frühzeitig zu Zwischenformen kam.

Es stellt einen signifikanten Umschwung dar, daß die Form des Vereins als bevorzugte politische und verbandliche Organisationsform seit der Jahrhundertwende zunehmend zurücktrat oder ihre spezifisch öffentlichen Elemente einbüßte. Diese Bewegung setzte schon im letzten Drittel des 19. Jahrhunderts ein, gewann aber im und besonders nach dem Ersten Weltkriege zunehmendes Gewicht. Es ist nicht verwunderlich, daß sie auf dem rechten Flügel der bürgerlichen Gruppierungen am stärksten anzutreffen war. Die Organisationsbezeichnungen differieren und zeichnen sich durch große Unschärfe aus – Reichshammerbund, Dürerbund, Germanenorden, Thulegesellschaft, Juniclub, Herrenclub, Mittwochsgesellschaft, Nationaler Club von 1919 – all diese Organisationen, deren Vielfalt und Wechselhaftigkeit eine genaue Aufzählung sinnlos erscheinen läßt, sind gekennzeichnet durch den Rückgriff auf vorliberale Assoziationsformen, die an die Stelle freier Rekrutierung bzw. prinzipiell freien Mitgliedszugangs das Prinzip der Kooptation, der ritualisierten Einbindung der Mitglieder und der

Nichtöffentlichkeit setzen. Die sogenannte Ring-Bewegung, mit der die um sich greifende Zirkelbildung gesellschaftlicher Führungsgruppen beschrieben wird, ist ohne Zweifel eine für die Auflösung der bisherigen bürgerlichen Struktur kennzeichnende Tendenz, wenngleich sie im Lager der Aristokraten ebenfalls anzutreffen ist und auch die politische Linke nicht völlig ausnahm, wie Organisationen vom Typus des ISK oder der Kreis um die Neuen Blätter für den Sozialismus zeigen.[19]

Die überwiegend neokonservativ gefärbte Ring-Bewegung der zwanziger Jahre kann in ihrer politisch-sozialen Bedeutung schwerlich überschätzt werden. Wenngleich ein großer Teil der darin tätigen Honoratioren zugleich eine Rolle im politischen Parteiwesen spielte, stellte das hier gebildete Netzwerk der Eliten, das infolge zahlloser personeller Querverbindungen das politische Gesamtsystem mit Ausnahme der Linksparteien, die nur lose und nur durch rechtsstehende Außenseiter mit diesem System verknüpft waren, umfaßte, sowohl eine Auffang- wie eine Ersatzorganisation für das gleichzeitig rückläufige bürgerliche Parteiensystem dar.[20] Parallel dazu sind sowohl die bündische Bewegung anzuordnen, deren Organisationsform ebenfalls vom bürgerlichen Assoziationsprinzip grundlegend abwich und der Fiktion der geschlossenen Gesinnungs- und Lebensgemeinschaft folgte, als auch die Verbände der militanten Rechten, von den Freikorps und ihren Nachfolgeorganisationen bis hin zu jenen fast vergessenen rechtsstehenden Bünden wie der von Eugen Kogon organisierte »Bund Kreuz und Adler«[21] und ähnlichen Zusammenschlüssen von betont politischem Zuschnitt.[22]

All diesen Zirkeln wird man den Charakter einer antirepublikanischen Gegenöffentlichkeit zuschreiben müssen, die zugleich bewußt gegen die Dominanz der politischen Parteien anging, wenngleich sie der Rechten Schützenhilfe gab. Virtuell deutete sich hier eine neue »Front« an, wie sie Hans Zehrer leidenschaftlich forderte, die eine neue Einheit an die Stelle der Partikularität des Parteienstaates setzen sollte.[23] Sie bedeutete zugleich den Rückzug des Bürgertums in eine elitäre Frontstellung, aus der heraus sie eine als feindlich empfundene »Massengesellschaft« durch indirekte Beeinflussung in ihrem Sinne zu kanalisieren und auf lange Sicht neu zu strukturieren hoffte. Um dies zu begreifen, bedarf es einer genaueren Betrachtung der Verflechtung von bürgerlich geprägten Interessenverbänden, geschlossenen Zirkeln im Sinne der Ring-Bewegung und neuartiger Massenorganisationen, deren Aufgabe primär in der Indoktrinierung und Mobilisierung der Volksmassen im außerparlamentarischen Raum lag.

Als sich der Alldeutsche Verband mit der Tatsache der vollzogenen Parlamentarisierung und der Gewährung des allgemeinen und gleichen Wahlrechts auch in Preußen konfrontiert sah, also mit einer Situation, in der die Fortsetzung der herkömmlichen Honoratiorenpolitik, die sich der Kanäle indirekter Einflußnahme auf das politische System und einer gleichzeitigen, kommerziell bedingten Beeinflussung der Presse bediente, nicht mehr möglich erschien, schritt er zur Schaffung parteiähnlicher Nebenorganisationen, denen die Funktion eines Auffangbeckens für die »Massen« zugedacht war. Justizrat Claß brachte diese veränderte Strategie auf die Formel: »Was haben wir nach unten zu bieten?«[24] Um der Demokratisierung zu entsprechen, kam es nun im Zusammenwirken von Germanenorden und Thule-Gesellschaft einerseits und Alldeutschem Verband andererseits zur Gründung des Deutschvölkischen Schutz- und Trutz-Bundes, die ausdrücklich der Absicht entsprang, durch die Mobilisierung des Antisemitismus die Massen zu gewinnen und sie dem Einfluß der gefürchteten sozialistischen Bewegung zu entziehen. Andererseits entsprang die DAP/NSDAP exakt dem gleichen Zusammenhang, und es ist bezeichnend, daß Anton Drexler von der Thule-Gesellschaft gesteuert wurde.[25]

Der gleiche Typus organisatorischer Verflechtung findet sich im Umkreis des Deutschnationalen Handlungsgehilfenverbandes. Auch bei ihm handelte es sich ursprünglich um eine Nebenorganisation des Alldeutschen Verbandes und der Christlich-Sozialen Partei, stand somit die antisemitische Ausrichtung im Vordergrund. Richtete sich der Antisemitismus ursprünglich gegen das im Großhandel dominierende jüdische Unternehmertum, so verlor dieser mit dem Vordringen des Großbetriebs und der Ausweitung der Angestelltenschaft seine soziale Stoßrichtung. Damit setzte sich der

Gewerkschaftsgedanke durch, und zwar in dem gleichen Maße, in dem der Antisemitismus seine Massenwirksamkeit verlor.[26] Daraus erklärt sich das Paradox, daß sich gerade der DHV nach 1931 den nationalsozialistischen Gleichschaltungsbestrebungen gegenüber immun zeigte.[27] Zielte die Programmatik des DHV in den Anfängen auf die Erreichung der Selbständigkeit für die kaufmännischen Berufen angehörenden Mitglieder, so erwies sich dies als Illusion. Bezeichnenderweise suchte der Verband diesen Statusverlust durch den Aufbau einer eigenen Bildungsorganisation zu kompensieren. Die Hanseatische Verlagsanstalt ist das erste herausragende Beispiel für eine Buchproduktion, die an einen bestimmten Kreis von Gesinnungsgenossen, zunächst die DHV-Mitgliedschaft, gerichtet war.[28] Nicht zufällig waren die maßgebenden Führungspersönlichkeiten des DHV, darunter Max Habermann und Hans Bechly, von Haus aus Buchhändler und repräsentierten die Zwischenschicht zwischen gehobenem Bildungsbürgertum und den anwachsenden Angestelltengruppen. Die Verbindung mit dem Dürerbund, in dem Eugen Diederichs und Wilhelm Stapel eine wichtige Rolle spielten, gab den Anstoß zur Bildung eines eigenen Verlags, zuvor einer auf die Mitgliedschaft zugeschnittenen Buchgemeinschaft. Daraus sollte sich die nach dem Hugenberg-Konzern mächtigste Verlagsgruppe in der Weimarer Republik entwickeln. Bemerkenswert daran war, daß der angestrebte Markt nicht eigentlich öffentlichen Charakter hatte, sondern eine national-völkisch ausgerichtete Gesinnungsgemeinschaft ansprach.

Im Hintergrund stand die grundlegende Veränderung des Buchmarkts infolge fallender Herstellungspreise, der Rückläufigkeit der Leihbibliotheken und der Einschränkung des Absatzes innerhalb des engeren Bildungsbürgertums, zugleich aber der Massenproduktion populärer Trivialliteratur, die das bildungsbürgerliche Buchhandelssystem unterlief. Repräsentiert im Börsenverein des deutschen Buchhandels, hatte das Bildungsbürgertum das zuvor stillschweigend ausgeübte Absatzmonopol verloren. Der als Kampf gegen jüdischen Schmutz und Schund beginnende, vom Dürerbund mit national-kultureller Zielrichtung unterbaute Wettbewerb führte nicht zufällig unter den Bedingungen des Krieges, auch im Zusammenhang mit der Schaffung von Feldpostbibliotheken, zur Entstehung der Buchgemeinschaften, die indessen angesichts der fortschreitenden Inflation und des nicht mehr funktionsfähigen, an Festpreise gebundenen deutschen Buchhandels zugleich die Funktion hatten, bestimmte Marktanteile zu sichern.[29] In doppelter Weise wurde die ältere bildungsbürgerliche Tradition unterlaufen. Zum einen war die für deren liberale Grundstruktur charakteristische Fiktion durchbrochen, wonach die Publikation von Büchern sich an eine zwar auf die Gebildeten begrenzte, aber nicht eingeschränkte Öffentlichkeit wandte. Zum andern war mit der Propagierung von Volksbibliotheken, der Einschaltung bürgerlicher Verbände in den Absatz und der Garantie eines festen Bezieherkreises, womit sich eine bestimmte inhaltliche Ausrichtung der Produktion nach politisch-sozialen Gesichtspunkten verknüpfte, eine Segmentierung der Bildung bewirkt, die nicht mehr universale Geltung beanspruchen konnte.[30]

Die wechselseitige Ökonomisierung und Politisierung der Buchproduktion, die einen Reflex der Auflösung der Monopolstellung des Bildungsbürgertums in diesem Bereich, aber auch dessen Wertkrise darstellt, bedeutete zugleich, daß Bildung sowohl politischer Manipulation unterworfen wurde als auch in zunehmendem Maße in den Sog des politischen Irrationalismus geriet. Diese Erscheinung gehört in den Zusammenhang der Aushöhlung bürgerlicher Rationalität und der Aufsplitterung der vorher als geschlossenes System begriffenen Bildungsinhalte. Der Prozeß der Fundamentaldemokratisierung wirkte sich in der Auflösung der Gemeinsamkeit bürgerlicher Interessenlagen aus. Indem von seiten des bürgerlichen Verbandswesens der Versuch unternommen wurde, die nicht dem gebildeten und besitzenden Bürgertum angehörenden Massen seinem Einfluß zu unterwerfen und dem Zugriff der sozialistischen Arbeiterbewegung zu entziehen, sahen sie sich zu weitgehenden Konzessionen an populistische Inhalte gezwungen, unter denen nicht zuletzt Antisemitismus und integralem Nationalismus eine zentrale Bedeutung zukamen.[31]

Diese Tendenz ist bereits seit der Gründerkrise von 1873 in vollem Gang, spiegelt sich in der Entstehung der Berliner Bewegung, dem Auftreten der Antisemitenparteien und der ungewöhnlichen Breitenwirkung des intellektuellen Antisemitismus in Kreisen des Bürgertums.[32] Neuere Untersuchungen zeigen, daß das soziale Einzugsfeld dieser Strömungen gerade nicht im herkömmlichen Bildungsbürgertum bestand, sondern daß sich die antisemitischen Vereinigungen einerseits aus Intellektuellen rekrutierten, denen der Aufstieg in gesicherte Anteile an Bildung und Besitz nicht gelang, andererseits aus dem aufsteigenden städtischen, kommerziell geprägten Bürgertum, das in besonders starkem Maße von antisemitischen Stimmungen erfaßt wurde, als die ökonomische Rezession nach 1873 Platz griff und jüdische Einflüsse in Wirtschaft und Geistesleben für den sich abzeichnenden Niedergang verantwortlich gemacht wurden.[33] Gerade in dieser Schicht, in der der klassische Idealismus nur oberflächlich rezipiert wurde, erwiesen sich die pseudoreligiösen Elemente des nunmehr rassistisch gefärbten Antisemitismus und eines germanische Mythen beschwörenden deutschen Nationalismus als ideologische Kompensation für befürchtete soziale Nivellierung und bestehende Statusunsicherheit.[34]

Die ungeheure Popularität des antisemitischen Credos von Houston Stewart Chamberlain lag nicht so sehr in der Kritik an den Juden selbst, als vielmehr darin begründet, daß am Beispiel der jüdischen Rasse der Mythos eines nationalen Aufstiegs der Deutschen und der Überspielung von Klassengegensätzen und interessenpolitischer Segmentierung entfaltet wurde. So erneuerte sich gleichsam der gesinnungsethische Rekurs, der für die Phase des deutschen Idealismus so charakteristisch war, nun aber unter Entleerung der ethischen Inhalte und Übernahme eines dezisionistisch gefärbten Irrationalismus, der seine Entsprechung in den populistischen Bestrebungen im bürgerlichen Lager hatte, die in der Vaterlandspartei den umfassendsten organisatorischen Niederschlag fanden.[35]

Die stufenhafte Abwendung von der liberal geprägten bürgerlichen Kultur der ersten Jahrhunderthälfte ist am Beispiel der Wagner-Vereine mit Händen zu greifen.[36] Aus den bürgerlichen Patronatsvereinen, die zur Finanzierung der Bayreuther Festspiele gegründet wurden, wurde nach und nach eine durch die Herausgeberschaft der »Bayreuther Blätter« zentral gelenkte Gesinnungsgemeinschaft, die auf den Wagner-Kult und die mit ihm verknüpfte antisemitisch-völkische Ideologie eingeschworen war. Die Repräsentanten des Bildungsbürgertums im engeren Sinne hielten sich von der Bewegung fern, die überwiegend von dem aufstrebenden Besitzbürgertum der zu kommerziellen Zentren aufsteigenden Großstädte getragen war. Querverbindungen personeller Art bestanden zur antisemitischen Bewegung, zu der ihr verwandten Anti-Vivisektions- und Tierschutzbewegung, zur Christlich-Sozialen Reichspartei, zugleich den Spielarten der Reformbewegung, die die Vorstufe für die um die Jahrhundertwende allenthalben hervortretende Tendenz darstellen, sich in Form pseudoreligiös geprägter Sekten, Zirkel, Bünde und privater Gesellschaften zu formieren.[37] Was als eine Bewegung zur inneren Ausfüllung der nationalen Errungenschaften der Reichsgründung noch im Anschluß an die liberale Tradition begann, wandelte sich schon in den siebziger Jahren in eine betont rückwärtsgewandte, sowohl antiparlamentarische wie antikapitalistische, gegen Aufklärung und Rationalität gerichtete Tendenz, die für den Wagner-Kult und die von Schopenhauer und Nietzsche entfaltete, von ihren Epigonen vulgarisierte und verflachte Kulturkritik einen breiten Nährboden abgibt. Die spätere neokonservative Ring-Bewegung ist in den Wagner-Vereinen, aber auch in den vielfältigen Lebensreformbewegungen bereits vorgebildet.

Es ist nicht leicht, die Vielzahl von Organisationen zu überblicken, die sich seit dem Ende der neunziger Jahre als Sammelbecken breiter bürgerlicher Gruppen herausbildeten. Gemeinsamer Grundzug ist das Eintreten für eine grundlegende Kulturreform, die Kritik an der liberalen und aufklärerischen Tradition und das Bestreben, Gesinnungsgemeinschaften zu bilden, welche sich teils einen avantgardistisch-sektiererischen Charakter zulegten, teils als kulturelle Sammlungsbewegung die innere Erneuerung der Gesellschaft anstrebten, wobei in zunehmendem Maße völkische Auffassungen in den Vordergrund traten. Allenthalben führte die Tendenz zur Gesinnungsgemeinschaft zur Ablösung vom Typus des bürgerlichen Vereins, ob man dabei an den Mitgart-Bund, an die

Siedlungsbewegung, an den von Fidus ins Leben gerufenen St.-Georgs-Bund oder den antisemitischen Hammer-Bund denkt. Der pseudoreligiöse Grundzug dieser Bestrebungen spiegelte sich in dem Zusammenschluß in »Gemeinden« und in weltlichen sakralen Formen, wie das am eindrucksvollsten in den Tempelbauentwürfen von Fidus zum Ausdruck kommt.[38]

Der Rückfall in eine neue »Innerlichkeit« und die bewußte Anknüpfung an die romantische Überlieferung konnte einerseits rein sektiererischen Charakter annehmen. Andererseits fehlte es nicht an Bemühungen, der Kulturreformbewegung eine breite populistische Basis zu verschaffen. Das gilt nicht zuletzt für den ethischen Idealismus, der in der Gesellschaft für ethische Kultur (1892), dem Dürerbund (1902) und dem Monistenbund (1906), um nur die wichtigsten Verbände zu nennen, einen institutionellen Rückhalt fand. Ferdinand Avenarius, der einflußreiche Ideologe des Dürerbunds und Herausgeber des »Kunstwart«, hob 1903 hervor, daß es notwendig sei, die eigenen Interessen in organisierter Form zur Geltung zu bringen. »Doch auch wir vertreten Interessen, starke, öffentliche Interessen von höchster Wichtigkeit. ... Organisieren wir uns, und wir werfen sie sofort in die Waagschale der Entschließungen ein.«[39] Mit einer indirekten Mitgliedschaft von 300.000 Personen gehörte der Dürerbund zu den größten Verbänden dieses Typus. Weit wichtiger als die Mitgliedszahlen selbst waren die zahlreichen Querverbindungen, die zu vergleichbaren Kulturorganisationen unterhalten wurden, und die Publikations- und Bildungstätigkeit, die der Dürerbund entfaltete. Sie liefen auch zum DHV, zum Wandervogel und später zur bündischen Jugend, zum Deutschen Werkbund, einer Fülle von Volksbildungseinrichtungen, Heimatvereinen und Turnerschaften. Avenarius' Zielsetzung einer »Ausdruckskultur« richtete sich gegen die gefürchtete Vermassung, gegen Großstadtkultur[40] und Konsumorientierung; positiv strebte sie eine Rückbesinnung auf nationale Kulturwerte an, die zu einer mit ästhetischen Mitteln angestrebten sozialen Integration von Mittel- und Teilen der Unterschichten führen sollte.

Obwohl im Dürerbund das Bildungsbürgertum eine wichtige

Rolle spielte, gehörte doch der Kern der Anhängerschaft zur aufsteigenden Mittelschicht, wobei Volks- und Mittelschullehrer eindeutig überwogen, Universitätsprofessoren vergleichsweise unterrepräsentiert waren.[41] Seine Mitglieder stellten gleichsam das bildungsorientierte Korrelat zum Rekrutierungsfeld des DHV dar. Die Abgrenzung zu den aus der Mitte des 19. Jahrhunderts stammenden bürgerlichen Standesvereinen war eindeutig. Sie beruhte einerseits auf der Bereitschaft, moderne Propaganda- und Organisationsmethoden anzuwenden, zum andern auf der Intention, durch die Einbeziehung der unteren Mittelschicht und nach Möglichkeit der Arbeiterklasse die soziale Spaltung zwischen Kapital und Arbeit zu überwinden.[42] Alle Verbände der bürgerlichen Reformbewegung, ob sie einem neuen Okkultismus das Wort redeten, den Bildungsgedanken als Mittel sozialer Integration propagierten, für die Rückkehr zur Natur, für Freikörperkultur, für Gemeinschaftssport, für die Befreiung von den Zwängen der Mode, für Agrarkommunen und Siedlung, für eine umfassende Bodenreform im Sinne Damaschkes oder für die Freilandbewegung Sylvio Gsells eintraten, sich für die neuentdeckte Rassehygiene und den Züchtungsgedanken erwärmten, zielten auf die Schaffung einer spezifisch antimodernistischen Subkultur, richteten sich gegen die Herrschaft des als jüdisch denunzierten großen Kapitals, kritisierten den fortschreitenden Prozeß der Urbanisierung und die drohende Vermassung, die mit Verrohung der Sitten und der Preisgabe der nationalen kulturellen Tradition gleichgesetzt wurden.

Das bürgerliche Selbstverständnis hatte nicht zuletzt darin bestanden, sich durch Bildung und Besitz von den »rohen« unteren Schichten abzugrenzen. Am Beispiel des DHV läßt sich zeigen, wie die zunächst dominierende Zielsetzung der Statussicherung in eine populistisch geprägte Strategie umschlug, die sich mit der Illusion verknüpfte, die Klassenspannung durch eine national gefärbte Sammlungspolitik zu überwinden und zu einer neuen, gesinnungsmäßig abgestürtzten »Volksgemeinschaft» zu gelangen. Diesem Ziel diente das Programm einer umfassenden Volksbildung, dem sich nahestehende Verlagsunternehmen, darunter die Hanseatische Verlagsanstalt und der Eugen Diederichs Verlag, durchaus auch aus kommerziellem Interesse, verschrieben und das unter den Bedingungen des Ersten Weltkrieges zunehmende soziale Schubkraft erlangte.[43] In mancher Hinsicht handelte es sich dabei um eine zeitgemäße Imitation der Integrationsfunktion der bürgerlichen Bildung in der idealistischen Epoche, nun aber mit einer durchaus konservativen, sich von der liberalen Tradition abkehrenden Stoßrichtung, die nahtlos in die neokonservative Bewegung überging und im völkischen Lager der Weimarer Republik ein Pendant besaß. Die sozialen Trägergruppen sind durchweg dem Bürgertum zuzuordnen. Die Kritik an kultureller Verflachung und am Wertrelativismus bedeutete jedoch eine entschiedene Abwendung vom in sich selbst ruhenden bürgerlichen Selbstverständnis des 19. Jahrhunderts.

Eine unentbehrliche Voraussetzung dieses Ausdifferenzierungs- und Neuformierungsprozesses bestand in der zunehmenden Statusverunsicherung breiterer bürgerlicher Gruppen unterhalb der etablierten bürgerlichen Oberschicht, die sich nach 1918 im Zuge der Inflationsfolgen ebenfalls aufzulösen begann. Das Gefühl, in der industriellen »Massengesellschaft« den angestammten sozialen Ort einzubüßen, war nicht zuletzt durch die Vorgänge der Novemberrevolution nachdrücklich verstärkt worden. Bereits vor Ende des Krieges konstatierte Friedrich Meinecke ein »relatives Sinken der Geltung des Bürgertums« und äußerte wenig später: »Das akademisch gebildete Bürgertum, einst in der Offensive gegen die alten herrschenden Schichten, dann zu einer gewissen Mitherrschaft mit ihnen vereinigt und zum Teil verschmolzen, fühlt sich nunmehr in der Defensive gegenüber all denjenigen Schichten, die durch den Übergang vom Agrarstaat zum Industriestaat entstanden sind – den breiten Massen der Arbeiter und Angestellten.«[44] Statusverunsicherung gehörte seitdem zum Grundgefühl auch der oberen Mittelschicht, ob es sich um Professoren, hohe Beamte oder Angehörige des gewerblichen Mittelstandes handelte, die sich der Konkurrenz der Großkonzerne, der Warenhäuser und der Discountketten ausgesetzt sahen.[45]

Der innerbürgerliche Konflikt, der sich gutenteils mit dem Gegensatz von altem und neuem Mittelstand deckte, schlug sich nicht zuletzt im Verbändewesen nieder. Bezeichnenderweise löste sich der Reichsbund der höheren Beamten vom DBB und bekämpfte nachdrücklich die zunehmende Nivellierung der Beamtengehälter auf Kosten der Spitzenbeamten.[46] Selbst Staatssekretär Hans Schäffer warnte Brüning vor dem Unmut in der höheren Beamtenschaft, die sich nicht mehr ein Dienstmädchen leisten könnte.[47] Für das Handwerk und den gewerblichen Mittelstand, die sich als Hauptleidtragende von Stabilisierung und Depression empfanden, kamen zusätzliche Spannungen zu den Spitzenverbänden der Großindustrie und der Landwirtschaft hinzu. Larry Jones hat die interessenpolitische Zersplitterung der Mitte, die sich daraus ergab, eingehend beschrieben.[48] Der rückläufige Einfluß der bürgerlichen Honoratioren betraf auch den kommunalpolitischen Bereich. Zwar darf das Gewicht der bürgerlichen Parteien nicht überbewertet werden. Die bis Anfang der dreißiger Jahre beträchtliche Zahl der von freien Wählervereinigungen errungenen Mandate ging jedoch zunehmend in die Hände der Verbände des neuen Mittelstands über, nicht zuletzt des DHV. In den Industrie- und Handelskammern und anderen mittelstandischen Interessenvertretungen dürfte zugleich der Anteil der selbständigen Unternehmer und Kaufleute gegenüber angestellten Managern zurückgegangen sein. Eine systematische Auswertung der monographischen Literatur zu einzelnen Berufsgruppen und Branchen vermag darüber näheren Aufschluß zu geben.

Die fortschreitende soziale Herabstufung der zum alten Mittelstand zu rechnenden Teile des Großbürgertums ist am Beispiel der sozialen und ökonomischen Lage des jüdischen Bevölkerungsteils, für die detaillierte Daten vorliegen, anschaulich zu machen.[49] Die nachwachsende Generation konnte spätestens in den zwanziger Jahren nicht mehr damit rechnen, die soziale Position der Eltern zu erringen; daraus erklärt sich das Abströmen in intellektuelle und künstlerische Berufe. Zionismus und Palästinabewegung stellen daher auch eine sozialpsychologisch bedingte Abkehr von dem betont bildungsbürgerlichen Verhaltenskodex der jüdischen Mittelklasse dar. Ähnliche Zusammenhänge dürften für die Gesamtheit der Angehörigen des absinkenden Großbürgertums bestehen, obwohl die

Zähigkeit am formellen Festhalten eines ökonomisch unabhängigen Lebensstils nicht unterschätzt werden darf. Ein Indikator dafür ist auch die verstärkte bürgerliche Selbstkritik, die sich am prononciertesten bei Ernst Jünger findet, dessen heroischer Nationalismus von Leopold Schwarzschild auf »äußersten Haß gegen die Bürgerlichkeit«, als »Antithese zu Heldentum«, zurückgeführt wurde.[50] Die von Jünger programmatisch stilisierte Gestalt des »Arbeiters« ist gerade der Gegenbegriff zum Bürger, dessen Eintreten für das juste milieu und für steril gewordene, politisch funktionslose Kulturinhalte nur noch museale Bedeutung beigelegt wird.[51]

Was bei Jünger und gleichgesinnten Neokonservativen als isolierter Ausbruch aus dem bürgerlichen Lebensstil erscheint, findet sich in abgemilderter Form als allgemeine Tendenz des in seiner angestammten kulturellen Führungsrolle verunsicherten Bürgertums. Zwar bleibt der Gegensatz zur Arbeiterschaft konstitutives Element des politischen Selbstverständnisses und findet im hypertrophen Anti-Bolschewismus eine geradezu traumatische Zuspitzung.[52] Das Selbstgefühl, gleichsam übergangen und verraten zu sein, schlägt sich in einer zunehmenden Antipathie gegenüber Partei- und Interessenpolitik nieder, zumal wenn sie unter republikanischem Vorzeichen steht. Schon vor dem Ersten Weltkrieg setzte sich in der bürgerlichen Reformbewegung und damit im aktivsten Teil des Bürgertums eine ausgesprochene Aversion gegen das politische Parteiwesen und dessen parlamentarische Funktionen durch. Das bedeutete nicht, daß das hier skizzierte Netzwerk von Bünden, Großverbänden völkischen, nationalistischen oder neokonservativen Zuschnitts bis hin zum DHV mit dem bürgerlichen Parteiensystem nicht durch eine Vielzahl von Personalunionen verbunden war.[53]

Das Schwergewicht bürgerlicher Selbstorganisation verlagerte sich spätestens in der Weimarer Zeit in den außerparlamentarischen Raum. Kennzeichnend für diese Tendenz war die Entstehung des »Jungdeutschen Ordens«, der seiner sozialen Zusammensetzung und seinem politischen Selbstverständnis nach einen ausgesprochen bourgeoisen Zuschnitt besaß.[54] Anleihen bei der bündischen Jugendbewegung und den Freikorps erklären dessen eigentümliche und atavistisch anmutende Organisationsform, die sich äußerlich der Terminologie des Deutschen Ordens bediente. Sowohl die republikanische Orientierung wie die Lösung von paramilitärischen Elementen unterschieden den Orden von den noch stark vom wilhelminischen Nationalismus geprägten Wehrorganisationen und den Vaterländischen Verbänden der politischen Rechten. Symptomatisch für die Gesamttendenz im bürgerlichen Lager war die Wandlung vom ursprünglich bewußt außerparlamentarisch konzipierten Gesinnungsverband zur politischen Partei, die sich in der allerdings weitgehend scheiternden Verschmelzung von Volksnationaler Reichsvereinigung und DDP zur Staatspartei 1930 ausdrückte.[55] Der Orden stellte das am stärksten herausragende Beispiel für das Eindringen des bündischen Prinzips in das politische System dar. Die von Arthur Maraun zuerst propagierte Arbeitslagerbewegung zielte auf die Herstellung der »Volksgemeinschaft« durch eine innere Regenerierung des Volkskörpers.[56] Ähnlich wie beim DHV war auch beim Jungdeutschen Orden die Ablösung von der bürgerlichen Politiktradition des 19. Jahrhunderts definitiv vollzogen. Die Rückkehr zu korporativen Organisationsmodellen, die für beide Verbände typisch ist, zugleich in der politischen Publizistik der Zeit zunehmend an Boden gewann[57], bedeutete die defensive Preisgabe der zuvor selbstverständlich erscheinenden politischen und gesellschaftlichen Führungsfunktion des Bürgertums.

Auch der Jungdeutsche Orden war ein Produkt der »Ideen von 1914« und der Vision einer neuen gesamtgesellschaftlichen Ordnung, die die Zerklüftung der Interessen und den proletarischen Klassenkampf aufheben und zu einer korporativen Ordnung führen werde, in der das Bürgertum seinen angestammten Platz und seine Funktion als kulturelle Führungsschicht wieder wahrnehmen konnte.[58] Der im Ersten Weltkrieg propagierte und nach der Niederlage um so nachdrücklicher aufgegriffene Gedanke eines »nationalen Aufbruchs« war von den bürgerlichen Reformbewegungen seit dem ausgehenden 19. Jahrhundert ideologisch vorbereitet. Er mußte angesichts des verbreiteten apokalyptischen Krisenbewußtseins als Erlösung empfunden werden, schien er doch Einheit in das zersplitterte Lager der bürgerlichen Weltanschauungsverbände zu tragen, die sich unterhalb der bürgerlichen Parteien gebildet hatten. Der Mythos einer neuen wertstiftenden Integration, häufig mit dem Führergedanken verknüpft, besaß von nun an bestimmende Kraft innerhalb des bürgerlichen Lagers, und abgesehen von dem im Grunde schon 1919 isolierten äußersten linken Flügel der DDP galt das für alle bürgerlichen Parteien mit der Ausnahme des Zentrums, welches sich jedoch nach 1929 dieser Tendenz anzupassen begann.[59] Ihr entsprach die zunehmende Hinwendung zu autoritären Verfassungsvorstellungen.[60]

Allerdings erschwert die durch die Auswirkungen der Hyperinflation beschleunigte Zersplitterung des bürgerlichen Lagers generalisierende Aussagen. Die Erosion der liberalen Weltanschauungsparteien, zunächst zugunsten von Interessenparteien, dann zugunsten der NSDAP, korrespondierte mit der anwachsenden Desorientierung der Angehörigen des alten Mittelstands.[61] Paradoxerweise erwies sich die NSDAP, die sich zunächst als antibürgerliche Bewegung formiert hatte, als das wichtigste Sammelbecken bislang nicht hinreichend integrierter oder von der DNVP enttäuschter Angehöriger des alten Mittelstands. Hingegen wurde die anwachsende Gruppe der Angestellten vom Sog der NSDAP zunächst nicht und auch dann nur begrenzt erfaßt. Soziale Vorbehalte verzögerten den Eintritt von bürgerlichen Honoratioren in die NSDAP, doch trat diese Barriere in den frühen dreißiger Jahren zurück.[62] Für die Durchsetzung der NSDAP als Massenbewegung hatte die Gleichschaltung des lokalen bürgerlichen, in aller Regel nicht politisch akzentuierten Vereinswesens, das an die bürgerliche Tradition des 19. Jahrhunderts anknüpfte, eine beträchtliche Bedeutung.[63] Sie spiegelt sich auch darin, daß es der NSDAP mit einem Schlage gelang, sich an die Stelle der freien Wählergemeinschaften in den kommunalen Vertretungskörperschaften zu setzen. Ähnliches ereignete sich bei den protestantischen Kirchenwahlen von 1932.[64]

Dem Durchbruch der NSDAP seit 1929 ging eine fortschreitende Auflösung des bürgerlichen Parteienspektrums und eine Rechtswendung der bürgerlichen Wählergruppen voraus, die von der DNVP nicht dauernd gebunden werden konnten. Als Protestpartei profitierte die NSDAP in erster Linie von dem verschärften Gegensatz zwischen modernen und traditionalen Sektoren der Gesellschaft. Nach und nach vermochte sie, den von sozialem Abstieg bedrohten oder sozial abgestiegenen Teil des Bürgertums für sich zu gewinnen, nachdem sie zuvor die größten Einbrüche im bäuerlichen Lager erzielt hatte.[65] Es wäre jedoch verfehlt, daraus die vollständige Auflösung bürgerlicher Werthaltungen abzuleiten. Zwar vermieden Hitler und die NSDAP-Propaganda, sich auf eine bürgerliche Position festzulegen, obwohl seit 1927 eine klare Option zugunsten der Aufrechterhaltung der kapitalistischen Eigentumsordnung, bei allerdings abweichenden Propagandainhalten im einzelnen, vollzogen war. Die Hervorhebung des Antibolschewismus, die Übernahme des nationalen Aufbruchs-Mythos und die Zusage, zu einer stabilen politischen und ökonomischen Ordnung zurückzukehren, kam jedoch der politischen Frustration breiter Gruppen des alten Mittelstands entgegen. Das Schlagwort von der Wiederherstellung des Berufsbeamtentums ist ein Beispiel dafür, daß die NSDAP sich die Sehnsucht bürgerlicher Kreise nach der Sicherung oder Wiederherstellung früherer Privilegien bewußt zunutze machte.[66]

Die beliebte Interpretation des Nationalsozialismus als Zerstörer des Bürgertums – die Schlüsselzitate werden in der Regel den »Gesprächen« Hermann Rauschnings mit Hitler entnommen[67] – ist hingegen verfehlt. Zwar erwies sich die Mittelstandspolitik der NSDAP als ebensowenig erfolgreich wie die landwirtschaftliche Siedlung.[68] Aber von einer Destabilisierung bürgerlicher Positionen konnte ebensowenig die Rede sein, und ideologisch gesehen knüpfte das Regime vielfach an die nationalen bürgerlichen Traditionen des 19. Jahrhunderts an. Das Privatleben der Satrapen ahmte großbürgerliche Präsentationsformen nach, wenngleich der soziale Gegensatz zum gewachsenen Bürgertum unüberbrückbar blieb. Die Aushöhlung bürgerlicher Wertvorstellungen war indessen nicht erst das Werk des Nationalsozialismus. Dazu gehörte auch eine fortschreitende moralische Indifferenz, die sich mit der Priorität für die Sicherung des eigenen Status verknüpfte.[69] Daraus erklärt sich die mangelnde Resistenz der bürgerlichen Kräfte gegenüber der bürgerlichem Ordnungsdenken zutiefst widersprechenden nationalistischen politischen Praxis, aber auch die Bereitschaft, deren verbrecherische Konsequenzen zu verdrängen und sich an die Fiktion der Rückkehr zu bürgerlicher Ordnung im Sinne eines formalen Rechtsstaatsprinzips und einer Zurückdrängung radikaler Kräfte der NS-Bewegung zu klammern.[70] Es erscheint daher nur konsequent, daß dieselben bürgerlichen Kräfte nach dem Zusammenbruch des Dritten Reiches sich als Garant der politischen Neuordnung anboten und bestrebt waren, so auf dem Gebiet des Beamtenrechts, an den Universitäten und im Bildungswesen, zugleich auf dem ökonomischen Sektor die eigene Stellung zu restituieren.

Eine Erklärung der nationalsozialistischen Machteroberung in der Linie der geläufigen Schlagworte wie »Panik des Mittelstandes«, »Extremismus der Mitte« oder »Selbstpreisgabe« des Bürgertums[71] verkennt jedoch die Komplexität der Vorgänge, die zur Durchsetzung der NSDAP als Massenbewegung und zu ihrer Berufung an die Spitze der Reichsregierung führten. Sinnvoller ist es, von der Lebensunfähigkeit der bürgerlichen Republik von Weimar zu sprechen, aus der große Teile des Bürgertums auswanderten. Die mangelnde moralische Resistenz gerade bürgerlicher Kreise, die im NS-Regime über alle Grenzen wuchs, stellt jedoch den Höhepunkt einer lange vor dem Ersten Weltkrieg einsetzenden Entwicklung dar, ebenso die zunehmende ideologische Verblendung, die vor allem Fritz Stern herausgearbeitet hat.[72] Es ist jedoch fraglich, ob die keineswegs alleinstehende Krise des demokratisch-parlamentarischen Systems in Deutschland primär mit der relativen Schwäche des bürgerlichen Liberalismus in Verbindung gebracht werden kann, wenngleich die vielbeklagte autoritäre Überformung der deutschen Gesellschaft und das fehlende pragmatische Politikverständnis dazu beigetragen haben, daß sich faschistische politische Strukturen nahezu widerstandslos durchsetzen konnten. Der Gegensatz zwischen modernen und ungleichzeitigen gesellschaftlichen Sektoren, durch Kriegsniederlage, Hyperinflation, ökonomische Stagnation und Wirtschaftskrise gesteigert, ergriff auch die bürgerliche Mitte, die weder politisch noch sozial als Einheit bezeichnet werden kann. Der »dritte Stand« zerfiel vielmehr in antagonistische

Lager, in unterschiedlich orientierte Interessenverbände und durch unterschiedliche Interessenlagen geprägte Berufsgruppen.[73] Daß das Gros des alten Mittelstands, insbesondere das Bildungsbürgertum, auf die Herausbildung der Angestelltenschaft und das Aufsteigen neuer Erwerbsgruppen sowohl im Bereich von Handel, Gewerbe und Industrie als auch in dem der öffentlichen und privaten Dienstleistungen verbittert und ressentimenthaft reagierte, bedarf keiner eingehenden Erörterung. Das klassische Bildungsprivileg hatte bereits im ausgehenden 19. Jahrhundert die frühere Bedeutung verloren. Neue Bildungswege, zugleich neue Formen der Bildungsvermittlung, zugleich die vielfältigen Versuche, idealistisch überformte Bildungselemente zu popularisieren und damit die anwachsende untere Mittelschicht gleichsam zum Bündnispartner zu gewinnen, wie dies für den Dürerbund galt, bestärkten nur die bereits in den siebziger Jahren einsetzende, nach der Jahrhundertwende zur allgemeinen Erscheinung werdende Flucht in elitäre und vielfach esoterische Haltungen, deren gemeinsamer Nenner in der Ablehnung der aufklärerischen und der liberalen Überlieferung von Wertvorstellungen lag. Guteenteils waren die Träger dieser Bewegung, die sich in der Lebensreform noch einmal bündelte, um in den zwanziger Jahren sektenhaft zu zerfallen[74], nicht die Angehörigen des hergebrachten Bildungsbürgertums, sondern neu aufsteigende bürgerliche Gruppen, deren soziale Ressentiments im Nationalismus und rassisch gefärbten Antisemitismus ein Ventil fanden und für die die ältere idealistische Bildungsreligion nicht mehr hinreichende Kompensation für die Unsicherheit des eigenen sozialen Status bedeutete. Der Wagnerianismus leitete diese Bewegung ein, die namentlich im intellektuellen und künstlerischen Raum zur Einebnung der idealistisch und romantisch geprägten Weltsicht führte.

Theodor Geiger hat daher 1932 sowohl in Anbetracht der ihm verfügbaren sozialstatistischen Daten wie seiner Einschätzung der jeweiligen sozialen Mentalitäten nicht nur vor einer pauschalen Verwendung des Mittelstandsbegriffs, sondern auch davor gewarnt, den alten und neuen Mittelstand unter dem Begriff des »Bürgertums« zusammenfassen zu wollen.[75] Insbesondere wandte er sich gegen den seiner Ansicht nach irreführenden Begriff der »Bürgerlichkeit«, der, auf die geänderten sozialen Bedingungen der zwanziger Jahre angewandt, sich auf bloß formale Kriterien der äußeren Lebenshaltung reduziere. Er widersprach nachdrücklich der Annahme, daß neuer und alter Mittelstand durch »Bürgerlichkeit« als Lebensmeinung und -haltung miteinander verknüpft seien, und führte dazu im einzelnen aus: »Selbst wenn das für Teile der älteren Generation in beiden Schichten zuträfe, selbst wenn es sich dabei um eine Bürgerlichkeit und nicht um zwei nur unter dem einen Namen zusammengebrachte Mentalitäten handelte – auch dann wäre es heute nur noch als Relikt zu werten. Die Jugend aller Bevölkerungsteile hat Gefühl und Begriff der Bürgerlichkeit schlechthin verloren. Für uns ältere Generation war Bürgerlichkeit noch eine Lebensform, von der wir die Anschauung hatten, auch wenn wir sie für uns ablehnten ... Für die jüngste Generation liegt die Bürgerlichkeit außer aller Erörterungsbedürftigkeit, jenseits jedes Oppositionsinteresses, ja außerhalb der bloßen Kenntnisnahme.« Das gelte von Akademikern, Angestellten und Gewerbetreibenden. »Die Jugend des Jahrhundertbeginns revoltierte gegen die Generation ihrer Eltern und deren Lebensform; die Jugend des zweiten Jahrhundertviertels scheint sich darauf zu beschränken, daß sie das Absterben des vorangehenden Geschlechtes unbeteiligt abwartet.»[76]

In der Tat waren die sozialen Grundlagen des Bürgertums am Ausgang der Weimarer Epoche als relativ homogene sozialkulturelle Formation ebensosehr ausgehöhlt wie die für sie kennzeichnenden Wertvorstellungen und Lebensformen. Die Bildungstradition konnte trotz entsprechender Bemühungen die Integration nicht herbeizwingen, vielmehr geriet sie auf die schiefe Ebene völkischer und nationalistischer Bestrebungen. Der neue Kult der »Geisteswissenschaften« und die elitäre und politisch anmaßende Umdeutung der idealistischen Tradition in eine pauschale Kritik der angeblichen »Massengesellschaft« wie die Durchsetzung eines den Wertrelativismus überhöhenden nationalistischen Harmonie- und Führermythos gehören in den gleichen Zusammenhang. Der Wunsch nach der sozial harmonischen »Volksgemeinschaft« war schwerlich ein Ersatz für eine kulturell und ökonomisch abgesicherte bürgerliche Gesellschaft. Der politische Irrationalismus war nicht zuletzt Ausdruck eines bürgerlichen Krisengefühls, das schon im fin de siècle dominierte. Aus dem Drang nach der Selbstbehauptung als »Klasse« heraus wurde das aufgesplitterte Bürgertum zum Spielball einer überlegenen Manipulation seiner Ressentiments.

Vermutlich war diese Entwicklung zwangsläufig. Wohl alle westlichen Länder scheinen eine grundlegende innere Krise durchgemacht zu haben, die mit der Ablösung der liberalen Tradition und der Delegitimierung des liberalen Parlamentarismus einsetzte. Sie erfolgte in Deutschland früher und in zugespitzterer Form als in Frankreich und England, im Hinblick auf die ostmitteleuropäische Staatenwelt erst vergleichsweise spät, und daher entfaltete sie ungleich größere zerstörerische Kraft. Angesichts der vorangeschrittenen industriegesellschaftlichen Struktur konnte sie nicht in Formen der autoritären Diktatur abgefangen werden. Dies beruhte möglicherweise auf der Schwäche der bürgerlichen Schicht, die, in rückwärtsgewandten politischen Ordnungsvorstellungen befangen, in der parlamentarischen Republik, bei aller als vergeblich empfundenen Interessenwahrnehmung, politisch »heimatlos« wurde. Sie war im Widerstand gegen Hitler exemplarisch durch Carl Goerdeler vertreten. Die für ihn im Mittelpunkt stehende Forderung nach einer Wiederherstellung von »Anstand und Ordnung« stellte eine bürgerliche Formel dar. Sie war unter den gegebenen Bedingungen schwerlich hinreichend, um dem Staatsstreich breite Unterstützung zu sichern.[77] Darin spiegelte sich die Tragödie bürgerlicher Politik unter den Bedingungen des Dritten Reiches.

Aufbruch zur Nation: Irrwege des deutschen Nationalismus in der Zwischenkriegsepoche

Aus der Sicht der Bundesrepublik in den neunziger Jahren ist die Vorherrschaft extremen nationalistischen Denkens, wie sie für Deutschland in der Zwischenkriegszeit kennzeichnend war, schwer verständlich. Umso mehr stellt sich die Frage, welches die Ursachen für die hochgradige nationalistische Verblendung namentlich der bürgerlichen Bildungsschicht und breiter Teile der politischen Klasse gewesen sind. Desgleichen ist zu untersuchen, warum sich die Artikulationen des Nationalismus der Weimarer Zeit zunehmend von den realen Interessen der deutschen Politik weitgehend ablösten, dieser vielmehr extrem autistische Züge annehmen und maßgeblich zur inneren Spaltung der Gesamtnation beitragen konnte. Der Linkspazifist und Weltbühnenautor Kurt Tucholsky konstatierte diesen Sachverhalt mit der bitteren Bemerkung: »Wie einfach, so zu tun, als bestehe Deutschland nur aus nationalen Verbänden ... Deutschland ist ein gespaltenes Land. Ein Teil von ihm sind wir«.[1]

Während für die Weimarer Zeit einerseits ein Kontinuum nationalistischer Einstellungen aus dem Kaiserreich sichtbar ist, das sich im erneuten Hervortreten von Persönlichkeiten wie Justizrat Heinrich Class, Alfred Hugenberg oder Gustav Stresemann, die zu den Exponenten der annexionistischen Kriegszielpolitik gehört hatten, festmachen läßt, trat andererseits eine spezifische Formveränderung des Nationalismus auf, die den nationalen Machtstaatsgedanken imperialistischer Prägung mit den Ideen des Neuen Nationalismus, der Konservativen Revolution und der militanten völkischen Bewegung amalgamierten und ihm eine destruktive Potenz ungewöhnlichen Ausmaßes verlieh.

Es liegt auf der Hand, daß die uneingestandene deutsche Niederlage im Ersten Weltkrieg und die daraus fließenden revanchistischen Tendenzen dem Nationalismus der Zwischenkriegsepoche besondere Schubkraft gaben. Ebensowenig entsprangen die für die Gesamtheit des parteipolitischen Spektrums der Republik kennzeichnenden revisionistischen Zielsetzungen, die sich in dem »Kampf« gegen die Kriegsschuldformel des Friedensvertrags von Versailles bündelten, keineswegs einer spontan artikulierten Protesthaltung breiter Bevölkerungsschichten. Es handelte sich vielmehr um eine von langer Hand geplante, aus Mitteln des Auswärtigen Amtes finanzierte und jedenfalls zunächst staatlich gesteuerte Agitationswelle, die auf den Propagandaapparat zurückging, den der demokratische Außenminister Graf Brockdorff-Rantzau ursprünglich zur Verteidigung der deutschen Ansprüche in Oberschlesien aufgebaut hatte, der aber dann dem Kampf gegen den Versailler Vertrag dienstbar gemacht wurde.[2] Was zunächst ein Bestreben des linken Flügels der bürgerlichen Parteien darstellte, mit dem Eintreten gegen Versailles eine zunehmend heterogene Anhangerschaft zu integrieren, nahm schließlich eine Eigendynamik an, die sich gegen den Bestand der Republik selbst richtete. Große Teile der Akademikerschaft arbeiteten, indem sie sich an der Tätigkeit der Arbeitsgemeinschaft deutscher Verbände beteiligten, freiwillig und unfreiwillig der Agitation Alfred Hugenbergs in die Hände, der dadurch weniger die Reparationen als die Republik einschließlich des Reichspräsidenten von Hindenburg auszuhebeln entschlossen war.

Es wäre jedoch ein gröblicher Fehler, wenn man – wie es vielfach von seiten rechtsstehender Apologeten unternommen worden ist – die Mobilisierung nationaler Ressentiments seit den Anfängen der Weimarer Republik bloß oder in erster Linie als Resultat der überschwer erscheinenden Friedensbedingungen begreifen wollte. Sowohl der Zielsetzung wie dem Inhalt nach reichten die von den bürgerlichen Parteien und den hinter ihr stehenden Interessenverbänden verfochtenen nationalen Zielsetzungen über die Revision von Versailles hinaus und richteten sich im Grunde darauf, den Tatbestand des verlorenen Kriegs zu verweigern und die übersteigerten Kriegsziele, die keineswegs nur in der Sicherung der deutschen Mittellage bestanden, in veränderter Form wieder aufzunehmen.

Konsequenterweise waren auch die frühen republikanischen Regierungen – symptomatisch war die Haltung von Reichskanzler Joseph Wirth, der die Aktivitäten der »Schwarzen Reichswehr« mit ins Leben rief, obwohl er sich gleichzeitig zum Anwalt der »Erfüllungspolitik« in Reaktion auf das Londoner Ultimatum der Westmächte machte – nicht bereit, mit dem Westen zu einem wirklichen Ausgleich zu gelangen. Der Kampf gegen die Reparationen und die wirtschafts- und finanzpolitischen Schritte von Reichsregierung und Industrie stellten, auch im Zusammenhang mit der mutwillig verschärften Inflation, eine »Fortsetzung des Krieges mit ökonomischen Mitteln« dar.[3]

Erst mit der Verabschiedung des Dawesplans begann sich dies zu ändern, freilich unter Zurücknahme des im Zeichen der Revolutionsfurcht und des Widerstands gegen alliierte Zumutungen eingegangenen sozialpolitischen Kompromisses der Revolutionsjahre. Aber ein dauerhaftes Einlenken auf dem Boden der gegebenen Tatsachen war dies nicht. Selbst ein Anhänger der Verständigung mit Frankreich wie Gustav Stresemann hielt an spezifisch nationalen Zielsetzungen, gerade im militärpolitischen Bereich, nachdrücklich fest. Die Veröffentlichung des vielzitierten Briefes an den preußischen Kronprinzen, in dem von einer Periode des erzwungenen Finassierens die Rede war, rief 1932 die Empörung der französischen öffentlichen Meinung hervor.[4]

Nicht weniger signifikant als die durchgängige nationalistische Einstellung der politischen und funktionalen Eliten in Weimar war deren inhaltliche Ausfüllung. Kriegsniederlage und kulturelles Krisengefühl gingen darin ein unauflösliches Bündnis ein. Das Erlebnis des Ersten Weltkrieges fungierte als Katalysator, der die Vorkriegsillusionen in das »Traumland der Waffenstillstandsperiode« (Ernst Troeltsch) transportierte. Das Krisengefühl des fin de siècle war bei Kriegsausbruch in eine vitalistisch gefärbte Aufbruchstimmung umgeschlagen, die den Krieg als Selbstbefreiung und Selbstfindung der Nation jubelnd begrüßte und darin die Chance der Aufhebung der sozialen und politischen Konflikte erblickte. Die Niederlage löschte diese Stimmungen nicht aus, gab ihnen jedoch eine introvertierte Note. Was auf den ersten Blick als vorübergehender Überschwang nationaler Stimmungslagen anmutet, entpuppte sich daher bei genauerer Betrachtung als das tragende Leitmotiv des deutschen Nationalismus der Nachkriegszeit.[5]

Die Romantisierung und Ästhetisierung des Krieges fand in der 1914 verfaßten Schrift Max Schelers »Der Genius des Krieges und der Deutsche Krieg« einen ersten beredten Niederschlag. Darin sprach der Philosoph davon, daß der Krieg eine neue natürliche innere Gefühlsgemeinschaft begründe und somit zur existentiellen Eigentlichkeit zurückführe. »Gibt es darum im Laufe der Geschichte«, schrieb Scheler, »eine wahrhaft dauernde Erhöhung des moralischen Status und eine Steigerung der Innigkeit und Tiefe in der Einigung der Menschheit, so sind nicht der Weltfriede, sondern der Krieg und die kumulierten, aus seinen Traditionen und tiefen Erinnerungen fließenden Dauereffekte in der menschlichen Seele die konstruktive Auslösekraft für diese Erhöhung und Einigung«.[6]

Die absurd erscheinende Überlegung, den emotional und rational nicht gebändigten Massenstimmungen des Krieges eigentliche schöpferische Potenz zuzuschreiben und die Wiedergeburt der Nation aus dem Kriege zu postulieren, blieb nicht auf Scheler beschränkt. Dieses als neu und befreiend empfundene Lebensgefühl brach sich schon in den ersten Monaten des Krieges in den »Ideen von 1914« Bahn. Sie erscheinen im Rückblick als ein Pronunciamento des Neukonservativismus und des Neuen Nationalismus, die das politische Denken der Nachkriegsepoche maßgeblich geprägt haben. Johann Plenge, der diesen Ideen beredten Ausdruck verschaffte, erblickte im Deutschtum den »überzeugendsten Träger aller sozialistischen Träume« und betrachtete es als Schlüssel zur Erreichung eines neuen globalen Gesellschaftszustands.[7]

Der Tag des 2. August galt für Plenge als »Fest der Mobilmachung«, als »Fest des inneren Sieges«. Dieser Tag werde, führte er aus, als Tag der »Erneuerung des bedrohten deutschen Volkes zur höchsten Zusammenfassung aller seiner Kräfte« in der Erinnerung fortleben. Sowohl das Volksgemeinschaftssyndrom wie die Idee eines nationalen Aufbruchs waren hier angelegt. Beide werden für den extremen Nationalismus der Zwischenkriegsepoche kennzeichnend sein. Bemerkenswert daran war die Verfestigung der von den an der Kriegszieldebatte beteiligten Professoren postulierten Entgegensetzung wahren deutschen Wesens gegenüber angelsächsischer Händlergesinnung, die zu dem allenthalben vor sich gehenden Kulturverfall maßgeblich beigetragen habe.

Bezeichnenderweise griffen die Ideologen des neuen Nationalismus auf Fichtes Konzeption des Urvolks zurück, aber nicht mehr mit jener kulturellen Füllung, die Gustav Freytag 1871 hervorhob, als er davon sprach, daß die Deutschen dazu bestimmt seien, »Vertreter und Vorkämpfer jedes Fortschritts zu sein, durch welchen die Kultur des Menschengeschlechts von einem Volk zum andern übergeleitet wird«. Nun klang das anders. Vom deutschen Siege wurde nicht nur die Durchsetzung der machtstaatlichen Hegemonie abhängig gemacht, er erschien auch als Grundlage für »eine neue Kulturentwicklung für Europa« überhaupt, wie Plenge vielsagend formulierte. Mit einer heute fatal wirkenden Voraussicht fügte er hinzu: »Wir würden noch in unserem Untergang die Hoffnung Europas geblieben sein, wenn das Unmögliche geschehen wäre und wir verloren hätten«. Denn, so argumentierte er, »der innere Zusammenbruch, der durch die Auflösung ihrer politischen Verhältnisse alle unsere Gegner bedroht, wäre nur mit dem deutschen Gedanken zu überwinden«.[8] Die Idee, daß die Welt nur am deutschen Wesen genesen könne, kehrte in der Wendung wieder, daß allein der »deutsche Gedanke« den bankrotten Individualismus der Aufklärung und die »zerstörende Befreiung« durch die Ideen von 1789 zu überwinden vermöge.

Formulierungen dieser Art liegen an der Schnittstelle des alten idealistisch überhöhten Nationalismus des 19. und des als neu deklarierten Nationalismus des 20. Jahrhunderts. Das Programm der nationalen Regenerierung, der Überwindung der inneren Gegensätze und Klassenspannungen, des Materialismus und des Absturzes in westlichen Konsum, das nach der uneingestandenen Niederlage von 1918 sich aufs engste mit dem gegen Versailles gerichteten Revisionismus verband, war hier bereits voll ausgefaltet.

Das Syndrom des 4. August wurde nun in die Phase des Novemberumbruchs verlagert, die militärische Katastrophe zur notwendigen Durchgangsstufe der Selbstfindung der Nation umdefiniert. So formulierte Franz Schauwecker, daß Deutschland den Krieg verlieren mußte, um sich selbst zu finden.[9]

Der nationale Erneuerungsmythos, der mit dem Kriegserlebnis zum Syndrom der alle bisherigen Gegensätze einschmelzenden »nationalen Erhebung« gerann, muß vor dem Hintergrund der verbreiteten Zivilisationskritik des ausgehenden Jahrhunderts, aber auch der tiefsitzenden Existenzangst der bürgerlichen Ober- und Mittelschichten gesehen werden, die sich durch das Anwachsen der unterbürgerlichen Schichten und den zunehmenden Verlust angestammter sozialer Privilegien tödlich bedroht sahen. Zu den Symptomen des Kulturbruchs schien die Überbevölkerung, die Verbreitung von Erb- und Geisteskrankheiten, die materielle Begehrlichkeit der Massen zu gehören. Dieser Kulturpessimismus – Fritz Stern prägte dafür die Formel von der cultural despair[10] – und diese Furcht des Niedergangs der europäischen Zivilisation überhaupt gingen eine enge Verbindung ein mit dem Syndrom der Rolle der Deutschen als Retter des Abendlandes aus von westlicher Händlergesinnung, materialistischem Kapitalismus und frivolem Individualismus verursachtem gesellschaftlichen Zerfall und kultureller Sterilität.

Ein signifikantes Beispiel für diese Mentalität, in die rassische Komponenten eingingen, stellt das Denken Gottfried Benns dar, der in einer schmählichen Entgegnung auf die Kritik Heinrich Manns die Umwälzung vom 30. Januar 1933 mit dem Argument rechtfertigte, es gehe dabei »um eine neue Vision von der Geburt des Menschen,« geradezu »um die letzte großartige Konzeption der weißen Rasse, vielleicht um eine der großartigsten Realisationen des Weltgeistes überhaupt«.[11] Einer wenig späteren Äußerung zufolge bezeichnete er Hitlers Machtergreifung als »den letzten Versuch, ein Volk zu regenerieren«, und fügte die bezeichnende Wendung hinzu: »Ich weiß nicht ob die angewandten Methoden richtig sind, das bezweifle ich sogar, aber ein bewundernswerter Wille ist doch da«.[12] Damit enthüllte er, daß seine Ideengänge einer voluntaristischen Setzung, einer Flucht vor einem Relativismus der Werte entsprangen. Die dezisionistische Formalisierung politischer und anthropologischer Werthaltungen, wie sie bei Benn anzutreffen war, besaß für den extremen Nationalismus der Weimarer Jahre konstitutive Bedeutung.

Ebenso blieb das Syndrom einer bevorstehenden nationalen Wiedergeburt für die Wortführer des Weimarer Nationalismus bestimmend, häufig in der Variante, daß erst die Niederlage zur inneren Regenerierung der Nation geführt habe. Arthur Moeller van den Bruck machte den Sozialdemokraten expressis verbis zum Vorwurf, den Krieg (und damit die Revolution) verloren zu haben, weil die von ihnen betriebene (November-) Revolution keine »deutsche Revolution«, sondern eine westliche, parlamentarische gewesen sei und daher die Deutschen auf dem Weg zur nationalen Selbstfindung nur zurückgeworfen habe.[13] Dies mündete in die Vorstellung der überfälligen »deutschen« Revolution.

In eben diesem Sinne argumentierte Hans Zehrer, als er im März 1932 in einem Beitrag in der von ihm herausgegebenen Monatsschrift *Die Tat* den »Sinn der Krise« auszuloten versuchte: »Hätten wir nach dem vierjährigen Blutbad des Weltkrieges noch die Kraft und die Bereitschaft zur wirklichen Revolution gehabt, so besäßen wir die Volksgemeinschaft bereits seit dem November 1918.« So sei die deutsche Revolution »auf die Jahrzehnte gestreckt« und befinde man sich mitten darin.[14] Die nationalrevolutionären Hoffnungen von 1914 und 1918 wurden somit auf die Endkrise der Republik projiziert. Es nimmt nicht wunder, daß Joseph Goebbels mit der Propagierung der »nationalen Erhebung« diese neokonservativ gefärbten Visionen eines säkularen Neuanfangs auf die nationalsozialistischen Mühlen leitete.

Zugleich schien die Zauberformel des »preußischen Sozialismus«, die Oswald Spengler propagierte und die unmittelbar an die Ideen Plenges und die Idealisierung des kriegswirtschaftlichen Systems Deutschlands anknüpfte, einen Ausweg aus dem tristen Alltag des Weimarer Parlamentarismus anzubieten. Die Projektion einer »klassengelösten« Gesellschaft in den friderizianischen Staat war eine kühne Fiktion, die sich gleichwohl der Stilisierung des

Preußenbilds durch die borussischen Historiker einschließlich Otto Hintzes abstützen konnte.[15] Sie hatte einen extremen und zugleich visionären Nationalismus zur Grundlage, und sie postulierte ganz im Sinne Plenges, daß die Verwirklichung dieses »Deutschen Gedankens« sowohl für die einstweilige Bewahrung der abendländischen Zivilisation unentbehrlich sei als auch mit innerer Notwendigkeit eine deutsche Weltmachtstellung zur Folge haben werde. Die klassischen Merkmale des überhöhten deutschen Nationalismus, die stets auf das deutsche Amalgam von Geist und Macht abstellten, waren hier voll sichtbar.

In der Formel des »nationalen Sozialismus« stellten Moeller van den Bruck und die zweite Phalanx neokonservativer Autoren die Alternative zum gescheiterten marxistischen Sozialismus, der nur als eine allerdings fatale Spielart des überwundenen Liberalismus betrachtet wurde, den Weg zu »einer neuen Weltordnung« heraus, die »nach dem Willen der Weltgeschichte berufen ist, im Zeitalter der Technik, der Überbevölkerung und des von allen Völkern verlorenen Weltkrieges die Lebensordnungen des neunzehnten und achtzehnten Jahrhunderts, die Demokratie, den Liberalismus und den Parlamentarismus abzulösen«.[16] Von dieser Frontstellung aus mußte die Weimarer Republik notwendigerweise als Fehlentwicklung, als bloße Übergangsstufe begriffen werden, die allenfalls dazu dienen konnte, daß sich die nationalen Kräfte unter der Tarnkappe der Republik neu formierten, wobei freilich strittig war, ob diese Regenerierung sich in einem Zusammengehen mit der Sowjetunion oder in scharfer Abgrenzung von ihr vollziehen sollte.

In diesem Zusammenhang gewann Moeller van den Brucks Lehre vom »Recht der jungen Völker« eine nicht zu unterschätzende Popularität, wie überhaupt die Stilisierung des Jugendmythos für die Formierung des Neuen Nationalismus der Weimarer Jahre kennzeichnend war. Die Vorstellung, daß die »junge Generation«, unbelastet von den Bürden des Materialismus des 19. Jahrhunderts, die nationale Erhebung vollziehen und den Weg zur kulturellen Neuformung gehen werde, war weit verbreitet.[17] Hans Zehrer warnte die Jungen 1929 geradezu davor, sich in den Kampf der untergehenden Parteien zu verstricken, wenn er die Parole ausgab:

»Achtung! Junge Front, draußen bleiben!«.[18] Ähnlich träumte Ernst Günther Gründel von einer vierten Front, die unter der Herrschaft der jungen Generation das Übergangsgebilde der nationalen Diktatur ablösen würde.[19]

Die Frontstellung dieses Neuen Nationalismus gegen die Republik ist unübersehbar, und nur gelegentlich gab es kompromißhafte Formen, wie dies für den Jungdeutschen Orden galt, der als Volksnationale Reichsvereinigung 1932 ein Bündnis mit der Deutschen Staatspartei einging, das alsbald wieder gelöst wurde.[20] Im übrigen vollzog sich der Aufmarsch dieses Nationalismus außerhalb der etablierten Parteien, die er freilich über die Presse der rechtsbürgerlichen Verbände – des DHV, des Stahlhelms und der dem Herrenclub nahestehenden Organe – ideologisch durchdrang. Die autoritären Züge treten in der folgenden Äußerung Friedrich Georg Jüngers von 1931 klar zutage: »Der Weg zu einer politischen Festigung im Innern, zu einem geschlossenen Einsatz nach außen hat ein bestimmtes Ziel – die Einheit von politischer Führung und Gefolgschaft, die Einheit von Staat und Nation. Diese aber beruht auf zwei bedeutenden Momenten: auf der Nationalisierung des Staates und der Verstaatlichung der Nation. Die unmittelbare Darstellung der Nation durch den Staat und die politische Führung macht jede Mittlerrolle, jede Einschiebung parlamentarischer Körperschaften überflüssig. Ein solcher Staat, der zum ersten Male in der deutschen Heeresorganisation im Weltkriege einen vorbildlichen Ausdruck fand, gibt dem Staate wie der Nation einen absoluten Sinn und eine absolute Dynamik«.[21] Diese Äußerung zeigt, wie wenig sich die semantische Struktur des Neuen Nationalismus mit dem Eintritt in die Phase der Weltwirtschaftskrise verändert hatte.

Ob nun die Staatsidee preußischer Observanz, wie bei den Anhängern Spenglers und Moeller van den Brucks, oder der Volksgedanke, wie bei Othmar Spann in Kombination mit der Reichsidee, Wilhelm Stapel mit deutlich antisemitischer Färbung oder den Grenzlandideologen um Max Hildebert Böhm und Giselher Wirsing, gegen die Republik ins Feld geführt wurde, für alle blieb die Idee des nationalen Führertums verbindendes Moment. Das Liebäugeln mit dem Führergedanken entsprang dem Bestreben, die identitätsphilosophische Setzung der Einheit von Volk und Staat politisch zu realisieren.

Kennzeichnend für diese Funktion des Führergedankens – Moeller van den Bruck sprach vom »Mittel zum Zweck der Nation«[22] – war ein Beitrag Hans Zehrers vom Oktober 1931, in dem er den Ruf der Nation unmittelbar mit dem Führerprinzip verband: »Wir wollen uns doch nichts vormachen«, hieß es da, »wenn das erste scharfe, aber gerechte Kommandowort in das deutsche Volk hineinfahren würde, würde sich dieses Volk formieren und zusammenschließen, es würde einschwenken und marschieren, und es würde befreit aufatmen, weil es den Weg wieder wissen würde«. Denn – so führte Zehrer fort: »Da dieser Führer, von welcher Seite er auch immer kommen mag, nur national sein kann, so wird sein Weg der richtige sein, weil es der Weg der Nation ist«. In einer solchen Situation werde die Ordnung des Liberalismus als »dumpfe Knechtschaft« wahrgenommen werden, weil die neue Ordnung die Fragen des Warum, des Wofür und des Wie beantworten wird, die der Liberalismus nicht beantworten konnte.[23]

Eindrucksvoller läßt sich die Flucht deutscher Intellektueller aus dem Wertrelativismus in den identitätsphilosophisch abgestützten Mythos der Nation nicht darlegen, der im Marschtritt der braunen Bataillone (fragwürdige) Gestalt annehmen sollte. Die Zuspitzungen, die der Neue Nationalismus im neokonservativen Denken erfuhr, dürfen nicht darüber hinwegtäuschen, daß es sich um eine breite ideologische Strömung handelte, die bis in den rechten Flügel der SPD hineinreichte und der sich sogar die KPD trotz ihres formellen Internationalismus mit dem Programm zur nationalen und sozialen Befreiung des deutschen Volkes anpaßte. Schon die Krise vom Spätherbst 1923 nutzte die KPD für eine Mobilisierung nationalistischer Ressentiments.[24] Die emotive Schubkraft lag gerade nicht bei dem völkisch-antisemitischen Nationalismus, der gutenteils vom Alldeutschen Verband lanciert und protegiert wurde. Vielmehr gelangte der organisierte Antisemitismus in Form des Deutschvölkischen Schutz- und Trutz-Bundes, der 1922 verboten wurde, nicht über einen begrenzten Anhängerkern von allenfalls 200.000 Mitgliedern hinaus und vermochte seine sektiererischen Züge nicht abzustreifen. Auch die völkisch-antisemitische Agitation der von der DNVP absplitternden Deutsch-Völkischen Freiheitspartei, die 1925 in der NSDAP aufging, besaß allenfalls marginale Bedeutung.[25]

Desgleichen zeigte sich der traditionelle Nationalismus konservativer Prägung, repräsentiert durch die DNVP Kuno Graf Westarps, die hohe Beamtenschaft, das Offiziers-Korps sowie die industrielle und agrarische Führungsschicht nicht in der Lage, größere politische Mobilisierungen auszulösen, obwohl Alfred Hugenberg systematisch bestrebt war, eine breite Bewegungspartei zu schaffen und die Methoden der NSDAP zu imitieren. Die Propaganda der bürgerlichen Rechten prägte das durchweg nationalistische Klima der Weimarer Republik, und sie schürte den autistischen Grundzug dieses Nationalismus, der gutenteils zu innenpolitischen Zwecken mobilisiert wurde.

Entscheidende politische Sprengkraft ging jedoch von den nationalen Aufbruchsmythen aus, die sich in unterschiedlicher Spielart im Irrgarten rechtsgerichteter Bünde, Verbände, der Ringbewegung, der zeitgenössischen intellektuellen Publizistik antreffen lassen. Den Varianten des Jung- oder Neokonservativismus, des »Soldatischen Nationalismus«, der Nationalbolschewisten, der Verfechter des Reichsgedankens war die Vision eines grundlegenden Neubaus von Staat und Gesellschaft in nationalem Sinne gemeinsam. Daher spricht vieles dafür, den zeitgenössisch von Edgar Julius Jung und Ernst Jünger propagierten Begriff des »Neuen Nationalismus« als Sammelbezeichnung zu übernehmen.[26] Von den älteren nationalistischen Strömungen unterschied sich diese Spielart durch eine betonte Abwendung vom liberalen Prinzip der Öffentlichkeit, die sich auch in der Bevorzugung bündischer oder ordensähnlicher Organisationsformen ausdrückte und am prononciertesten in der Ringbewegung entgegentrat. Formal zeichneten sich diese ideologischen Strömungen durch die emphatische Politisierung bloßer Affekte aus wie in Ernst Jüngers »Kampf als inneres Erlebnis« oder Wilhelm Stapels Formel vom »Reich als metaphysische Aufgabe«. Ihre Ideengänge mündeten durchweg in die Vorstellung vom Kampf als Selbstzweck. »Alle Vielheit der Formen vereinfacht sich zu dem einen Sinn: dem Kampf«, schrieb Jünger 1922.[27] Dies war weniger im sozialdarwinistischen Sinn gemeint, sondern wurde als Prozeß innerer »Läuterung« (Ernst von Salomon[28]) und als Wertstiftung begriffen, wie sie Max Scheler den »moralischen Daueraffekten« des Krieges zugeschrieben hatte.

Die Faszinationskraft der neuen Nationalismen lag nicht zuletzt darin, daß sie die Positionsunterschiede zwischen links und rechts verflüssigten und versprachen, den Gegensatz von nationaler Idee und Sozialismus aufzuheben. Mit dem Schlagwort der »Entbürgerlichung der Nation« (Giselher Wirsing[29]) suchte man sich zugleich vom Nationalstaat des 19. Jahrhunderts zu lösen. Edgar Jung sah in ihm ein bekämpfenswertes westliches Prinzip, das sich vom Boden eines unverbildeten Volkstums abgelöst habe. Mit der Beschwörung von Volkstum und Reichsgedanken in einem knüpfte er in Anlehnung an Othmar Spann an die älteren Mitteleuropaideen wieder an. Dahinter verbarg sich das Konzept der intellektuellen und politisch-strukturellen Führungsmission der Deutschen, die alle jene Eigenschaften besaßen, um zum künftigen Weltvolk aufzusteigen.

Statt des Hakatismus der Vorkriegsperiode predigte man nun die Idee einer (gegen den Westen gerichteten) »deutsch-slawischen Schicksalsgemeinschaft«. Diese Gedankengänge liefen auf einen verdeckten Imperialismus hinaus, dessen östliche Stoßrichtung sich in der Idealisierung der »Grenzlandarbeit« und der Vision der Erneuerung der Nation auf kolonialem Boden niederschlug. Das betraf selbst so republiktreu erscheinende Initiativen wie die schlesische Arbeitslagerbewegung Rosenstock-Huessys.[30] Bei Max Hildebert Böhm implizierte der Rekurs auf »Das eigenständige Volk« eine Relativierung bestehender Grenzen. Es hieße die Urgesetze allen Volkslebens zu übersehen, formulierte er mit bedrohlicher Ambivalenz, »wenn man auch zwischen Volk und Volk den status quo irgendeines Stichtags verewigen« wollte.[31]

Die politische Semantik des Neuen Nationalismus zeichnete sich somit durch eine systematische Unübersichtlichkeit, eine Verwischung der Fronten und eine Umpolung tradierter politischer Normen aus. Das galt keineswegs nur für die mit dem Begriff der »Konservativen Revolution« umschriebenen Autorengruppen und die mit ihnen vernetzten Verbände. Auch bei den Abspaltungen auf der Linken, ob es sich um den Internationalen Sozialistischen Kampfbund Leonhard Nelsons oder die Gruppe der Neuen Blätter für den Sozialismus handelte, gab es Vergleichbares. Entscheidend aber war, daß die bürgerlichen Parteien bis weit in die DDP/Staatspartei hinein der Verteufelung des parlamentarischen Systems als Verleugnung der deutschen Staatsidee Tribut zollten und der ideologischen Entwertung der bestehenden Verfassungsordnung nichts entgegenzusetzen hatten. Anders als die Nationalsozialisten waren die Propagatoren des Neuen Nationalismus Gegner politischer Organisation. Sie gedachten, die politischen Verbände durch teils berufsständische, teils personalistische Formen zu ersetzen, die sie als natürliche Ordnungen betrachteten. Sie leugneten, daß die Wahrnehmung von Interessen den Ausgangspunkt aller Politik darstelle, sondern erblickten darin deren Verfall.

Folgerichtig setzten sie nicht auf die Kraft individuellen und kollektiven politischen Handelns, sondern vertrauten auf den Gang der Geschichte. Sie blieben Gesinnungsrevolutionäre, fehlgeleitete Idealisten, die von der automatischen Umsetzung ihrer Ideen träumten. Bei ihnen war die Rede abzuwarten, bis die Zeit reif sein würde und »alle zerstreuten Oppositionskräfte sich unter einer höheren Führung zusammenfinden«.[32] Sie gaben sich aus einem gefährlichen Wunschdenken heraus dem Glauben hin, die NSDAP auf bloße Geburtshelferdienste beschränken zu können, um den epochalen Prozeß der Entledigung vom bürgerlichen Ballast des 19. Jahrhunderts zu vollenden und die Verschmelzung von nationalem und sozialem Prinzip herbeizuführen. Sie träumten davon, das eine von der jungen Generation gebildete vierte Front das »dritte Reich« ablösen und den Durchbruch zur neuen Gesellschaft bringen werde.[33]

Der Nationalsozialismus machte sich diese visionäre Erwartungshaltung breiter bürgerlicher Eliten zunutze. Unter Berufung auf die Einheit der »nationalen Erhebung« vermochte er die konservativen Koalitionspartner mühelos zu neutralisieren und einen gesellschaftlichen Gleichschaltungsprozeß ohne Beispiel in Gang zu setzen. Oswald Spengler und Edgar Julius Jung erkannten früher als andere Parteigänger des Neuen Nationalismus, daß Hitler das Gegenteil des ersehnten cäsaristischen Führers, die entstehende nationalsozialistische Diktatur alles andere als die erstrebte Herrschaft der Besten und vom Ende der Parteiherrschaft keine Rede war.[34] Edgar Jung versuchte vor dem 30. Juni 1934 die Ziele der »deutschen Revolution« bei dem neuen Regime einzuklagen. Er zahlte mit seinem Tode dafür.[35] Die »nationale« Erhebung, die nur vor dem Hintergrund des seit 1914 variierten Wiedergeburtssyndroms ihre Sogwirkung entfalten konnte, entledigte sich ihrer Bannerträger. Im weiteren Sinne gehörten auch Otto und Gregor Straßer zu ihnen.[36]

Hitler selbst und die Goebbels'sche Propaganda bedienten sich ungeniert der Versatzstücke des Neuen Nationalismus. Sie scheuten sich nicht, den Nationalsozialismus als einzige Alternative zu bürgerlichem Zerfall und zur Zivilisationskrise zu stilisieren. Sie stellten jedoch nicht die zersetzenden Einflüsse des westlichen Materialismus und nicht die Gefährdung der weißen Rasse durch die Expansion der Dritten Welt, sondern Bolschewismus und Judentum in den Vordergrund. Gleichwohl benutzte Hitler dieselbe Diktion, wenn er etwa in seiner Rede vor Parteifunktionären in Sonthofen am 23. November 1937 hervorhob, die Deutschen würden einmal als »vorherrschende weiße Macht und Rasse« aufsteigen. Sie hatten schon einmal »große europäische Lebensräume zivilisiert und kultiviert«.[37] Die Vision einer deutschen Herrschaft über weite Teile Mittel- und Osteuropas, die Hitler in dieser Rede entfaltete, war durch die Propagierung des Reichsgedankens ideologisch vorbereitet. All das endete in der Chimäre jener gigantischen ethnischen Flurbereinigung, die Heinrich Himmler unter dem Stichwort des »Generalplans Ost« in Gang setzen ließ und die zur Umsiedlung von mehr als 51 Millionen Menschen in Europa führen sollte.[38] Dies war weit entfernt von den Spekulationen der Wortführer des Neuen Sozialismus in Weimar. Sie aber legten den Grund für eine Politik der entleerten Begriffe und der Preisgabe der Vernunft.[39]

Generationskonflikt und Jugendrevolte in der Weimarer Republik

Die Ereignisse von 1968 an vielen westlichen Universitäten haben das Interesse der sozialwissenschaftlichen Forschung verstärkt auf die Erforschung intergenerativer Konflikte gelenkt.[1] Im letzten Jahrzehnt hat sich im Anschluß an Ronald Ingleharts *The Silent Revolution* eine Schule von Politik und Sozialwissenschaftlern eingehend dem Einfluß des Generationswechsels auf politische Partizipations- und Oppositionsbereitschaft gewidmet.[2] Auf der Grundlage umfassender statistischer Materialien strebt sie einen transnationalen Vergleich des Einflusses der Generationsproblematik auf die politische Willensbildung an. Der Kern der Inglehartschen These besteht in der Annahme, daß in »affluent societies« eine mit dem Generationswechsel korrelierende Neigung zur Betonung »immaterieller Werte« und damit ein erhöhtes jugendliches Protestpotential zu entstehen pflegt.[3]

Die Geschichtswissenschaft hat hingegen die Rolle intergenerativer Spannungen und Konflikte nur ausnahmsweise beachtet. Robert Wohls Pionierarbeit über *The Generation of 1914* (1978) stellt die erste umfassende Analyse dieser Problematik für die Phase der Zwischenkriegszeit dar, wobei Wohl die Entwicklung in England, Frankreich, Deutschland und Italien vergleicht.[4] Er gelangt zu dem Ergebnis, daß es in den genannten Ländern schon vor 1914, aber verstärkt durch die Erfahrungen des Ersten Weltkriegs eine spezifische Jugendideologie gegeben hat, die ausgeprägte Spannungen zwischen Teilen der nachwachsenden Jugend und der erwachsenen Bevölkerung spiegelte. Indessen erblickt Wohl in der Heraushebung der »Generation von 1914« und der virtuellen Revolte der jüngeren Altersgruppen im wesentlichen ein Produkt bürgerlicher

Intellektueller und Schriftsteller. Er neigt dazu, den Generationskonflikt der Weimarer Jahre als eine schichtenbezogene Protesthaltung auf der literarischen und intellektuellen Ebene, nicht als eine die Gesamtgesellschaft kennzeichnende Erscheinung zu halten.[5]

Bei allem Respekt vor der methodisch behutsamen und sorgfältig vorgenommenen Analyse Wohls gibt es jedoch eine Reihe von Indikatoren, die darauf hindeuten, daß der Generationskonflikt, jedenfalls im Weimarer Deutschland, eine über einzelne gesellschaftliche Schichten und Berufsgruppen hinausreichende Erscheinung darstellt, die offensichtlich den politischen Prozeß wesentlich mitgeprägt hat und deren sozioökonomische und soziokulturelle Erforschung dazu beitragen kann, tiefer liegende Ursachen für die Strukturkrise des Weimarer politischen Systems aufzudecken. Deshalb scheint es sich zu lohnen, diesem Aspekt besondere Aufmerksamkeit zuzuwenden, wobei auch hervorzuheben ist, daß bei vergleichbaren Ansätzen vor allem in Italien und Frankreich die öffentliche Debatte über die Generationsfrage und deren Instrumentalisierung durch rechtsextreme Protestbewegungen eine fundamentale Rolle für das sich wandelnde gesellschaftliche Bewußtsein in Deutschland gespielt haben.

Nun wird die ziemlich mechanistische und zu monokausalen Erklärungsversuchen tendierende Methode der Inglehart-Schule wohl kaum für die Analyse der Weimarer Republik fruchtbar gemacht werden können, abgesehen davon, daß die Betonung »immaterieller Werte« durch die jüngere Generation schwerlich darauf zurückgeführt werden kann, daß sie in einer Periode ökonomischen Überflusses sozialisiert worden wäre; denn die in der Phase nach 1928 kulminierende Welle des Jugendprotests entwickelte sich in einer Gesellschaft, die seit 1914 unter starkem wirtschaftlichen Druck stand und insbesondere seit der Inflationszeit ökonomisch im wesentlichen stagnierte. Vielmehr wird man auf die Anregungen zurückgreifen, die Karl Mannheim in seiner zeitgenössischen Analyse des Generationsproblems vorgelegt hat.[6] Seine Unterscheidung von »Generationslagerung«, »Generationszusammenhang« und »Generationseinheit« hebt hervor, daß Generationskonflikte an einen einheitlichen sozio-kulturellen Raum gebunden sind, daß sie unterschiedliche Reaktionen auf gemeinsam erfahrene innovative Herausforderungen darstellen und daß unter bestimmten Bedingungen diejenigen Angehörigen einer Generation, die aktiv auf sozio-kulturellen Wandel reagieren, eine inhaltliche Grundmentalität entwickeln, die sowohl soziale Interessenlagen wie politische Lagerzugehörigkeit übergreift.

Generationen in diesem Sinne sind nicht einfach unter bestimmten Gesichtspunkten zusammengefaßte Alterskohorten und sind daher keine statistisch erfaßbaren Größen. Es handelt sich um Gruppen, deren subjektive Identität sich wesentlich aus dem Bewußtsein eines Gegensatzes zu den Älteren, zur Vätergeneration, konstituiert. In gesellschaftlichen Normallagen vollzieht sich dieser Generationswechsel unmerklich, sofern man ihn nicht beim konkreten Individuum und dem individual-biographisch faßbaren Vater-Sohn- oder richtiger Eltern-Kinder-Konflikt aufsucht. In Perioden eines beschleunigten sozialen und politischen Wandels, vor allem beim Auftreten revolutionärer Zäsuren, die eine Umschichtung des gesellschaftlichen Bewußtseins hervorrufen, pflegt sich der individuelle Generationskonflikt zu einem gesamtgesellschaftlich relevanten Spannungsverhältnis zu verdichten. Grundlage dafür ist, daß die politische Sozialisation, der man prägende Kraft für die gesellschaftlichen Grundeinstellungen des zukünftigen Erwachsenen zuschreibt, unter typisch unterschiedlichen gesamtgesellschaftlichen Bedingungen erfolgt. Der Erste Weltkrieg ist eine solche Zäsur. Die Einstellungen derer, die ihr politisches Weltbild vor 1914 gewonnen haben, scheinen in aller Regel anders zu sein als die derjenigen, die unter den düsteren Bedingungen der Kriegs- und Nachkriegsjahre aufgewachsen sind.

Diese Form intergenerativer Spannung ist durch einen objektiv faßbaren soziokulturellen Prozeß maßgeblich verstärkt worden, der einerseits auf den raschen sozialen und technologischen Wandel insbesondere in der Periode der Hochindustrialisierung, andererseits auf die Entdeckung der Eigenständigkeit des Jugendalters zurückgeht. Letztere erfolgt jedoch nicht zufällig. Die fortschreitende arbeitsteilige und technisierte Industriegesellschaft erzwang die Verlängerung des für Erziehung und die Ausbildung beruflicher Fertigkeiten notwendigen Lebensabschnittes. Die Zunahme der durchschnittlichen Lebenszeit verstärkte die Spannung zwischen der Erfahrungswelt der Jugend und derjenigen des Alters. Technischer Wandel verhinderte, daß die Fertigkeiten der Väter unmittelbar den Söhnen tradiert werden konnten; sie erwiesen sich zunehmend als wertlos angesichts wechselnder Berufsbilder und Ausbildungsanforderungen. Die durch die Industrialisierung ausgelöste Binnenwanderung trennte die Jugendlichen frühzeitig von der Familie. Schule und Lehrlingszeit drängten letztere als dominanten Sozialisierungsfaktor zurück.[7]

Neben der rasch anwachsenden Binnenwanderung ist für Deutschland auch die ausgeprägte Überrepräsentation von Jüngeren in den entstehenden urbanen Zentren zu berücksichtigen, die noch verstärkt wird durch den demographischen Faktor eines überproportionalen Bevölkerungswachstums seit dem Beginn der siebziger Jahre des 19. Jahrhunderts, das sich in einer deutlichen Verjüngung der Gesamtbevölkerung niederschlug.[8] Diese Entwicklung, die in besonderem Maß bei der Industriearbeiterschaft zu beobachten ist, blieb nicht ohne Auswirkung auf die organisierte Arbeiterbewegung. Sie entwickelte teils neue Agitationsformen, teils war sie mit einer neuartigen Militanz jüngerer, meist nicht organisierter Arbeiter konfrontiert. Sozial gesehen schlug sich dies im Lehrlingsproblem nieder, das in Deutschland den Ansatzpunkt für die um die Jahrhundertwende entstehende sozialistische Jugendbewegung bildete.[9] Es war bezeichnend, daß die Forderung der Arbeiterjugend nach politischem Mitspracherecht von den Funktionären der SPD und der Freien Gewerkschaften mit Mißtrauen aufgenommen wurde. Das Reichsvereinsgesetz von 1908 verhalf ihnen, die aufbegehrende Jugend weitgehend zu domestizieren, die zu politischer Radikalität – nach links *und* nach rechts – und zu einem vom Parteiapparat mißtrauisch betrachteten Aktivismus neigte.

Das Hervortreten des Jugendproblems in der spätwilhelminischen Gesellschaft spiegelt sich in erster Linie in der Entstehung der bürgerlichen Jugendbewegung, aber auch in dem neuartigen Tatbestand, daß die Gewinnung der jüngeren Generation von den Parteien als notwendige Aufgabe empfunden wurde und politische Jugendverbände, darunter der zur Stärkung der Wehrkraft dienende Jungdeutschlandbund, der 1914 rund 750.000 Mitglieder zählte, begründet wurden.[10] Das Schlagwort vom »Kampf der Parteien um die Jugend« entstand nach der Jahrhundertwende.[11] Auch in der einsetzenden Jugendpflege und in ersten Bemühungen um eine Jugendgesetzgebung zeigte sich, daß die Jugend als gesellschaftlicher Faktor wirksam und als solcher von der Öffentlichkeit erkannt worden war.[12] Parallel dazu vollzog sich der Durchbruch der Reformpädagogik, mit Vorläufern, die in das erste Drittel des 19. Jahrhunderts zurückreichen; die Erziehung zur Individualität wurde von ihr einer bloßen gesellschaftlichen Anpassung und Traditionsstiftung vorangestellt.

Die bürgerliche Jugendbewegung, die eine spezifisch deutsche Erscheinung darstellt und mit der starken idealistischen Überformung der Mittelschichten durch die bildungsbürgerliche Tradition zusammenhängt, ist ein Indikator für eine tendenzielle Loslösung der jüngeren Generation von den dominanten gesellschaftlichen und politischen Verhaltensformen der spätwilhelminischen Gesellschaft. Der Zusammenhang mit der gleichzeitigen Lebensreformbewegung, der Lebensphilosophie, dem Neokantianismus, der Nietzschen Kulturkritik, die indirekt Rousseaus Naturkult neubelebte, des Jugendstils, der seinen Namen der Fidusschen Zeitschrift *Die Jugend* verdankte, ist unverkennbar. Gewiß blieb die Jugendbewegung, die sich aus Gymnasiasten und Studenten großbürgerlichen Hintergrunds rekrutierte, eine sozial gesehen esoterische Gruppe. Ihre Abkehr von der Wilhelminischen Sekurität, vom Fortschrittsglauben einer als mechanisch empfundenen bürgerlichen Zivilisation, ihre deutliche Absetzung von autoritären und militärischen Tendenzen der Epoche und ihre Betonung individualistischer Werte gaben ihr jedoch eine unbestreitbar emanzipative Funktion, obwohl es sich zugleich um eine partielle Fluchtbewegung vor der politisch-sozialen Realität handelte.[13]

Die in der Hohen Meißner-Formel als gemeinsame Zielsetzung enthaltene Forderung nach einer Autonomie der Jugend gegenüber der Erwachsenenwelt, unter dem Einfluß Heinrich Wynekens sogar nach einer eigenständigen Jugendkultur, deutete auf eine neuartige generative Bewußtseinslage. Unter dem Einfluß von Zivilisationskritik und Lebensreform setzte sich hier die Vorstellung eines »Aufbruchs« der jungen Generation zur Schaffung einer neuen Gesellschaft durch, die an die Stelle des Kampfes der Interessen und der materiellen Wertorientierung eine Grundübereinstimmung des Lebensgefühls und eine von idealistischen Werten geprägte Gemeinschaft setzte. Dieser Rekurs auf die deutsche »Innerlichkeit« war ein Ausdruck des bildungsbürgerlichen Kulturkonflikts, der sich in den philosophischen Schriften Diltheys, Simmels und Natorps und in der Soziologie von Toennies und Max Weber spiegelte. Er entsprang dem Widerspruch zwischen dem tradierten und zugleich formalisierten idealistischen Normenkatalog und der faktischen Anpassung des Bürgertums an materielle und militärische Statuskriterien.[14]

Durch das Kriegserlebnis von 1914 und die Erfahrungen im Weltkrieg ist diese Bewegung einerseits gesteigert, andererseits vielfältig gebrochen worden. Die jugendbewegten Kriegsfreiwilligen, die durch den Feldwandervogel den Zusammenhang untereinander zu bewahren bestrebt waren, sahen sich mit einer Wirklichkeit konfrontiert, die mit den »hehren« Menschheitsidealen, die die Ideologen der Ideen von 1914 propagiert hatten, nichts gemein hatte. Die vielgelesene Schrift von Walter Flex *Der Wanderer zwischen beiden Welten* drückte die tiefe Identitätskrise der Frontgeneration aus, die sich von der unwahren Phraseologie des Wilhelminismus abgewandt hatte und im Fronterlebnis gerade nicht die Erfüllung ihrer Sehnsucht nach Gemeinschaft jenseits sozialer und militärischer Ränge fand. Die spätere Heroisierung des »Kriegserlebnisses« in den Schriften Ernst Jüngers, Franz Schauweckers und vieler anderer entsprach keineswegs der ernüchternden und deprimierenden Erfahrung in den Schützengräben des Ersten Weltkrieges.[15]

Der Krieg hätte die Erwartungen eines grundlegenden sozialen und kulturellen Wandels gerade bei der jüngeren Generation in euphorische Dimensionen gesteigert. Die Ansprüche, die sich mit der »Burgfriedens«-Propaganda, mit der Beschwörung des »preußischen Sozialismus« und der Inaussichtstellung einer wahrhaft »nationalen Volksgemeinschaft« verbanden, wurden jedoch nicht eingelöst. Die Jugend reagierte darauf mit Verbitterung und Enttäuschung, zugleich aber mit der Überzeugung, daß es die Aufgabe der jungen Generation sei, eine grundlegende gesellschaftliche Erneuerung herbeizuführen.[16] Ideen dieser Art waren weit verbreitet. Moeller van den Brucks Schrift vom *Recht der jungen Völker* reflektierte dies ebenso wie das übrige neokonservative Schrifttum, in dem der Mythos der Jugendlichkeit breiten Raum einnahm.[17]

An die Stelle der apolitischen Haltung der Vorkriegsjahre trat ein stärkeres politisches Engagement der nun von jüngeren Jahrgängen, die in unterschiedlichen politischen Lagern standen, geführten Jugendbewegung. Der Zusammenbruch vom November 1918 wurde von ihnen als Chance eines Neuaufbaus bejaht. Im »Traumland der Waffenstillstandsperiode«, wie Ernst Troeltsch diese Phase genannt hat[18], verknüpfte sich die Ablehnung der Vorkriegsgesellschaft mit euphorischen Zukunftserwartungen. Die Siedlungsbewegung und Landkommunen[19] stellten die unmittelbare Umsetzung jugendbewegter Zielvorstellungen dar, die damals bei Gruppen aller Richtungen – von der anarchistischen Jugend der kommunistischen Jugendbewegung, dem sozialistischen Hofgeismarer Kreis, dem sozial-liberalen Leuchtenburg-Kreis, der Freideutschen Jugend und den völkischen Gruppen der Rechten – mit fast dem gleichen Vokabular anzutreffen waren. Der organische Volksgedanke wurde dem abstrakten Prinzip des Staates, die Idee eines föderativ gegliederten Reiches dem kleindeutschen Nationalstaat gegenübergestellt.[20]

All diesen Konzeptionen war gemeinsam, daß sie von den sozialen und ökonomischen Bedingungen der Industriegesellschaft weithin abstrahierten und ganz im Sinne der deutschen politischen Tradition und unter dem Einfluß neoromantischer Ideen eine konfliktfreie Gesellschaft postulierten. Symptomatisch war, daß man mit unterschiedlicher Intensität die Rolle der politischen Parteien in Frage stellte und sie als Repräsentanten bloß partikularer Interessen betrachtete. 1921 veröffentlichte der zur Freideutschen Jugend gehörende Harald Schultz-Hencke einen vielbeachteten Artikel, der die »Überwindung der Parteien durch die Jugend« versprach. »Die Partei der Zukunft», so hieß es darin, werde »alle diejenigen verbinden, die schon heute eines Fühlens sind, die das Ganze, nicht sich selbst, wollen.«[21] Hier setzt jener Mythos ein, daß es die »junge Generation« sei, die den Weimarer Parteienstaat überwinden und Deutschlands Zukunft gestalten werde. So bemerkte Hans Zehrer, der Herausgeber der *Tat* 1928, daß, wenn es der »jungen Front« gelinge, einen Waffenstillstand zwischen den Parteien durchzusetzen, diese automatisch zur Kapitulation gezwungen sein würden.[22]

Die übergroße Mehrheit der bündischen Jugend, die, nach dem Scheitern der Zusammenschlußbestrebungen Anfang der zwanziger Jahre, in eine Fülle individualistischer kleiner Verbände zerfiel, stand dem parlamentarischen System fremd gegenüber. Viele Angehörige der Nachkriegsgeneration schlossen sich der Freikorpsbewegung an, die ihnen Betätigungsmöglichkeiten bot.[23] Die Akademischen Freischaren beteiligten sich aktiv an den Kämpfen um Oberschlesien. Manche der bündisch geprägten Gruppen fanden den Weg zu stärker konstruktiver Mitarbeit im politischen System. Dies galt für den Jungdeutschen Orden, der die Republik und die Verständigung mit den Westmächten verteidigte, hingegen den »mechanistischen« Parlamentarismus durch ein auf einem breiten nationalen Gemeinschaftsbewußtsein ruhendes elitäres Führertum zu ersetzen trachtete.[24] Nur eine Minderheit orientierte sich an dem radikalen, völkischen Lager, obwohl völkische, teilweise auch antisemitische Stimmen schon in der Vorkriegszeit nicht gefehlt hatten. Das Gros der bürgerlichen Jugendverbände, so z.B. die Deutsche Freischar, schlug einen weitgehend apolitischen Kurs ein.

Auch die Teile der jüngeren Generation, die in den Jugendverbänden der politischen Parteien tätig waren oder – wie der Leuchtenburg-Kreis[25] – ein positives Verhältnis zur Republik entfalteten, sahen sich weitgehend isoliert und von den Funktionärsapparaten, in denen die ältere Generation unter sich blieb, an die Seite gedrängt. Die Ursachen dafür sind vielfältig. Sie sind gewiß nicht einfach auf jugendlichen Überschwang zurückzuführen. Allerdings hatte die Kriegserfahrung in allen Lagern übersteigerte

Hoffnungen auf eine säkulare gesellschaftliche Veränderung geschürt. Das galt auch für die jugendlichen Arbeitnehmer, die in den Massenstreikbewegungen seit 1917 eine wesentliche Schubkraft darstellten. Sie unterschieden sich von den älteren Arbeitnehmern nicht nur dadurch, daß sie über keine Erfahrung mit gewerkschaftlicher Tätigkeit und keine Einsicht in die Notwendigkeit zäher und langfristiger Organisationstätigkeit zur Sicherung der Interessen der Lohnabhängigen besaßen. Sie suchten nach neuen werthaften Perspektiven, wollten die Gleichberechtigung von Kapital und Arbeit, nicht nur gewerkschaftlichen Gradualismus. Die Vision einer sozialistischen Gesellschaft wurde von ihnen als unmittelbares Kampfziel begriffen. Sie lösten sich vom ökonomistischen Quietismus und Organisationsfetischismus, der das Denken der sozialdemokratischen Führungsschicht prägte. Die anthropologische Dimension des Sozialismus war für sie unverzichtbare Forderung.[26]

Es verwundert nicht, daß sich die Parteiapparate von SPD und KPD schwertaten, diese jugendlichen Impulse, in denen ein aktivistischer Voluntarismus mitschwang, zu integrieren. Die Sonderorganisation der Jungsozialisten bildete einen ständigen Stein des Anstoßes in der SPD. Weder der linke Hannoveraner noch der Hofgeismarer Kreis – der letztere war aufs stärkste von den Ideen der Jugendbewegung geprägt – konnte in die Partei eingebunden werden.[27] Mit Mißtrauen beobachtete der Parteivorstand das Auftreten von Reichsbanner und Eiserner Front, die eine starke Anziehungskraft für republikanisch eingestellte Jugendliche besaßen. Die Angehörigen der jüngeren Generation in der SPD fanden sich entweder in der linken oder in der rechten Opposition gegen die quietistische Politik des Parteivorstandes wieder. Nach dem enttäuschenden Leipziger Parteitag 1931 verließen viele von ihnen die Partei und gingen zur SAPD. Ähnlich opponierte die jüngere Generation gegen die bürokratische Erstarrung des kommunistischen Parteiapparats und dominierte in den radikalen Splittergruppen außerhalb der KPD, obwohl sie, verglichen mit der SPD, wesentlich erfolgreicher in dem Bemühen war, die jüngere Generation in den Roten Frontkämpfern, dem Kommunistischen Jugendverband

Deutschlands und anderen jugendnahen Verbandsformen zu integrieren.[28]

Bezeichnenderweise stimmte die Jugendopposition von links und rechts in der Klage überein, daß die innerparteiliche Demokratie in der SPD durch eine fortschreitende Bürokratisierung und Herrschaft der besoldeten Funktionäre zu einer Farce geworden sei. In der Tat waren die Partizipations- und Karrieremöglichkeiten Jüngerer in der Partei eng begrenzt. Die Überalterung von Parteivorstand und Reichstagsfraktion läßt dies deutlich werden; als man 1931 eine gewisse Verjüngung der Parteiführung vornahm, bevorzugte man langgediente Funktionäre, die keine wirkliche Verbindung zur jungen Generation hatten. Die Vernachlässigung der Jugend wirkte sich in einer extremen Überalterung der Mitgliedschaft aus. Unter 25jährige waren zweieinhalbmal weniger vertreten als in der Gesamtbevölkerung.[29]

Die Überalterung der Führungsschichten der Republik war eine durchgängige Erscheinung. Mit Recht beklagte Theodor Haubach »die Absperrungskette, die in Deutschland zwischen den politischen Körperschaften im Staate und der Jugend gezogen ist«.[30] Seit 1928 – zunächst mit der Revolte Walter Lambachs – setzten Bestrebungen ein, durch die Einbeziehung der jüngeren Generation den Zerfall der bürgerlichen Mitte abzuwenden. Die Verschmelzung von Jungdeutschem Orden und DDP zur Deutschen Staatspartei wie die Gründung der Volkskonservativen Vereinigung stellten verspätete Versuche dar, die Jugend für die Republik zurückzugewinnen.[31] Schon die Generation der zurückkehrenden Kriegsteilnehmer hatte nicht wirklich integriert werden können. Ihre durch das Kriegserlebnis gespeisten Erwartungen waren gründlich getäuscht; sie fühlten sich gutenteils als »verlorene Generation«, der wirkliche Gestaltung versagt blieb. Die Nachkriegsgeneration, die zum eigentlichen Träger des nun romantisch und nationalistisch überhöhten Frontkämpfermythos wurde, trat seit 1928 aus ihrer politischen Abseitsstellung heraus, war aber – mit wenigen Ausnahmen – nicht bereit, sich mit der Republik zu identifizieren.

Ernst Niekisch sprach in diesem Zusammenhang von »der Ehrfurchtslosigkeit der modernen Jugend«, die »ein Widerschein des Bankrotteurtums der alten Generation« sei.[32] Utmann von Elterlein betonte die Verschiedenheit »der Menschen des ausgehenden 19. Jahrhunderts« gegenüber denen »des beginnenden 20. Jahrhunderts«; sie seien einander so fremd, daß man zweifeln könne, ob sie noch demselben Volk angehörten.[33] Ernst Günther Gründel sprach vom »endgültigen Bankrott jener ganzen Welt der alten Generation«.[34] Für die NSDAP nützte Gregor Strasser den Mythos der »jungen Generation«. Sein Hauptvorwurf gegen die Repräsentanten der Republik, »daß diese Köpfe die alten sind, die sie waren, vor Krieg und Revolution, vor Erschütterung und neuem Aufbruch«, drückte das aus, was eine ganze Generation dachte.[35] Die latente Kritik am Parlamentarismus im sozialistischen Lager entsprang ähnlichen Einstellungen; man lehnte es ab, sich mit der republikanischen Gegenwart zu identifizieren, man verlangte allenthalben »Aufbruch« zum Sozialismus; die Demokratie stellte allenfalls eine Übergangsstufe dahin dar.[36]

Diese die politischen Lager übergreifende Grundstimmung reflektierte den Tatbestand, daß die politischen Kräfte des »Weimarer Systems« schon frühzeitig zu den ideologischen Positionen der Vorkriegszeit zurücktendierten. Sie waren daher nicht in der Lage, der Jugend Perspektiven zu bieten, für die es sich zu engagieren lohnte. Goebbels' Beschwörung der »Republik der Greise« traf exakt diesen schwachen Punkt der Weimarer Eliten.[37] Der Ruf nach einer politischen Formierung der »jungen Generation« spiegelte daher eine allgemeine Tendenz insbesondere bei der bürgerlichen Jugend, wobei der Jugendmythos zugleich dazu diente, das Links-Rechts-Spektrum zu relativieren; die Nationalbolschewisten stellten ein charakteristisches Beispiel dafür dar. Auch die Propagierung des freiwilligen Arbeitsdienstes und der Arbeitslagerbewegung in den Endjahren der Republik zielte auf die Überwindung des starren Klassenantagonismus durch die jüngere Generation.[38]

In besonderem Maße wurden diese Ideen vom *Tat*-Kreis repräsentiert. Als sich 1930 eine Tendenz der Reintegration von Teilen der jungen Generation in die Parteien der Mitte abzeichnete, gab Hans Zehrer die Parole aus: »Achtung junge Front! Draußen bleiben!«[39] Dahinter stand die auch sonst verbreitete Vorstellung, daß die aktiv gebliebenen Teile der Kriegsgeneration zusammen mit der Nachkriegsgeneration eine »Dritte Front« bilden würden, die in der Lage sei, die erhoffte neue Gesellschaft, abseits des Parteienhaders und Interessentums, zu errichten. Dabei dachten die neokonservativen Intellektuellen, die diese Zielvorstellung popularisierten, nicht an die NSDAP, die, ihrer Altersstruktur nach, zugleich durch die bewußte Aufnahme des Jugendmythos in ihre Propaganda, als extrem jugendliche Bewegung erschien. Gründel konnte die NSDAP zwar als die »erste Positivierung des Kriegserlebnisses« durch die junge Generation bezeichnen.[40] Aber auch er erblickte in ihr nur eine Übergangsstufe, da die NSDAP noch nicht hinreichend von den Schlacken einer Parteibewegung befreit war. Die Heraufkunft der »Dritten« oder, wie es manchmal hieß, »Vierten Front« der jungen Generation erwartete der *Tat*-Kreis für die vierziger Jahre.[41]

Die hier hervortretende Vorstellung einer »geistigen« Revolution, eines Zusichselbstkommens der »jungen Generation«, bezeichnet den qualitativen Unterschied dieser Strömung vom Nationalsozialismus. Während man es ablehnte, die »Dritte Front« zu organisieren, scheute sich die NSDAP nicht, beides zu tun: den Jugendmythos für sich in Anspruch zu nehmen, zugleich die angestrebte Mobilisierung mit modernen Organisationstechniken voranzutreiben. Bei äußeren ideologischen Übereinstimmungen unterschied sich selbst der auf dem völkischen Flügel stehende Teil der Jugendbewegung von der NSDAP durch ausgeprägte kulturelle Wertvorstellungen. Es ist aufschlußreich, daß die Mehrzahl der Führer der bündischen Jugend ein distanziertes Verhältnis zum Nationalsozialismus einnahmen und viele von ihnen später im Widerstand anzutreffen sind.[42]

Gleichwohl hat der bürgerliche Jugendprotest maßgeblich dazu beigetragen, jene nationale Aufbruchstimmung zu schaffen, in deren Aufwind Adolf Hitler an die Macht gelangen konnte. Die Neigung zu einer emotionalisierten Sprache und die stark irrationalistische Färbung der Ideen der Jugendbewegung haben zweifellos mitbewirkt, daß sich eine politische Bewegung gegen die

NSDAP nicht hinreichend ausbilden konnte. Die bündische Bewegung selbst stellte eine Minderheit von 2,1 Prozent der organisierten Jugendlichen dar; sie besaß jedoch eine starke Ausstrahlungskraft auf die konfessionellen Jugendverbände sowie auf Teile der sozialistischen Jugend. Sie repräsentierte einen wichtigen Ausschnitt aus den heranwachsenden intellektuellen Eliten; ihr Auftreten ist daher ein gewisser Indikator für die Einstellung der aktiven Teile der jüngeren Generation. Faktisch trug sie zur Aushöhlung der Autorität des republikanischen Systems nachdrücklich bei. Zugleich stand sie, trotz ideologischer Entsprechungen, in mindestens latentem Gegensatz zu den späten Präsidialkabinetten. Die Heraufsetzung des Wahlalters, die von Papen beabsichtigte, stellte sicherlich keine Lösung der tiefgreifenden politischen Vertrauenskrise dar, die der NSDAP indirekt zugute kam.[43]

Für die Weimarer Gesellschaft war kennzeichnend, daß die Diskussion über den Platz, den die Jugend in ihr einnahm, nahezu alle Bereiche umfaßte. Die Geisteswissenschaften, die zeitgenössische Literatur und Dichtung, vor allem die Erziehungswissenschaften und die Psychologie beschäftigten sich immer wieder mit dem Verhältnis der Generationen zueinander.[44] Dieses »Leitmotiv« der Weimarer Kultur stellte, wie manche Kritiker betonten, eine verbreitete Modeerscheinung dar, aber sie war zugleich mehr als das: Sie spiegelte die tiefe Unsicherheit von Gesellschaft und politischem System, ein angemessenes Verhältnis zur jüngeren Generation zu finden. Zwar hat es in der Jugendgesetzgebung, im Strafrecht, in der Erziehungs- und in der Sozialpolitik nicht an Bestrebungen gefehlt, den Bedürfnissen der nachwachsenden Generation stärker als zuvor Rechnung zu tragen; aber dies konnte den Graben, der zwischen der Republik und ihrer Jugend aufgebrochen und der im Grunde ein Erbe des Ersten Weltkriegs war, nicht mehr überbrücken.

Gewiß ist die Frage zu stellen, ob die Republik bei größeren Erfolgen eine stärkere Einbeziehung der Jüngeren hätte bewerkstelligen können. Zudem stellte das Jugendproblem nur einen möglicherweise untergeordneten Faktor innerhalb des Ursachenbündels der Strukturkrise und des Scheiterns der Republik dar. Die nahezu unlösbar erscheinenden Hindernisse, die dem Einleben der Demokratie in Deutschland im Wege standen, werden im Generationskonflikt deutlich. Er verweist auf eine fundamentale Krise der gesellschaftlichen Ordnung, deren Ursachen in die imperialistische Phase zurückreichten. Die psychologischen Auswirkungen des Ersten Weltkriegs haben den dadurch in Gang gesetzten gesellschaftlichen Wandel nachhaltig verstärkt und einen tiefgreifenden Traditionsbruch hervorgerufen, der durch den Tatbestand, daß Novemberrevolution und Republikgründung die Stellung der traditionalen Eliten nicht wirklich antasteten, im Generationsproblem verzögert hervortrat.

Generationsprotest und Generationskonflikt entspringen epochalen sozialen Konfliktlagen. Im Kaiserreich angelegt und durch den Ersten Weltkrieg nur verdeckt, verschärften sie sich unter den politischer Stabilisierung abträglichen politischen und ökonomischen Bedingungen Weimars. Es handelt sich daher nicht einfach um einen sich auf der Überbauebene vollziehenden Wertewandel. Innovatorische Schübe, im Weimarer Fall die sozialen und psychologischen Auswirkungen des Krieges, haben diesen Effekt vorübergehend maßgebend verstärkt und zur Delegitimierung des bestehenden politischen Systems geführt. Der Mythos der Jugendrevolution ist zugleich dem Durchbruch der NSDAP als Massenbewegung direkt zugute gekommen.

Destabilisierungseffekte vergleichbarer Art sind in der Zeit nach dem Zweiten Weltkrieg, wenn auch nicht mit der gleichen Intensität, ebenfalls aufgetreten. Die außerparlamentarische Opposition und die Studentenbewegung in der Bundesrepublik entsprangen einer Disparität der Sozialisationsbedingungen unterschiedlicher Generationen.[45] Es spricht vieles dafür, daß der Faktor eines intergenerativ bedingten Mentalitätswechsels gerade in hochgradig mobilen Industriegesellschaften besondere Beachtung verdient. In dem Augenblick, in dem politische Systeme offensichtliche Schwierigkeiten haben, die nachwachsende Generation von ihren normativen Grundlagen zu überzeugen, befinden sie sich bereits in einer tiefgreifenden Legitimitätskrise. Eine solche kann gewaltsam überbrückt werden; unter den Voraussetzungen der Demokratie erzwingt sie eine Öffnung der politischen und gesellschaftlichen

Chancen der Partizipation, die die jüngere Generation einschließen muß, selbst um den Preis geringerer Effektivität und der Hinnahme außenpolitischer Risiken. Es spricht freilich vieles dafür, daß steigender innen- und außenpolitischer Problemdruck eine Öffnung zur jungen Generation gerade behindert. Die Weimarer Erfahrung würde die Schlußfolgerung nahelegen, daß dies einen fatalen Irrweg bedeutet.

Adolf Hitler in der Sicht von Gefolgsleuten und Zeitgenossen: Anmerkungen zur Hitlerismus-Debatte

I.

In der Erforschung der Geschichte des Dritten Reiches hat die Vorstellung bis heute den Vorrang behauptet, daß in der Person Hitlers das Zentrum der politischen Entscheidungsbildung aufzusuchen ist und daß von Hitler die maßgeblichen Antriebe zu der Eskalation der außen- und innenpolitischen Zielsetzungen des Regimes und insbesondere zu dessen verbrecherischem Aktionismus ausgegangen sind. Es ist darum begreiflich, daß herausragende Kenner der Geschichte des Nationalsozialismus wie Hughes Trevor-Roper und Gerhard Weinberg im Zusammenhang mit der Affäre der gefälschten Tagebücher Hitlers der Versuchung erlegen sind, die politische Authentizität des Diktators durch die Aufdeckung seines innersten arcanum dominationis anschaulich machen zu können. Denn die sich in der Langeweile endloser Variationen von früher Gesagtem erschöpfenden propagandistischen Stellungnahmen, die hingeworfenen und bloß assoziativ entwickelten Gedankengänge in den Tischgesprächen, die persönlichen Testamente von 1938 und 1945, dazu zwei oder drei Denkschriften, die von ihm selbst verfaßt sind, sowie die sorgsam, aber stets rationalisierend protokollierten Äußerungen gegenüber Diplomaten, im bald verschwindenden Reichskabinett und, in seltenen Fällen, in informell zustandegekommenen Gremien sind zusammengenommen von enttäuschendem Aussagewert. Das gilt insbesondere für den, der einem feststehenden inneren, hinreichend widerspruchsfreien und rationalen politischen Konzept des nationalsozialistischen Diktators nachspürt.

Die Hitler-Biographen[1] waren in der Mehrzahl bestrebt, hinter der propagandistisch gemeinten Stilisierung des Diktators und den von ihm vertretenen, keineswegs singulären weltanschaulichen Elementen einen substantiellen Handlungskern aufzufinden. Während Alan Bullock[2] in seiner schon klassisch zu nennenden Biographie einen voraussetzungslosen zynischen Machtinstinkt und ein machiavellistisches Kalkül als letzte Triebfeder des Handelns nachzuweisen suchte, ging Eberhard Jäckel von der Annahme eines in sich schlüssigen weltanschaulichen Systems bei Hitler aus, das die Grundlagen für eine vorausschauende außen- und innenpolitische Konzeptionalisierung darstellte, welche Hitler, bei taktiven Diversionen im einzelnen, konsequent in die Tat umgesetzt habe.[3] Aus der Not – dem Fehlen aussagekräftiger programmatischer Quellen für die Regimephase – wurde eine Tugend: Hitlers politische Ziele standen zum Zeitpunkt der Beendigung von »Mein Kampf« in allem Wesentlichen fest, und es galt daher nur noch, den Bedingungen ihrer Implementierung nachzugehen. Zwischen beiden Grenzpositionen, denen zufolge die »Weltanschauung« entweder manipulatives Mittel der Machtallokation oder binnenrationale Handlungsanleitung darstellt, variieren die meisten übrigen Interpretationen.

Beide Deutungsmuster gehen davon aus, daß Hitler eine hinreichend präzise Vorstellung von dem einzuschlagenden politischen Weg und dem angestrebten Gesamtziel gehabt habe. Dieser Ansatz verfestigte sich namentlich auf dem Feld der Außenpolitik zu der Annahme eines bei Hitler früh fixierten außenpolitischen Stufenplans, der über die Beherrschung des Kontinents auf die Erringung der Weltherrschaft gerichtet gewesen sei.[4] Eberhard Jäckel vertritt die Auffassung, daß Hitler, der seine Maximalziele auch den engeren Mitarbeitern gegenüber nicht aufgedeckt habe, ein langfristig angelegtes und bei hoher diplomatischer Flexibilität im einzelnen in sich folgerichtiges politisches Gesamtprogramm seit der Mitte der zwanziger Jahre verfolgte. Dies betrifft insbesondere die beiden Hauptziele – den Erwerb von Lebensraum im Osten und die Liquidierung des europäischen Judentums. Dieser Standpunkt wird am entschiedensten von führenden Experten, darunter Karl-Dietrich Bracher, Klaus Hildebrand, Andreas Hillgruber, desgleichen

Norman Rich, Gerhard Weinberg und einigen anderen amerikanischen Fachhistorikern, grundsätzlich geteilt.[5] Sie neigen daher auch der Ansicht zu, daß der Nationalsozialismus primär als »Hitlerismus« verstanden werden müsse, daß er, wie Bracher formuliert hat, mit diesem Manne »stand und fiel«, und daß es daher nicht angängig ist, ihn im Rahmen der vergleichenden Faschismustheorie auf die gleiche geschichtliche Stufe wie andere faschistische Bewegungen zu stellen.[6]

Die Heraushebung Hitlers als eigentlich formativer Kraft des Nationalsozialismus wirft, abgesehen von dem begrenzten Erklärungswert einer bloß personalistischen Deutung des Geschehens, eine Reihe von Problemen auf. Aus der Unentbehrlichkeit Hitlers als Integrationspunkt eines ansonsten in hohem Maße zur Destabilisierung tendierenden politischen Systems folgt nicht, daß dieser die ihm ausschließlich zufallende Steuerungsfunktion effektiv wahrnahm. Der Wegfall institutionalisierter Koordinierungsinstrumente und eine systematische Nichtkommunikation zwischen den einzelnen Positionsinhabern, die unkontrollierten Initiativen freien Spielraum gaben, aber zu sich verschärfenden Zielkonflikten und wachsenden Reibungsverlusten führten, beruhten nicht primär auf dem Prinzip des divide et impera, sondern entsprangen Hitlers bloß propagandistischem Politikverständnis, das mittelfristige Kompromisse und damit politische Stabilisierung gerade ausschloß.[7] Trotz der unangefochtenen Vetoposition, die der Diktator bis zum Ende des Regimes einnahm, ist die spezifische Dynamik der Politik des Regimes, die zu einer kumulativen Radikalisierung in der Judenfrage, der Kirchenpolitik, der Unterdrückung religiöser und rassischer Minderheiten bis hin zur Ausrottungspolitik im europäischen Osten führte, mit den ideologischen Vorgaben und in der Regel ad hoc erfolgenden Initiativen Hitlers nicht hinreichend zu erklären.

An dieser Frage trennen sich die unterschiedlichen Richtungen der Zeitgeschichtsschreibung, die der britische Historiker Tim Mason unlängst in eine intentionalistische und eine funktionalistische Schule unterteilt hat.[8] Sicherlich haben typisierende Zuordnungen dieser Art gewisse Mängel, aber die Unterscheidung Masons trifft doch den Sachverhalt, daß sich zwei Grundrichtungen in der Erforschung des Dritten Reiches gegenüberstehen, die nicht nur unterschiedliche methodische Ausgangspunkte haben, sondern auch verschiedene Paradigmata zugrunde legen. Für die intentionalistische Schule, die dazu tendiert, die Rolle Hitlers zu akzentuieren und strukturellen Faktoren eine geringere Bedeutung zuzuweisen, steht die Frage nach den Ursachen der nationalsozialistischen Machteroberung und -konsolidierung im Vordergrund. Sie betont die durch Hitler bedingte Singularität der deutschen Entwicklung.

Die funktionalistische Schule ist demgegenüber wesentlich stärker von der Untersuchung der inneren Bedingungen des nationalsozialistischen Herrschaftssystems unter Berücksichtigung der Erfahrungen des Zweiten Weltkriegs geprägt. Sie stellt weit stärker darauf ab, die Mechanismen zu beschreiben, die sowohl die Stabilisierung wie die relativen Erfolge des Regimes zu erklären vermögen, wobei der Gesichtspunkt eine Rolle spielt, die nationalsozialistische Gewaltherrschaft als Sonderfall für die Entstehung freiheitszerstörender Strukturen unter den Bedingungen moderner Industriegesellschaften zu beschreiben. Folgerichtig tendiert sie dazu, den individuellen Faktor Hitler wie den ideologischen Hintergrund erst in zweiter Linie zu betonen und die allgemeinen gesellschaftlichen und institutionellen Bedingungen für den Prozeß einer kumulativen Radikalisierung des Regimes in den Vordergrund zu rücken.

2.

Es ist nachgerade zu einem Topos der Geschichtsschreibung des Nationalsozialismus geworden, daß Aufstieg und Machteroberung Hitlers und seiner Bewegung das Ergebnis einer verhängnisvollen »Unterschätzung« ihrer politischen Potenz gewesen seien. In der Tat sind die katastrophalen Folgen, die die Berufung Hitlers zum Kanzler des Deutschen Reiches nach sich zogen, von den politisch Handelnden in keiner Weise vorhergesehen worden. Die öffentliche Meinung empfand den 30. Januar 1933 nicht als innenpolitische Zäsur. Es überwog der Eindruck, daß es nicht Hitler, sondern Alfred Hugenberg sei, der als »Wirtschaftsdiktator« über die eigentliche Macht im Kabinett der nationalen Konzentration verfügte. Auch als sich das als Irrtum herausstellte, rechneten viele damit, daß sich das Kabinett rasch abbrauchen werde. Insbesondere Vertreter der Linken waren davon überzeugt, daß Hitlers substanzlose »Politik der Phrase« an den wirtschaftlichen Gegebenheiten scheitern und sich dessen Scharlatanerie binnen weniger Monate unmißverständlich herausstellen werde. Umgekehrt glaubten Hitlers konservative Bündnispartner, ihn für ihre Zwecke verwenden und der Herausbildung eines konservativ-autoritären Staates nutzbar machen zu können.

Dies alles erwies sich als bittere Illusion. Glaubte man zuvor, Hitler als bloßen »Trommler« abwerten zu können, zeigte man sich nun von dessen staatsmännischen Fähigkeiten überrascht. Binnen weniger Wochen setzte die NSDAP obwohl im Kabinett eindeutig unterrepräsentiert, die Alleinherrschaft Hitlers durch. Franz von Papen und Alfred Hugenberg hatten die Kompromiß- und Skrupellosigkeit unterschätzt, mit der Hitler den persönlichen Machtanspruch verwirklichte und sie in die Rolle von bloßen Gallionsfiguren verwies. Rivalisierende und opponierende Kräfte unterlagen, um diesen von Karl Dietrich Bracher geprägten Begriff zu übernehmen, der »Technik der legalen Revolution«.[9] Sie fanden nicht einmal den Ansatzpunkt für einen erfolgreichen Widerstand, und dasselbe galt von den bürgerlichen Parteien, die sich der Erpressung durch das Ermächtigungsgesetz fügten.

Karl Dietrich Bracher hat in diesem Zusammenhang von dem »Typus der perfektionierten Machtergreifung des 20. Jahrhunderts« gesprochen und die nationalsozialistische Machteroberung in die Nähe zur Oktoberrevolution Lenins gerückt. In der Unterschätzung der revolutionären Potenz Hitlers sieht er die eigentliche Ursache für die katastrophale Fehlentwicklung, die schon mit der Politik der Präsidialkabinette einsetzte und 1933 irreversibel wurde. Der funktionalistischen Schule macht er zum Vorwurf, mit der Zuordnung des Nationalsozialismus zu anderen faschistischen Bewegungen die spezifisch revolutionäre Rolle Hitlers zu bagatellisieren und damit in den gleichen Fehler zu verfallen, den Rivalen und Opponenten, aber auch Hitlers außenpolitische Gegenspieler mit dem Experiment der Appeasement-Politik eingegangen sind.

In Brachers Interpretation der zum 30. Januar 1933 führenden Vorgänge gewinnt Hitlers politisches Kalkül und seine »revolutionäre« Unbedingtheit der Zielsetzung zentrale Bedeutung. Folgerichtig kritisiert er diejenigen zeitgenössischen Kritiker Hitlers, die bestrebt waren, dessen politische Fähigkeiten gering zu werten und ihn als lächerlichen »Popanz« hinzustellen, dessen Scheitern allenfalls eine Frage der Zeit sei. In der Tat waren solche Ansichten verbreitet, wenngleich es nicht an unüberhörbaren Warnungen fehlte, daß Hitler an der Macht Verfassungsordnung und Bürgerfreiheiten systematisch zerstören werde. Bei Hitlers konservativen Bündnispartnern spielte die Erwartung eine maßgebende Rolle, daß der Parteiführer, einmal mit voller politischer Verantwortung ausgestattet, seine propagandistischen Ziele mäßigen und terroristischen Methoden dämpfen und zu einer konstruktiven Politik zurückfinden werde. Dies ist, in den ersten Jahren des Regimes, in gewissem Umfang auch eingetreten, wenn auch in einem anderen Sinne, als es Alfred Hugenberg und Franz von Papen vorschwebte.

Hitlers politischer Messianismus und dessen Neigung, sich über die politischen Realitäten hinwegzusetzen, wurde, oft in übersteigerter Form, von seiten der Linken hervorgehoben, aber auch von Ernst Niekisch, der den Nationalsozialismus als »das verwegenste Kreditschwindelgebäude« bezeichnete, »das auf politischem Boden errichtet wurde«.[10] Dabei spielte die Erwägung mit, daß »Adolphe legalité« das Programm einer revolutionären Umgestaltung zugunsten einer Anpassung an das kapitalistisch-bürgerliche Wirtschaftssystem verraten habe. Das Mißverständnis, daß Hitlers politische Kapazitäten sich in seinen allgemein anerkannten propagandistischen und rhetorischen Fähigkeiten erschöpften, war in den späten zwanziger und frühen dreißiger Jahren allgemein verbreitet; noch von Schleicher erklärte sich Hitlers Weigerung, eine Regierungsbeteiligung einzugehen, damit, dieser sei gar nicht ernsthaft an der Übernahme eines Ministeramts interessiert und wolle der »Trommler« der Bewegung bleiben.[11] Es mangelte nicht an schärfster Ironisierung des »Führers«, wobei die »Weltbühne« mit den Charakterisierungen durch Tucholsky und Ossietzky voranging. Hitlers deutliche Hinwendung zum Kapitalismus und deren marxistische

Orientierung verstellten ihnen den Blick dafür, daß er alles andere als ein Scherge des großen Kapitals war.

Die Einschätzung der Persönlichkeit Hitlers durch Gegner und Rivalen war notwendig durch taktische politische Rücksichten beeinflußt. Sie war daher schwankend und widersprüchlich und wechselte bei denselben Persönlichkeiten.[12] Aufschlußreicher ist der Versuch, Hitler im Urteil seiner engeren Gefolgsleute zu schildern. Sicherlich erlaubt dies ebensowenig objektive Rückschlüsse auf die Qualifikation Hitlers als politischer »Führer«. Denn Hitlers instinktive Ablehnung derjenigen Parteigänger, die ihm gegenüber in intellektueller Distanz verblieben und nicht, wie die Mehrheit der nationalsozialistischen Funktionäre, blinder Hörigkeit verfielen, unterband in der Regel einen offenen Meinungsaustausch. Es ist bezeichnend, daß auch bei den führenden Funktionären der NSDAP eine gewisse Fremdheit gegenüber Hitler überwog, der sich, wie stets beklagt wurde, von einer ihm blind ergebenen, geistig jedoch in keiner Weise gewachsenen Kameraderie umgab, die ihn wirksam von allen als unliebsam empfundenen Einflüssen abschirmte. Von der letzteren Gruppe, zu der vor allem Rudolf Hess, Max Amann und Hermann Esser gehören, sind Aussagen, die über Widerspiegelungen des Führer-Kults hinausreichen, nicht zu erwarten. Einige von Hitlers Parteigängern fanden erst, nachdem es wegen Reibungen innerhalb der Führungsschicht zum Bruch mit Hitler gekommen war, zu einer stärker distanzierten Einstellung.[13] Es überrascht nicht, daß die Zahl derjenigen Nationalsozialisten des engeren Führungszirkels, von denen überhaupt eigenständige Aussagen überliefert sind, vergleichsweise begrenzt ist. Trotzdem läßt sich ein relativ geschlossenes Bild zeichnen, das, bei voller Bewunderung Hitlers als Propagandisten, übereinstimmende Merkmale und kritische Gesichtspunkte enthält, wobei die Tendenz zunimmt, für Fehlentscheidungen nicht Hitler selbst, sondern seine Umgebung verantwortlich zu machen.

Im Vordergrund dieses internen Hitler-Bildes steht die Beobachtung einer weitgehenden Realitätsblindheit, einer exaltierten Versteifung auf einzelne weltanschauliche Dogmen und starre Vorurteile, die eine zutreffende innen- und außenpolitische Analyse nachhaltig beeinträchtigen. So bescheinigte Albert Krebs Hitler »geradezu grotesk weltfremde Anschauungen, die das politische Geschehen in den Bereich der Irrealität, der Phantom-Vorstellungen oder aber auch der Kriminal- oder Agentenroman-Phantasien verlegten«. Dieses sehr scharfe Verdikt, das in die Schlußfolgerung einmündete, daß Hitler »zu überlegtem planvollen Handeln« unfähig sei[14], wurde von dem vorübergehend zur NSDAP stoßenden Richard Scheringer folgendermaßen formuliert: »Er schwebt in seinem Denken drei Meter überdem Erdboden ... Zu einer klaren politischen Analyse ist er unfähig«.[15] Noch schärfer fiel das Urteil Otto Straßers aus: »Er hat keine Idee, kein wirkliches Ideal. Er geht mit geschlossenen Augen durchs Leben«.[16] Sicherlich sind diese Urteile durch die politische Distanz geprägt, die die »Sozialisten« in der NSDAP vor allem seit 1927 gegenüber Hitler empfanden. Aber auch ein Mann, der ihm bis Ende 1932 treue Gefolgschaft leistete, Gregor Straßer, betonte Hitlers Realitätsblindheit und äußerte, daß er »nicht mit den Füßen auf dem Boden« stünde, daß ihm die Fähigkeit »zu wohldurchdachter, planmäßig erarbeiteter Tat« ermangele. Hitler sei Künstler, kein »Realpolitiker«.[17] Daß die früh abgehalfterte alte Garde, darunter Anton Drexler, Dietrich Eckhart, Gottfried Feder ähnlich dachte, verwundert nicht.

Für eine Beurteilung der politischen Qualifikation und Führungsrolle Hitlers in der Zeit vor 1933 müssen diejenigen Nationalsozialisten ausscheiden, deren offenkundige Hingabe an den von Hitlers Münchener Gefolgsleuten systematisch aufgebauten Führer-Kult evident ist. Dazu gehören Hans Frank, Otto Dietrich. Alfed Rosenberg, Otto Wagener und Karl Wahl, von denen wir entweder zeitgenössische oder – in der Regel – spätere Aufzeichnungen besitzen.[18] Dazu rechnen auch Heinrich Himmler, der erst im letzten Kriegsjahr die sklavische Abhängigkeit von Hitler überwand, sowie Albert Bormann, dessen Haltung freilich in manchem undurchsichtig ist, denn er stand in einer Reihe von politischen Fragen in deutlicher Distanz zu Hitler. Göring befand sich in völliger Abhängigkeit von Hitler, da er nur in dessen Ausstrahlung die Chance besaß, seinen brennenden Ehrgeiz zu befriedigen, der ihn dann im April 1945 zum Bruch mit dem Diktator führte.

Goebbels stellt ein besonderes, viel erörtertes Kapitel dar; durch Selbstsuggestion unterdrückte er seine durchaus vorhandene Kritik an Hitler.[19] Als Hauptorganisator des Hitler-Mythos wurde er auch dessen Gefangener. Die späten Tagebücher lassen hinreichend Distanz durchschimmern. Doch dürfte die Einsicht überwogen haben, sich nicht aus diesem Bündnis lösen zu können. Folgerichtig beging Goebbels Selbstmord, als jener von Hitler feststand.

Bemerkenswert erscheint, daß nur jene Gruppe von Nationalsozialisten eine innere Distanz zu Hitler durchhielt, die dem linken Flügel zuzuordnen ist und über ein eigenes politisches Konzept verfügte, so wenig diesem selbst Angemessenheit unter industriegesellschaftlichen Bedingungen zugesprochen werden kann. Es sind zugleich Persönlichkeiten, die zu konstruktiver Politik bereit waren und mit Hitler darüber in Konflikt traten. Hier ragen Albert Krebs und Gregor Straßer deutlich heraus. Auch die Charakterisierung Hitlers durch Otto Straßer, so sehr ihm der Blick durch Feindschaft verstellt ist, erscheint aufschlußreich. Beide Männer glaubten – darauf ist zurückzukommen – Hitler, dessen Schwächen sie erkannten, ihren Zwecken dienstbar machen zu können, wie überhaupt die Geschichte des Machtanstiegs Hitlers in der Illusion jener Politiker begründet liegt, die glaubten, dessen demagogische Kraft für ihre Interessen verfügbar zu machen.

Von Gregor Straßer ist, freilich indirekt, eine aufschlußreiche und – im Licht der späteren Entwicklung – zutreffende Analyse Hitlers überliefert. Abgesehen davon, daß er mit Recht hervorhob, daß die NSDAP unter dem Einfluß Hitlers über keinerlei realistische Programmatik verfügte, sprach er ihm grundsätzlich die Fähigkeit zu ernsthafter politischer Gestaltung ab: Hitler besitze zwar intuitive Fähigkeiten und ein seherisches Vermögen, aber er sei nicht in der Lage, seine ingeniösen Ideen selbst in die Wirklichkeit zu übersetzen. Trotzdem könnten Menschen wie er »gelegentlich nie Dagewesenes erreichen und schaffen, wenn es mit einem reinen Coup zu schaffen ist, und wenn andere zur Stelle sind, die die Konsequenzen daraus zu ziehen vermögen, bevor vielleicht eine Gegenwirkung eintritt«. Hitlers bisheriges Wirken in der Partei bestätige dies, und alles sei immer bisher gut ausgegangen. »Aber wenn Hitler Kaufmann wäre«, so fügte Straßer hinzu, »würde ich sagen, daß er kein ›solider‹ Kaufmann ist«.[20]

Eine Äußerung Pfeffers von Salomon, des Obersten SA-Führers, der 1930 im Konflikt mit Hitler zurücktrat, geht in die gleiche Richtung; während er Hitlers Fähigkeit bewunderte, bislang kaum erkannte Probleme in genialer Weise zu durchdringen und zu lösen, insoweit also Hitlers Halbintellektualismus erlag, fürchtete er, dieser werde, wenn er zur Macht gelangt sei, »noch weiter in die Ferne und in die Tiefe einer Gedankenwelt schweifen, die unserem hergebrachten Denken fremdartig erscheint«. Dann würden kritiklos eingestellte Mitarbeiter blindlings ausführen, was sie aus Hitlers Darlegungen herauslesen, die sie früher verworfen und für unmöglich gehalten hätten. War Pfeffer völlig im Banne von Hitlers dilettantischer Welterklärungssuada, äußerte er doch ernsthafte Bedenken, ob Hitler »der Staatsmann« sein könne, »der er sein muß, der Verwalter, der Erhalter?« Es sei, so betonte er Otto Wagener gegenüber, deshalb notwendig, Hitler mit zuverlässigen Beratern zu umgeben, die darüber wachen, »daß alle, die um ihn sind, nüchtern bleiben und das Maß der Dinge nicht aus den Augen verlieren«. Pfeffer stellte die positiven Aspekte der weitgesteckten Ziele Hitlers nicht in Frage, fürchtete aber dessen Maßlosigkeit. »Den guten Hitler müssen wir eben festhalten, damit er uns nicht davon fliegt«.[21]

Schwere Bedenken gegen eine Regierungsfähigkeit Hitlers finden sich bei einer ganzen Reihe von hochgestellten Funktionären der Partei, die mit Hitler relativ häufig in direkten Kontakt traten. Sie kritisieren dessen Weltfremdheit, dessen mangelnde Menschenkenntnis, dessen übersteigerte und hochfliegende Pläne und nahmen dessen Menschenverachtung nicht aus. Zugleich hoben sie Hitlers Entscheidungsschwäche in kritischen Situationen hervor, seine Eigenart, Konflikte erst im letzten Moment, wenn sie zur Unerträglichkeit zugespitzt waren, zu lösen, und seine Hemmungen, auch in nebensächlichen Fragen rechtzeitige und klare Entschlüsse zu treffen. Hitlers suggestive Überzeugungskraft, meinte Straßer, deren Erfolge ihm eine gewisse Selbstsicherheit und den Glauben an »Unfehlbarkeit« verschafften, mache es unmöglich, seine Intuitionen mit Logik zu bekämpfen. Hitlers angebliche »Genialität« sei ein »Abstraktum«, das sich nicht in durchdachte, planmäßige Tat umformen lasse.[22]

Albert Krebs hat den problematischen Führungsstil, den Hitler in der Kampfzeit an den Tag legte, eingehend geschildert. Die Kompromißlosigkeit und Unbedingtheit, die Hitler vor allem in den Wahlkämpfen bekundete, mochte viele, vor allem unpolitische Köpfe, für ihn einnehmen. Politisch denkende Nationalsozialisten waren jedoch frühzeitig skeptisch, daß sich eine solche Linie durchhalten werde. Sie alle beobachteten, daß Hitler sich schon früh, noch vor dem November 1923, gegen ihm unbequeme Einsichten sperrte, daß er sich gegenüber unliebsamen Einflüssen durch eine engere Clique unbedingter Gesinnungsgenossen abschottete und daß er sich in einer Welt von Illusionen erging. »Es bedurfte«, bemerkte Krebs, »solcher Selbsttäuschung, um handeln zu können. Bei einer nüchternen realen Betrachtung von Menschen und Dingen hätte er seiner ganzen Art nach nicht die Kraft für seine Entschlüsse und Entscheidungen gefunden«. Dazu gehört auch die schon 1923, dann in den letzten Kriegsjahren immer wiederkehrende Vorstellung, durch »Verrat« am Erfolg gehindert zu sein. Bei aller Hochschätzung Hitlers als Propagandisten entging Krebs nicht, daß dessen »Größenwahn« auf »Abwehrhandlungen einer Angst« davor zurückgehe, »der selbstgewählten Aufgabe im Letzten nicht gewachsen zu sein«.[23]

Allgemein hoben die wenigen kritischen Geister in Hitlers Umgebung den Mangel an »vorausschauender Berechnung und Planung« hervor, die dieser durch »Visionen« ersetzte. So sprach Krebs von der »Unfähigkeit Hitlers zu einem konstruktiven, größere Zeiträume überschauenden und bewältigenden Denken«[24], was nicht auf das Vorhandensein etwaiger geheimer Pläne zurückging, sich aber in der Furcht äußerte, voreilige Bindungen einzugehen. Dies trifft sich mit dem, was wir über vorausschauende verfassungspolitische Planungen Hitlers wissen. Bezeichnenderweise untersagte er anläßlich des Rücktritts Gregor Straßers jegliche Vorarbeiten für eine nationalsozialistische Machtergreifung, da sie in Widerspruch zur Aufgabe der Partei, »Träger der Idee« zu sein, stünden. Nicht organisatorische Veränderungen, sondern »die innere Umstellung« des Volkes sei die eigentliche »politische Aufgabe«.[25] Ebenso hat er nach 1933 jede institutionelle Festigung des sich etablierenden Diktatursystems von sich gewiesen. Der Regierungsstil Hitlers wurzelte in den Gewohnheiten, die den Parteiführer der Bewegungsphase kennzeichneten. Es trat nichts Neues hinzu, nur kam es zu der von seinen kritischen Anhängern befürchteten Potenzierung von sich im Negativen erschöpfenden, zerstörerischen und verbrecherischen Aktivitäten.

Für diejenigen Nationalsozialisten, die eine kritische Distanz zu Hitler bewahrten, war der Widerspruch bezeichnend, daß sie einerseits glaubten, daß Hitler beeinflußbar, »lenkbar« sei, andererseits aber sich der Einsicht nicht verschlossen, daß dieser im allgemeinen rationalen Argumenten unzugänglich war. So meinte Otto Straßer, daß Hitler leicht zur »Beute eines stärkeren Willens, eines geschickten Arrangements der Gründe pro und kontra und eine leichte Beute sensationeller Nachrichten« würde. Daran war manches wahr, wie auch an Straßers Auffassung, daß Hitler ein »Schlafwandler, wahrhaftig, ein Medium, wie es die wirrsten Epochen der Menschheitsgeschichte hervorbringen«, sei, dessen relative Erfolge auf der Intuition beruhten, die Unzufriedenheit zu erspüren und zu aktivieren, »unter der seine Zuhörer leiden«.[26] Sowohl Joachim Fest wie Peter Stern haben, aufgrund sorgfältiger Analysen, in Hitlers Fähigkeit, sich zum Sprachrohr der Ressentiments und unterdrückten Bedürfnisse in der Bevölkerung zu machen, das Geheimnis seiner öffentlichen Erfolge erblickt.[27]

Während Otto Straßer mit Hitler brach, glaubte Gregor, Hitler als unentbehrlichen Propagandisten nutzen zu können, zumal, da ihm nach der Bamberger Führertagung 1926 klar geworden war, daß Hitler als Symbol der Einheit der nationalsozialistischen Bewegung jenseits der innerparteilichen Richtungskämpfe fungierte. Frühzeitig entwickelte Straßer die Vorstellung, daß Hitler von den falschen Leuten beeinflußt sei, einerseits von der von ihm scharf abgelehnten Münchener Clique unter Esser, dem »Vampir der Bewegung«, andererseits von reinen Opportunisten wie Hermann Göring und Josef Goebbels. Es gehörte geradezu zum Ritual der

NS-Satrapen, den verhängnisvollen Einfluß einzelner Persönlichkeiten auf Hitler hervorzuheben, wobei die Schuld insbesondere bei Josef Goebbels gesucht wurde. So meinte Ernst Hanfstaengl, der ursprünglich zur Münchener Clique gehörte, aber schließlich in Ungnade fiel, vom Reichspropagandaminister: »Er war es, der Hitler in den blindwütigen Feind aller überlieferten Institutionen und Autoritäten verwandelte, der er schließlich geworden ist«.[28]

Der Habitus, Hitler selbst zu verteidigen und ihn als Opfer verhängnisvoller Einflüsse hinzustellen, war nicht nur innerparteilich, sondern auch bei konservativen Politikern weit verbreitet. So glaubte Schacht, daß Hitler »ursprünglich nicht von schlechten Trieben erfüllt war«[29], führte Lutz Graf Schwerin von Krosigk die Entwicklung, die Hitler »zum finsteren, unlenkbaren Dämon der Kriegsjahre werden ließ«, auf die rückgratlosen Ja-Sager in seiner Umgebung zurück und gab von Neurath Hermann Göring die Schuld an den außenpolitischen Fehlentwicklungen nach München.[30] Zugleich unterschied sich die Einstellung des inneren Führungskreises nicht von derjenigen der Bevölkerung, die frühzeitig Hitler in einen Gegensatz zu der Partei rückte und ihn von der zunehmenden Kritik an der Mißwirtschaft und den Verbrechen der »Bonzen« ausnahm.

Allerdings gab es eine Reihe von Persönlichkeiten, die Hitler mit einer gewissen kritischen Distanz begegneten, darunter Wilhelm Frick, Bernhard Rust und Carl Röver. Sie wandten sich gegen Hitlers Obstruktionspolitik nach den Juli-Wahlen von 1932; sie fanden auch später keine Möglichkeit, ihre Bedenken wirksam zu artikulieren. Ihnen standen kompromißlose Verehrer gegenüber, wie Hans Frank, Karl Wahl, aber auch Albert Speer, der die sich mit dem Nationalsozialismus verbindende jüngere technokratische Elite repräsentiert. Innerhalb der NS-Führungsschicht vollzog sich schon früh eine psychologische Gleichschaltung, die ihre Widerstandskraft gegen offenbare Fehlentwicklungen innerhalb des Regimes vollständig aushöhlte. Dabei spielte mit, daß die Mehrheit dieser Persönlichkeiten keine eigenständigen politischen Vorstellungen vertrat und daher in der irrationalen Treue zum Führer den eigentlichen Grund ihrer Existenz fand.

Bemerkenswert ist, daß der Führer-Kult sich schon in den Jahren vor 1933 innerhalb und außerhalb der Partei als wirkungsvolles Korrektiv erwies, um die negativen Züge von Hitlers persönlichem und politischem Auftreten zu kompensieren. Als wirksame Integrationsfigur hielt selbst Gregor Straßer diesen für unentbehrlich, wenn er auch persönlich den sich ausbreitenden Byzantinismus ablehnte. Hitler verschaffte der von der Münchener Ortsgruppe ausgehende Personenkult die angestrebte Rolle des primus arbiter, die es ihm ersparte, in den innerparteilichen Führungsstreit einzugreifen und unbequeme politische Optionen zu treffen.[31]

Die zentrale Rolle, die der Führer-Mythos gerade in den Wahlkämpfen von 1930 bis 1932 spielte und der Hitler als den jugendlichen, tatentschlossenen und prophetischen Garanten der deutschen Zukunft in den Vordergrund der Propaganda stellte, hat, wie Ian Kershaw anmerkt[32], maßgeblich dazu beigetragen, die bis dahin vorherrschenden Zweifel an der Regierungsfähigkeit der NSDAP bei den konservativen Eliten beiseite zu schieben. Hitlers Abrücken von gewaltsamer Umsturzplanung, so von den Boxheimer Dokumenten, und die betonte Mäßigung beim Zusammentreffen mit Vertretern der Präsidialregierung und der Reichswehrführung traten hinzu. Sein Legalitätseid im Ludin-Scheringer-Prozeß löste geradezu Erleichterung aus und entlockte Groener im Januar 1932 das Urteil: »Ein bescheidener, ordentlicher Mensch, der bestes will. Im Auftreten Typ des strebsamen Autodidakten. Hitlers Ziele sind gut, er ist aber Schwarmgeist, glühend und vielseitig«.[33] Demgegenüber waren alle Warnungen der preußischen Regierung wie der republikanischen öffentlichen Meinung vor den zerstörerischen und auf unbegrenzte Gewaltausübung zielenden Absichten Hitlers vergeblich.

Es ist hinreichend bekannt, daß sich seit 1931 bei der Reichswehrführung wie bei konservativen Gruppierungen die Vorstellung durchsetzte, daß es erforderlich sei, Hitler durch entgegenkommende Behandlung gegenüber den eigenen Radikalen zu stärken. Das innerhalb eines Teils der Parteiführerschaft entwickelte Syndrom von Hitlers »Lenkbarkeit« wurde von ihnen bereitwillig aufgegriffen. So äußerte Kronprinz Wilhelm: »Wir alle müssen um die Seele Hitlers ringen, damit das Gute in ihm Oberhand gewinne und er sich mit seinen Freunden von rechts gegen die Radikalen durchsetzen kann«.[34] Ähnlich äußerte sich Schleicher: »Hitler kann wohl unterscheiden zwischen der einer jungen Partei wohl anstehenden Demagogie und den Notwendigkeiten des nationalen und internationalen Lebens«. Er habe bereits mehrmals das Auftreten der SA gemäßigt, und man könne mehr von ihm erreichen.[35] Fritz Schäffer, der Vorsitzende der Bayerischen Volkspartei, meinte: »Ich selbst beurteile den Charakter und die Person Hitlers nicht ungünstig. Die Gefahr liegt weniger in der Person Hitlers als in seiner Umgebung ... Die Idee einer Parteidiktatur ist in seiner Umgebung zu stark«. Deshalb müßten Gegengewichte in die Regierung eingebaut werden, um einen Machtmißbrauch zu verhindern.[36]

Es ist nicht nötig, darauf hinzuweisen, daß dies eine groteske Fehleinschätzung war. Schwieriger ist die Frage zu beantworten, wie es dazu kam, oder genauer, welches die Ursachen dafür waren, daß maßgebende Persönlichkeiten an der Spitze des Reiches ihr zuvor radikal ablehnendes Urteil über Hitler so rasch fallen ließen. Das gilt für Brüning, für Kaas, für Schleicher, für Groener, für Schäffer und viele andere. Dabei spielten Faktoren eine Rolle, die mit Hitlers taktischer Mäßigung und Anpassung nichts zu tun hatten. Ein wichtiges Motiv für die veränderte Haltung war die vor allem in intellektuellen und akademischen Kreisen durchbrechende nationale Aufbruchstimmung, die an den August 1914 erinnerte. Der Führerkult, der im Ersten Weltkrieg bereits Kreise des Bürgertums erfaßt hatte, entfaltete unabhängig von der NSDAP eine beträchtliche psychologische Wirkung, und Hitlers Sprache der Authentizität erfüllte exakt diese psychologischen Bedürfnisse.

Zugleich hatte Hitlers Absage an den sozialrevolutionären Flügel, obwohl dessen Radikalität gerade in Kreisen der Industrie häufig überschätzt wurde, grundlegende Bedeutung. In einer Phase, in der angesichts der Auswirkungen der Weltwirtschaftskrise der Antikapitalismus weit über Kreise der organisierten Arbeiterschaft hinaus an Resonanz gewann, mußte das Interesse der industriellen Führungsgruppen an Hitler, der bündnisbereit schien, notwendig zunehmen. Von großer Bedeutung war die verbreitete Auffassung, daß allein Hitler ein Abdriften seiner Bewegung nach links und damit die Herrschaft des Bolschewismus verhindert habe. Den letzten Ausschlag gab die Befürchtung, ohne ein Eingehen auf Hitlers Bedingungen für die Regierungsbildung einen Rückfall in das parlamentarische System zu erleiden, was Rechtskreise unter allen Umständen zu vermeiden trachteten.

Dem entsprach die für die konservativen Koalitionspartner Hitlers grundlegende Vorstellung, diesen gegen die radikalen Kräfte seiner Bewegung stützen zu müssen. Sie leistete der alsbald von Hitler befolgten Taktik Vorschub, Konzessionen unter Hinweis auf die sehr viel weiter gehenden Forderungen der Partei – so im Bereich der Judenfrage – zu erzwingen und sich selbst als ausgleichende Kraft zu stilisieren. Dies ist der Grund dafür, daß das vielerörterte Zähmungskonzept von seiten der konservativen Partner, und nicht nur aus Schwäche, von vornherein fallen gelassen wurde. Folgerichtig mußte insbesondere der Röhm-Konflikt und die Ausschaltung der Obersten SA-Führung die Illusion hervorrufen, daß Hitler sich auf geordnete staatspolitische Bahnen zurückbegeben würde.

3.

Die zeitgenössischen Kritiker Hitlers gelangten vielfach zu zutreffenden Urteilen über Persönlichkeit und Politikverständnis. Sie rechneten damit, daß Hitlers Strategie an ihren inneren Widersprüchen und ihrer Maßlosigkeit scheitern würde. Ihre Hinweise auf die Realitätsblindheit, die ideologische Verbohrtheit und fehlende Planungsperspektive erwiesen sich als korrekt. Jedoch bestätigte sich die Erwartung nicht, daß Hitler an der Unfähigkeit zu sachlicher Arbeit scheitern würde. Sie schätzten weniger die Person als die politischen Umstände falsch ein. Es war richtig, daß Hitler als Parteiführer wie als Regierungschef Routineaufgaben von sich schieben und das Schwergewicht seiner Tätigkeit im propagandistischen Auftreten suchen würde. Wie in der Kampfzeit löste er sich auch nach 1933 von jeder institutionalisierten Entscheidungsfindung; namentlich im innenpolitischen Bereich intervenierte er in der ihm gewohnten Art in unsystematischer Form. Nur in seltenen Fällen, in denen seine persönliche Autorität tangiert war, griff er in die sich notwendig vertiefenden Antagonismen der rivalisierenden Herrschaftsträger ein, stets darauf bedacht, nicht durch fehlerhafte Sachentscheidungen sein persönliches Prestige zu gefährden.[37]

Die Prognose, daß es von entscheidender Bedeutung sei, mit welchen Beratern sich Hitler umgebe, erwies sich als zutreffend. In der Phase bis 1937 ist durch eine entschiedene Einwirkung auf den Diktator von seiten der Bürokratie eine gewisse politische Mäßigung erreicht worden. Aber seit der Phase der großen außenpolitischen Erfolge löste sich Hitler von den Einflüssen der stärker konservativ eingestellten Funktionsträger. Schon zuvor aber war durch die Implantierung des Führungsstils der Kampfzeit, der den Unterführern weitgehend freie Hand gab, und durch die Schaffung von Sonderbehörden und Apparaten, die zur weitreichenden Auflösung des Kompetenzengefüges führten, der Mechanismus in vollen Gang gesetzt worden, der mit einer »Selektion der negativen Weltanschauungselemente« (Martin Broszat) und einer kumulativen Radikalisierung zu ständiger Übersteigerung der Zielsetzungen des Regimes Anlaß gab, wobei Hitler selbst zum Gefangenen der von ihm erzeugten Dynamik wurde.[38]

Von grundlegender Bedeutung für die Stabilisierung von Hitlers Stellung als Diktator erwies sich der von Goebbels inszenierte Führerkult, vor allem in der Variante, in der der »Volkskanzler« von der NSDAP abgehoben wurde. Es ist durchaus zu erwägen, ob nicht der rauschhafte Hitler-Mythos mit dazu beigetragen hat, daß Hitler in immer stärkerem Maße sich als Gesandter der »Vorsehung« begriff, den Rat sachkundiger Experten in den Wind schlug und sich den durch das Gefühl des »Getriebenseins« verstärkten weltanschaulichen und machtpolitischen Visionen hingab, während die letzten innenpolitischen Kontrollen mit der Ausschaltung von Bürokratie und Wehrmachtsführung entfielen. Indessen war dies keineswegs der einzige Faktor, der das Dritte Reich in einen Prozeß der Selbstzerstörung bei gleichzeitiger grenzenloser militärischer Expansion hineintrieb. Vielmehr wirkten nun die objektiven Schubkräfte zurück, die der antagonistischen Interessenstruktur des Regimes entsprangen, insbesondere der sozial nicht hinreichend integrierten, politisch weitgehend zur Funktionslosigkeit verurteilten NSDAP. Sie verstärkten den subjektiven Einlösungszwang ideologischer Fernziele bei Hitler.

Was nun den Wunschgedanken angeht, daß bei besserer Kenntnis der Charakterzüge und der fanatischen »Besessenheit« Hitlers dessen Weg zur Macht hätte abgeblockt werden können, so wird man sich davon vollständig trennen müssen. Es fehlte nicht an hinreichenden zeitgenössischen Analysen sowohl des Führungsstils und der Eigenschaften Hitlers wie der innerparteilichen Krisenerscheinungen in der NSDAP in den Monaten vor der Machtergreifung, auch wenn die Urteile im einzelnen auseinandergingen und Wahres mit Falschem vermischten. Die nationale Aufbruchsstimmung wischte diese kritischen Stimmen hinweg, und es wäre verfehlt, die Bildung des Kabinetts Hitler ohne den Hintergrund massiver Pressionen der Parteien und Interessengruppen der Rechten wie einflußreicher Teile der Öffentlichkeit, desgleichen von zahlreichen Angehörigen der intellektuellen und literarischen Elite, als Ergebnis einer Intrige isolierter Personengruppen zu deuten.

Angesichts der zahlreichen und hier nur exemplarisch wiedergegebenen Zweifel an Hitlers Befähigung, politisch verantwortlich zu handeln und den gegebenen politischen Realitäten Rechnung zu tragen, ist man versucht, nicht so sehr von einer »Unterschätzung« als vielmehr eher von einer »Überschätzung« Hitlers zu sprechen. Bei der großen Mehrheit seiner engeren Gefolgsleute drängte das Bedürfnis, sich mit Hitler als charismatischem Führer zu identifizieren, kritische Überlegungen in den Hintergrund. Die Vorstellung vom genialen Politiker fand umso weniger Widerspruch, als der äußere Erfolg ihr recht zu geben schien. Hitler indessen blieb der Visionär, der sich gerade deshalb in Fragen taktischer Art durch eine wechselnden Situationen angepaßte Mischung von Bluff, Erpressung und Anpassung durchsetzte. In den unmittelbaren Zielsetzungen, der Beseitigung des Weimarer Parteienstaats, der Wiederaufrüstung, der kraftvollen Beseitigung der Fesseln des Versailler Vertrags und dem Übergang zur Südostexpansion, der Zerschlagung der kommunistischen und sozialistischen Arbeiterbewegung bestand Übereinstimmung mit den Trägern des Präsidialsystems. Am 12. September 1931 vermerkte Hammerstein-Equord, der Chef der Heeresleitung und später einer der konsequentesten Gegner des Nationalsozialismus, nach einem vierstündigen Gespräch mit Hitler: »Wir wollen's langsamer. Sonst sind wir eigentlich einer Meinung«.[39] Straßer hatte betont, daß die Umstände, nicht ein positives Programm Hitler zur Macht bringen würden. Desgleichen bewahrheiteten sich seine Befürchtungen. Getragen vom Hitler-Mythos und gestärkt durch die Autorität des Regierungschefs, verschaffte der Diktator den Kräften der Destruktion und der »Gewalt ohne Maß«[40] freien Spielraum, denen er seine Karriere verdankte und die in der Struktur der nationalsozialistischen Bewegung angelegt waren.

Adolf Hitler und der 9. November 1923

Der 9. November 1923 ist verglichen mit den Ereignissen am gleichen Datum weniger spektakulär, und seine Folgewirkung liegt eher im Verborgenen. In der am Vorabend des Marsches auf die Feldherrnhalle als Plakat verbreiteten »Proklamation an alle Deutschen« versprach die von Hitler ausgerufene »provisorische deutsche Nationalregierung«, daß »die Revolution der Novemberverbrecher mit dem heutigen Tage« beendet sei.[1] Die Repräsentanten der Weimarer Republik wurden in der Erklärung als »wirtschaftliche Schieber und politische Gauner« beschimpft und die Abkehr von fünf Jahren »deutscher Schmach« angekündigt. Der Hitler-Putsch zielte darauf ab, die deutsche Revolution von 1918/19 rückgängig zu machen. Daß er sich exakt am Jahrestag der Revolution ereignete, ging allerdings überwiegend auf unvorhergesehene Umstände zurück. Unbestreitbar aber beabsichtigte die bayerische Reaktion mit dem »Deutschen Kampfbund«, dem die SA an führender Stelle angehörte, auf dem äußersten rechten Flügel spätestens im November 1923 gegen Berlin loszuschlagen. Dabei hatte die Reminiszenz an die fünfjährige Wiederkehr des Umsturzes, in Bayern am 7. November und in Berlin am 9. November, eine mobilisierende Funktion.[2]

Die Vorgänge vom 8. und 9. November in München brachten jedoch nicht den Beginn der ersehnten »nationalen Revolution« in Deutschland, sondern bezeichneten den Endpunkt gegenrevolutionärer Staatsstreich-Aktionen, die auch nach der Niederlage des Kapp-Putsches im März 1920 das strategische Denken der äußersten Rechten beherrschten. Der Hitler-Putsch stellte in gewissem Sinn die Karikatur, ja das Satyr-Spiel des von den gegenrevolutionären Kräften in Bayern in Zusammenarbeit mit der siebten Reichswehrdivision seit dem Frühsommer vorbereiteten, aber mit Rücksicht auf parallele Diktaturpläne des Generalobersten Seeckt immer wieder aufgeschobenen Marsches auf das »rote« Berlin dar.[3]

Hitlers mutwilliges Vorprellen, das es dem bayerischen Generalstaatskommissariat unter Kahr und den mit ihm sympathisierenden rechtsgerichteten Verbänden ermöglichte, die Mitverantwortung für den Putsch auf die NSDAP abzuwälzen, scheiterte noch in der Nacht des 8. November auf der ganzen Linie. Der anderntags am späten Vormittag improvisierte Marsch auf die Feldherrnhalle sollte in letzter Minute das vollständige Debakel eines völlig unzureichend vorbereiteten und mit dilettantischen Mitteln unternommenen Umsturzversuchs ungeschehen machen und das Steuer zugunsten der erstrebten »nationalen Revolution« herumreißen. Er brach jedoch, wie vorauszusehen war, am Odeonsplatz unter den Kugeln der bayerischen Landespolizei kläglich zusammen.

Die schon in den Tagen nach dem gescheiterten Putsch aus dem Boden schießenden Legenden verwandelten die vernichtende Niederlage der nationalsozialistischen Politik am 9. November in einen entscheidenden Schritt auf dem Weg zur inneren Erneuerung Deutschlands. Sofort ging die nationalsozialistische Propaganda dazu über, den Putschversuch in eine heroische Niederlage umzustilisieren. Mit den jährlich wiederkehrenden Ritualen im Bürgerbräukeller und dem Aufmarsch der Blutordensträger, der 1933 einsetzte, wurde der 9. November 1923 zu einem zentralen historischen Bezugspunkt des nationalsozialistischen Selbstverständnisses. 1938 sollte das Treffen der »Alten Kämpfer« den Resonanzboden für Goebbels' Initiative abgeben, um die mutwillige Zerstörung jüdischer Synagogen und jüdischen Eigentums und die Mißhandlung und Inhaftierung jüdischer Mitbürger systematisch in Gang zu setzen.[4]

Die Erinnerung an die tatsächlichen Abläufe trat gegenüber dem Mythos des 9. November alsbald in den Hintergrund, und die nationalsozialistische Parteilegende verzeichnete sie bewußt, indem sie der NSDAP einen Grad der Handlungsautonomie unterstellte, die sie zu diesem Zeitpunkt gerade eingebüßt hatte. Hitler selbst verinnerlichte die Erfahrung des Putsches, die ihn seine politische Karriere gekostet hätte, wären nicht der Senat des Volksgerichts die Mitglieder der bayerischen Regierung und die militärische Führung daran interessiert gewesen, den Prozeß für die Angeklagten so glimpflich wie möglich ausgehen zu lassen.[5]

Die Motive, die Hitler am 6. November bewogen, auf eigene Faust zu handeln, wären schwerlich mit dem späteren Heroenkult im Blick auf die Opfer und Teilnehmer des Marsches auf die Feldherrnhalle in Verbindung zu bringen, sie wären weit trivialer, aber sie beleuchten das politische Selbstverständnis des späteren Diktators gleichsam in einer Momentaufnahme. Dies betrifft insbesondere die Frage, mittels welcher Strategien Hitler, der im Herbst 1923 eine über Bayern hinaus weithin unbekannte radikale Regionalpartei führte, die immer wieder geforderte Machteroberung im ganzen Reich zu bewerkstelligen gedachte.

Hitler hatte sich seit Juli 1921, als er aus eher nebensächlichem Anlaß die Machtergreifung in der NSDAP vollzog, durch pausenlose chauvinistische Agitation, nicht zuletzt durch einen an Schärfe nicht mehr zu überbietenden Antisemitismus in der Münchner rechtsextremen Szene einen Namen verschafft und eine exzentrische Rolle in der bayerischen Politik zu spielen begonnen.[6] Durch unablässige Propaganda und den am 17. Dezember 1920 zustandegekommenen Kauf des völkischen »Münchner Beobachters«,[7] der mit der finanziellen Unterstützung großbürgerlicher Sympathisanten wie der Verlegerfamilie Bruckmann, dem Klavierfabrikanten Bechstein und dem früh mit der NSDAP sympathisierenden Fritz Thyssen am 8. Februar 1922 in eine Tageszeitung umgewandelt wurde,[8] gewann die NSDAP breite Resonanz in völkischen Kreisen. Bis zum November 1923 hatte sie einen bemerkenswerten Mitgliederzustrom zu verzeichnen und zählte zu diesem Zeitpunkt nach eigenen Angaben 50.000 Mitglieder, von denen der bei weitem größere Teil erst im gleichen Jahr beigetreten war.[9]

Der erste Parteitag der NSDAP von Januar 1923, den Hitler trotz eines anfänglichen Versammlungsverbots durchsetzte, vermittelte mit Aufmärschen der SA, Flaggenweihen, mit der ritualisierten Ansprache des Führers und rauschhaften Akklamationen einen

Vorgeschmack von der späteren Virtuosität politischer Schaustellerei.[10] Unter dem Einfluß von Hitlers engerer Münchner Gefolgschaft setzte sich in der NSDAP ein extremer Führerkult durch. Einen vorläufigen Höhepunkt fand diese Tendenz auf dem erwähnten Parteitag, auf dem Hitler als »Führer der deutschen Freiheitsbewegung« herausgestellt wurde. Die Beschwörung des Führergedankens setzte sich im April in geradezu grotesker Form fort, als Hermann Esser bei einer öffentlichen Versammlung aus Anlaß von Hitlers Geburtstag im Münchner Zirkus Krone im Namen der Parteimitgliedschaft ein persönliches Treuegelöbnis ablegte.[11]

Die Durchsetzung des auf Hitler bezogenen Personenkults hatte primär innerparteiliche Funktion und gewährleistete den Zusammenhalt der alles andere als homogenen Organisation.[12] Die Übernahme der uneingeschränkten Führung über die Partei, die Hitler im Juli 1921 auf Grund seiner Funktion als Propagandaobmann und durch Ausspielung der von ihm beherrschten Massenversammlungen gleichsam von außen erzwungen hätte, war von einem entschiedenen Bruch mit dem herkömmlichen Organisationsstil Anton Drexlers begleitet. Wenngleich einige Bestandteile der älteren Satzung erhalten blieben, um den Vorschriften des Vereinsrechts zu genügen,[13] war die nun geschaffene Führerpartei ausschließlich auf die Person Hitlers und auf die ihn tragende Funktionärsclique der Münchner Ortsgruppe ausgerichtet.

Indem Hitler verfügte, daß »Name, Programm und Tendenz der Bewegung« unabänderlich seien,[14] prägte er der Partei einen faschistischen Charakter auf, der sie vom Typus der völkischen Hinterzimmervereinigung grundlegend unterschied. Nicht materielle politische Ziele und füglich innerparteiliche politische Willensbildung bestimmten das Wesen der Partei, sondern sie war ausschließlich dazu bestimmt, die Massen zu mobilisieren. Zwar gelang es 1923 noch nicht, die NSDAP vollständig als Werbeorganisation umzumodeln, die lokale Vereinsdemokratie abzuschaffen und sie ausschließlich auf den Führerwillen auszurichten, aber die Idee politischer Mobilisierung als Selbstzweck, am Horizont eines allgemein gehaltenen, chiliastisch gefärbten Endziels, hatte in der Organisationsreform politische Gestalt angenommen.

Hingegen bestand keinerlei Klarheit darüber, wie die NSDAP ihr Ziel, eine fundamentale Veränderung der Verhältnisse durchzuführen, zu erreichen gedachte. Die spätere Strategie, sich der Wahlwerbung zu bedienen, stand noch außerhalb jeder Erwägung. Erst 1924, durch den Zusammenschluß mit den völkischen Deutschnationalen, kam es unter dem Einfluß der nordwestlichen Parteigruppen zur Teilnahme an Wahlen, aber selbst als taktische Maßregel war dies als Rückfall in parlamentarische Usancen bei der Anhängerschaft weithin verpönt. Noch 1926 ließ Hitler auf dem Parteitag in Weimar eine Debatte über diese Frage zu, was er nur dann tat, wenn er selbst unentschieden war.[15] In der Frühzeit fehlten überdies alle organisatorischen Voraussetzungen, um überregionale Wahlen zu bestreiten. Der klägliche Ausgang der Kandidatur Ludendorffs in den Reichspräsidentenwahlen von 1925 bestätigte dies.[16]

Hitler hatte sich zum Ziel gesetzt, wie er etwas umständlich darlegte, »Wegbereiter zu sein der großen deutschen Freiheitsbewegung«.[17] Die Partei war nur ein Mittel dazu. Schon im Februar 1921 hatte er betont, daß es auf die »Schaffung und Organisation einer einzigen sich steigernden Massenkundgebung, bestehend aus Protest um Protest« ankomme, und entsprechend konzipierte er die Rolle der Partei.[18] Die Mobilisierung des anvisierten Zusammenschlusses von Hunderttausenden zur »Befreiung unserer Rasse im Inneren, zur Lösung der Kette nach außen« war für ihn gleichsam Selbstzweck.[19]

Hitler begriff sich gleichsam als Sprachrohr der kommenden »nationalen Erhebung«, als Trommler und Missionar der »deutschen Erneuerung«. Der Gedanke, daß die Novemberrevolution von einer wahrhaft nationalen Revolution abgelöst werden müsse, war von den Autoren der Konservativen Revolution, von Oswald Spengler und Arthur Moeller van den Bruck samt ihrer Adepten, in vielfältiger Brechung propagiert worden, und es gehörte nicht viel Originalität dazu, ihn aufzugreifen.[20] Hitler tat das auf seine Weise: er wurde vom Propagator der »nationalen Revolution« schließlich zu deren Vollstrecker.

Im konservativen Lager machte man sich wenig Gedanken darüber, von wo der künftige nationale Diktator kommen werde. Hitler paßte sich diesem Jargon an, wenn er davon sprach, daß es nicht die Aufgabe der nationalsozialistischen Bewegung sei, nach der »geeigneten Persönlichkeit« zur Aufrichtung der »Diktatur des nationalen Willens und der nationalen Entschlossenheit« zu suchen: »Unsere Aufgabe ist, das Schwert zu schaffen, das die Person brauchen würde, wenn sie da ist.«[21] Zu diesem Zeitpunkt war er wohl schwerlich der Meinung, selbst der kommende Diktator zu sein.[22] Kennzeichnend war für ihn, sich als Garant des zu sich selbst kommenden völkischen Willens, der die Kraft besitze, Berge zu versetzen, zu stilisieren. Daher konnte er formulieren: »Unsere Partei ist keine Organisation, sondern der verkörperte glühende Glaube an unser Volk«.[23]

Die Politik bloß propagandistischer Mobilisierung, die Hitler favorisierte, fand unter den Bedingungen der Ordnungszelle Bayern, die seit 1919 immer mehr zum Zentrum der gegenrevolutionären Kräfte aller Spielarten geworden war, einen ungewöhnlich günstigen Nährboden. Andererseits stand die NSDAP in Gefahr, infolge der Diffusität des politischen Organisationskonzepts ihre Eigenständigkeit zu verlieren und der Umarmungsstrategie ihrer völkisch-nationalen Bündnispartner zu erliegen, was um so aktueller war, als die politische Rechte sich dem Konzept eines mit militarischen Mitteln vorangetragenen Umsturzes der Reichsverfassung verschrieb.

Die NSDAP schien sich von der heterogenen Mischung aus Resten der Einwohnerwehren, Freikorps und patriotischen Vereine aller Spielarten, die sich im November 1922 zu den »Vereinigten Vaterländischen Verbänden« zusammentaten, allenfalls durch die Lautstärke ihrer Propaganda zu unterscheiden.[24] Diese Gruppierung spaltete sich allerdings schon 1922 in einen extrem föderalistischen, blauweiß ausgerichteten Flügel, der unter Sanitätsrat Pittinger mit bayerischen Sezessionsplänen spielte, und eine nationalrevolutionäre Richtung, die auf eine gewaltsame Aktion gegen Berlin drängte. Sie stand unter dem maßgebenden Einfluß Ernst Röhms, der von Franz Xaver Ritter von Epp, dem Infanterieführer VII, mit der Leitung der Feldzeugmeisterei betraut worden war. Sie fungierte unter ihm als Verbindungsstelle der vaterländischen Verbände, bis Röhm Anfang Mai 1923 versetzt und dann entlassen wurde.[25]

Auf Initiative Röhms kam es Ende Januar 1923 zur Schaffung der »Arbeitsgemeinschaft der Vaterländischen Kampfverbände«, die in enger Zusammenarbeit mit der bayerischen Reichswehr auf den Sturz der Republik hinarbeitete.[26] Neben dem Bund »Oberland« und der von Hauptmann Heiß geführten »Reichsflagge« und anderen Gruppen, darunter den »Vaterländischen Vereinen« Münchens, gehörte ihr die SA als zweitstärkster Verband an. Sie wurden von der bayerischen Reichswehr als Reserve für einen eventuellen Konflikt mit Berlin betrachtet und von Truppenoffizieren militärisch ausgebildet.[26a] Sowohl die militärische Führung wie die bayerische Regierung suchten die Arbeitsgemeinschaft auf eine gouvernementale Linie festzulegen.

Das Vordringen des paramilitärischen Faktors lag quer zu den primär propagandistisch geprägten Absichten Hitlers. Zwar stand die Arbeitsgemeinschaft in ideologischer Beziehung der NSDAP sehr nahe, und das galt auch im Hinblick darauf, daß sie über den Sturz der republikanischen Regierung hinaus kein klares mittelfristiges politisches Konzept besaß. Aber Hitler drohte das Heft aus der Hand zu gleiten, je stärker die militärischen Zielsetzungen in den Vordergrund traten. Jedenfalls sah er sich dazu veranlaßt, wiederholt nachdrücklich darauf hinzuweisen, daß die Verbände die Pflicht hätten, »politisch zu denken und politisch zu handeln«, und daß ihnen nicht das Recht zum politischen Handeln abgesprochen werden dürfe. Er spielte darauf an, daß die amtierende bayerische Regierung sich anschickte, sie sich als Hilfsorgane der Landespolizei zu verpflichten und damit zugleich politisch zu neutralisieren.[27]

Zunächst schien Hitler der Gefahr nicht gewahr zu werden, die in der Absicht der bayerischen Reichswehr lag, im Falle einer Aktion gegen Berlin die nationalistischen Wehrverbände ihrem Kommando zu unterstellen. Er nützte vielmehr im Januar 1923 die verstärkte innenpolitische Spannung, die durch die Ruhrbesetzung hervorgerufen wurde, zu einer umfassenden propagandistischen

Offensive, was die herausgeforderte bayerische Regierung mit der Verhängung des Ausnahmezustands und dem Verbot des Parteitages sowie der vorgesehenen zwölf Massenversammlungen beantwortete. Es gelang Ernst Röhm, der das militärische Potential der SA nicht aufs Spiel setzen wollte, den offenen Eklat zu verhindern und Hitler von der Trotzreaktion abzuhalten, die SA trotz des Verbots aufmarschieren zu lassen. Er bewog den bayerischen Wehrkreiskommandeur von Lossow, auf Hitler einzuwirken und ihm das Versprechen, nicht zu putschen, abzunehmen, ansonsten aber die Abhaltung des NSDAP-Parteitags zu ermöglichen und dadurch einen vermutlich irreparablen Prestigeverlust des Parteiführers zu vermeiden.[28]

Die durch Hitlers politischen Führungsanspruch hervorgerufene Spannung zur Reichswehr blieb jedoch bestehen. Als er unter dem Vorwand, die Wiederkehr »eines neuen 9. November 1918« zu verhindern, durch eine bewaffnete Massendemonstration auf der Theresienwiese am 1. Mai 1923 die Initiative zurückzugewinnen versuchte, scheiterte er an der Intervention von Reichswehr und Landespolizei, die die Entwaffnung der SA-Einheiten vornahmen, wenngleich demütigende Umstände vermieden wurden.[29]

Hitler hatte sich zu der Machtprobe entschlossen, den Aufmarsch auf dem Oberwiesenfeld trotz amtlichen Verbots am 1. Mai durchzuführen, um dadurch den Vorrang der Politik und damit auch seine Verfügungsgewalt über die SA als primär politischen Kampfverband unter Beweis zu stellen. Zu einem ernstlichen Umsturzversuch, den man ihm später unterstellt hat, fehlte ihm die erforderliche Hausmacht, zumal sich auch die Arbeitsgemeinschaft nicht geschlossen an der Aktion beteiligte und teilweise ins Regierungslager überwechselte. Hitler war zugleich darum zu tun, die Prestigeeinbuße zu kompensieren, die er hatte hinnehmen müssen, indem das Reichswehrministerium eine Mitwirkung von Reichswehroffizieren an der Arbeitsgemeinschaft, die über militärische Ausbildungsaufgaben hinausging, unterband. Infolgedessen mußte Röhm die Führung der »Reichsflagge«, des wichtigsten Kampfverbandes der SA, offiziell niederlegen.[30]

Schon zu diesem Zeitpunkt verfolgte Hitler die Taktik, sich die

Tolerierung durch Reichswehr und Regierung durch die Fiktion zu verschaffen, als Retter vor der kommunistischen Gefahr zu fungieren. Als die Regierung dem nationalsozialistischen Druck nachgab und eine gemeinsame Großkundgebung der Linksparteien verbot, entzog sie Hitlers Strategie den Boden, eine Konfrontation mit SPD und KPD zu suchen. Die Ankündigung, daß die »Beendigung der Periode des Novemberverrats« und die Erringung der politischen Macht durch die vaterländischen Kampfverbände bevorstünde,[31] bestärkte die in der bayerischen Staatskanzlei bestehende Besorgnis vor Disziplinwidrigkeiten Hitlers.

Hitler erkannte, daß er der Unterstützung General Ludendorffs bedurfte, um die bayerische Reichswehrführung auf seine Linie zu bringen. Aber dies war mit Spannungen zum weiß-blauen monarchistischen Lager erkauft, das Ludendorffs Eintreten für die Wiederherstellung der Hohenzollernmonarchie als Affront empfand. Auf dem »Deutschen Tag« in Nürnberg, der am 2. September 1923 stattfand und als Heerschau des Rechtsextremismus fungierte, erschien Ludendorff und nicht Hitler, der an der Spitze der Honoratioren dem Vorbeimarsch der Verbände beiwohnte, als die maßgebende Führerpersönlichkeit. Der dort gegründete »Deutsche Kampfbund«, zu dem sich einige kleinere Verbände, »Reichsflagge«, SA und »Oberland« zusammenschlossen, bezeichnete sich nicht als Partei, sondern als »vaterländische Kampfbewegung«. Der Oberbefehl lag in den Händen Ludendorffs, die konkrete militärische Führung bei Hermann Kriebel und Max Erwin von Scheubner-Richter. Mit einiger Mühe erreichte Röhm, daß Hitler die Stellung eines »politischen Führers« des Kampfbundes eingeräumt wurde. Erst die Verschärfung der innenpolitischen Spannungen durch den Abbruch des Ruhrkampfes schuf die Voraussetzungen, um Hitler nach einer zweieinhalbstündigen Rede vor den Führern des Kampfbundes dessen »gesamte politische Leitung«, bei Wahrung der »inneren Geschlossenheit« der Verbände zu übertragen.[32] Während die Militärs ihm die Funktion eines politischen Instrukteurs zugedachten, war Hitler, seinem Politikverständnis zufolge, bestrebt, den Kampfbund zur Keimzelle einer revolutionären Massenbewegung zu machen.

Die Führung des Kampfbundes, die in der Hand erfahrener Generalstabsoffiziere lag, neigte zu einem realistischeren Kalkül als der sanguinische NSDAP-Führer, der mit seinen Tiraden über die bevorstehende Umwälzung zwar erhebliche Nervosität hervorrief, aber den praktischen Weg dahin nicht anzugeben vermochte. Demgegenüber gelangten Hitlers Partner in der Kampfbundführung angesichts der eher abwartenden bis kritischen Haltung der bayerischen Regierung zu der Schlußfolgerung, daß eine nationale Erhebung nicht gegen die bewaffnete Macht möglich sei. In dem von Scheubner-Richter am 24. September verfaßten »Aktionsprogramm des Kampfbundes« hieß es, »beim Kampf um die politische Macht« müsse »der militärische Apparat des Staates unter allen Umständen in Rechnung gesetzt werden«, und das gelte für die bayerische Landespolizei in noch größerem Maße als für die Reichswehr, mit der man engere Beziehungen unterhielt. Die nationale Revolution in Bayern dürfe daher der Übernahme der politischen Macht nicht vorausgehen, vielmehr bilde »die Besitzergreifung der polizeilichen Machtmittel« die Voraussetzung für erstere.[33]

Scheubner-Richter folgerte aus diesen Überlegungen, daß es notwendig sei, »die Polizeimacht des Staates auf einem wenigstens nach außen hin legalen Wege« zu übernehmen, und hoffte, durch massiven politischen Druck auf Kahr sowohl das Innenministerium wie das Münchner Polizeipräsidium mit Vertrauensmännern des Kampfbundes besetzen zu können.[34] Hitler konnte dem abwägenden Kalkül Scheubner-Richters nicht eben viel abgewinnen, sah sich aber mit der Entfesselung einer Propagandaoffensive gegen von Kahr in seinem eigentlichen Element. Er zögerte nicht, zu dem schon bewährten Mittel geballter Propaganda zu greifen und unter dem Schlagwort »Deutschland erwache!« gleichzeitig vierzehn Massenveranstaltungen anzukündigen, was die bayerische Regierung am 26. September mit der Verhängung des Ausnahmezustandes und der Ernennung von Kahrs zum Generalstaatskommissar beantwortete.[35] Damit wurde den Absichten des Kampfbunds ein Riegel vorgeschoben, und dieser sah sich dazu gezwungen, erst einmal Kahrs innenpolitische Stellung durch eine rücksichtslose Propagandakampagne zu erschüttern, bevor man daran gehen konnte, den angestrebten »nationalen Umschwung« in Gang zu setzen.[36]

Neben dem Rückschlag an der politischen Front stellte sich derjenige an der militärischen ein. In dem Maße, in dem seit Ende Oktober unter der Leitung von Kapitänleutnant Ehrhardt der Ausbau des Grenzschutzes Nord an der Grenze zu Thüringen in Abstimmung mit der bayerischen Reichswehr vorangetrieben wurde, drohte Hitler in eine Nebenrolle abgedrängt zu werden. Denn während das Konzept der Kampfbundführer davon ausging, daß der Marsch auf Berlin ausschließlich von Freiwilligenverbänden geführt werden und die Reichswehr nur flankendeckend eingreifen würde, ging die vom Generalstaatskommissariat in Pflicht genommene bayerische Reichswehrführung unter Generalleutnant von Lossow wie selbstverständlich davon aus, daß die Operationen in militärischen Händen liegen müßten.

In den Wochen und Monaten, in denen die militärischen Umsturzpläne der nationalsozialistischen Wehrverbände unter Einschluß der nationalsozialistischen Bewegung anliefen, nahm Hitler, der sich als »Propagandist zur Rettung Deutschlands« hinstellte, eine eigentümlich unschlüssige Haltung ein. »Während die Partei, vor allem unter dem Einfluß Röhms und Görings, eine vollkommen revolutionär aktivistische Gestalt annahm«, so urteilte der amerikanische Historiker Reginald Phelps, »spielte ihr Führer, von Schmeichlern umgeben, die Rolle des unverantwortlichen Bohémiens«.[37] Noch sah er sich nicht in der Rolle des maßgebenden Staatsmannes, sondern in derjenigen des »Trommlers« und führenden Propagandisten, der diesem zur Seite trat, wenngleich sich der Unterschied zwischen beidem zu verwischen begann.[38]

Zu diesem Zeitpunkt war sich Hitler noch nicht darüber im klaren, welche persönlichen Ziele er mit der bevorstehenden »nationalen« Revolution verfolgte. Mussolinis Marsch auf Rom bestärkte seinen Ehrgeiz und gab dem von der engeren Münchner Parteiclique forcierten Führerkult gewaltigen Auftrieb. Selbstredend unterstützte Hitler das militärische Vorgehen gegen Berlin, das unter dem Vorwand kommunistischer Unruhen in Mitteldeutschland in Gang gesetzt werden und zur Bildung einer »nationalen Regierung«

im Reich führen sollte. Aber er stieß wegen seiner »ausgesprochenen Napoleon- und Messias-Allüren« bei der bayerischen Reichswehrführung und den Exponenten der Vereinigten Vaterländischen Verbände zunehmend auf Ablehnung. Zugleich zeigte sich der General Ludendorff, der den Strategen des Kampfbunds als populäres Aushängeschild für die Einbindung der Reichswehr unentbehrlich schien, keineswegs bereit, sich Hitler unterzuordnen, zumal dieser eine an Unterwürfigkeit grenzende Hochschätzung gegen den ehemaligen Feldherrn an den Tag legte. Das hinderte die NSDAP allerdings nicht daran, den Parteiführer mit deutlicher Spitze gegen Ludendorff als den unersetzlichen »Führer der deutschen Freiheitsbewegung« herauszustellen. Ludendorff hingegen erblickte in Hitler den »politischen Berater, der die Massen zu mobilisieren verstand«, und ähnlich meinte Lossow, daß sich erst noch herausstellen müsse, ob er das Zeug zum »deutschen Mussolini« habe.[39]

Anfang November schien sich endgültig zu bestätigen, daß Hitler, dessen Name von den Direktoriumslisten der rechtsnationalen Honoratioren verschwand, ins politische Abseits geraten war. Der Parteiführer reagierte darauf mit der für ihn kennzeichnenden Mischung aus Nervosität und Unschlüssigkeit, zumal er Schwierigkeiten hatte, die Geldmittel aufzutreiben, um seine auf den Umsturz wartende Privatarmee zusammenzuhalten. In dieser Lage formte sich bei ihm die Vision, daß nur unmittelbares Handeln die bevorstehende nationale Katastrophe abzuwenden vermöge. Unter dem Stichwort: »Aufrollen der deutschen Frage in letzter Stunde von Bayern aus: Aufruf einer deutschen Freiheitsarmee unter einer deutschen Regierung in München« wandte er sich am 23. Oktober gegen die bloß auf »bayerische Abwehr« eingestellte Haltung von Kahrs und forderte eine Politik des» großen Wurfes« .[40]

Das in Bayern herrschende Triumvirat, das aus von Lossow, dem Chef der bayerischen Reichswehrdivision, von Seißer, dem Kommandeur der bayerischen Landespolizei und dem Generalstaatskommissar von Kahr, bestand, zögerte, den Startschuß für den geplanten Marsch auf Berlin zu geben, da man – nachdem General von Seeckt abgewinkt hatte – noch immer eine Parallelaktion mit dem Freiherrn von Gayl in Berlin in Gang zu bringen hoffte. Das war das Resultat einer Besprechung aller Beteiligten unter Einschluß von Oberstleutnant Kriebel als Vertreter des Kampfbundes im Generalstaatskommissariat am 6. November 1923.[41] Zugleich lehnte man den Plan einer »Reichsdiktatur Hitler-Ludendorff«, der vom Kampfbund ventiliert worden war, rundheraus ab.

Um der geplanten rechtskonservativen Aktion zuvorzukommen, beschloß die Kampfbundführung am Abend des 6. November, die Umsturzaktion auf eigene Faust am 10/11. November durchzuführen. Das Konzept, die bayerische Regierung zum Mitgehen zu zwingen, war keineswegs neu und zielte auf die Errichtung einer Militärdiktatur unter Ludendorff, während Hitler die nicht näher definierte Rolle des »politischen Führers« einzunehmen gedachte.[42] In Hitlers Erklärung im Bürgerbräukeller beanspruchte er ausdrücklich die »Leitung der Politik der provisorischen nationalen Regierung«, und erst in den in der Nacht zum 9. November gedruckten Plakaten wurde dessen Reichskanzlerschaft ausdrücklich gefordert.[43] Bemerkenswert ist, daß Hitler, ähnlich wie 1933 mit der Betrauung von Rudolf Heß mit der Führung der Partei am Abend des 8. Februar, das Amt des Parteivorsitzenden an Julius Streicher abgab, möglicherweise weil er dies mit dem Anspruch, die Gesamtnation zu vertreten, für unvereinbar hielt.[44] Daß Hitler die für das Wochenende geplante Aktion kurzfristig auf den Abend des 8. November vorverlegte, womit der größere Teil der militärischen Vorbereitungen, insbesondere die Heranziehung von in der Provinz stehenden Verbänden des Kampfbunds, nicht mehr durchführbar war, geschah in hektischer Reaktion auf das von Kahr am Abend veranstaltete Treffen von bayerischen Honoratioren im Bürgerbräukeller, hinter dem Hitler die Absicht vermutete, die Kampfbundführung definitiv auszubooten.[45] Auch wenn dies nicht das erklärte Ziel Kahrs war, der allerdings zögerte, den ewig zur Aktion drängenden Hitler zu empfangen, diente die Versammlung doch dem Zweck, die in den Vortagen unternommenen Anstrengungen, die Führer der nationalen Verbände bis zur Klärung in Berlin von der Auslösung gewaltsamer Aktionen – der ursprünglich vereinbarte Zeitpunkt des Losschlagens war der 15. November – zurückzuhalten.

Bekanntlich suchte Hitler sich in der Versammlung im Bürgerbräukeller mit dem Mittel der Erpressung der Zustimmung des Triumvirats zu versichern, daß er zusammen mit Ludendorff an die Spitze einer »provisorischen nationalen Regierung« trete. Von Kahr, von Lossow und von Seißer hielten sich jedoch nicht an das ihnen auf Drängen des von dem eilends herbeizitierten Ludendorff abgepreßte Ehrenwort und leiteten schon in der Nacht Gegenaktionen gegen den von den Verbänden des Kampfbundes unternommenen Staatsstreich ein, der wegen mangelnder logistischer Vorbereitung und Entschlossenheit nicht zu durchgreifenden militärischen Erfolgen führte.[46a]

Angesichts des am frühen Morgen offenkundig werdenden Steckenbleibens der Erhebung verlor Hitler den Kopf. Er setzte seine Hoffnung auf eine Vermittlung durch den Kronprinzen Ruprecht, dessen Kabinettschef von den Putschisten samt einigen Mitgliedern der bayerischen Regierung in Geiselhaft genommen war und der Hitlers politische Qualitäten ziemlich gering einschätzte. Um aus der völlig verfahrenen Lage herauszukommen, kam es auf die Anregung Kriebels zu dem verzweifelten Entschluß, die angestrebte Reichsdiktatur Ludendorff-Hitler auf plebiszitärem Wege zu erzwingen.

Hitler, der zunächst unschlüssig war und vergeblich auf eine Antwort des Kronprinzen wartete, bestand ebenso nachdrücklich wie erfolglos darauf, daß es sich um eine unbewaffnete Demonstration handeln müsse (doch waren Teile des Zuges schwer bewaffnet, und auch Hitler trug seine Browning-Pistole mit sich). Die Initiative zum Handeln ging von Ludendorff aus, der sich gegen den abenteuerlichen Plan eines Weichens auf den Chiemgau aussprach und lapidar erklärte: Es ist bemerkenswert, daß Hitler die Kampfbundtruppen nicht auf sich, sondern auf den Feldherrn Ludendorff verpflichtete.[46] Mit dem Gedanken an einen rauschhaften Propagandamarsch, der die Herzen der Nation erobern sollte, fühlte er sich wieder in seinem Element, wohingegen er zuvor die militärischen Aktionspläne aus einer Mischung von Rivalität und Mißtrauen skeptisch betrachtet hatte. Er glaubte an die Macht der Propaganda und hielt es für ausgeschlossen, daß sich die bayerische Landespolizei oder Einheiten der Reichswehr dem nationalen Demonstrationszug in den Weg stellen würden.[47]

Hitler, der sich seiner Verhaftung durch die Flucht entzog, stand nach dem gescheiterten Putsch vom 8./9. November vor dem Zusammenbruch seiner politischen Karriere. Erst der alsbald vor dem Münchner Volksgericht anberaumte Prozeß verschaffte ihm ein Propagandaforum, auf dem er seine Rehabilitierung betreiben und sich wirkungsvoll als nationaler Märtyrer gerieren konnte. Das war nicht zuletzt deshalb möglich, weil das Gericht alles tat, um Ludendorff aus der Schußlinie herauszunehmen und dessen Verantwortung für die Auslösung des Umsturzversuches weitgehend zu kaschieren. Daß es sich um eine Gegenrevolution der bayerischen Rechten gehandelt hatte, die durch Hitlers einseitiges Vorprellen durchkreuzt worden war, geriet darüber in Vergessenheit, und die Beteiligten beeilten sich, die Spuren zu verwischen.

Im Grunde war Hitler schon vor dem Putschversuch der Auffassung gewesen, daß die nationale Revolution nicht mit militärischen, sondern allein mit propagandistischen Mitteln durchgesetzt werden müsse, und daher betrachtete er sich als deren geborenen Führer, was von den Militärs auch in seiner engeren Umgebung belächelt wurde. Der Ausgang des Marsches auf die Feldherrnhalle befestigte in ihm die Überzeugung, daß in jedem Falle nicht gegen die bewaffnete Macht gehandelt werden dürfe, und er hat folgerichtig die Versuche Ernst Röhms, die zunächst als Frontbann fortexistierende SA als militärischen Verband zu führen, abgelehnt und später, als dieser aus Bolivien zurückkehrte, die Bestrebungen zur Bildung einer Milizarmee verworfen, die Reichswehr und SS zur Aktion des 30. Juni 1934 herausforderten.[48]

Andererseits führt es zu weit, aus diesem Sachverhalt zu folgern, daß sich Hitler schon damals einer legalen Machteroberungsstrategie verschrieben hätte, wenngleich er, um seine vorzeitige Entlassung und die Neugründung der NSDAP 1925 zu ermöglichen, der bayerischen Regierung versicherte, künftig nur im legalen Rahmen vorzugehen.[49] Die Konsequenzen, die der Parteiführer aus dem

Debakel des 9. November 1923 zog, bestanden in erster Linie darin, Bündnisse mit gleichgerichteten Organisationen auszuschlagen und keine politischen Bindungen gegenüber den Parteien der bürgerlichen Rechten einzugehen.

Bei der Neugründung der NSDAP 1925 achtete er peinlich darauf, daß alles auf seine Person und seine uneingeschränkte Führerrolle abgestellt war. Die Phase der Putschversuche von rechts war vorüber. Für Hitler galt es, den Siegeszug der »nationalsozialistischen Idee« mit allen propagandistischen Mitteln zu betreiben. Seine Vision blieb die gleiche wie 1923: die Macht mußte ihm durch die unaufhaltsame Kraft der Bewegung und der »Idee« gleichsam selbsttätig und nicht als Resultat von Koalitionsabreden und Interessenbündnissen zufallen. Mit diesem visionären Kalkül eines »Alles oder Nichts« gewann er am 30. Januar 1933 die Regierung und damit die Macht.

Die Illusion einer Regierung ohne Parteien und der Aufstieg der NSDAP

Die Pariser Friedenskonferenz erblickte in der Durchsetzung parlamentarisch-demokratischer Verfassungsordnungen ein wichtiges Mittel zur inneren Stabilisierung der von ihr geschaffenen Nachfolgestaaten, die an die Stelle der multinationalen Großreiche Österreich-Ungarn, Rußland und der Türkei traten und die Nationalstaatsbildung in Europa zum Abschluß zu bringen schienen. Indessen erwiesen sich die an Stelle der angestammten Monarchien, die über die Stufe eines konstitutionellen Systems, damit einer im wesentlichen bloß beratenden Funktion der Repräsentativkörperschaften nicht hinausgelangt waren, etablierten parlamentarischen Systeme weithin als instabil.

Den Anfang machte Ungarn, das sich im Gegenzug zur Räteherrschaft Béla Kuns in ein autoritäres Regime verwandelte, das schließlich unter dem Reichsverweser Horthy straff geführt wurde. Die polnische Republik scherte mit der Durchsetzung der Diktatur Pilsudskis aus der Reihe der parlamentarisch regierten Staaten aus. In Italien zerstörte Mussolini nach dem Marsch auf Rom 1922 schrittweise das parlamentarische System. Die republikanischen Parteien spielten nach dem Aventin, dem Auszug der demokratischen Opposition aus dem Parlament, keine politische Rolle mehr und wurden durch die Einparteienherrschaft der Faschisten ersetzt. Ähnlich verlief die Entwicklung im neugebildeten Jugoslawien, das unter der Herrschaft der Dynastie Karageorgewitsch nur äußerlich konsolidiert wurde und unter der »Königsdiktatur« 1929 eine autoritäre Verfassung einführte.

Auch das parlamentarische System der ersten Österreichischen Republik war von ständigen Krisen geschüttelt, und nur die seit den

Genfer Protokollen 1922 eintretende erdrückende finanzpolitische Abhängigkeit von den Westmächten sicherte einstweilen den bestehenden Verfassungszustand, der allerdings schon 1929 durch eine wesentliche Stärkung der Stellung des Bundespräsidenten in Richtung auf ein Präsidialsystem abgewandelt wurde. Nur die Tschechoslowakei bewahrte bis 1938 ihr parlamentarisches System, dabei spielte die politische Orientierung auf Frankreich als wichtigste Schutzmacht eine maßgebende Rolle.[1]

Vor dieser Kulisse hebt sich die innere Entwicklung der Weimarer Republik vergleichsweise positiv ab. Nach einer Phase kritischer Erschütterungen in der nachrevolutionären Periode, die in dem Umsturzversuch des Generallandschaftsdirektors Wolfgang Kapp vom März 1920 und Adolf Hitlers Marsch auf die Feldherrnhalle vom November 1923 gipfelten, kam es im Zuge der Währungsstabilisierung und der Verabschiedung des Dawes-Plans seit 1924 zu einer bemerkenswerten Stabilisierung des politischen Systems. Die Parteien der bürgerlichen Rechten waren schon aus Gründen der außenpolitischen Abhängigkeit des Reiches gezwungen, sich einstweilen mit der ungeliebten parlamentarischen Republik abzufinden. Seit dem November 1923 gab es keinen offenen Umsturzversuch gegen die Republik mehr.

Nicht nur im internationalen Vergleich, sondern auch im Hinblick darauf, daß die Verfechter des liberal-parlamentarischen Systems seit den Reichstagswahlen vom Juni 1920 in der Minderheit waren, überrascht die lange Lebensdauer der Republik.[2] Abgesehen davon, daß die Gegner der Weimarer Reichsverfassung – die KPD auf der Linken, die DNVP und zunächst die DVP auf der Rechten sowie die rechtsextremen völkischen Gruppen, die nach 1925 durch die NSDAP aufgesogen wurden – nur im Negativen einig waren, spielte eine entscheidende Rolle, daß die politische Rechte nicht die Verantwortung für die Reparationsverhandlungen auf sich nehmen wollte, während die hinter ihr stehenden industriellen und agrarischen Interessengruppen gegen eine Hasardpolitik eintraten, die die auf Grund der Verständigung des Dawes-Plans nach Deutschland einströmenden ausländischen Kredite und damit den wirtschaftlichen Aufschwung in Frage stellen mußte. In der Tat stellte die

Weimarer Republik ein »penetriertes System«[3] dar, da die Westmächte über die Reparationsfrage maßgebenden Einfluß auf die Finanz- und Wirtschaftspolitik ausübten, womit sich indirekt eine Stützung der bestehenden Verfassungsordnung einstellte.

Diese Konstellation begann sich mit dem Eintritt in die Weltwirtschaftskrise grundsätzlich zu verändern, indem die Reparationszahlungen mit dem Hoover-Moratorium ausgesetzt wurden, ein Ende der Reparationen in Sicht schien und die Schwäche des französischen Franc die bis dahin faktisch bestehende finanzpolitische Hegemonie von Paris ausgehöhlt hatte. Es ist charakteristisch, daß das parlamentarische System, obwohl in der Ära der Bürgerblockkabinette in vieler Hinsicht geschwächt, erst zu einem Zeitpunkt faktisch außer Kraft gesetzt wurde, als sich für die bürgerliche Rechte die Chance abzeichnete, in die Regierung einzutreten, ohne die Verantwortung für die Fortzahlung der Reparationen übernehmen zu müssen. Das Übergangsregime Heinrich Brünings, das formell an der Verfassung festgehalten hatte, wurde von den Parteien der »nationalen Opposition« in dem Augenblick gestürzt, als mit der Ankündigung einer abschließenden Reparationsregelung in Lausanne der Wiedergewinn relativer politischer Handlungsfreiheit für die deutsche Regierung in Sicht war.

Der Übergang zum parlamentarischen System war 1919 von der Mehrheit der politischen Kräfte nur als vorübergehende Lösung betrachtet worden, die unter dem Druck der Wilsonschen vierzehn Punkte unabweisbar war. Nur die Parteien der Weimarer Koalition – mit Vorbehalten bei einem Teil des Zentrums – unterstützten die Weimarer Reichsverfassung, doch verlor die Weimarer Koalition schon frühzeitig die parlamentarische Mehrheit, so daß die DVP in eine Schlüsselfunktion hineinwuchs, welche unter Stresemann im Sinne eines Vernunftrepublikanismus wahrgenommen wurde. Nach dessen Tode setzte sich in der DVP definitiv der rechte Flügel durch, der eine Stärkung der Macht des Reichspräsidenten verlangte und die Kompetenzen des Reichstags bei der Regierungsbildung maßgebend beschneiden wollte. Ähnlich drängte die DDP, die nachhaltig von der allgemein sich vollziehenden Erosion des Liberalismus erfaßt wurde, auf einen autoritären Umbau, obwohl die

Demokraten ursprünglich maßgebend zur Verfassungsstiftung beigetragen hatten.

Alternativen zum als »liberalistisch« abqualifizierten parlamentarischen System wurden seit langem in der konservativen Publizistik erörtert, und sie waren Gegenstand der Programmatik der DNVP. Aber erst mit der Wendung der industriellen und agrarischen Interessenverbände gegen den Parlamentarismus, die mit der Bildung des Kabinetts der Großen Koalition unter dem Sozialdemokraten Hermann Müller zusammenfiel, fand die Offensive der außerparlamentarischen Rechten größere Resonanz. Insbesondere im neokonservativen Schrifttum, angeführt durch Oswald Spengler, Arthur Moeller van den Bruck und Edgar Julius Jung wurde das parlamentarische Prinzip aufs schärfste attackiert und als »Herrschaft der Minderwertigen« abqualifiziert, in der das Volk mittels des Mehrheitsprinzips manipuliert und das Gemeinwohl im selbstsüchtigen Getriebe partikularer Parteien zerrieben würde.[4]

Die Gegner der Weimarer Reichsverfassung kamen jedoch in der Regel über polemische Positionen nicht hinaus und zeigten sich nur ausnahmsweise imstande, alternative Konzepte zu der bestehenden Regierungsform vorzulegen, die praktizierbar waren. Kerngedanke der Parlamentarismus-Kritik, sofern sie nicht von kommunistischer bzw. marxistischer Seite kam, bestand darin, den angeblich mechanistischen Charakter des Mehrheitsprinzips und der demokratischen Wahlen durch den Rekurs auf berufsständische Ordnungen zu überwinden, die dem »organischen« Staatsbild, wie es in erster Linie Othmar Spann vertreten hatte, entsprachen.[5]

Alle diesbezüglichen Entwürfe setzten voraus, daß es zwischen den angestrebten berufsständischen Vertretungen und der politischen Führung einen organischen Zusammenhang geben könnte, der nicht auf Wahlen beruhte. In der Praxis liefen sie darauf hinaus, die politische Macht einer weitgehend unabhängigen Führung auszuliefern, die nicht durch Repräsentativkörperschaften wirksam kontrolliert war. Es verwundert daher nicht, daß diese Vorschläge häufig mit der Vorstellung gekoppelt waren, daß es eine virtuelle Identität zwischen Führung und Volk geben könne, die ihren Ausdruck in einer plebiszitären Führerpersönlichkeit finde.

Das zentrale Ziel dieser Umbaupläne bestand in dem Bemühen, die Rolle der politischen Parteien als, wie wir heute wissen, unentbehrliche Medien der politischen Willensbildung überflüssig zu machen. Die antiparlamentarischen Tendenzen besaßen einen gemeinsamen Nenner in der Forderung, die Autorität der Exekutive gegenüber dem Parlament und den darin vertretenen Parteien zu stärken. So wurde allenthalben die Aufhebung von Art. 54 der Weimarer Reichsverfassung (WRV) gefordert, der die parlamentarische Grundregel festlegte, daß Reichskanzler und Reichsminister des Vertrauens des Reichstags, damit einer parlamentarischen Mehrheit bedurften.[6] Dies bedeutete eine Stärkung der Macht des volksgewählten Reichspräsidenten, dem das Recht der Ernennung des Reichskanzlers und der Reichsminister zustand. Tatsächlich ist dieser Weg mit der Bildung des zweiten Kabinetts Brüning, wenngleich ohne formelle Änderung der Verfassung, eingeschlagen worden, um den Reichstag zu neutralisieren. Zur Bezeichnung des Zustandes, in der der Reichskanzler mit Notverordnungen regierte, die vom Reichspräsidenten in Anwendung von Art. 48 WRV gegengezeichnet werden mußten, bürgerte sich der Begriff der Präsidialregierung ein. Faktisch handelte es sich um ein gemäßigtes autoritäres System.

Allerdings ging der Ruf nach einer Reform der Verfassung zugunsten einer Stärkung der Reichsregierung auf Kosten des Reichstags keineswegs allein von erklärten Gegnern der Republik aus. In der DDP setzte sich ebenfalls eine etatistische Strömung durch, die 1932 in der Umwandlung des Parteinamens in »Deutsche Staatspartei« zum Ausdruck kam.[7] Exponenten des liberalen Lagers wie Walter Jellinek, Willy Hellpach und Erich Koch-Weser forderten eine Einschränkung der parlamentarischen Prärogative[8], und auch Sozialdemokraten wie Hermann Heller, Ernst Fraenkel, Hans Simons und Carlo Mierendorff argumentierten im gleichen Sinne.[9]

Der einflußreiche Staatsrechtslehrer Carl Schmitt trat als Vorkämpfer eines grundlegenden Verfassungsumbaus zugunsten des Reichspräsidenten hervor. In seiner viel beachteten Schrift über »Legalität und Legitimität« verlangte er, den Teil 1 der Weimarer Verfassung, damit die Vorschriften über die Verfassungsorgane, zugunsten des Teiles 2, der die Staatsziele betraf und den er als Kern der ursprünglichen Verfassungsentscheidung hinstellte, zur Disposition zu stellen.[10] Mit der Formel, daß die Souveränität beim »Herrn des Ausnahmezustands« liege, setzte er sich für eine weitgehende Verselbständigung der Reichsregierung ein, die nur dem Reichspräsidenten verantwortlich sein sollte.

In der Praxis bedeutete dies, den für Notstandsfunktion gedachten Art. 48 zum Kern der Verfassung zu machen und die parlamentarische Gesetzgebung durch Notverordnungen zu ersetzen. Beim Amtsantritt Heinrich Brünings in März 1930 bestand eine starke Tendenz, das auf das Vertrauen des Reichspräsidenten gestützte Kabinett zum Präsidialregime umzuformen und auf die kontinuierliche Mitwirkung des Reichstags zu verzichten. Doch erst das Scheitern der Etatverhandlungen vom Frühjahr veranlaßte Brüning, die von ihm nach langen Verhandlungen eingebrachten, aber vom Parlament abgelehnten Deckungsvorlagen als Notverordnung zu erlassen und nach erneuter, verfassungsmäßig zulässiger Ablehnung durch die Reichstagsmehrheit unter Auflösung des Parlaments auf dem Wege des Notverordnungsrechts in nur geringfügig modifizierter Form zu erlassen.

Ursprünglich hatte Heinrich Brüning zwar die Kompetenzen des Parlaments einschränken, es aber nicht à limine ausschalten wollen. Auch nach dem verhängnisvollen Ergebnis der Septemberwahlen 1930 stützte sich der Reichskanzler auf die Tolerierung durch die Sozialdemokratie und vermied den Weg der vollständigen Ausschaltung des Parlaments, obwohl dieses immer seltener zusammentrat und immer weniger politische Entscheidungen traf, da alle wichtigen Maßnahmen auf dem Wege der Notverordnung getroffen wurden. Er arbeitete jedoch auf einen autoritären Verfassungsumbau hin, den er auf legalem Wege im Zusammenhang mit der Erledigung der Reparationsfrage zu erreichen hoffte, wobei er sich Illusionen bezüglich einer Spaltung der SPD machte, auf deren Tolerierung er angewiesen war.

Brünings Konzept der »autoritären Demokratie«, wie das Schlagwort der von ihm geführten Zentrumspartei lautete,[11] verknüpfte mit dem Gedanken der Reichsreform, die auf den Zusammenschluß der norddeutschen Länder, insbesondere Preußens mit dem Reich, hinauslaufen sollte, mit einer Einschränkung der Budgetrechte des Reichstages. Brüning selbst hoffte, dieses semi-parlamentarische Konzept, in dem politische Parteien nach wie vor einen gewissen Einfluß besaßen, durch die Rückkehr zur Monarchie abstützen zu können, für die aber infolge der ungeklärten Abdankungs- und Nachfolgefrage im Hause Hohenzollern keine Voraussetzungen bestanden.[12]

Brünings Nachfolger Franz von Papen ging in der Frage der Überwindung des parlamentarischen Systems wesentlich weiter, so wenig er über die notwendige Entschlußkraft verfügte, das von seinem Innenminister, Freiherrn Wilhelm von Gayl, verfochtene Konzept eines Verfassungsoktrois durch den Reichspräsidenten in die Tat umzusetzen, und sich auf die Hoffnung verlegte, das von seinem Propagandisten Walther Schotte entwickelte Programm des »Neuen Staates« auf längere Sicht zu verwirklichen. Aus dieser Perspektive heraus glaubte von Papen, wie er am 12. September 1932 in einer Rundfunkrede, die bezeichnenderweise an die Stelle einer üblicherweise im Reichstag vorgetragenen Regierungserklärung trat, ausführte, »die Herstellung einer wahrhaft unparteiischen nationalen Staatsführung« versprechen zu können.[13]

Nun hat sich vielfach bis in die Gegenwart die irrige Vorstellung erhalten, daß die unbestreitbare Funktionsschwäche des parlamentarischen Systems von Weimar auf strukturelle Mängel der Verfassung, vor allem aber auf die dem Verhältniswahlrecht angelastete Parteienzersplitterung zurückzuführen sei. Indessen überschritt der Anteil der Splitterparteien an den Wählerstimmen zu keinem Zeitpunkt mehr als acht Prozent, und die Schwäche der Kabinette beruhte weit weniger auf der mangelnden Koalitionsbereitschaft der Parteien als auf der politischen Intransigenz der DNVP und des rechten Flügels der DVP sowie der BVP, die sich dagegen sträubten, auf der Grundlage der parlamentarischen Verfassung Regierungsverantwortung zu übernehmen.

Eine zusätzliche Ursache der chronischen Parlamentskrise, wie Gustav Stresemann die nach dem November 1923 entstandene Konstellation charakterisierte, bestand in der mangelnden Interessenintegration innerhalb der liberalen Mittelparteien, die sie hinderte, verläßliche koalitionspolitische Optionen einzugehen. Es war daher illusorisch, die zugrunde liegenden interessenpolitischen und ideologischen Grabenbrüche durch eine Einschränkung der parlamentarischen Verantwortlichkeit der Reichsregierung, etwa im Sinne eines »konstruktiven Mißtrauensvotums« oder der Lex Brüning, die ausgabenträchtige Gesetzesvorlagen von der Einbringung der für sie erforderlichen Deckung abhängig machte, überbrücken zu wollen.

Seit dem Durchbruch der NSDAP in den Septemberwahlen von 1930 war die Rückkehr zu einer parlamentarischen Mehrheitsregierung verstellt, zumal der Reichspräsident den Eintritt der SPD in die Reichsregierung ablehnte und Druck auf Brüning ausübte, auch die preußische Koalition zwischen SPD, Zentrum und DDP zu lösen, die unter der Führung von Ministerpräsident Otto Braun einen Hort der Stabilität darstellte. Mit der von der SPD notgedrungen eingegangenen Tolerierungspolitik, die den Übergang zur offenen Rechtsregierung einstweilen unterband, verlagerte sich die politische Willensbildung einmal mehr aus dem Parlament und vollzog sich in wachsendem Maße nur noch in Form von informellen Abreden zwischen Parteiführern sowie Verbandsvorständen und dem Reichskanzler und den Reichsressorts.

Die Informalisierung des politischen Prozesses in der Ära Brüning erweckte in der Öffentlichkeit den Eindruck, als verlören die Parteien ihre frühere Schlüsselstellung für die politische Willensbildung. Unzweifelhaft führten die anhaltenden Koalitionskrisen schon in den frühen 20er Jahren dazu, daß die Parteiapparate gegenüber den Vorständen und Fraktionen mediatisiert wurden. In einer Reihe von Fällen, so bei der Abstimmung über den Panzerkreuzer A, die zur entscheidenden Schwächung des Kabinetts Hermann Müller beitrug, wurde dieser Hiatus bewußt einkalkuliert, so daß die sozialdemokratischen Kabinettsmitglieder im Reichstag gegen ihre eigene Regierungsvorlage, deren Mehrheit ohnehin gesichert war, stimmten.[14]

Seit der Umbildung des Brüning-Kabinetts im Oktober 1931 verstärkte sich der Effekt, daß die Parteien trotz der unaufhörlichen

Wahlkämpfe ihre frühere Bedeutung einzubüßen schienen. Indem der Reichstag immer seltener zusammentrat und infolge der Obstruktion der »nationalen Opposition« von DNVP, Stahlhelm und NSDAP nahezu arbeitsunfähig war, entstand der Eindruck, als seien die politischen Parteien im Begriff, von der Bühne abzutreten und ihre zentrale Rolle für die politische Willensbildung an unterhalb von ihnen bestehende Zusammenschlüsse abzugeben, die teils mit Interessenverbänden identisch waren, teils als Honoratiorenvereinigungen wie dem »Deutschen Herrenclub« sich formell als apolitisch definierten.

Das scheinbare Zurücktreten der politischen Parteien drängte sich aus der Perspektive des bürgerlichen Lagers auch deshalb auf, weil die in den Wahlkämpfen seit 1929 anwachsende Erosion der bürgerlichen Mittel- und Rechtsparteien ehemals bedeutsame Gruppierungen in den Rang von Splitterparteien herunterstufte und auch das parlamentarische Gewicht der so selbstbewußten DNVP auf ein Minimum schrumpfen ließ. Nur die Zentrumspartei vermochte ihren Wähleranteil weitgehend zu halten.[15] Gleichzeitig proklamierte die NSDAP, schwächlich flankiert von der DNVP und dem Stahlhelm, den bevorstehenden Untergang des Weimarer Parteiensystems.

In der einflußreichen Monatsschrift *Die Tat* prognostizierte deren Herausgeber Hans Zehrer, daß »das Ende der Parteien« bevorstünde. Als spezifische Organisationsform des Liberalismus sei die »moderne politische Partei« überholt. Er konstatierte, daß mit Ausnahme des Zentrums, das die Chance habe, sich in berufsständischem Sinne umzubilden, was der gleichzeitigen Bewegung der Katholischen Aktion und der Enzyklika Quadragesimo Anno entsprach[16], die liberalen Mittelparteien und die DNVP vor der völligen Auflösung stünden. Ebenso werde die SPD als »inzwischen rein liberalistische Partei« von der politischen Bühne abtreten, während die Gewerkschaften als ständisch geprägte Organisationen erhalten bleiben würden. Der Staat dürfe sich der Auflösung der Parteien nicht in den Weg stellen, sondern müsse darum bemüht sein, diesen wichtige Tätigkeitsbereiche, insbesondere die Jugenderziehung, zu entziehen.[17] Zehrer hatte dabei die Errichtung des Reichskuratoriums für Jugendertüchtigung vor Augen, das exakt dieser Zielsetzung diente.

Demgegenüber war der Herausgeber der *Tat* davon überzeugt, daß die Chance der NSDAP darin liege, ihre überkommene Parteistruktur abzuschütteln und als gegenwärtig »größte repräsentative Plattform des antiliberalistischen Konservativismus« »alle die Kräfte, die von ›rechts‹ kommen und sich im Aufbruch ins 20. Jahrhundert befinden«, zu sammeln. Er erwartete zugleich, daß es der NSDAP gelingen werde, das Wählerpotential der KPD an sich zu ziehen und die ersehnte Verschmelzung der »beiden großen antikapitalistischen Bewegungen« des Jahrhunderts herbeizuführen. Die NSDAP – und in geringerem Umfang die KPD – bildeten somit Instrumente des sich vor Zehrers Augen vollziehenden säkularen Umbruchs, an dessen Ende das Parteiwesen als Ausfluß des überholten Liberalismus durch neue politische Formen ersetzt sein würde, die sich an ständische Strukturen anlehnten. Er konnte daher beide Parteien als »Endprodukte des Liberalismus« bezeichnen, »die die aus der liberalen Geisteswelt abflutenden Massen aufsaugen und sammeln, um mit ihnen das liberale System endgültig zu zerschlagen«.[18]

Es mag überraschen, daß ein so brillanter politischer Analytiker wie Hans Zehrer mit der Prognose, daß die KPD eine politische Übergangserscheinung sei, einem eklatanten Fehlurteil unterlag. Indessen wußte er nur zu gut, daß die KPD in den Jahren der Weltwirtschaftskrise ganz überwiegend eine Konjunkturpartei war und – ähnlich wie die NSDAP - von einer extrem hohen Mitglieder- und Wählerfluktuation geprägt war.[19] Desgleichen irrte er gründlich, wenn er unter dem Eindruck der pseudosozialistischen Agitation der NSDAP und der sozialpolitischen Initiativen des Straßer-Flügels annahm, die NSDAP werde sich ernstlich dazu bereitfinden, mit der proletarischen Linken zusammenzugehen. Seine Analysen reflektierten vielmehr das Wunschdenken des bürgerlichen Lagers, daß Hitler sein Versprechen wahr machen werde, die Arbeiterschaft für das »nationale Deutschland« zurückzugewinnen.

Wie viele Repräsentanten der bürgerlichen Rechten verschrieb sich Hans Zehrer der Illusion, daß die NSDAP die ersehnte »Erneuerung der Nation«, wenn auch in unausgegorener Form, repräsentierte. Wie bei der Mehrheit der zeitgenössischen konservativen Publizisten findet sich bei Zehrer die unklare Unterscheidung zwischen der real existierenden Partei und dem gesunden »nationalen« Kern des Nationalsozialismus, dem einstweilen noch die »Schlakken der Parteibewegung« anhafteten. Nachdrücklich warnte er die NSDAP davor, Koalitionsbündnisse einzugehen, und er war der Überzeugung, daß die neuen Kräfte, die er allenthalben wahrnahm, auch in der bündischen Jugend, sich nicht durch ein Zusammengehen mit den »liberalistischen Parteien« verbrauchen dürften. Vielmehr sollte die NSDAP versuchen, »den bündischen Weg der Auslese, Geschlossenheit und der charakterlichen und sachlichen Schulung« zu gehen und sich zu einem Orden zurückzubilden, dem die Funktion der politischen Elitenbildung zufiel.[20]

Hitlers bloß taktisches Zusammengehen mit Alfred Hugenberg in der »Harzburger Front« (Oktober 1931) und seine Ablehnung im Sommer 1932, das Kabinett von Papen zu stützen, löste allerdings eine skeptische Reaktion bei Zehrer aus. Er formulierte die Erwartung, daß die NSDAP ihren Parteicharakter, der ihr durch die Weimarer Verhältnisse, durch die unterstellte Notwendigkeit ihres Kampfes gegen die »marxistischen Parteien« aufgenötigt worden sei, alsbald abstreifen und sich den »staatspolitischen Notwendigkeiten« beugen, sich also vorbehaltlos in das nationale Lager einreihen werde.

Solange sich die NSDAP, argumentierte Zehrer, nicht von den »abflutenden Massen«, dem »Treibholz« einer diffusen Massenanhängerschaft wieder trenne und sich zu einer bündisch geprägten elitären »Führer- und Kampfgemeinschaft« zurückbilde, sei sie zum Scheitern verurteilt. Als Partei, äußerte der Publizist, habe sich der Nationalsozialismus »in einen leeren Raum hineingetrommelt«, sie müsse vielmehr die »Schlacken der Parteibewegung« von sich abstreifen. Wie die bisherigen Parteien werde auch die NSDAP »an dieser Klippe zerschellen, soweit sie eine liberalistische Partei mit Millionen von Wählern geworden« sei. Er sagte dabei zutreffend voraus, daß die NSDAP keine Chance hatte, in Wahlen eine absolute Mehrheit zu erringen.[21]

Zehrers Prognose, daß sich die NSDAP als politische Partei auflösen und sich in die von ihm ersehnte »Dritte Front« eingliedern werde, verkannte den genuinen Machtwillen der nationalsozialistischen Führung. Gleichwohl stand er in der Erwartung nicht allein, daß sich die NSDAP nach den Reichstagswahlen vom Juli 1932, in denen sie, wie er richtig diagnostizierte, das Wählerpotential der bürgerlichen Parteien weitgehend ausgeschöpft habe, ins Abseits manövrieren werde, wenn sie nicht den Schulterschluß zur bürgerlichen Rechten unter Papen und Schleicher vollziehe und dem parlamentarischen Weg eine endgültige Absage erteile.[22] Er warnte die NSDAP vor einem Rückfall in die bisherige Parteipolitik und davor, daß sie dann Gefahr laufe, vom »Zersetzungsprozeß« des alten Systems erfaßt zu werden.[23] Nach der Bildung des Kabinetts von Papen und den Juliwahlen 1932 hob Zehrer hervor, daß die NSDAP »ihren Wendepunkt erreicht« habe und die »Revolution des *Stimmzettels*« beendet sei. In der Tat zeigte es sich, daß die Partei in den Reichstagswahlen zwar kräftig zugelegt, aber damit gleichfalls das mögliche Wählerreservoir ausgeschöpft hatte.

Nach dem 13. August, also nach der Zurückweisung Hitlers, der die Kanzlerschaft zu seinen Bedingungen gefordert hatte, durch den Reichspräsidenten, mehrten sich auch die Stimmen innerhalb der NS-Bewegung, die die parlamentarische Karte für ausgereizt hielten und den Kampf um die Macht auf außerparlamentarischem Wege vorantreiben wollten. In der Tat trat im Frühherbst eine gewisse innenpolitische Beruhigung ein. Die politische Mobilisierung nahm deutlich ab, desgleichen die im Sommer kulminierende Gewaltanwendung auf den Straßen. Auch innerhalb der NSDAP machten sich gewisse Ermüdungserscheinungen bemerkbar. Der Mitgliederzustrom ging zurück, die Spendenfreudigkeit der Anhänger erlahmte und die SA weigerte sich, weiterhin als Wahkampfinstrument »mißbraucht« zu werden.[24] Die Novemberwahlen brachten dann einen empfindlichen Rückschlag der Bewegung.

Zehrer hatte schon im Sommer 1932 zutreffend vorausgesagt, daß die NSDAP kaum Aussicht hatte, in Wahlen eine absolute Mehrheit zu erzielen. Er gab sich der Hoffnung hin, daß das Scheitern des Versuches, eine parlamentarische Mehrheit zu erringen, den inneren Umwandlungsprozeß der NSDAP vorantreiben würde. Die Alternative dazu bestand aus seiner Sicht in einer »Liberalisierung« der NSDAP, die dann notwendigerweise das Schicksal der bürgerlichen Parteien erleiden werde. Im gleichen Sinne warnten die *Deutschen Führerbriefe* als Sprachrohr der Schwerindustrie, daß eine alleinige Machtübernahme durch die NSDAP, die in Gefahr stünde, dem »Massenrausch« zu erliegen, mit einer »Renaissance« von Weimar verbunden sein werde.[25] Sie behaupteten, daß mit den Juliwahlen »das Ende der Revolution von unten und der Anfang der Revolution von oben« gegeben sei – eine deutliche Anspielung auf das autoritäre Programm Franz von Papens. Die NSDAP, hieß es weiter, habe die Ermahnung, »sich darauf zu beschränken, bloße Bewegung zu sein«, nicht beherzigt und sei nach der Wahl »endgültig zu einer Parlamentspartei« geworden.[26] Hitlers Weigerung, sich in die Front der »nationalen Kräfte« unter von Papen einzureihen, bedeute den Rückfall in die so scharf kritisierte »Koalitionsschacherei«, die als Inbegriff des Parlamentarismus galt.

Auch die neokonservative Ring-Bewegung warf der NSDAP vor, ihr Heil in bloß zahlenmäßiger Stärke, nicht in sachlicher Leistung zu suchen und sprach von »einer Sünde wider den Geist«.[27] In der Tat war die NSDAP unter von Papen nicht nur als stärkste Fraktion in den Reichstag zurückgekehrt, sondern eine Mehrheit ihrer Abgeordneten unter der Führung Gregor Straßers war bereit, von der bisherigen Obstruktion abzurücken. Die Wahl Hermann Görings zum Reichstagspräsidenten wurde als Signal dafür angesehen, daß die Partei nun gewillt war, sich an der Arbeit des Parlaments auch konstruktiv zu beteiligen. Dabei wurde nicht gesehen, daß die NSDAP angesichts ihrer kritischen inneren Verfassung darum bemüht sein mußte, eine Auflösung des Reichstags und erneute Neuwahlen abzuwenden, was dann allerdings durch Hitlers Entschluß, sich an dem kommunistischen Mißtrauensvotum gegen von Papen zu beteiligen, durchkreuzt wurde.[28]

Von den bürgerlichen Rechtsparteien wurde der NSDAP durchweg zum Vorwurf gemacht, in parlamentarische Methoden zurückzufallen, und dies sollte sich in den Novemberwahlen als wirksames

Wahlkampfargument von Papens und der DNVP gegen Hitler erweisen. Zehrer glaubte gleichwohl, die »gesunden« Kräfte der nationalsozialistischen Bewegung weiterhin in den Dienst des Umbaus von Staat und Gesellschaft stellen zu können. Aber er machte deutlich, daß die Initiative inzwischen an »die neutrale Staatsgewalt« übergegangen sei, wobei er weniger auf Papen als auf Schleicher setzte, der Anfang Dezember an die Spitze des umgebildeten Kabinetts trat.[29]

Schleichers politisches Konzept, an die Stelle der Parteien ein Bündnis der gesellschaftlich relevanten Verbände, darunter der Gewerkschaften treten zu lassen – die sogenannte »Querfront« –, traf sich mit Zehrers Vorstellungen von einer berufsständisch geprägten Neuordnung. Der Herausgeber der *Tat* war wie viele Angehörige der sogenannten »jungen Generation« davon überzeugt, daß an die Stelle der Parteien neue bündische Organisationsformen treten würden. »Der Bund gehört der Zukunft, die Partei gehört der Vergangenheit an«, formulierte er im Anklang an die Ideen Oswald Spenglers, des Nestors des neokonservativen Credos. Er forderte die NSDAP ausdrücklich auf, sich diesem Trend nicht länger zu widersetzen, sich vielmehr in einen Bund oder Orden umzubilden, und sich in die im Werden begriffene »Dritte Front«, mithin die von General von Schleicher angestrebte »Querachse«, einzureihen.[30]

Zehrers Ideen berührten sich mit den Anschauungen Gregor Straßers, der ebenfalls dafür plädierte, an die Stelle pausenloser Wahlwerbung und einer Strategie des »Alles oder Nichts« eine konstruktive Politik treten zu lassen. Sein Eintreten für ein umfassendes Arbeitsbeschaffungsprogramm und sein Plädoyer zugunsten der »antikapitalistischen Sehnsucht« der arbeitenden Massen berührten sich mit den Zielsetzungen der *Tat* ebenso wie mit den Vorstellungen Schleichers, der in hohem Maße auf das kriegswirtschaftliche System des Ersten Weltkrieges fixiert war, das bei einem weitgehenden Zurücktreten der politischen Parteien auf der Mitwirkung der Gewerkschaften und der Kooperation der Wirtschaftsverbände beruht hatte.[31]

Zehrer teilte Schleichers Optimismus, mit Gregor Straßer die

NSDAP in die »Querfront« einbeziehen und damit die notwendige Abstützung seines Präsidialkabinetts erreichen zu können. Straßer scheiterte jedoch mit seinem Konzept an Hitlers Starrsinn, nachdem er ihn vergeblich beschworen hatte, die desaströse Politik der Herbeiführung des Chaos zu beenden, wenn die NSDAP nicht in Neuwahlen eine schwerwiegende Niederlage erleiden sollte, und trat am 8. Dezember 1932 voller Verzweiflung von allen Parteiämtern zurück.[32] Die Hoffnung Schleichers, die NSDAP schließlich doch gewinnen zu können, war von der Perspektive geprägt, daß die Parteien über kurz oder lang ohnehin verschwinden würden.

Zehrer, der enge Bindungen zu von Schleicher eingegangen war, hatte sich inzwischen zu einem uneingeschränkten Verteidiger des Präsidialsystems gemausert und forderte den Reichskanzler auf, den Parteienpluralismus aktiv zu bekämpfen. In diesem Zusammenhang plädierte er für die Schaffung einer »eigenen Volksfront des Staates«.[33] Der von ihm gleichzeitig vorgelegte Entwurf der Grundlinien der künftigen Reichsverfassung, mit dem die Reformentwürfe des nationalkonservativen Widerstands gegen Hitler weitgehend vorweggenommen wurden, zielte ausdrücklich darauf, eine »Entliberalisierung« der bisherigen Verfassungsstruktur, und das hieß in erster Linie die Eliminierung der »heutigen zentralistischen Parteien«, herbeizuführen.[34]

Das bemerkenswerte analytische Niveau, das Zehrers zeitgenössische Artikel auszeichnet, kann nicht darüber hinwegtäuschen, daß die jeweils von ihm eingenommenen Positionen ziemlich genau die einzelnen Entwicklungsstadien des Präsidialsystems widerspiegeln. Das gilt nicht zuletzt für die verbreitete Fehleinschätzung, daß sich Hitler des Instruments der Massenpartei nur bediene, um die Arbeiterschaft dem Einfluß des organisierten »Marxismus« zu entziehen und daß diese nach der Einbeziehung der organisierten Arbeiterbewegung in das nationale Lager überflüssig werden würde. Dahinter verbarg sich das Wunschdenken, daß sich hinter dem bloß vordergründigen Parteiengetriebe die Bildung einer neuen staatstragenden Elite abzeichne. Bezeichnenderweise empfand Zehrer vorübergehend Sorge darüber, daß sich die neuen

Kräfte zu früh verbrauchen und von den »altbürgerlichen Trümmern« erstickt werden könnten.[35]

Zehrers Prognosen hatten einen erheblichen Anteil daran, daß sich bei der konservativen Kamarilla im Umkreis des Reichspräsidenten von Hindenburg die Überzeugung zu verbreiten begann, daß die bisher bestehenden Parteien und Interessenverbände in Anbetracht der unausweichlichen Staatsnotwendigkeiten sich auflösen oder ihren politischen Einfluß verlieren würden. Dieser Zerfall werde vor der NSDAP nicht haltmachen. Von ihr, prophezeite Zehrer, werde nur der Kern übrig bleiben, der miteinander »kameradschaftlich« verbunden sei. Damit spielte er auf die von Gregor Straßer repräsentierte Gruppierung in der NSDAP an, die an neokonservative Ideengänge anknüpfte und Beziehungen zur Redaktion der *Tat* unterhielt.[36]

Auch den Kreisen der Ring-Bewegung, desgleichen im aus ihr hervorgegangenen Herrenclub, waren ähnliche Vorstellungen anzutreffen, die sich mit massivem Eintreten für das Präsidialkabinett von Papen verbanden. Der NSDAP wurde zum Vorwurf gemacht, letztendlich eine mit dem Parlamentarismus verbundene Partei zu sein, die sich nicht nur der Parlamente als Instrument bediene, sondern auch in die für überwunden geglaubte Koalitionspolitik zurückfalle. Allen Ernstes stellte man ihr die Diagnose, sie würde notwendigerweise »den Abmarsch ins System« vollziehen, sich also zu einer unter anderen parlamentarischen Parteien zurückentwickeln, sofern sie nicht mit der DNVP Alfred Hugenbergs fusioniere – dies war eine Reminiszenz an die vom ersten Tage an brüchige »Harzburger Front«, an der sich Hitler nur aus taktischen Gründen beteiligt hatte – oder sich an die KPD anlehne.[37]

Heinrich von Gleichen, einer der führenden Vertreter der Ring-Bewegung, hatte in einem am 6. November 1931 an Hitler gerichteten »Offenen Brief« der Hoffnung Ausdruck gegeben, daß es in der NSDAP zur Herausbildung einer Gruppe von »unabhängigen Persönlichkeiten« kommen werde, die sich dem bloßen Appell an die Emotionen der breiten Massen verschlössen und eine Garantie gegen das Absinken in das Chaos bildeten.[38] Das war eine für die Jungkonservativen bezeichnende esoterische Sicht, die die populistische Politik Hitlers nur als vorübergehend eingeschlagene Taktik begriff. Ähnlich forderte Edgar Julius Jung, daß zu »dem Machtwillen der Führer« und »der Sehnsucht der Massen« die »Gestaltungskraft der Einzelnen treten müsse, die ein Bild des kommenden Jahrhunderts im Herzen tragen«.[39]

Die Autoren des Ring-Kreises hielten daher an ihrer grundsätzlichen Ablehnung des Parteiensystems fest und unterstützten schon frühzeitig das Präsidialregime von Papens, während sie sich gegenüber Alfred Hugenberg, der die DNVP analog zur NSDAP in eine Massenbewegung umzuformen hoffte, zunehmend distanzierten. Es war charakteristisch, daß sich der Ring-Kreis 1932 mit großem Nachdruck für die Wiederwahl Hindenburgs einsetzte.[40] Mit seiner scharfen Polemik gegen die angebliche »Parteiherrschaft« und »die Selbstzerstörung der Nation durch einen absterbenden Parteienstaat« machte sich der Ring-Kreis zum entschiedensten Vorkämpfer des reinen, auch nicht indirekt auf die Parteien abgestützten Präsidialstaats.[41]

Umgekehrt bestanden enge Beziehungen einer Reihe von Mitgliedern des Reichskabinetts zum Deutschen Herrenclub, der in vieler Hinsicht die Ideengänge der Ring-Bewegung aufnahm, allerdings deren sozialpolitische Komponente verwarf.[42] Dieser Zusammenhang kam in dem von Walther Schotte entworfenen Programm des »Neuen Staates« unmißverständlich zum Ausdruck. Das Programm stellte einen Nachläufer der im Spätsommer 1932 ins Auge gefaßten Staatsstreichpläne von Gayls dar, die durch von Papens dilatorische Taktik aufgeschoben worden waren und die mittelfristigen verfassungspolitischen Zielsetzungen des Kabinetts zusammenzustellen versuchten.[43]

Schottes Konzept des »Neuen Staates« stellte die unbedingte Überparteilichkeit des Kabinetts von Papen heraus, dessen Mitglieder bei Amtsantritt aus ihren Parteien ausgetreten waren. Es wollte jedoch auf politische Parteien nicht völlig verzichten, wobei der Autor das Argument anführte, daß angesichts der fehlenden inneren Einheit mit dem Fortbestand unterschiedlicher weltanschaulicher Lager gerechnet werden müsse. Aber er wollte die Rolle der Parteien auf die Artikulierung der großen weltanschaulichen

Positionen zurückführen, sah in ihnen also wesentlich Ideenkonglomerate, was auf die Anfänge des deutschen Parteiwesens in der Restaurationsperiode verweist.[44]

In Übereinstimmung mit der herkömmlichen konservativen Parteienkritik attackierte Schotte insbesondere das Vordringen von bloßen Interessenparteien, deren Auftreten zu einer verhängnisvollen »Materialisierung des politischen Lebens« geführt hätte. Er schrieb das Herabsinken der Parteien auf die Vertretung bloß partikularer Interessen den schädlichen Auswirkungen des Verhältniswahlrechts zu, das es notwendig mache, die Massen durch materielle Versprechungen zu gewinnen. Diese Auffassung wurde auch vom Reichskabinett durchweg geteilt, wobei man sich nicht eingestand, daß auch die preußische konservative Partei 1848 und wieder in den sechziger Jahren des 19. Jahrhunderts auch unter dem äußerst restriktiven Dreiklassenwahlrecht primär als Interessenvertretung fungiert hatte.[45] Die Auswege, die die Ideologen des »Neuen Staates« offerierten, bestanden einerseits in der Einschränkung der Souveränität der Volksvertretung und andererseits im wesentlichen in einer Heraufsetzung des Wahlalters, in einem Mehrstimmenwahlrecht, in der Einführung des Einerwahlkreises und in indirekten Wahlen oberhalb der lokalen Ebene. Davon erhofften sie sich eine »Repolitisierung«, d.h. ideologische Ausrichtung der Parteien, die dadurch zur Vertretung der großen weltanschaulichen Positionen und zum Prinzipienkampf zurückfinden sollten, anstatt im parlamentarischen »Interessenschacher« aufzugehen. In Unkenntnis der konkreten Auswirkungen des angestrebten Pluralwahlrechts, das Familienväter begünstigte, versprach sich von Gayl von dieser Reform, daß anstelle der von den zentralistischen Parteibürokratien nominierten Mandatsträger angesehene »politische Persönlichkeiten« in die Vertretungskörperschaften entsandt würden.[46]

Der diesen Erwägungen zugrunde liegende Politik-Begriff klammerte die Verfolgung materieller oder konkreter gesellschaftlicher Interessen als apolitisch aus und bezog Politik ausschließlich auf die Wahrnehmung staatlicher Aufgaben durch dazu befähigte Honoratioren. Die Heraufsetzung des aktiven Wahlalters auf 24 Jahre hätte einen großen Teil der Gefolgschaft der NSDAP ausgeschlossen, während die Vorschriften zum Einerwahlkreis und relativen Mehrheitswahlrecht die Partei begünstigt hätten, so daß es in dieser Hinsicht zu Meinungsverschiedenheiten im Kabinett kam.[47]

Indessen war Schotte realistisch genug, um vorläufig noch vom Fortbestand des bisherigen Parteiensystems aus KPD, SPD, Zentrum und einer bürgerlichen Rechtspartei auszugehen, wobei er ein Aufgehen der NSDAP in der »nationalen« Rechten erwartete. Andererseits sprach er analog zu Hans Zeher die Erwartung aus, daß sich das bislang vorhandene Parteienfeld auf mittlere Sicht auflösen, daß sich die Parteien oligarchisieren und zu reinen Ideenlieferanten zurückbilden würden. In der künftigen Verfassung, erklärte Schotte, würden zentralistische Parteien und Massenmitgliedschaften überflüssig sein.[48] An ihre Stelle sollten elitäre Vereinigungen wie die Herrengesellschaften treten, deren Gewicht nicht auf dem Prinzip der Zahl, sondern demjenigen des Sachverstandes beruhte.

Wenngleich der utopische Grundzug dieses schlechthin reaktionären Reformprogramms ins Auge sticht, spiegelte es doch getreulich die Intentionen von Papens und seiner konservativen Parteigänger wider. Auch bei den Jungkonservativen fanden sich ähnliche Erwägungen. So wandte man sich gegen das liberale Prinzip der Öffentlichkeit, das im Vereinscharakter politischer Parteien einen Niederschlag gefunden hatte, und wollte anstelle des freien Beitrittsrechts zu politischen Vereinigungen eine Kooptation oder berufsständische Zugehörigkeit setzen. Diese Zielsetzung entsprach den Ideen der bündischen Bewegung, war aber auch bei den Jungkonservativen weit verbreitet. Schon in seinem »Jungdeutschen Manifest« hatte Artur Mahraun betont, daß »die bündische Organisation des Frontgeschlechts unserer Zeit die alten Vereinsbildungen des 19. Jahrhunderts« überrenne.[49]

Schotte war davon überzeugt, daß die NSDAP auf die Dauer keinen Bestand haben werde. Er begründete dies paradoxerweise damit, daß sich Nationalismus als das eigentliche Movens der nationalsozialistischen Propaganda nicht als parteibildendes Prinzip eigne. Das stand im Gegensatz zu seiner Forderung, zu den großen Weltanschauungsparteien zurückzukehren. Ebenso widerspruchsvoll war die Feststellung, daß es der NSDAP auf die Dauer nicht gelingen werde, »größere Massen aus dem Lager der Arbeiterparteien durch die nationalistische Parole fernzuhalten«, da das Bestechendste an einem Zusammengehen mit Hitler darin zu liegen schien, daß er in der Lage sei, die von »marxistischen« Agitatoren verführte Arbeiterschaft in das nationale Lager zu ziehen.[50]

Die ambivalente Einschätzung der NSDAP durch das rechtskonservative Lager kam in diesen Erwägungen klar zum Ausdruck. Einerseits begrüßte man deren Bewegungscharakter als neue politische Form, andererseits sprach man ihr mittelfristig organisatorische Konsistenz ab, was sich auf die extrem hohe Mitgliederfluktuation in der NSDAP stützen konnte. Das konservative Wunschdenken fand in der Bemerkung Schottes, daß der Nationalsozialismus »nur durch den unnatürlichen Zwang unseres Wahlrechts im Rahmen einer parteipolitisch-parlamentarischen Demokratie entarten« konnte, bezeichnenden Niederschlag.[51]

Nur die Notwendigkeit des Kampfes gegen die Arbeiterparteien und das allgemeine und gleiche Wahlrecht, so ist zu folgern, zwangen die NSDAP dazu, sich als parlamentarisch-demokratische Partei zu formieren. Ähnlich hatte Hans Zehrer von den »Schlacken der Parteibewegung« gesprochen, die der NSDAP noch anhafteten.[52] Dem entsprach die vom Kabinett eingeschlagene Strategie, den »gesunden Kern« der Bewegung aus den Fesseln der Parteiorganisation herauszulösen und die Deformierung der nationalsozialistischen »Volksbewegung«[53] zugunsten der Wiederherstellung einer entschlossenen überparteilichen Staatsgewalt rückgängig zu machen.

Die Frage, welche Stellung den politischen Parteien in Zukunft zukommen werde, beschäftigte auch jene Konservativen, die sich von Hugenbergs intransigenter Politik getrennt hatten, darunter Kuno Graf Westarp, den Führer der Konservativen Volkspartei. In einer unmittelbar vor den Reichstagswahlen vom 7. November 1932 veröffentlichten Broschüre mit dem Titel »Am Ende der Parteienherrschaft« befaßte sich der altgediente Parlamentarier, der schon dem Vorkriegsreichstag angehört hatte, mit den Prognosen, daß es zu einer parteilosen Regierung kommen werde. Zunächst wandte er sich gegen die pauschale Verurteilung der Tätigkeit der politischen Parteien, wie sie von Schotte und anderen ausgesprochen worden war. Er konstatierte, daß die Parteien zwar »den Boden im Volke verloren« hätten und meinte, daß die Zurückdrängung des Parteiregiments »die Forderung der Stunde« sei, warnte aber vor der Illusion, »Parteipolitik und Parteieinfluß« gänzlich beseitigen zu wollen.[54]

Westarp räumte ein, mit seiner Überzeugung, daß auf Parteien zur Vertretung materieller und ideeller Interessen auch in einer Verfassungsform nicht verzichtet werden könne, die anders als die Weimarer Reichsverfassung berufsständischen Gesichtspunkten stärker Rechnung trage, »gegen den Strom zu schwimmen«. In der Tat widersprach er damit dem Programm des »Neuen Staates«, das die Rolle von Parteien, wenn es sie überhaupt gab, auf die Repräsentation weltanschaulicher Positionen beschränken wollte. Ihm schwebte die Rückkehr zu einem konstitutionellen System nach dem Vorbild der Bismarckschen Reichsverfassung vor. Er wollte den angeblich übermächtigen Einfluß der politischen Parteien durch eine Aufhebung von Artikel 54 der Weimarer Verfassung und kleinere flankierende Verfassungsänderungen zurückdrängen, warnte aber davor, auf Parteien ganz verzichten zu wollen, die aber, wie er etwas widerspruchsvoll hinzufügte, sich ihrer Rolle als »Diener des Staates« wieder bewußt werden müßten.[55]

Den unbestreitbaren Erfolg der NSDAP seit den Septemberwahlen von 1930 führte Westarp nicht zu Unrecht auf deren konsequente Ablehnung des Parteiwesens und des parlamentarischen Systems zurück und hob die überdurchschnittlichen Erfolge insbesondere bei Angehörigen der jungen Generation hervor. Indessen machte er der NSDAP, ganz analog zu Zehrer, den Vorwurf, sich aus einer »Bewegung« in eine »Partei« zurückentwickelt zu haben. Er belegte dies mit den Koalitionsverhandlungen, die zwischen der NSDAP und der Zentrumspartei in Preußen geführt worden waren und die nach den Juliwahlen 1932 als Damoklesschwert über der Existenz des Kabinetts von Papen hingen. Im Blick auf die jüngste Agitation der NSDAP in den preußischen Landtagswahlen im April 1932 bezeichnete er das Vorgehen der NSDAP als »Gipfel des

Parlamentarismus« und verstieg sich zu der zweifelhaften Schlußfolgerung, daß sie »vom Kopf bis zum Fuß auf Parlamentarismus eingestellt« sei.

Mit der Denunzierung der NSDAP als parlamentarischer Partei stand Westarp keineswegs allein, vielmehr gab er die Auffassung der gesamten bürgerlichen Rechten wieder, die Hitlers konsequente Weigerung, sich in den Dienst des Kabinetts von Papen zu stellen, seine Drohung mit der Zentrumskoalition als Rückfall in den »Parteienkuhhandel« begriffen und ihm seine Ausfälle gegen das »Kabinett der Barone« nicht verziehen. In dieser Fehlreaktion spiegelte sich der Erfolg der nationalsozialistischen Propaganda, jede Identifizierung der NSDAP mit dem Weimarer Parteiwesen zurückzuweisen und an der Fiktion festzuhalten, keine Partei, also nach Weimarer Verständnis kein bestimmtes Segment der Wählerschaft zu sein, sondern eine parteiübergreifende nationale Bewegung, die virtuell die Gesamtheit der Volksgenossen und nicht nur eine bestimmte Schicht umfaßte.

In der Tat beruhten die nationalsozialistischen Wahlerfolge bis zu den Novemberwahlen 1932 auf der strikten Einhaltung des Grundsatzes, jede inhaltliche programmatische Festlegung zu vermeiden und sich als Aliud gegenüber den Parteien der vorausliegenden »dreizehn Jahre« zu deklarieren. Dieser Grundzug der Hitlerschen Wahlwerbung verband sich mit dem ständig erneuerten Versprechen, einmal an der Macht, die »politischen Parteien aus Deutschland hinauszujagen«.[56] Auch nach den Reichspräsidentenwahlen vom April 1932 waren die Reichswehrführung und nicht anders die DNVP naiv genug, die Alles-oder-Nichts-Taktik Hitlers als bewußtes Abrücken vom bisherigen System vorbehaltlos positiv zu werten, und das galt ebenso für Jungkonservative wie Edgar Julius Jung oder Heinrich von Gleichen. Erst Hitlers Bruch mit Hindenburg am 13. August 1932 und dessen Eintreten gegen von Papen in den Novemberwahlen löste bei den Parteien der »Harzburger Front« eine gewisse Ernüchterung aus. Aber auch danach klammerten sie sich an die illusionäre Hoffnung, daß es trotz allem gelingen könne, »die große und verdienstvolle Bewegung des Nationalsozialismus in die verantwortungsvolle Mitarbeit im Reiche einzugliedern«[57] und von ihrer im Parteidenken verharrenden Führung zu trennen.

Es ist nachgerade schwer begreiflich, warum sich ein sonst so scharfsinniger Beobachter der politischen Vorgänge wie Hans Zehrer von der eingebildeten Logik eines bevorstehenden Exodus der Parteienherrschaft einnehmen ließ und noch nach den Juliwahlen 1932 die Parole ausgab, daß die NSDAP ihre revolutionäre Phase abgeschlossen habe und um die »reibungslose Eingliederung der Partei in den Staat und die Heranziehung ihrer besten und qualifiziertesten Kräfte zur Mitarbeit« nicht mehr herumkomme. Sie könne sich, formulierte der *Tat*-Herausgeber ein wenig hilflos, »angesichts der neutralen Staatsgewalt, die einen großen Teil ihrer Forderungen von sich aus durchführt und ihr damit immer mehr die Parolen nimmt, nicht dauernd mit dem Hinweis darauf ausschalten, daß die nationalsozialistischen Forderungen nur allein von Mitgliedern der Partei oder unter völliger Übernahme der Macht durch Hitler durchzuführen wären«. Das gelte um so mehr, als sie mit parlamentarischen Mitteln nicht mehr weiterkommen könne. Zehrer spielte dabei auf die von Hitler gegenüber Schleicher mitgeteilten Forderungen an, die Hindenburg dann am 13. August 1932 prompt zurückwies.[58]

Diese Selbsttäuschung der bürgerlichen Rechten, eine Regierung ohne Parteien schaffen zu können, wirkte auch auf das Selbstverständnis der DNVP zurück, die auf Betreiben Alfred Hugenbergs und auf Drängen des neokonservativen Flügels größte Anstrengungen auf sich genommen hatte, um sich analog zur NSDAP als Bewegung zu deklarieren und ihr faktisches Auftreten als »parlamentarische Partei« zu verleugnen. Ganz in diesem Sinne berichtete das DNVP-Organ *Unsere Partei* im September 1931 vom Stettiner Reichsparteitag, dieser habe »mehr einem kämpferischen Aufmarsch als einem beratenden Kongreß« geglichen, und mit ihm habe die DNVP »ihr Gesicht als Parteiorganisation definitiv im Sinne des Bewegungscharakters einer modernen aktivistischen Gemeinschaftsbewegung« verändert.[59]

Dieser von Eduard Stadtler verfaßte Bericht spiegelt das anhaltende programmatische Dilemma der DNVP, selbst politische

Partei zu sein und doch das Ende der vielbeklagten »Herrschaft der Parteien« zu verlangen. Sie verfing sich damit gleichsam im widerspruchsvollen Diskurs des Kampfes gegen den »Parteienstaat«. Was anfänglich noch taktische Anpassung an die NSDAP war, wurde zunehmend zum Selbstzweck. Schließlich verkündete Hugenberg im September 1932 in einem Aufruf, der bevorstehende Wahlkampf – die Novemberwahlen – würde von der DNVP »nicht als Partei, sondern als politische Armee des neuen Staates« geführt, der »die heimliche Sehnsucht von Millionen« sei, »die heute noch in der Knechtschaft der Parteien gebunden sind«.[60]

Friedrich Hiller von Gaertringen hat zu Recht darauf hingewiesen, daß hinter dem Bekenntnis der DNVP zum »Neuen Staat« und der Forderung nach einem »Umbau« der Verfassung keinerlei konkrete verfassungspolitische Konzepte mit Ausnahme der Aufhebung von Artikel 54 standen.[61] Folgerichtig lief der von Hugenberg proklamierte »Endkampf« gegen »das System des Stimmzettels« auf ein Harakiri hinaus. Spätestens nach den Reichstagswahlen vom 5. März 1933 mußte sich Hugenberg eingestehen, daß die DNVP als Parteiverband überflüssig geworden war. Das schlug sich in der Umbenennung der Partei in »Deutschnationale Front« nieder, mit der sie den steigenden nationalsozialistischen Druck zu unterlaufen versuchte. In einer parteiamtlichen Verlautbarung wurde dieser Schritt damit begründet, daß die Partei »mit dem Verschwinden des parlamentarischen Systems den Kampfboden für ihre Weltanschauung in das Volk« verlagere.[62] Drei Wochen später begründete sie die Selbstauflösung mit der vollzogenen Überwindung des Parteienstaats.[63]

Die Deutschnationalen und die meisten Autoren des Ring-Kreises[64] glaubten gleichwohl, daß die »deutsche Revolution« den vorgezeichneten Weg nehmen würde. Um so größer war die Enttäuschung Edgar Julius Jungs über die bei der Bildung des Kabinetts der nationalen Konzentration am 30. Januar 1933 vorgenommenen Koalitionsabsprachen mit Alfred Hugenberg. Bitter sprach er von der »Verfälschung der großen Erneuerungsbewegung in parteiegoistischen Bahnen«.[65]

Im Vorfeld der Bildung des »Kabinetts der nationalen Konzentration« war die verbreitete Befürchtung, daß es einen Rückfall in das parlamentarische System geben könne, der aus der Sicht der bürgerlichen Rechten unter allen Umständen vermieden werden müsse, von kaum zu überschätzender psychologischer Bedeutung. So schrieb Robert von der Goltz, der zum äußersten rechten Flügel der DNVP gehörte, im Dezember in »Deutschlands Erneuerung« von der Gefahr einer Rückwendung zum parlamentarischen System, die »die Führer der Rechten zu einer Einigung (über die Bildung eines Kabinetts Hitler) eher geneigt machen« würde. Denn nur die Kanzlerschaft Hitlers könne verbürgen, daß »das von der heiligen Weimarer Verfassung vorgeschriebene parlamentarische System zu den überwundenen Episoden neudeutscher Geschichte gehören« werde.[66] Die Kamarilla in der Umgebung Hindenburgs klammerte sich noch immer an die Hoffnung, den Rückfall in die parlamentarische Demokratie durch eine entgegenkommende Haltung gegenüber Hitler verhindern zu müssen. Das vielzitierte »Zähmungskonzept« von Papens muß zugleich vor dem Hintergrund der Wunschvorstellung von einer »Regierung ohne Parteien« gesehen werden.[67] Dieses Syndrom spielte eine wichtige Rolle für die zunehmende Bereitschaft der rechtsbürgerlichen Parteien, die Kanzlerschaft Hitlers zu dessen Bedingungen zu akzeptieren.[68]

Demgegenüber betrachteten Hans Zehrer ebenso wie die nicht parteigebundenen Konservativen und die Autoren des Ring-Kreises die Bildung des Kabinetts Hitler als »vorläufige Liquidierung der autoritären Regierungsform« und als »Sieg des Parlamentarismus«. Zehrer sprach die Befürchtung aus, dieser könnte sich wieder voll durchsetzen, zumal sich Zehrer über Hindenburgs Wunsch, sich von der politischen Verantwortung zurückzuziehen, im klaren war.[69] Aus ähnlichen Erwägungen heraus reichte der prinzipienfeste konservative Großgrundbesitzer Ewald von Kleist-Schmenzin sein DNVP-Parteibuch unter Protest und mit der Begründung an Hugenberg zurück, daß das neue Kabinett »im wesentlichen eine Parteiregierung« sei, während er »eine von allen Partei- und Interessenrücksichten völlig unabhängige Staatsführung« anstrebe.[70] Der Umstand, daß von Papen Hindenburg die neue Regierung als virtuelles Mehrheitskabinett – im Hinblick auf den ins Auge gefaßten späteren Eintritt der Zentrumspartei[71] – schmackhaft gemacht hatte, nährten Fehlschlüsse dieser Art.

Aber Zehrer mochte sich von seinen Träumen, die NSDAP werde sich als Partei auflösen, nicht trennen. Obwohl zunächst das Gegenteil eintrat und die NSDAP ein Regierungsbündnis mit der DNVP einging und damit den befürchteten »Rückfall« in den Parteienstaat vollzog, hielt er an der Illusion fest, die NSDAP werde sich nach der erfolgreichen Niederringung der Linksparteien zu einem politischen Orden zurückbilden. Nach den Reichstagswahlen vom 5. März 1933 plädierte er dafür, in einem ersten Schritt die Auflösung des Weimarer Parteiensystems zu vollziehen, mindestens bis der einheitliche Boden des Staates wiederhergestellt sei.[72] Der nächste Schritt müsse dann, wie er sich vorspiegelte, darin bestehen, daß die NSDAP nach der Beseitigung des Parteiwesens selbst überflüssig werden würde.

Zehrer stand mit dieser nachträglich völlig utopisch erscheinenden Überlegung, die NSDAP in einen Führerorden zu verwandeln, nicht allein. Die Entourage Hermann Görings, darunter auch der Staatssekretär im preußischen Ministerium des Innern, Herbert von Bismarck, scheint ähnliche Zielsetzungen vertreten zu haben. Ausdrücklich galt das für die Beamten des Reichsministeriums des Innern. So machte sich Helmut Nicolai für eine Rückführung der NSDAP auf die Funktion der politischen Führerauslese stark, bis er wegen seiner Eigenwilligkeit aus der NSDAP ausgestoßen und in die Provinz abgeschoben wurde.[73] Noch im Juli 1933 forderte Edgar Julius Jung auf einer Tagung des Katholischen Akademikerverbandes in Maria Laach, daß die NSDAP ihre Selbstauflösung herbeiführen solle, die notwendig daraus folge, daß der Parteienstaat beseitigt sei.[74]

Es mutet befremdlich an, daß Hans Zehrer sich inzwischen zu einem Verfechter einer »Verstaatlichung« der NSDAP gemausert hatte, die sich um so mehr aufdränge, als die Partei immer größere Teile des Volkes zu sich herüberzöge, was eine fragwürdige Deutung des Phänomens der »Märzgefallenen« war. Zugleich verlangte er, daß Wahlen »nur innerhalb der kleinsten Zelle« stattfinden sollten, und suggerierte, daß der Umbau in den von ihm zuvor anvisierten Staat voll im Gange sei.[75] Durch die »Verstaatlichung der NSDAP« werde der Staat über eine »feste Volksorganisation« verfügen, die mindestens so lange notwendig sei, wie die staatlichen Sozialisierungsinstrumente der Schule, des Arbeitsdienstes und der Miliz noch im Aufbau begriffen seien. Er dachte in dieser Hinsicht weiterhin in den Schleicherschen Kategorien.

Verhängnisvoller konnte Zehrers kurzschlüssiges Denken nicht enden als bei der Vorstellung, daß die staatliche Inpflichtnahme die NSDAP zügeln und zur Ausscheidung der plebejischen Elemente führen werde. Er fügte die Spekulation hinzu, daß die NSDAP den liberalen Staat zerstört habe, daß aber nun »die alte vorliberalistische Staatstradition«, mithin das Preußentum, sich anschicke, »die Partei zu verschlingen, indem sie sich aufoktroyiert«. Potsdam sei »ein später Sieg Friedrichs des Großen gewesen«.[76] Noch anläßlich der Röhm-Morde nach dem 30. Juni 1934 wirkte die Vorstellung einer staatlichen Disziplinierung der Partei ein. Der mit dem »Gesetz zur Sicherung der Einheit von Partei und Staat« vom Dezember 1933 vom Reichsminister des Innern unternommene Versuch, die NSDAP als Korporation des öffentlichen Rechts staatlicher Aufsicht zu unterwerfen, stellte einen schwächlichen Nachläufer dieser Überlegungen dar und scheiterte am Widerstand von Heß und Bormann auf der ganzen Linie.

Statt eine Übergangserscheinung zu sein, etablierte sich die NSDAP als Nachfolgerin des gescheiterten Weimarer Parteiensystems. Die Befürchtung, sie könne in parlamentarische »Methoden« zurückfallen, bewog die konservativen Bündnispartner, ihr weitreichende Konzessionen zu machen, die sie ursprünglich nicht anzubieten bereit gewesen waren. Desgleichen machte sie das Syndrom des »Endes der Parteien« blind gegenüber den machtpolitischen Ambitionen Hitlers. Eingezwängt in eine selbst erzeugte und selbst suggerierte Konstellation, daß es nur noch die Alternative zwischen Parlamentarismus und Diktatur gäbe, entschieden sich von Papen, Hugenberg und nicht zuletzt die Reichswehrführung, Hitlers Reichskanzlerschaft zu unterstützen. So bemerkten die *Deutschen Führerbriefe*, daß, wenn es nicht gelänge, die NSDAP in die »nationale Front« hinter der Regierung von Schleicher einzubeziehen – und das scheiterte spätestens mit Straßers Rücktritt von seinen Parteiämtern im Dezember 1932 – »als Ausweg nur die volle Diktatur« oder die »Rückkehr zum alten Vollparlamentarismus« offen stehe.[77]

Unter den gegebenen Bedingungen entschieden sie sich für das letztere in der Hoffnung, daß sich Hitler alsbald der NSDAP als Massenpartei entledigen werde. Die grandiose Selbsttäuschung von Hitlers konservativen Bündnispartnern, desgleichen der Ring-Bewegung, des Herrenclubs, des Tat-Kreises, der Reichswehrfühung, der DNVP und des Stahlhelms, daß das »Ende der Parteien« als solches in Sicht sei, hat maßgebend dazu beigetragen, daß erklärter Widerstand gegen die nationalsozialistische Machteroberung ausblieb oder – wie im Falle Edgar Julius Jungs – zu spät kam.

Das Scheitern der Weimarer Republik und der Aufstieg des Nationalsozialismus

Der Durchbruch der NSDAP zur Massenbewegung seit dem Frühjahr 1929 hat die Gesamtbedingungen des spätweimarer politischen Systems grundlegend verändert.[1] Aber die entscheidende Ursache der Berufung Adolf Hitlers als Kanzler im Kabinett der nationalen Konzentration, das am 30. Januar 1933 gebildet wurde, lag im Entschluß der konservativen Eliten im Umkreis des Reichspräsidenten von Hindenburg, den von ihnen angestrebten Übergang zu einem autoritären System durch die Einbeziehung Hitlers und der NSDAP politisch abzustützen. Die Alternativen, die Ende 1932 noch bestanden, führten schwerlich zurück zur Wiederherstellung des parlamentarischen Systems. Die Begrenztheit der Optionen des Kabinetts von Schleicher und des Reichspräsidenten von Hindenburg entsprang jedoch nicht einer durch äußere Faktoren bedingten Zwangslage. Sie beruhte vielmehr auf einer Kette von Fehlentscheidungen, die spätestens seit dem zweiten Kabinett Brüning nur noch die Alternative zwischen einem militärisch abgestützten semiautoritären System und der faschistischen Diktatur zuließ.[2]

Um den politischen Prozeß zu begreifen, der schließlich in der Kabinettsbildung Hitler gipfelte, wird man die Vorgänge analysieren müssen, die zur fortschreitenden Funktionsunfähigkeit des parlamentarischen Systems von Weimar insbesondere seit dem Frühjahr 1928 geführt haben. Nur die Strukturkrise der Weimarer Republik und die Absicht maßgebender Gruppen auf der politischen Rechten, den Boden der Weimarer Reichsverfassung zu verlassen, hat den Aufstieg der Nationalsozialisten, der den Zerfall des letzten parlamentarischen Mehrheitskabinetts der Großen Koalition unter Hermann Müller begleitete, möglich gemacht. Gewiß waren die Chancen zum Einleben des demokratisch-parlamentarischen Systems in Deutschland in der Zwischenkriegszeit von vornherein äußerst gering. Es wäre jedoch denkbar gewesen, den Schwebezustand einer Mischung von parlamentarischen und autoritären Elementen, wie er sich seit der Mitte der zwanziger Jahre herausgebildet hatte, unter Verzicht auf eine Fundamentalrevision des Friedensvertrags von Versailles mittelfristig aufrechtzuerhalten.

Von den innenpolitischen Konstellationen her drängt sich eher die Frage auf, warum das parlamentarische System im Deutschen Reich – analog gilt dies für die Erste Österreichische Republik – so lange Bestand gehabt hat, obwohl die republikanischen Kräfte schon im Juni 1920 in die Minderheit gedrängt worden waren.[3] Der Kapp-Putsch von 1920, der Marsch auf die Feldherrn-Halle von 1923, die Direktoriumspläne Seeckts von 1926 deuten darauf hin, daß es an aktiven Umsturzbestrebungen auch vor der entscheidenden Krisenphase nach dem März 1930 nicht gefehlt hat. Bemerkenswerterweise war es die außenpolitische Abhängigkeit des Deutschen Reiches von den Westmächten – die Politik von Rapallo hatte die außenpolitische Isolierung eben nicht durchbrochen –, die die hinter den Parteien der rechten Mitte und die rechts stehenden großen Interessenverbände der Industrie und der Landwirtschaft dazu bewogen, von innenpolitischen Experimenten Abstand zu nehmen. Nur ein, wenngleich vorläufiger Ausgleich in der Reparationsfrage, der mit dem Dawes-Plan erzielt wurde, sicherte das Einströmen amerikanischer Kredite und gewährleistete nach der Überwindung der Hyperinflation einen relativen Wirtschaftsaufschwung, ohne daß die sozialpolitischen Verteilungskämpfe dadurch in den Hintergrund gedrängt wurden. War von den maßgebenden nationalistischen Interessengruppen die Phase von 1919 bis 1923 als Fortsetzung des Krieges mit ökonomischen Mitteln verstanden worden, so wurde die relative Anerkennung des außen- und innenpolitischen Status quo mit der Forderung der Rückkehr zu den sozialpolitischen und ökonomischen Bedingungen von 1913 verknüpft. Insoweit ist die Periode der Stabilisierung von 1924 bis 1928 die Phase gewesen, in der die entscheidenden Interessengegensätze kumulierten, um nach dem Mai 1928 offen hervorzutreten.[4]

Äußerlich erfolgte die Auflösung des Bürgerblockkabinetts vom Frühjahr 1928 über das vom Zentrum forcierte Reichsschulgesetz. Der Sache nach endete der Bürgerblock, weil die DNVP, die noch im gleichen Jahre unter der Führung Alfred Hugenbergs einen bewußt antiparlamentarischen Kurs einschlug, die Verantwortung für die aus wirtschaftspolitischen Gründen unabweisbaren Reparationsverhandlungen nicht zu übernehmen gedachte. Ihre verzögerte Beendigung mit der Verabschiedung des Young-Plans Anfang 1930 erklärt die relativ lange Amtszeit des innerlich geschwächten Kabinetts der Großen Koalition. Solange die Abhängigkeit vom Westen in finanzpolitischer Beziehung gegeben war, neigte die bürgerliche Rechte dazu, der Sozialdemokratie unpopuläre außenpolitische Verantwortung zuzuschieben, was zugleich das äußerliche Festhalten am parlamentarischen System implizierte. Grundbedingung für das relative Funktionieren des Parlamentarismus in der Weimarer Republik war von Anfang an die Bereitschaft, die Sozialdemokratie als potentiellen Koalitionspartner zu betrachten.[5]

Auch wenn die SPD ihren konstruktiven Beitrag zur außenpolitischen Stabilisierung in der Regel nicht mit innenpolitischen Konzessionen erkaufte, ergab sich aus dieser Konstellation heraus ein Junktim zur Aufrechterhaltung des ursprünglich im Zusammenhang mit der Demobilisierung, dann zur Sicherung der Währung ausgebauten sozialstaatlichen Instrumentariums, das freilich gegenüber den Tarifparteien nur durch ein hohes Maß staatlicher Intervention gesichert werden konnte, die, wie sich zeigen sollte, auf die Dauer die Autorität der Kabinette untergraben mußte. Der Zusammenhang zwischen außenpolitischer Abhängigkeit und Aufrechterhaltung des parlamentarischen Systems, trotz dessen schleichender Aushöhlung durch verstärkte Kompetenz der Regierung und Administration, ist am Beispiel Stresemanns anschaulich zu machen. Hätte Stresemann den angestrebten außenpolitischen Durchbruch früher erzielt, wäre die Abhängigkeit vom Westen entscheidend reduziert worden. In einer solchen Konstellation hätte die politische Rechte, die beanspruchte, das »nationale Deutschland« zu vertreten, nicht davor zurückgescheut, die Regierung mit dem Ziel der autoritären Umbildung selbst zu übernehmen.[6]

Dies geschah faktisch mit dem Bruch der Großen Koalition, und es ist unabweisbar, daß sich die Vorbereitungen zur präsidialen Regierungsweise nicht erst angesichts der sich seit Ende 1929 verschärfenden finanziellen Krise des Reiches vollzogen.[7] Es ist daher zu kurz gegriffen, in der taktischen Fehlentscheidung der sozialdemokratischen Reichstagsfraktion, die unter dem Druck der Gewerkschaften zustande kam, den Rücktritt des Kabinetts Hermann Müller ohne parlamentarische Feldschlacht zu vollziehen, den eigentlichen Wendepunkt zu erblicken. Aus prinzipiellen Gründen hatte die DVP den später von Brüning erneut angestrebten Ausweg, den durch erhöhte Reichszuschüsse zur Arbeitslosenversicherung gefährdeten Haushalt durch ein Notopfer der Festbesoldeten zu sanieren, zu Fall gebracht. In der Tat ging es der hinter der DVP stehenden Großindustrie um einen tiefgreifenden Abbau der Sozialleistungen, der die Ausschaltung der SPD im Reich und in Preußen zur Voraussetzung hatte.[8] Brünings viel erörterter Kompromißvorschlag, dessen Ablehnung den Sturz des Kabinetts herbeiführte, hatte nur den taktischen Sinn, die seiner Ansicht nach fälligen Neuwahlen bis zum Herbst 1930 zu verzögern.

Es zeigte sich freilich, daß auch Brüning der nur indirekten Unterstützung durch die SPD in Form der Tolerierung bedurfte, um sein politisches Programm, in dem die Beseitigung der Reparationen die Priorität besaß und das die rigorose Deflationspolitik in den Dienst dieser Zielsetzung stellte, durchzusetzen. In seinen Memoiren hat er keinen Zweifel daran gelassen, daß er nach der Lösung der Reparationsfrage und der Wiedergewinnung der finanzpolitischen Handlungsfreiheit der Reichsregierung eine weitgehende Umbildung des Verfassungssystems im Sinne der nationalen Rechten und die Ausschaltung, möglicherweise die Spaltung, der Sozialdemokratie anstrebte.[9]

Paradoxerweise veranlaßte ihn die sich verschärfende Finanzkrise, erneut den Gedanken des Notopfers der Festbesoldeten aufzugreifen, so daß sich vor der verhängnisvollen Reichstagsauflösung im Juni 1930 dieselbe taktische Konstellation ergab, die zum Sturz des Kabinetts Hermann Müller geführt hatte. Obwohl die SPD bereit war, das Notverordnungspaket zu tolerieren und den Haushaltsausgleich mitzutragen, hat Brüning schließlich die grundsätzliche Kompromißbereitschaft der Sozialdemokratie in den Wind geschlagen, indem er die für sie unakzeptable Bürgersteuer, deren taktischer Sinn in der Herabsetzung der Arbeitslosenhilfe durch die Gemeinden bestand, in das Notverordnungspaket nachträglich einfügte, um nicht die Unterstützung der DVP einzubüßen.

Das verhängnisvolle Ergebnis der Septemberwahlen, das voraussehbar war, nachdem die NSDAP in den Kommunal- und Landtagswahlen von 1929 rapide angewachsen war, zwang Brüning aus reparationspolitischen Gründen in das verdeckte Bündnis mit der SPD zurück. Es trat am deutlichsten in der Unterstützung der Wiederwahl Hindenburgs im April 1932 durch die SPD entgegen. Gerade dieses Vorgehen entzog ihm nach und nach den Rückhalt beim Reichspräsidenten von Hindenburg, bei den maßgebenden Interessengruppen, insbesondere den Großagrariern und dann der rheinisch-westfälischen Schwerindustrie, ohne daß das faktische Ende der Reparationen, wie er gehofft hatte, seine innenpolitische Basis verbreiterte.[10] Vielmehr trat die beschriebene Mechanik im Verhältnis von äußerer und innerer Politik in Kraft. Indem das Ende der Reparationen und die militärische Gleichberechtigung Deutschlands mit den bevorstehenden Genfer Abrüstungsverhandlungen in Sicht kamen, nahm die Kamarilla in der Umgebung des Reichspräsidenten Brünings Siedlungspläne in Ostelbien zum Vorwand, um nun die lang ersehnte Regierung des »nationalen Deutschland« zustandezubringen.

Der mit der Bildung des Kabinetts von Papen vollzogene Übergang zur offenen Präsidialdiktatur muß im Zusammenhang mit der durch die Auswirkung der Weltwirtschaftskrise zerfallenden finanzpolitischen Hegemonie Frankreichs und der damit indirekt erfolgenden Wiedergewinnung außenpolitischer Handlungsfreiheit für das Deutsche Reich gesehen werden. Hier liegt einer der Gründe dafür, daß die offene Abwendung von den Grundlagen der Weimarer Reichsverfassung nicht bereits zu einem früheren Zeitpunkt erfolgte. Nicht der Aufstieg der NSDAP in den Septemberwahlen, sondern die Entscheidung von Schleichers, diese für das angestrebte nationale »Aufbauwerk« dienstbar zu machen, damit das SA-Verbot Groeners zu konterkarieren, stellte den maßgebenden Grund für den Abbruch aller Brücken dar, die zum parlamentarischen System zurückführten.

Es ist evident, daß diese Entwicklung auf der ansteigenden Macht der großen Interessenverbände beruhte, deren Gewicht durch die taktische Ausschaltung des Reichstags aus allen wichtigen Gesetzgebungsmaterien notwendig erhöht wurde. Der Druck der Großlandwirtschaft, maßgebender Teile der Großindustrie, der mittelständischen Interessenverbände und nicht zuletzt die nun einsetzende politische Aktivität der Reichswehrführung[11] geben den Hintergrund für die in der Ära Brüning einsetzende Durchbrechung des Weimarer Verfassungssystems ab. Es war für das Weimarer Parteiensystem von Anfang an kennzeichnend, daß es nicht in der Lage war, dem auf ihm lastenden Druck der großen Interessenverbände sachlich zu widerstehen. Die Tendenz, innerparteiliche Interessenkonflikte durch ideologische Programme zu überwölben höhlte die politische Kompromißfähigkeit der Parteien aus.[12]

Die zunächst latente, später offene Mediatisierung der Parteien durch die Verbände, die sich seit der Mittelphase der Republik in zunehmendem Maße in Form von Interessenparteien direkt in den politischen Prozeß einschalteten, war eine Erbschaft des wilhelminischen Kaiserreichs. Sie bewirkte, daß die bürgerlichen Mittelparteien mit Ausnahme des Zentrums den Rückhalt in der Wählerschaft verloren und trotz der 1930 einsetzenden Sammlungsbestrebungen die anfängliche parlamentarische Schlüsselstellung fast vollständig einbüßten. Die NSDAP profitierte in hohem Umfang von der anwachsenden Wählerfluktuation, die eine tiefe Krise des Legitimitätspotentials der bürgerlichen Parteien mit Ausnahme des Zentrums anzeigte.

Trotz starker Interessendivergenzen zwischen den durch den Reichslandbund repräsentierten agrarischen Interessen, wobei die ostelbische Großlandwirtschaft sich zum Sprachrohr des größten Teils der bäuerlichen Bevölkerung machte[13], und nicht geringen Interessendivergenzen im Bereich der Industrie, die insbesondere Gegensätze zwischen der Schwerindustrie und den neuen Industrien betrafen, stellte sich bereits in der Bürgerblockperiode eine relativ geschlossene Einheitsfront gegen die Sozialdemokratie, freie und christliche Gewerkschaften und die sie stützende staatliche Sozialpolitik her. Zum offenen Ausbruch kam dieser Konflikt im Ruhreisenstreit vom Oktober 1928, der Massenaussperrung in der nordwestlichen Gruppe der eisen- und stahlerzeugenden Industrie, die das Ziel verfolgte, die staatliche Zwangsschlichtung abzubauen und die Gewerkschaften empfindlich zu schwächen, während gleichzeitig die 1918 desavouierten Betriebsgewerkschaften nachdrücklich gefördert wurden.[14]

Trotz relativer Erfolge brachte der Ruhreisenstreit insofern eine Wende, als die Unternehmerverbände sich in der Tendenz bestärkt sahen, das parlamentarische System zugunsten außerparlamentarischer Pressionen auf Regierung und Ministerialbürokratie zu umgehen. Vielfach neigte man dazu, Parlamentarismus und Sozialpolitik gleichzusetzen, das politische System für überhöhte Löhne und Sozialleistungen verantwortlich zu machen und die mangelnde Kapazitätsauslastung gerade der Schwerindustrie, die nicht zuletzt eine Folge fehlgeleiteter Rationalisierungsmaßnahmen war, einseitig dem staatlichen Schlichtungswesen anzulasten. Die einsetzende Wirtschaftskrise veranlaßte maßgebende Teile der Industrie, die für notwendig gehaltene Selbstkostensenkung sowohl durch gravierende Lohnsenkungen als auch durch den Abbau der Sozialleistungen, insbesondere auch der Arbeitslosenversicherungssätze, anzustreben. Das gleiche galt für die Erhöhung der landwirtschaftlichen Schutzzölle, die das Lebenshaltungsniveau der breiten Massen beeinträchtigen mußten. Obwohl das Kabinett Brüning auf diesem Wege voranschritt und den von ihm durchgesetzten Lohnsenkungen die Herabsetzung der Preise nur zögernd folgte, bekämpfte vor allem die Schwerindustrie schon seit dem Frühjahr 1931, insbesondere aber nach der im Sommer eintretenden Abwertung des englischen Pfunds, die die Exportbedingungen verschlechterte, die ihrer Ansicht nach inkonsequente Deflationspolitik. Man durchschaute dabei nicht, welche Gründe Brüning veranlaßten, eine Einstellung der Reparationszahlungen, deren finanzielles Gewicht man seit jeher überschätzte, hinauszuschieben.[15]

Die innenpolitische Stoßrichtung dieser wirtschaftspolitischen Offensive zielte auf die parlamentarische Neutralisierung und die tarifpolitische Schwächung der freien Gewerkschaften. Sie verband sich mit der Forderung, die sozialdemokratische Regierung in Preußen unter der Ministerpräsidentschaft von Otto Braun durch eine Kabinettsumbildung oder im Wege der Reichsreform auszuschalten. Der Bund der Erneuerung des Reiches, der von schwerindustrieller Seite gefördert wurde, setzte sich dafür ein, eine Neugliederung mit dem Abbau der parlamentarischen Institutionen in den norddeutschen Ländern zu verknüpfen. Ähnlich strebte Brüning eine Reichsreform an, die nur den süddeutschen Staaten eigene parlamentarische Vertretungen belassen sollte. Schon Brüning erwog die Verreichlichung Preußens, aber nicht vermittels einer Vizekanzlerschaft Brauns, die dieser anbot, sondern mit der Zielsetzung, eine Mitte-Rechts-Regierung zu installieren. Von Papens Staatsstreich in Preußen am 20. Juli 1932 lag in der Linie der von Brüning angebahnten Verlagerung nach rechts, wenngleich die Form, in der er vollzogen wurde, für die Sozialdemokraten unerwartet kam.

Die Wendung zum außerparlamentarischen Vorgehen, die sich 1928 mit der Übernahme des DNVP-Parteivorsitzes durch Alfred Hugenberg, aber auch in der Übernahme des Zentrumsvorsitzes durch den Prälaten Kaas abzeichnete, konnte sich freilich auf eine tiefgreifende Ablehnung des parlamentarischen Systems in weiten Teilen des Bürgertums und der bäuerlichen Bevölkerung stützen. Unterhalb der etablierten Parteien hatte sich schon in der Gründungsphase der Republik das Netzwerk der neokonservativen Ringbewegung gebildet, das Pendants im völkischen und alldeutschen Lager besaß; Querverbindungen zum Mittelstand, insbesondere dem Deutschnationalen Handlungsgehilfenverband, die Existenz eines zugeordneten Verlagswesens, das die Brücke zur völkischen Bewegung herstellte, Querverbindungen zu paramilitärischen Organisationen, aber auch dem Jungdeutschen Orden, sicherten diesen intellektuellen Zirkeln einen maßgebenden Einfluß auf Teile der öffentlichen Meinung und das höhere Bildungswesen.[16]

Nach 1928 zögerte die Schwerindustrie nicht, diesen Gruppierungen verstärkte finanzielle Unterstützung zu gewähren und so die antiparlamentarische Offensive zu legitimieren, die gleichzeitig in der rechtsextremen Hugenberg-Presse ein massenwirksames Sprachrohr besaß.[17] Es bedurfte nicht erst der Propaganda der NSDAP, um den verbreiteten Antiparlamentarismus politisch zu mobilisieren und aus der Halbheit der bürgerlichen Rechten Nutzen zu ziehen, die zunächst an äußerlichen parlamentarischen Prozeduren festhielt, um erst zum Zeitpunkt der Harzburger Front den Reichstag offen zu desavouieren. So sehr die Autorität der Republik durch die von neo- und rechtskonservativen Publizisten zum Teil vehement vorgetragene Polemik untergraben wurde, so wenig waren diese Strömungen imstande, das Verfassungssystem umzustürzen, solange die einflußreichen Interessengruppen der Rechten, darunter auch der Reichsverband der Deutschen Industrie, am verfassungspolitischen status quo formell festhielten. Solange die relative Balance zwischen verhaltener Verteidigung des parlamentarischen Systems durch die SPD und die im wesentlichen auf die linksliberale Berliner Presse begrenzte Gruppe der wirklichen Republikaner sowie außenpolitischen Zwangsläufigkeiten einerseits und der anwachsenden nationalen Opposition andererseits, deren innere Uneinigkeit nicht zuletzt auf Hugenbergs selbstherrliches Vorgehen zurückging, einigermaßen gesichert schien, konnte wohl von einer fortschreitenden Aushöhlung, nicht jedoch von einem Umsturz des bestehenden Verfassungssystems die Rede sein, auch wenn die öffentlichen Verfassungsfeiern der Reichsregierung sich zunehmend in eine Kritik der Verfassung verwandelten.

Die Balance wurde zerstört, als die Reichswehrführung aus der Erwartung heraus, bei den bevorstehenden Genfer Verhandlungen entscheidende rüstungspolitische Konzessionen erzielen zu können, in die Innenpolitik aktiv eingriff und ihrerseits auf die Ausschaltung der Sozialdemokratie drängte, deren pazifistische Grundhaltung und Kritik an der Existenz der schwarzen Reichswehr angesichts einer befürchteten militärischen Bedrohung durch die Republik Polen zu risikoreich erschienen. Die Rolle des Generals von Schleicher ist daher keineswegs nur auf persönlichen Ehrgeiz zu reduzieren; der sich in der Krise abzeichnende Zusammenbruch des französischen Hegemonialsystems mobilisierte die militärischen Kräfte, die frühere neutrale Haltung zur Republik aufzugeben und sich aktiv in den Prozeß der Regeneration des »nationalen Deutschland« einzuschalten.[18]

Schleichers Politik war undurchsichtig, und sie atmete die Selbstillusionen des deutschen Nationalismus dieser Epoche. Der General hatte das Kabinett Brüning installiert. Er half es zu stürzen, als es, unter dem Druck der Länder, mit dem SA-Verbot den Traum der Einigkeit des neuen nationalen Deutschland zu demontieren sich anschickte. Von Papen, dem der Übergang zum echten Hindenburg-Kabinett anvertraut wurde, war freilich leichtfertig genug, eigene Wege zu gehen. Das von ihm und dem Reichsminister des Innern von Gayl vertretene Programm des »Neuen Staates«, das Edgar Jung, der Ideologe des neokonservativen Antiparlamentarismus entwickelt hatte, blieb vage. Die korporativen und berufsständischen Ideen und die reaktionären Wahlrechtspläne verbargen das Fehlen eines Verfassungskonzepts, an dessen Stelle die Diktatur des Reichspräsidenten trat. So war die nationale Diktatur lange vorprogrammiert, bevor Hitler die Chance hatte, sie ernsthaft für sich zu verlangen.

Es ist irreführend zu glauben, die Abkehr vom parlamentarischen Prinzip, die spätestens mit der Bildung des zweiten Kabinetts Brüning vollzogen war, unter das Etikett einer »Selbstpreisgabe der Demokratie« zu bringen.[19] Bis weit in die Mitte hinein hatten die bürgerlichen Parteien erst stillschweigend, dann offen dem parlamentarischen System abgeschworen, dessen Lebensfähigkeit davon abhing, daß die prinzipielle Koalitionsfähigkeit mit der SPD zugestanden wurde. Nur die Opposition gegen von Papen hielt die Zentrumspartei davon ab, in ihrer Mehrheit in das rechtskonservative Lager überzuwechseln.[20] Staatsrechtslehre, Justiz und Beamte stützten diese Tendenz seit langem, gegen die, nach von Papens leichtfertiger Absetzung der geschäftsführenden Regierung in Preußen, ernsthafte Gegenkräfte nicht mehr bestanden.[21]

Die Aufbruchstimmung des deutschen Nationalismus nach der Rheinland-Räumung, die Brüning in den Schoß gefallen war, ohne daß der Name Stresemanns nur mit einem Wort gewürdigt wurde, verstärkte die Isolierung der Linken, die sich an einen zwar zweifelhaften, aber alternativlosen Legalitätskurs klammerte, mit jener in der Geschichte immer wiederkehrenden Hoffnung, die bürgerliche Konterrevolution dazu zwingen zu können, den Mantel der Legalität abzustreifen. Politisch beruhte ihre Schwäche darauf, den Glauben an demokratische, ja sozialistische Mehrheiten nicht aufgegeben zu haben. Es war, wie Otto Braun[22] erkannte, nicht möglich, für die Demokratie den Aufstand zu riskieren, in den ein Generalstreik, wollte er erfolgreich sein, notwendig übergehen mußte, wenn man sich in der klaren Minderheit befand, zugleich die Umklammerung der Kommunisten fürchtete, die ihren Attentismus hinter einem verbalen Revolutionalismus und einem insofern nicht ganz aufrichtigen Antifaschismus versteckten, da sie sich strategisch von der Durchsetzung der Faschisten erst die Herbeiführung einer revolutionären Situation erhofften. Die freien Gewerkschaften, zumal geschwächt durch die wachsende Massenarbeitslosigkeit, sahen keinen Sinn darin, ihre Organisationen aufs Spiel zu setzen. Sie waren die ersten, die sich mit dem Gedanken abfanden, in einem Verbändestaat, ja in einem autoritären System ihre Stellung durch Anlehnung an den Staatsapparat zu erhalten, mit dem sie enger verschmolzen waren, als sie sich selbst einzugestehen wagten.[23] Die Kräfte des Reichsbanners und der Eisernen Front, junge Sozialisten, die Splitterparteien rechts und links der beiden großen erstarrten Parteiapparate der SPD und KPD, waren gewiß kampfbereit. Mehr als moralische Anerkennung hätte ein Widerstandsversuch am 20. Juli 1932 jedoch nicht gebracht[24], und danach fehlten vollends die Möglichkeiten, den Absprung zum offenen Kampf zu finden, den gleichzeitig die KPD von den Massen forderte, ohne ihn wirklich zu realisieren.[25]

Entschlossener Widerstand am 20. Juli 1932 hätte, angesichts der Haltung der KPD, aber auch der Gegner, den Bürgerkrieg ausgelöst. Niemand konnte eine solche Situation mehr herbeiwünschen als Hitler selbst. Er hatte zwar wiederholt brüchige Legalitätserklärungen abgegeben, und instinktiv fühlte er sehr wohl, gegen die Kräfte der regulären Armee unterlegen zu sein, ganz abgesehen davon, daß er, trotz allem Terrorismus der SA, nur über eine Propaganda-, nicht über eine Bürgerkriegsarmee verfügte. Das Eingreifen der Reichswehr in Preußen bei ausbleibendem Widerstand nahm ihm die erträumte Chance, sich dem Militär als legale Bürgerkriegstruppe anzudienen. Die äußerliche Stabilisierung des Kabinetts von Papen, die mit der Gleichschaltung Preußens erreicht war, mußte sich vielmehr als Fiasko für die NSDAP erweisen, die innenpolitisch nicht mehr notwendig schien. Sie konnte jetzt nur noch hoffen, in einem großen entscheidenden Wahlkampf das Kabinett der Barone als unfähige Fortsetzung von 13 Jahren republikanischer Mißwirtschaft beiseite zu fegen.[26] Der Aufstieg der NSDAP als Massenbewegung um die Jahreswende 1928/29 hätte ein Warnzeichen darstellen können[27]; Brüning schlug es mit der Reichstagsauflösung vom Juni 1930 in den Wind. Der Wahlsieg der NSDAP im September 1930 drängte den Kanzler notgedrungen und höchst widerwillig an die Seite der Sozialdemokraten. So hatte die formale Bewahrung der Verfassung noch eine Gnadenfrist. Brünings Hoffnung, die NSDAP in Zentrumskoalitionen der Länder, ja notfalls im Reich zähmen zu können, scheiterte an der Unnachgiebigkeit des die ganze Macht fordernden Hitler. Dieser zögerte im April 1932, für die Reichspräsidentenwahlen zu kandidieren, doch mußte, wie seine Satrapen ihm klarmachten, alles auf eine Karte gesetzt werden, da Anhängerschaft und Wähler nicht auf die Dauer in der Dampfkesselatmosphäre gehalten werden konnten, die die Erkenntnis verhinderte, daß die widerspruchsvollen nationalsozialistischen Wahlversprechen schwerlich einzulösen waren. Die Niederlage in den Reichspräsidentenwahlen, äußerlich, namentlich in den Augen der deutschen Honoratioren, ein Achtungserfolg, war eine Katastrophe für die Partei, und ebenso negativ wirkte sich aus, daß man zwar die stärkste Partei im preußischen Landtag geworden war, daß aber von Papen den daraus fließenden Machtanspruch mit einem Federstrich beseitigt hatte. Die Erfolge der nationalsozialistischen Wahlwerbung beruhten in allererster Linie darauf, daß es der mit ungewöhnlicher Geschicklichkeit und äußerstem Kraftaufwand entfesselten nationalsozialistischen Propaganda zu gelingen schien, die NSDAP als *aliud,* als grundlegende Alternative zum »System« gegenüber allen bestehenden politischen Parteien hinzustellen. Hierdurch wie durch die Mobilisierung der Ressentiments gerade der nicht politisch integrierten Bevölkerungsteile vermochte sich die Partei zum Sammelbecken von Protestwählern zu machen, wobei es nun insbesondere die zerfallende bürgerliche Mitte, aber auch DNVP und Stahlhelm waren, deren Anhänger zu der dynamischer erscheinenden Kraft des Nationalsozialismus überwechselten. Zugleich nützte die NSDAP den hybriden Nationalismus und Antibolschewismus, den die Agitation der Rechtsparteien und der Neokonservativen seit Jahren exploitiert hatte, um sich als zuverlässiger Garant des »nationalen Aufbruchs«, der deutschen Zukunft hinzustellen.[28] Mehr noch als die KPD profitierte die NSDAP davon, daß es der Republik zu keiner Zeit gelungen war, die Zukunftshoffnungen der Jugend zu befriedigen und sie in das Parteiensystem zu integrieren. Das galt auch für die SPD, deren Führungskader und Mitgliedschaft zunehmend überaltert waren und deren Jugendorganisationen relativ zum demographischen Aufbau schrumpften. Der Mythos der Jugendlichkeit, der die Weimarer politische Kultur so stark bestimmte und verfremdete, wurde von den nationalsozialistischen Agitatoren mit Erfolg ausgenützt, blickte doch die »Republik der Greise«, wie Goebbels nicht unzutreffend formulierte, in die Zeit vor dem Ersten Weltkriege zurück, die den Jungen, die sie und den Weltkrieg nicht mehr erlebt hatten, nichts bedeutete. Die Republik bemühte sich zwar um die Jugend, reformierte Schulsystem, Strafrecht und Jugendschutz; aber sie bot der Jugend keine Perspektive, mit der sie sich identifizieren, die sie gestalten konnte.[29] Die Jugendarbeitslosigkeit und die Notlage des akademischen Nachwuchses taten ein übriges, um ihre Hoffnungen auf den Sieg der »jungen Generation« zu richten, als deren lautstarker Sprecher sich nun die NSDAP aufspielte.

All dies darf nicht vergessen machen, daß die NSDAP, wie alle faschistischen Bewegungen, ein politisch und sozial instabiles Gebilde war und blieb. Mehr als 40 Prozent der Mitglieder hatten die Partei schon wieder verlassen, als Hitler das Kanzleramt antrat. Die Wahlsoziologie zeigt, daß die NSDAP ihre Anhänger nur vorübergehend zu binden vermochte. Während die organisierte Arbeiterschaft, insbesondere das industrielle Proletariat, sowie der katholische Bevölkerungsteil, zumal wenn er Beziehungen zum Zentrum und katholischen Vereinswesen hatte, gegenüber der NS-Wahlpropaganda weitgehend immun blieben, waren es zunächst die Bauern, dann der untere und mittlere Mittelstand, später auch die Oberschicht, die sich vorübergehend dieser nur simulierten Volkspartei anschlossen oder ihr ihre Stimme gaben. Der »Omnibuseffekt«, der 1932 einzutreten schien, verdeckte, daß die Partei schon in den Juliwahlen, die ihr 37 Prozent der Stimmen einbrachten, beträchtliche Wählerpotentiale eingebüßt hatte.[30]

Die soziale Basis der NSDAP war instabil in doppeltem Sinne; einerseits diffundierten die jeweiligen sozialen Schichten gleichsam durch das Anhängerpotential hindurch und kehrten sich, relativ rasch enttäuscht, von der Partei wieder ab, ohne freilich in vollem Umfang zu den bürgerlichen Parteien zurückzuwandern, andererseits waren es, durch die allgemeine sozio-ökonomische Entwicklung bedingt, vor allem diejenigen, die entweder den sozialen Abstieg hinnehmen mußten oder die beim Versuch, sozial aufzusteigen, gescheitert waren, welche der nationalsozialistischen Wahlwerbung zuneigten.[31] Diese unerwartete Mobilisierung von Alt- und Neuwählern zugunsten der NSDAP war jedoch nur möglich aufgrund einer mit wissenschaftlicher Perfektion betriebenen Wahlkampftechnik, die, mit anderen organisatorischen Mitteln als die moderne Meinungsforschung, aber mit demselben Effekt, alle irgendwie mobilisierbaren Potentiale abzuschöpfen versuchte und die Propagandathemen in nationalem Maßstabe danach ausrichtete.[32] Die Attraktivität der Person Hitlers beeindruckte die deutschen Funktionseliten; das Image, das er sich gab, entsprach exakt der in Weimar verbreiteten Politikverdrossenheit, paßte sich an die herrschenden Vorurteile an und war insoweit bemerkenswert erfolgreich. Die Wahlsiege freilich beruhten weit weniger auf dem nationalsozialistischen Personenkult, der ja in den Maiwahlen 1928 kaum Wirkung gezeigt hatte. Neben der skizzierten Wahlkampftechnik beruhten sie vor allen Dingen auf der Tatsache, daß es der von Gregor Strasser aufgebauten Wahlwerbeorganisation, zu der der von Darré geschaffene Agrarpolitische Apparat hinzutrat, gelang, wichtige Interessenverbände des rechten Spektrums, darunter den Reichslandbund, den Deutschnationalen Handlungsgehilfenverband und zahlreiche als unpolitisch erscheinende bürgerliche Interessenorganisationen zu infiltrieren und gleichzuschalten.[33] Die NSDAP exploitierte optimal die bestehenden Protestpotentiale. Ihr Aufstieg war kein Geheimnis; er signalisierte nur das Ausmaß des öffentlichen Vertrauensverlustes gegenüber dem herrschenden System. Er war, wie häufig übersehen wird, auf dem Hintergrund des Präsidialregimes, nicht des parlamentarischen Systems, zustande gekommen. Die NSDAP präsentierte sich in dieser Konstellation als progressive Volksbewegung; bei einigermaßen funktionsfähigen parlamentarischen Verhältnissen wäre ihre politische Verantwortungslosigkeit offen zutage getreten.

Die Juliwahlen 1932, die keinen wirklichen Machtgewinn brachten, die NSDAP vielmehr in die politische Isolierung führten, zumal nach der Ablehnung der Kanzlerschaftsforderung Hitlers durch den Reichspräsidenten von Hindenburg im August 1932, läuteten eine schwere Parteikrise ein. Gregor Straßer hatte die Wahlniederlage vom November 1932 vorhergesagt. Parteiaustritte und innerparteiliche Proteste hatten dies angekündigt, und das Ergebnis der Novemberwahlen schien diesen Prozeß zu beschleunigen, denn durch sie war der Mythos, daß die NS-Bewegung unaufhaltsam weiterwachsen werde, in den Augen vieler widerlegt.[34]

In der Tat hat in der inneren NS-Führungsgruppe – mit Ausnahme des gläubigen Goebbels – niemand Hitlers obstinate Haltung recht verstanden, die nur erklärlich ist, wenn man berücksichtigt, daß sein Handeln in propagandistischen, autosuggestiv wirkenden Visionen wurzelte. Es konnte schlechthin niemand erwarten, daß der Reichspräsident seine Meinung ändern, daß er Hitler zu dessen Bedingungen zum Kanzler machen werde. Nicht Illoyalität, sondern die Erkenntnis dieses Sachverhalts hatten Gregor Straßer, den fähigsten Politiker, den die damalige NSDAP besaß, dazu bewogen, auf Schleichers Offerten einer Regierungsbeteiligung, notfalls in der Form einer Verbändeachse, einzugehen[35]; Straßer, der konkrete Politik machen wollte, dessen Arbeitsbeschaffungsprogramm viele Wähler überzeugte, gewann, obwohl dem linken Flügel angehörend, das Vertrauen der Industrie, die sonst fürchtete, daß die »gesunde« nationale Kraft, die die NSDAP, wenn auch mit linksradikalen Gruppierungen vermischt, repräsentierte, als Potential für Deutschlands Wiedergeburt ungenützt blieb.[36] Straßer wollte niemals, hierin täuschte sich Schleicher, die Spaltung der NSDAP; er glaubte, Hitler überzeugen zu können, und er verzweifelte an der Uneinsichtigkeit des Parteiführers, der mutwillig die Bewegung aufs Spiel setzte. Konsequent schied Straßer aus seinen Parteiämtern aus; Hitler nützte dies, nachdem er vorübergehend die Auflösung der Partei befürchtet hatte, die jedoch ausblieb, um den von Straßer geschaffenen zentralistischen Parteiapparat zu refeudalisieren und zur Politik bedingungsloser Opposition gegen das bestehende System zurückzukehren, was *rebus sic stantibus* in politischem Mißerfolg enden mußte.[37]

Die Lage der Partei war hoffnungslos, ein neuer Reichstagswahlkampf war nicht zu finanzieren. Die materiellen Grundlagen der SA schwanden dahin. Selbst Hitler fürchtete vorübergehend das Schlimmste. In dieser Situation unternahm von Papen jene berühmte Intrige, die über Nacht die NSDAP aller Sorgen enthob und zur Bildung des Kabinetts der nationalen Konzentration führte. Die NSDAP fürchtete die Reichstagsauflösung. Sie hatte im Ältestenrat der Verschiebung des Zusammentritts des Reichstags auf den 31. Januar 1933 zugestimmt. Die nochmalige Reaktivierung des Parlaments aber schien der bürgerlichen Rechten als das Schlimmste, was passieren konnte. Deutschland verdanke, so hieß es, die innere Abkehr von der Verfassung von Weimar und die tatsächliche Aufhebung des parlamentarischen Systems zum größten Teil der nationalsozialistischen Bewegung Hitlers. Durch die Ausschaltung der NSDAP aus der Regierungsverantwortung bestünde Gefahr, daß sie in das linke Lager getrieben werde und daß ihr Nationalbolschewismus die angestrebte nationale Konsolidierung verhindern werde.[38]

Angesichts des sich abzeichnenden Scheiterns des Kabinetts von Schleicher fürchtete man nun als Schlimmstes die Rückkehr zum parlamentarischen System, dessen Überwindung das einzige war, was die Parteien der nationalen Rechten einigte. Insofern spiegelte von Papens Intrige den politischen Willen breiter Kreise der deutschen Oberschicht. Teile der Industrie traten, zumal sie die Sozialpolitik des Kanzlergenerals ablehnten, nun aus der Zurückhaltung heraus. Bei all denen, die mit Hitler zu paktieren wünschten, war die Vorstellung dominant, Hitler werde, einmal mit politischer Verantwortung ausgestattet, sich von den Radikalen seiner Bewegung trennen und die lautstarke Propaganda zugunsten sachlicher Arbeit fallenlassen. In den konkreten Zielen schien ja ohnehin Einigkeit zu bestehen, nicht nur dem der Zerschlagung der kommunistischen Partei, sondern auch demjenigen der Isolierung und Ausschaltung der demokratischen Sozialisten, bei denen man sich längst angewöhnt hatte, sie mit den Kommunisten in einem Atemzug unter dem Etikett der »marxistischen Parteien« zu nennen; auf dem rechten Flügel der DNVP scheute man sich nicht, die Anhänger der Eisernen Front mit dem Epitheton des »Untermenschen« zu belegen.

Von Papens Politik zielte auf den offenen Staatsstreich ab. Das Verfassungsreformprogramm der Reichsregierung machte dies offenkundig. Indessen fand das Kabinett nahezu keinerlei Unterstützung im Reichstag, und es war bis zu den November-Wahlen vom Damokles-Schwert einer Zentrums-NSDAP-Koalition in Preußen und im Reich bedroht. Die Gefahr des Rückfalls in eine Parteiregierung rief die Verbände und Gruppierungen der Rechten und der rechten Mitte auf den Plan, dies um jeden Preis zu vermeiden, und stärkte das Bestreben des Generals von Schleicher, der den Eindruck gewann, Hitler strebe überhaupt kein Ministeramt an, Gregor Strasser und den zu konstruktiver Zusammenarbeit bereiten NSDAP-Flügel zu gewinnen, gegebenenfalls auf der Basis einer Achse der großen Verbände und Gewerkschaften.[39] Diese Politik scheiterte. Schleicher hatte nur die Alternative, den Zusammentritt des Reichstags unter Bruch der Verfassung hinauszuschieben, was Hindenburg in jedem Fall vermeiden wollte. Die Drohung der NSDAP, den Reichspräsidenten vor dem Staatsgerichtshof anzuklagen, zeigte Wirkung. Er verweigerte den Auflösungsbeschluß, zumal ihm von Papen vorspiegelte, Hitler zu seinen Bedingungen gewinnen und eine stabile Regierungsbildung noch vor den Neuwahlen vornehmen zu können.

Paradoxerweise liefen die hinter dem Rücken des amtierenden

Kanzlers geführten Verhandlungen mit Hitler und Hugenberg auf die Bildung eines parlamentarischen Mehrheitskabinetts insofern hinaus, als die Einbeziehung der Zentrumspartei, spätestens nach den Neuwahlen, ins Auge gefaßt war und von vornherein die Zielsetzung bestand, das Kabinett der nationalen Konzentration durch ein Ermächtigungsgesetz vom Notverordnungsrecht des Präsidenten unabhängig zu machen und diesen dadurch zu entlasten. Konsequent hat Ewald von Kleist-Schmenzin die Kabinettsbildung als Rückfall in das System parlamentarischer Koalitionsregierungen abgelehnt und aus Protest seinen Austritt aus der DNVP vollzogen.[40] Vor die Alternative gestellt, Verfassungsbruch und Bürgerkrieg zu riskieren, stimmte Hindenburg schweren Herzens der Ernennung Hitlers zum Kanzler zu, zumal ihm von Papen versicherte, daß die konservative Kabinettsmehrheit und seine Position als Vizekanzler und preußischer Staatskommissar ein eigenmächtiges Vorgehen Hitlers unmöglich machen würden.

Was sich als komplexes Intrigenspiel dartut, entsprach indessen der allgemeinen Tendenz der bürgerlichen Rechten, nicht hinter die antiparlamentarischen Errungenschaften der späten Präsidialkabinette zurückzufallen und die nationalsozialistische Bewegung in den Dienst der autoritären Staatsumbildung zu stellen. Was die Reichswehr anging, so hatte Hitler ohnedies zugesichert, den Weg der Wehrhaftmachung des deutschen Volkes mit aller Kraft zu gehen. Dies erklärt, warum sich Schleicher in der entscheidenden Phase nicht mehr auf die ungeteilte Zustimmung der Armeeführung stützen konnte. Bezeichnenderweise hat Hitler diese Garantien gegenüber der Reichswehrführung nach der Machtergreifung ausdrücklich erneuert.[41] All dies geschah im Zeichen wiederholter Erklärungen Hitlers, daß er die Macht zur endgültigen Beseitigung des »Systems« benutzen würde. Von einer legalen Machtergreifung kann schon angesichts dieses Tatbestandes nicht die Rede sein. Zugleich hat die zunehmende Aushöhlung der Weimarer Reichsverfassung durch die extensive Handhabung des Notverordnungsrechtes die Legalität stufenweise zerstört. Die Umkehrung von Kabinettsbildung und Neuwahlen, die den Hebel der nationalsozialistischen Machteroberungsstrategie nach dem 30. Januar darstellte, war schwerlich mit der Verfassung vereinbar, die von den handelnden Eliten ohnedies für ersetzungsbedürftig angesehen wurde.[42]

Es ist ebensowenig vertretbar, den sich an die Kabinettsbildung anschließenden Vorgängen, bis hin zum Ermächtigungsgesetz, in Anlehnung an die nationalsozialistische Selbststilisierung, den Charakter einer »nationalen Revolution« zuzusprechen.[43] Es handelte sich um einen Staatsstreich, der mit pseudodemokratischen Mitteln abgestützt wurde. Allenfalls könnte man von einer simulierten Revolution sprechen. Der Mythos, daß die nationale Erhebung die im Ersten Weltkrieg beginnende nationale Revolution vollende, stellte nur den Tarnmantel dar, unter dem Hitler die Ausschaltung der konservativen Machteliten konsequent betrieb. Große Teile der deutschen akademischen Eliten verschrieben sich mit einer einzigartigen *sacrificio intellectu* diesem Mythos, und sie bildeten sich ein, nun in das Millennium einer klassenlosen, konfliktfreien, durch Identität von Volk und Führung geprägten Gesellschaft einzutreten. Indessen handelte es sich dabei vor allem um die ideologische Verkleidung des Bestrebens weiter Teile der deutschen Eliten, Privilegien und soziale Rangstellung zu sichern, die durch den Modernisierungs-, den sozialen Umschichtungs- und den Industrialisierungsprozeß bedroht waren. Das erklärt freilich auch, warum nicht die konservativen Gegenrevolutionäre die Oberhand gewannen, sondern Adolf Hitler, dessen letztlich opportunistische Politik in der Exploitierung eben dieser mit unzulänglichen Mitteln und mangelnder Entschlossenheit vorangetragenen Gegenrevolution gegen die Republik bestand, um ein Regime zu etablieren, dessen bloße destruktive Potenz durchaus vorhersehbar war. Die traditionellen Eliten in Staat und Gesellschaft verhalfen diesem Regime, indem sie dessen Radikalismus abbremsten, zu vorübergehender Stabilität und nicht geringer Effizienz; dies ist die zweite große Tragödie der deutschen Entwicklung im 20. Jahrhundert.[44]

Die nationalsozialistische Machtergreifung und die deutsche Gesellschaft

Noch immer ist in der deutschen Öffentlichkeit die Vorstellung anzutreffen, daß die Nationalsozialisten durch eine skrupellose machiavellistische Technik die politische Macht am 30. Januar 1933 usurpiert und die Gegenkräfte der deutschen Gesellschaft überrumpelt hätten. Von Friedrich Meinecke stammt das Wort von Deutschland als dem ersten vom Nationalsozialismus besetzten Land. Mitunter verfestigt sich dies in der Zuspitzung, daß die deutsche Gesellschaft von Hitler »vergewaltigt« worden sei. Auch die Vertreter der Totalitarismus-Theorie haben die Durchsetzung des Nationalsozialismus in Deutschland darauf zurückgeführt, daß der Nationalsozialismus vor allem durch eine bewußte Technik der Manipulation und des Terrorismus die totale Macht an sich gerissen habe.[1]

Vorstellungen dieser Art erwecken den Eindruck, als sei Deutschland über Nacht und überraschend in die Hände einer »Räuberbande« geraten, die ihre wahren Vorhaben zuvor sorgfältig kaschiert hätte. Eine gleichermaßen irrige Apologetik, deren neokonservative Tendenz auf der Hand liegt, stellte Hitler als Ergebnis der »Massendemokratie« und seine Machteroberung als notwendiges Resultat der nationalsozialistischen Wahlerfolge zwischen 1930 und 1932 hin.[2] Diese – irreführende – Argumentation verknüpft sich mit der nicht weniger fragwürdigen Behauptung, die Bildung des Kabinetts der nationalen Konzentration sei im Einklang mit der Weimarer Reichsverfassung erfolgt und der Boden der Legalität erst nach der Verabschiedung des Ermächtigungsgesetzes am 23. März 1933 verlassen worden.[3]

Es ist noch heute angebracht, gegen dergleichen historische

»Mythen« anzugehen, wenngleich sie von der historischen Forschung schon seit zwei Jahrzehnten aus dem Wege geräumt worden sind. Die Frage nach der Mitverantwortung maßgebender Teile der traditionalen Eliten für die nationalsozialistische Machtergreifung wie nach dem gesellschaftspolitischen Hintergrund des Durchbruchs der NSDAP als Massenbewegung ist der Frage nach den Ursachen dafür nicht nachgeordnet, warum die nationalsozialistische Propaganda in den Juliwahlen von 1932 37 Prozent der Wähler auf ihre Seite ziehen konnte.

Im folgenden sollen die wichtigsten Etappen des politischen Prozesses skizziert werden, der schließlich die Ernennung Hitlers zum Reichskanzler als einzigen politischen Ausweg erscheinen ließ. Der Zerfall des Bürgerblockkabinetts im Frühjahr 1928 war äußerlich über das vom Zentrum forcierte Reichsschulgesetz erfolgt; indessen beruhte die Instabilität des Kabinetts darauf, daß die DNVP, die noch im gleichen Jahre unter der Führung Alfred Hugenbergs einen radikalen antiparlamentarischen Kurs einschlagen wird, neuerlich nicht bereit war, die parlamentarische Verantwortung für die anstehenden Reparationsverhandlungen zu übernehmen, obwohl die Revision des Dawes-Plans von den hinter der Partei stehenden Interessengruppen für notwendig gehalten wurde.

Das Kabinett der großen Koalition, das 1928 unter der Führung des Sozialdemokraten Hermann Müller gebildet wurde, hatte in den Augen der Eingeweihten von vornherein den begrenzten Auftrag, die Young-Plan-Verhandlungen durchzuführen. Zentrumspartei und DVP stützten das Kabinett, dessen Reichswehrminister vom Reichspräsidenten von Hindenburg dem Kanzler aufgezwungen worden war, nur widerwillig. Die international bedingte Verzögerung des Abschlusses der Young-Plan-Verhandlungen bewirkte, daß dieses letzte parlamentarische Mehrheitskabinett erst im März 1930 über die Interessengegensätze zwischen DVP und SPD zu Fall gebracht wurde.[4]

Die 1929 eintretende finanzielle Krise, die den verheerenden wirtschaftlichen Auswirkungen der weltweiten Rezession vorausging, schuf einen Anlaß mehr, um die SPD endgültig politisch zu isolieren. Nachdem der DVP-Finanzminister Moldenhauer erneut versichert hatte, daß an Steuererhöhungen nicht zu denken sei, stieß der Ausweg, den durch erhöhte Reichszuschüsse zur Arbeitslosenversicherung gefährdeten Haushalt durch ein Notopfer der Festbesoldeten zu sanieren, auf massiven Widerstand der nach dem Tode Stresemanns definitiv zur Rechten abschwenkenden DVP und der hinter ihr stehenden groß- und schwerindustriellen Interessen. Äußerlich scheiterte das Kabinett, dessen Sturz vom Reichsministerium des Innern seit 1929 offen gefordert wurde, am Widerstand der Gewerkschaftler in der SPD-Fraktion, den einseitigen Abbau der Sozialleistungen, den der Brüning-Kompromiß einer Erhöhung der Beiträge zur Arbeitslosenversicherung einleitete, hinzunehmen. In der Sache war der Weg zum Präsidialkabinett, das dann durch Brüning gebildet wurde, nur eine Frage von Monaten.[5]

Die gleiche parlamentarische Konstellation veranlaßte Brüning zur verhängnisvollen Reichstagsauflösung im Juni 1930. Wieder blockierte die DVP das Notopfer der Festbesoldeten; um sie für die Tolerierung der Notverordnungen zu gewinnen, nahm Brüning die in den vorausgehenden Wahlkämpfen von SPD und KPD aufs schärfste attackierte Bürgersteuer, die auf die Herabsetzung der kommunalen Ausgaben für die ohnehin kärgliche, quantitativ immer bedeutsamer werdende Arbeitslosenhilfe hinauslief, in das Verordnungspaket auf, während er die Verhandlungen mit der SPD darüber abbrach. Brünings politische Option in dieser Frage führte zur Ablehnung der Notverordnung durch die SPD, KPD und DNVP; Brüning ging das fatale Risiko der Septemberwahlen ein, obwohl ein rapides Stimmenwachstum der NSDAP aufgrund der Kommunal- und Landtagswahlen von 1929 absehbar war.[6]

Grundfragen der Sozialpolitik standen im Hintergrund des zunehmenden Interessendrucks auf das erste und zweite Kabinett Brüning, das auf der Tolerierung durch die SPD beruhte und gerade deshalb von der politischen Rechten angegriffen wurde, wobei der Umstand, daß die Wiederwahl Hindenburgs im April 1932 nur mittels der Stimmen der SPD hatte durchgesetzt werden können, die Entschlossenheit des Präsidenten, sich von Brüning zu trennen, verstärkte. Nur die finanzpolitische Abhängigkeit des Reiches von den Westmächten hatte die Rechtsparteien daran gehindert, die lange geforderte Regierung des »nationalen Deutschland« unter Ausschluß der SPD auf der Basis des Präsidialsystems zustande zu bringen. Indem das Ende der Reparationen und die Abrüstungsverhandlungen mit einem für Deutschland mutmaßlich positiven Ergebnis in Sicht waren, stürzte die Kamarilla hinter dem Reichspräsidenten Brüning, obwohl letzterer selbst eine autoritäre Umbildung der Verfassung anstrebte. Den Vorwand lieferte Brünings angeblicher »Agrarbolschewismus«, d. h. sein Eintreten für die Aufteilung nicht entschuldungsfähiger ostelbischer Landgüter zu Siedlungszwecken.[7]

Diese politische Ausgangslage für den Weg der NSDAP zur Macht beruhte auf der durch den Ruhreisenstreit vom Herbst 1928 verstärkten Entschlossenheit maßgebender Kreise der Industrie, der Großlandwirtschaft, der Reichswehrführung unter General Kurt von Schleicher, der DNVP und prominenter Politiker der Mittelparteien, den Einfluß der freien und christlichen Gewerkschaften zurückzudrängen, die SPD im Reich und in Preußen zu isolieren und das politische System in semiautoritärem Sinne umzubilden, teils im Wege einer konservativ geprägten Reichsreform, teils durch die Gleichschaltung der preußischen Regierung; dafür war bezeichnend, daß der Stahlhelm ein Volksbegehren für die Auflösung des preußischen Landtags anstrebte, nachdem mit dem Volksbegehren gegen den Dawes-Plan von Hugenberg im Verein mit Hitler und dem Stahlhelm, unterstützt von Repräsentanten der großen Wirtschaft, darunter Hjalmar Schacht, diese Form außerparlamentarischen Protests in Gang gebracht worden war. Im Negativen war sich die Rechte unter Einschluß des Kaas-Flügels der Zentrumspartei einig; im Positiven blieb von Papens Konzept des »Neuen Staates«, das von Erwin Schotte, dem neokonservativen Ideologen des Antiparlamentarismus, entwickelt wurde, bloße Absichtserklärung; korporative und berufsständische Elemente mischten sich mit reaktionären Wahlrechtsplänen. Das kaum ausgegorene Konzept abstrahierte weitgehend von den Bedingungen einer fortgeschrittenen Industriegesellschaft. Konkret daran war allein der Ruf nach einer Diktatur des Reichspräsidenten als Dauerzustand.[8] Die nationale Diktatur war längst gefordert, bevor Hitler sie für sich verlangen konnte.

Es ist irreführend, die Loslösung von der Weimarer Verfassungsordnung, die sich spätestens mit dem Zweiten Kabinett Brüning kontinuierlich vollzog, unter das Etikett »Selbstpreisgabe« einer Demokratie zu bringen.[9] Bis weit in die Mitte hinein hatten die bürgerlichen Parteien dem parlamentarischen System abgeschworen, das in der Tat nur lebensfähig war, wenn die prinzipielle Koalitionsfähigkeit der SPD zugestanden wurde. Gewiß haben die Einwirkungen der Wirtschaftskrise, die Brüning um struktureller Reformen willen mutwillig verschärfte[10], die Abkehr vom parlamentarischen System beschleunigt, die seit Jahren unter Billigung rechtsgerichteter Regierungskoalitionen im Reich von neokonservativen Publizisten, von der Hugenberg-Presse und einflußreichen mittelständischen Verbänden, desgleichen der Schwerindustrie, zum Teil in krassester Form, gefordert worden war. Daß der Justiz- und Beamtenapparat diese Tendenz noch stützte, gehört ebenso in das Bild wie eine weitgehend den Ideengängen Carl Schmitts hörige Staatsrechtslehre, um von den Geisteswissenschaften, aber auch der nun kursierenden »deutschen« Physik ganz zu schweigen.[11]

Bemerkenswerterweise hat die Rheinlandräumung, die Brüning in den Schoß fiel, ohne daß dieser das Verdienst des toten Stresemann auch nur mit einem Wort würdigte, die Aufbruchstimmung des deutschen Nationalismus noch unterstützt; die Reparationsfrage hatte zuvor eine Art innenpolitischer Klammer dargestellt. Die parlamentarische Demokratie war mit dem Amtsantritt von Papens und der Beseitigung des republikanischen Bollwerks Preußen am 20. Juli 1932 endgültig zerstört, und der demokratische Sozialismus, ihr einziger und manchesmal halbherziger Verteidiger, politisch ausgeschaltet und unter dem Druck der Massenarbeitslosigkeit empfindlich geschwächt. Offener Widerstand am 20. Juli 1932 hätte nur den Vorwand für die Ausrufung der nationalen Diktatur geliefert, an der Hitler, wie sich zeigte – vergeblich – zu partizipieren hoffte.[12]

In das von den Verbänden und Parteien der Rechten geschaffene politische Vakuum stieß seit dem Frühjahr 1929 die sich zur Massenbewegung mausernde NSDAP. 1928 hatte sie nur noch 2,6 Prozent der Stimmen erhalten und galt als politisch insignifikant. Indessen baute die Partei zur gleichen Zeit einen mit höchster Perfektion betriebenen Propaganda- und Wahlkampfapparat auf, der alles, was es auf der bürgerlichen Rechten gab, bei weitem in den Schatten stellte. Zudem richtete die NSDAP, indem sie aus den unerwarteten Wahlerfolgen auf dem platten Lande und in Klein- und Mittelstädten von 1928 lernte und sich dem Wählertrend anpaßte, ihr Hauptaugenmerk nicht mehr primär auf die Gewinnung der proletarischen Wählermassen der großen Städte. Sie nützte die Krise des bürgerlichen Parteiensystems und die Auflösung der liberalen Mittelparteien wirkungsvoll aus.[13]

Die NSDAP machte sich zum Sprecher der radikalen Kritik am bestehenden politischen System, das die nationalen und sozialen Illusionen, die die Rechtsparteien genährt hatten, nicht zu erfüllen vermochte und jede Autorität und Glaubwürdigkeit verlor. Entscheidend war, daß sich die NSDAP als radikale Alternative zu sämtlichen bestehenden Parteien und Gruppierungen präsentierte. Nicht die unzweifelhafte demagogische Anziehungskraft Hitlers, nicht der Antisemitismus, der in der Wahlpropaganda der NSDAP in den entscheidenden Durchbruchsjahren einen eher geringeren Stellenwert besaß als bei derjenigen der DNVP[14], sondern eine sorgfältig gesteuerte, »wissenschaftlich« betriebene Wahlkampflenkung, die Ablehnung des Parteiensystems als solchem und – nicht zuletzt – die Beschwörung einer angeblichen Gefahr des bolschewistischen Umsturzes trugen ihr beträchtliche Erfolge bei Protestwählern ein, die vor allem jenen Bevölkerungsgruppen entstammten, die von sozialem Abstieg bedroht oder in sozialen Aufstiegserwartungen enttäuscht waren.[15]

Dies erklärt den kometenhaften Aufstieg der NSDAP seit dem Frühjahr 1929 nur zum Teil. Alle erdenklichen Kräfte auf die Wahlwerbung konzentrierend, gelang es der Partei, wichtige Interessenverbände der bürgerlichen Rechten – nicht nur den Reichslandbund und den Deutschnationalen Handlungsgehilfenverband – zu infiltrieren und der eigenen Wahlwerbung dienstbar zu machen.[16] Gleichzeitig verstand es die NSDAP, die politisch bislang nicht mobilisierten Gesellschaftssektoren für sich zu aktivieren, nicht zuletzt auch breite Teile der jüngeren Generation, die die Republik nicht zu integrieren vermocht hatte. Das eigentliche Industrieproletariat, desgleichen die katholische bäuerliche Bevölkerung erwiesen sich hingegen weitgehend immun gegenüber der NS-Propaganda, die nur Randgruppen der Arbeiterschaft, teilweise auch arbeitslose Jugendliche, erfaßte, nicht zuletzt infolge der Attraktion, die die SA, und sei es durch Essensverteilung, auszuüben vermochte.[17]

Durch bewußt widersprüchliche Propaganda suchte die NSDAP unterschiedliche Wählerschichten anzusprechen und unter dem Schlagwort der »Volksgemeinschaft« in eine Art negative Volkspartei zu integrieren. Die durch äußeres Wachstum und ständige Dynamik verhüllte Instabilität der NSDAP geht aus dem Tatbestand hervor, daß vor der Machtergreifung ca. 45 Prozent der Mitglieder die Partei wieder verlassen hatten. Nicht anders verhielt sich dies mit den Wählern, die in hohem Umfange fluktuierten. Selbst in den spektakulären Juliwahlen 1932, die ihr 37 Prozent der Stimmen eintrugen, hatte die NSDAP einen beträchtlichen Teil der Wähler vom September 1930 wieder verloren, was der Wählerzustrom nach außen verdeckte. Ein schwerer Rückschlag zeichnete sich in den Novemberwahlen ab, in denen die Partei 1/6 ihrer Wähler absolut verlor, da sie in Orten, wo sie vorher schwach gewesen war, ebenso in Kreisen des Mittelstandes eine erhebliche Stimmenzunahme verzeichnete, konnte der Wählereinbruch, der sowohl die bäuerlichen Gebiete wie die Großstädte betraf, nach außen einigermaßen verhüllt werden. Nur mit dem Bonus der Kanzlerschaft und der Ausnützung aller erdenklichen staatlichen Mittel zur propagandistischen Beeinflussung vermochte die Partei in den Märzwahlen 1933 jene 43,9 Prozent der Stimmen zu erringen, die ihr zusammen mit dem geschwächten Kampfblock »Schwarz-Weiß-Rot« die absolute Mehrheit verschafften. Bezeichnenderweise hatte sie 1932 in den Ländern, in denen sie an der Regierung beteiligt war und ihre Wahlversprechen nicht einlösen konnte, vielmehr als Partei unter anderen erschien, empfindliche Stimmeneinbußen hinzunehmen.[18]

Die schwere Krise der Partei seit dem 13. August 1932, seit der öffentlichen Abkanzlung des »böhmischen Gefreiten« durch den Reichspräsidenten, der das Risiko einer »Parteidiktatur mit allen ihren Folgen« nicht eingehen wollte, spiegelt sich in Goebbels' Tagebucheintragung: »Wir müssen endlich an die Macht kommen. Sonst siegen wir uns in Wahlen tot.«[19] Die wenigen verantwortlichen Führer, mit denen Hitler noch nicht gebrochen hatte, vor allem der fähige Gregor Straßer, waren angesichts der negativen Wahlaussichten vor dem November 1932 und um so mehr nach der relativen Wahlniederlage zu einer konstruktiven Politik und einer Koalition mit den bürgerlichen Rechtsparteien entschlossen. Desgleichen bemühte sich von Schleicher um die Einbindung der NSDAP, bot Straßer das Vizekanzleramt an, und es war bezeichnend, daß die Schwerindustrie nun finanzielle Zuwendungen an Straßer gelangen ließ. Sie tat das freilich auch, um das Damoklesschwert einer NSDAP-Zentrums-Koalition in Preußen und im Reich, vor allem wegen Hitlers übersteigerter Forderungen, hinwegzuräumen; eine solche Koalition, die Brüning zur Zähmung der NSDAP mehrfach auf Länderbasis angestrebt hatte, wurde von der Industrie bezeichnenderweise als Rückfall in den Parlamentarismus bekämpft.[20]

Das Werben der politischen Rechten um die NSDAP, dem Hitler mit der Bildung der »Harzburger Front« nur äußerlich, bei klarer Abgrenzung auf unterer Ebene nachgab, scheiterte an den auf die zentralen Machtpositionen gerichteten Forderungen Hitlers. Der erstrebte »Einbau« der angeblich in der NS-Bewegung enthaltenen »gesunden nationalen« Kräfte verhinderte entschiedene Maßnahmen gegen den von Hitler aus propagandistischen Gründen entfesselten Straßenterror gegen die Linksparteien. Vergeblich ersuchte Preußen, und ähnliches gilt für Baden und Württemberg, um die Zustimmung des Reiches zu entschiedeneren Maßnahmen gegen die nationalsozialistische Unterwanderung des Beamten- und Polizeiapparats.[21]

Als schließlich Groener, der von Hindenburg ernannte Reichswehrminister und Innenminister im Kabinett Brüning, das Verbot gegen SA und SS widerstrebend verfügte, betrieb von Schleicher dessen Sturz und drängte auf Brünings Rücktritt, dessen Berufung er ursprünglich angeregt hatte. In Schleichers Kalkül überwog die Erwägung, im Hinblick auf den bevorstehenden Ausbau der Reichswehr die SA nicht nach links, zur KPD oder zum Nationalbolschewismus abdriften zu lassen.[22] Unter solchen Bedingungen war auch der republikanische Polizeiapparat in Preußen schließlich nicht mehr imstande, die dauernden Übergriffe der NSDAP, die den Gegenterror der KPD auslösten, zu verhindern. Von Papen nützte dies als Vorwand zur Absetzung der geschäftsführenden preußischen Regierung.

Trotz des Liebeswerbens rechtsstehender Politiker blieb Hitler starr und widersetzte sich jeder Mitarbeit in einer Regierung des »nationalen Deutschland«, sofern ihm nicht die Kanzlerschaft zu seinen Bedingungen ausgehändigt wurde. Dabei hatte sich Brüning dem Eindruck hingegeben, der NSDAP-Führer sei weit umgänglicher als Hugenberg, dessen Intransigenz den Mythos der Einheit der »nationalen Opposition« Lügen strafte. Spätestens im November verzweifelten Strasser, Frick und Göring an Hitlers Unnachgiebigkeit, die die NSDAP ins politische Abseits zu führen drohte. Parteiaustritte häuften sich, die finanzielle Lage der bis Ende 1932 nur unzureichend mit Industriespenden bedachten Partei war hoffnungslos, ein neuer Reichstagswahlkampf würde den von ihrer Propaganda aufgebauten Eindruck eines unbegrenzten Wachstums endgültig zerstören. Die Unruhe in der SA, deren Stärke inzwischen die der Partei übertraf, bewirkte Proteste und Meutereien. Die NSDAP befand sich in einer tiefen Krise. Von Schleichers Hoffnungen auf Straßer, damit auch die Illusion einer unterhalb der Parteien zu schaffenden Achse der Massenverbände, durch die er das politische System in Reminiszenz an das kriegswirtschaftliche System im Ersten Weltkrieg zu stabilisieren hoffte, zerschlugen sich; Straßer war nicht bereit, die NSDAP zu spalten, unterwarf sich dem koalitionsunwilligen Hitler und legte im Dezember 1932 seine politischen Ämter nieder.[23]

In der Tat betrieb Hitler in den Augen seiner politisch informierten Unterführer eine regelrechte Katastrophenpolitik. Im November und noch Anfang Dezember war in keiner Weise abzusehen, daß sich im Lager der Rechten jene entscheidende Wende vollziehen würde, die dann von Papens Intrige gegen den Reichskanzler von Schleicher mit seinen spektakulären Verhandlungen in der Kölner Wohnung des Bankiers Schröder einleitete. Hindenburg hatte sich in der Öffentlichkeit, und dies wiederholt, dahingehend festgelegt, daß er Hitler nicht zum Kanzler in einem Präsidialkabinett ernennen werde, und Schleicher hatte ihn darin bestärkt. Neuwahlen mußte gerade die NSDAP unter den gegebenen Umständen scheuen; sie stimmte daher im Ältestenrat zunächst einer Verschiebung des Zusammentritts des Reichstags auf den 31. Januar 1933 zu.[24]

Es wäre verfehlt, den Millionen, die aus Verzweiflung über ihre materielle Lage, aufgrund der Enttäuschung über die etablierten Parteien, aus der Ablehnung eines zunehmend ossifizierten politischen Systems, das sich an den Verhältnissen der Vorkriegszeit zu messen pflegte, Hitler vorübergehend ihre Stimmen gaben, für die Entwicklung zur faschistischen Diktatur verantwortlich zu machen. Die NSDAP hat bei Wahlen vor der Machtergreifung niemals mehr Wähler hinter sich zu bringen vermocht als die beiden Linksparteien zusammen. Nicht die Wahlerfolge Hitlers lösten die Krise des parlamentarischen Systems aus, sondern die Krise des parlamentarischen Systems machte den Durchbruch der NSDAP als Massenbewegung überhaupt erst möglich.

Die politische Verantwortung für die nationalsozialistische Machtergreifung liegt primär bei den traditionalen Eliten, die es für vertretbar hielten, ein Drittel des Volkes aus der politischen Mitverantwortung auszuschließen. Gewiß war die Krise des parlamentarischen Systems eine allgemeine kontinentaleuropäische Erscheinung, und nur die außenpolitische Abhängigkeit des Reiches von den westlichen parlamentarischen Demokratien hat frühere autoritäre Umsturzabsichten vereitelt. Die Auflösung des bestehenden Mächtesystems unter dem Druck der Weltwirtschaftskrise gab den konservativen Eliten das Startzeichen, die politische Macht an sich zu reißen und zu einer von ihnen seit langem geforderten aktiven Revisionspolitik überzugehen.

Mit der Übernahme der Kanzlerschaft von Schleichers am 3. Dezember, der den in hoffnungsloser parlamentarischer Minderheit befindlichen Herrenreiter ersetzte, schien die Stunde der Errichtung eines autoritären Systems anstelle der Republik endgültig gekommen. Es zeigte sich jedoch, daß das »nationale Deutschland« nur im Negativen, im Kampf gegen die Republik und die sogenannten marxistischen Parteien einig war. Von Schleichers Abwendung vom eindeutig sozialreaktionären Kurs seines Vorgängers, seine Restituierung des Systems der Tarifverträge, seine Verhandlungen mit den Gewerkschaften aller Richtungen, all dies trug ihm die bittere Kritik der wirtschaftlichen Spitzenverbände ein, die auf von Papens »Neuen Staat« gesetzt hatten.[25]

Es stellte sich bald heraus, daß die Reichswehr nicht mehr geschlossen hinter dem geschäftigen politischen General stand; seit Hitlers Auftreten im Ludin-Scheringer-Prozeß gab es in der Truppenführung steigende Sympathien für Hitler, zugleich glaubte man, auf eine Unterstützung durch die in den Grenzschutz eingegliederten SA-Milizen für den Fall eines damals befürchteten militärischen Konflikts mit Polen nicht verzichten zu können. Das von Schleicher in Auftrag gegebene Planspiel Ott, das die Grundlage der nach dem Reichstagsbrand von der nationalsozialistischen Reichsregierung ergriffenen Maßnahmen abgeben wird, machte deutlich, daß ein Ausnahmezustand gegen die Linke und die militärische Bedrohung durch Polen nicht durchgehalten werden konnten, wenn es nicht gelang, die »gesunden« nationalen Kräfte der NSDAP an den Staat heranzuziehen.[26] Diese Einstellung der Reichswehrführung hat die weitere Entwicklung nachhaltig beeinflußt. Von Schleichers Politik schloß die Möglichkeit einer Militärdiktatur nicht aus. Indessen zeigte sich Hitler bereit, den spezifischen Interessen der bewaffneten Macht in jeder Hinsicht Rechnung zu tragen. Die Ermordung der SA-Führung am 30. Juni 1934 stellte den späten Vollzug eines Bündnisses dar, das schon vor dem 30. Januar, wenngleich informell, zustande gekommen war. Folgerichtig verlor von Schleicher im entscheidenden Augenblick die vorbehaltlose Unterstützung der Reichswehr. Die durch Franz von Papen repräsentierte Rechte verfolgte Schleichers Konzept nunmehr mit der größeren Konsequenz und einer doch kaum erstaunlichen Leichtfertigkeit. Hitler sollte die populistische Absicherung eines autoritären Regimes abgeben, das, abgestützt auf den Reichspräsidenten und die Reichswehr, die sozialen Konsequenzen des Novemberumsturzes und des verlorenen Krieges rückgängig machte und die Besitzenden aller Ebenen von den lästigen Forderungen der organisierten Arbeiterschaft befreite.

Diese im Ansatz zum Scheitern verurteilte »Gegenrevolution«, die nicht nur den November 1918, sondern im Grunde die Große Französische Revolution von 1789 aufheben wollte, stellte den Hebel dar, der die nationalsozialistische Bewegung zu einem Zeitpunkt in die zentralen staatlichen Positionen brachte, als sie von der Gefahr des inneren Zerfalls unmittelbar bedroht war. Es lag eine historische Logik darin, daß Papen, Hugenberg und Schleicher mit Hitler erst dann paktierten, als dessen politischer Stern im Sinken begriffen war. Ihnen gegenüber bildete die NSDAP, trotz aller Atavismen ihres Programms und ihrer eklektischen und widersprüchlichen Weltanschauung, die modernere politische Kraft. Sie hatte sich von vornherein als die grundlegende Alternative zu Weimar, aber auch zur Politik von Papens und Hugenbergs, deklariert, und sie war es in gewissem Sinne auch.

Nicht daß die Programmatik der NSDAP beanspruchen konnte, in irgendeinem Sinne originell zu sein. Hätte Hitler dem Drängen Straßers nachgegeben, sich in nachgeordneter oder gleichgewichtiger Position in einem Kabinett der Rechten zu beteiligen, wäre die NSDAP auf die Ebene der bestehenden Parteien zurückgedrängt, wären die inneren Widersprüche ihrer Wahlpropaganda evident geworden. Der durch die Realitäten nicht bestätigte visionäre Glaube an die Unzerstörbarkeit der in ihm verkörperten nationalsozialistischen Bewegung, seine Befangenheit in primär propagandistischen Kategorien bildeten den primären Grund für Hitlers konsequente Ablehnung einer bloßen Teilhabe an der Regierungsmacht. Er hatte bezeichnenderweise jede konkrete Planung für eine eventuelle Machtergreifung von sich gewiesen.[27]

Die politische Gesamtsituation im Dezember 1932 war durch die Tatsache bestimmt, daß sowohl die NSDAP wie die DNVP unter der Führung Hugenbergs, der nicht bereit war, in ein rechtsbürgerliches Koalitionskabinett einschließlich des Zentrums einzutreten, zugleich aber die nationale Diktatur für sich forderte, politisch isoliert waren. Die Macht lag ausschließlich bei den formellen und informellen Gruppen in der Umgebung des Reichspräsidenten. Sowohl von Schleicher wie von Papen, desgleichen der Innenminister des Papen-Kabinetts, Freiherr von Gayl, waren damals bereit, den Weg des offenen Verfassungsbruches einzuschlagen.[28]

Bemerkenswerterweise gingen diese Pläne gutenteils auf die Bemühungen des Spätsommers zurück, eine Koalition von NSDAP und Zentrum zu verhindern, die bis zu den Novemberwahlen möglich war und von der Rechten als gefährliche Rückkehr zum Parlamentarismus betrachtet wurden. Die Reichstagsauflösung vom 12. September 1932 mittels der bereits von Hindenburg unterzeichneten Notverordnung schob Staatsstreicherwägungen zunächst auf. Bezeichnenderweise hatte die NSDAP auf Initiative von Straßer zunächst stillhalten wollen, war aber durch den Mißtrauensantrag der KPD zum Handeln gezwungen worden.[29] Der taktische Unterschied zwischen von Papen und von Schleicher bestand darin, daß der erstere einen offenen, von breiten propagandistischen Appellen begleiteten Staatsstreich anstrebte, Schleicher hingegen einen verdeckten Staatsstreich vornehmen wollte, der zunachst auf einer verfassungsdurchbrechenden Hinausschiebung von Neuwahlen uber die regulare Frist von 60 Tagen hinaus beruhte.[30]

Weiter reichte von Schleichers Konzept im Grunde nicht; die Übernahme der Kanzlerschaft diente gleichwohl dem Ziel, eine definitive Ausschaltung von Parlament und Parteien zu bewirken, die NSDAP für konstruktive Mitarbeit zu gewinnen, sie von den radikalen Elementen, insbesondere in der SA zu trennen. Hitlers störrisches Festhalten an der Kanzlerschaft in einem Präsidialkabinett irritierte den General. Er gewann schließlich den Eindruck, daß Hitler gar nicht willens sei, ein Regierungsamt zu übernehmen. Er hoffte, Straßer trotz des Rücktritts von dessen Parteiämtern in eine »Dritte Front« einzubeziehen. Er übersah, daß Hitler dessen Ausscheiden zur rücksichtslosen Zerschlagung des von diesem geschaffenen Lenkungsapparates benützte und Straßer nach den Loyalitätsbekundungen der Unterführer keinerlei nennenswerte politische Gefolgschaft einzubringen in der Lage war.[31]

Von Schleicher, der die verhängnisvolle Entwicklung mit der Unterstützung des Sturzes Brünings und der Installierung von Papens als Kanzler – »Ein Hut aber kein Kopf« – eingeleitet hatte, sah sich nun den Pressionen der Rechten ausgesetzt. Die Zurückweisung einer Kanzlerschaft Hitlers am 13. August durch Hindenburg war vom rechten Flügel der DNVP, vom Altdeutschen Verband und rechtsstehenden Interessengruppen mit Bedauern konstatiert worden. In der für den rechten DNVP-Flügel repräsentativen Zeitschrift »Deutschlands Erneuerung« wurde darauf hingewiesen, daß Deutschland »zum größten Teil der nationalsozialistischen Bewegung Hitlers die innere Abkehr von der Verfassung von Weimar und die tatsächliche Aufhebung des parlamentarischen Systems« verdanke. »Ohne Hitler«, hieß es dort, »würden die Fluten des angewandten Marxismus längst – ähnlich wie in Rußland – über unserem Land sich geschlossen haben.« Daß aber der Antikommunismus nicht das alleinige Motiv der radikalen bürgerlichen Rechten war, bewies ein Artikel des Grafen Robert von der Goltz vom November 1932, in der von der Gefahr gesprochen wurde, daß die NSDAP durch »hochmütige Ausschaltung von der Regierungsverantwortung« in das linke Lager getrieben würde und daß die radikalen Elemente in dieser über die »nationalidealistischen« siegen könnten, denn der »Nationalbolschewismus« sei noch bedrohlicher als Bolschewismus unter Thälmanns Führung.[32]

Hinter dieser ideologischen Sprache stand die handfeste Befürchtung einer Rückkehr zum parlamentarischen System. Eben dies zu verhindern, war die negative Linie, die die bürgerliche nationale Opposition allein einigte. Ein zeitgenössischer Beobachter bemerkte treffend, daß angesichts dieser Gefahr »die Führer der Rechten zu einer Einigung eher geneigt sein« würden. Denn Hitler schien die Abkehr vom parlamentarischen System zu garantieren. Seine Kanzlerschaft verbürgte, daß »das von der Heiligen Weimarschen Verfassung vorgeschriebene parlamentarische System zu den überwundenen Episoden neudeutscher Geschichte gehören« würde.[33]

Die äußerste Rechte wollte aus guten Gründen Neuwahlen verhindern, die bei dem Zusammentreten des Reichstags und dessen

Auflösung ohne Regierungsumbildung unvermeidlich erschienen. Um angesichts der sich abzeichnenden Bildung eines »nationalen Kampfkabinetts« nicht isoliert zu sein, trat nunmehr Hugenberg aus seiner Zurückhaltung heraus und ging auf von Papens Offerte ein, Wirtschaftsdiktator in einem von Hitler geführten Kabinett der nationalen Konzentration zu werden. In den Verhandlungen vom Januar 1933, die unter Einschaltung Oskar von Hindenburgs geführt wurden, spielte von Papen die Hitlersche Bedingung anschließender Neuwahlen herunter, doch kam es zu einer losen Absprache darüber, die Hugenberg jedoch unmittelbar vor der Vereidigung des neuen Kabinetts in jener denkwürdigen Sitzung in der Alten Reichskanzlei am 30. Januar zurückzog. Erst auf das Drängen von Papens, die nationale Einigung nicht zu gefährden, und auf Hitlers alsbald gebrochene, übrigens klar verfassungswidrige Versicherung hin, daß eine Änderung in der Zusammensetzung des Kabinetts nicht eintreten werde, »gleichwie die Wahlen auch ausfallen«, gab Hugenberg nach und beging, wie er tags darauf bekannte, die größte politische Dummheit seiner Karriere.[34]

Die von Hitler geforderten Neuwahlen zur Erringung einer parlamentarischen Mehrheit und Durchsetzung eines Ermächtigungsgesetzes erschienen allgemein als Rückfall in das gerade für überwunden geglaubte System des Parteienstaats. Beschwichtigend erklärte Göring einer im Februar abgehaltenen Versammlung führender Industrieller, daß es die letzten Wahlen in den nächsten hundert Jahren sein würden.[35] Konsequent erklärte der Altkonservative Ewald von Kleist-Schmenzin, der als Innenminister in einem alternativ erwogenen Schleicher-Hugenberg-Kabinett vorgesehen war, seinen Austritt aus der DNVP.

Von Papens Versprechen, durch die hinter dem Rücken des amtierenden Kanzlers vollzogene Koalitionsbildung Neuwahlen überflüssig zu machen, war somit gebrochen. Gleichwohl gelang es ihm, die verfassungsrechtlichen und persönlichen Bedenken Hindenburgs, der von der Drohung der NSDAP und des Zentrums, ihn vor dem Staatsgerichtshof für den Fall der Hinausschiebung von Neuwahlen anzuklagen, sichtlich beeindruckt war, beiseite zu spielen, einerseits durch die bekannten Absicherungen im Kabinett, andererseits weil die Vorstellung insinuiert wurde, daß an eine Einbeziehung der Zentrumspartei gedacht sei, was auch Hitler erklärte. Dies ist der Hintergrund der NSDAP-Zentrums-Verhandlungen vom 31. Januar, deren Scheitern Hitler mit Billigung der konservativen Kabinettspartner anstrebte, um damit die geforderte Reichstagsauflösung begründen zu können. Wichtiger aber waren die von Papen bewußt ausgestreuten Gerüchte, daß Schleicher einen Militärputsch vorbereite, was Hindenburg zu der vorzeitigen Vereidigung des Reichswehrministers Blomberg veranlaßte.[36]

Die komplexen und undurchsichtigen Vorgänge, die zur Bildung des Kabinetts Hitler führten, muten wie eine Palastrevolution an, aber sie vollzogen sich in einem breiteren gesellschaftlichen Zusammenhang. Sie wurden möglich aufgrund der von der Mehrheit der bürgerlichen Parteien und den hinter ihnen stehenden Verbänden nachdrücklich forcierten Ausschaltung des demokratischen Parlamentarismus. Dieser wurde häufig mit Sozialpolitik gleichgesetzt und mit dem Schlagwort des »Gewerkschaftsstaats« umschrieben; daran war wahr, daß ein parlamentarisches System den sozialen Ausgleich voraussetzt.[37] Es ist irreführend, für die Zeit nach dem März 1930 von mangelnder Verantwortungsbereitschaft der Parteien zu sprechen, die sie daran hinderte, stabile Koalitionen einzugehen. Es bestand spätestens 1932 nur noch die Alternative zwischen einem militärisch abgestürtzten autoritären System und der faschistischen Diktatur.

Eine maßgebende Rolle spielten die Interessen der Reichswehr, die sich seit dem Ende der zwanziger Jahre aus der von Seeckt verordneten politischen Neutralität herausbegab, um die außen- und innenpolitischen Voraussetzungen für eine deutsche Aufrüstung und eine aktive Revisionspolitik zu schaffen. Die Ausschaltung der internationalistischen und pazifistischen Kräfte in der SPD sowie die Eliminierung der in ihrem politischen Gewicht völlig überschätzten KPD erschienen der Reichswehrführung unumgänglich. Das zunächst von Schleicher verfolgte Konzept, Hitler von den radikalen Kräften in der eigenen Bewegung isolieren und die »gesunden nationalen Elemente« von den linksradikalen Nationalsozialisten zu trennen, war Gemeingut der konservativen Eliten.

Dies erklärt, warum von der bürgerlichen Rechten nichts unternommen wurde, um Hitler zu bekämpfen, während man entsprechende Bemühungen der sozialdemokratisch geführten Regierung in Preußen mit allen Mitteln hintertrieb.

Es ist heute schwer, sich das Ausmaß des Mißtrauens, der Verachtung und der Herabsetzung von Sozialdemokraten und allen, die mit ihnen sympathisierten, in sonst so honorigen Kreisen der Rechten, aber auch bei der übergroßen Mehrheit der deutschen Intelligenz, vorzustellen. In dem erwähnten rechtsnationalen Organ »Deutschlands Erneuerung« war im Frühjahr 1932 von dem »in der Eisernen Front geeinigten Untermenschentum« die Rede[38]; die politische Instrumentalisierung dieses Begriffs war nicht erst eine Errungenschaft der NSDAP. Die Ursachen hierfür sind einerseits in der Hysterie anzutreffen, mit der weite Teile der deutschen Eliten auf die Gefährdung ihrer angestammten gesellschaftlichen Privilegien reagierten. Andererseits wurzeln sie in dem Trauma von Kriegsniederlage, Novemberrevolution und Dolchstoß, in der Verweigerung, die politischen Realitäten anzuerkennen, in dem Mythos, daß gerade aus der Niederlage die »nationale Revolution« einer nicht mehr durch Klassenschranken zerrissenen Nation hervorgehen müsse.[39]

Wenn man die öffentlichen Reden Gottfried Benns, Martin Heideggers, Wilhelm Pinders, um nur einige der vielen herauszugreifen[40], betrachtet, die sie nach der Machtergreifung gehalten haben, drängt sich die Frage auf, was die Ursachen dieses sacrificium intellectus, dieses bewußten Bekenntnisses zum Irrationalen eigentlich gewesen sind. Geistesgeschichtlich reichen sie in die Vorkriegszeit zurück, sind sie vorgeformt in den »Ideen von 1914« und im Annexionismus des Ersten Weltkrieges.[41] Auch diejenigen Neokonservativen, die sich mit der intelligenzfeindlichen Wirklichkeit des Nationalsozialismus nicht befreunden konnten oder, wie Ernst Jünger, erst schrittweise Abstand fanden, haben mit der Beschwörung einer »Dritten Front« und eines eigenen deutschen Weges jenseits des westlichen Parlamentarismus und des östlichen Sozialismus maßgeblich zur Unterhöhlung der Weimarer Demokratie beigetragen, zugleich aber die Ideen bereitgestellt, deren sich die nationalsozialistische Propaganda am erfolgreichsten zu bedienen wußte.[42]

Hinter dieser ideologischen Disposition breiter Teile der deutschen Mittelschichten und nicht zuletzt der deutschen Eliten standen nun freilich massive gesellschaftliche Interessen, die die Entwicklung zur faschistischen Diktatur irreversibel gemacht haben. Die innenpolitische Blockade des verschuldeten ostelbischen Großgrundbesitzes, der in den verschiedenen Osthilfeprogrammen weit über Gebühr subventioniert worden ist, nachdem sich für ihn die Inflation überwiegend vorteilhaft ausgewirkt hatte, schränkte die Handlungsfähigkeit der wechselnden Weimarer Kabinette beträchtlich ein, gerade weil der Ausgleich zwischen industriellen und agrarischen Interessen die öffentliche Hand zusätzlich belastete, ohne daß eine wirkliche Sanierung angesichts der veränderten weltwirtschaftlichen Bedingungen denkbar gewesen ist.[43] Die agrarischen Querverbindungen in den rechtsbürgerlichen Parteien haben beträchtlich zur Lähmung des parlamentarischen Systems beigetragen. Insbesondere in der Spätphase der Präsidialkabinette hat der durch das weitgehende Entfallen des parlamentarischen Korrektivs freigesetzte großagrarische Lobbyismus eine verhängnisvolle Rolle gespielt, so beim Sturz Brünings, bei der Lähmung des Kabinetts von Schleicher; bei den Reichspräsidentenwahlen von 1932 fanden sich diese Gruppen überwiegend im Lager Hitlers.

Was den Einfluß der Groß- und der Schwerindustrie angeht, so setzten sich seit 1928 jene Kräfte durch, die eine wirkliche Zusammenarbeit mit der organisierten Arbeiterbewegung ausschlossen, allenfalls daran dachten, eine ihres Rückhalts an den politischen Vertretungen der Arbeiterschaft beraubte Gewerkschaftsbewegung zu tolerieren, dies aber unter den Bedingungen eines weiteren Abbaus des sozialstaatlichen Instrumentariums und einer weitgehenden Beseitigung des geltenden Tarifrechts.[44]

Gewiß hat die Industrie den Aufstieg der Nationalsozialisten nicht aktiv gefördert, von einzelnen ihrer Repräsentanten abgesehen, und sie war vielmehr geneigt, die Linie Franz von Papens zu stützen, der den industriellen Interessen weit entgegenkam. Indessen waren die Kräfte der Industrie bereit, sich mit den Nationalsozialisten zu arrangieren, wenn nur so politische Stabilität erreicht werden konnte. Führende Vertreter der Industrie wie Paul Reusch und Hjalmar Schacht gaben sich der Vorstellung hin, die NSDAP im wirtschaftspolitischen Bereich zähmen und für ihre Zwecke dienstbar machen zu können.[45]

Gleichwohl setzte sich im Herbst 1932 nur eine Minderheit der Industrie für eine Kanzlerschaft Hitlers ein, und die maßgebenden Vertreter der Schwerindustrie wurden von der Bildung des Kabinetts der nationalen Konzentration überrascht.[46] Aber es fällt doch auf, daß entschiedener Widerstand gegen die Einbeziehung der Nationalsozialisten in die Verantwortung in Kreisen der Industrie eine seltene Ausnahme bildete, ganz abgesehen von den Beziehungen, die die chemische Industrie zur NSDAP knüpfte, deren Autarkieprogramm mit ihren Interessen übereinzustimmen schien. Einflußreiche Kreise der Schwerindustrie stützten zudem Gregor Straßer, weil sie verhindern wollten, daß eine Koalition von Zentrum und NSDAP den christlichen Gewerkschaften wieder Auftrieb geben und damit ihre Pläne einer Gesamtbereinigung der Sozialpolitik zerstören würde.[47] Von Schleichers Politik der Gewerkschaftsachse wurde von ihnen daher als äußerst bedrohlich empfunden. Die Vetomacht, die die deutschen Wirtschaftsverbände im politischen System ausübten, hat so das Hineintreiben in die faschistische Diktatur entscheidend begünstigt, auch wenn nur vereinzelte Gruppen der Industrie und Großwirtschaft bereit waren, direkt auf die Seite Hitlers zu treten. Die Anfälligkeit mittelständischer Interessen für die NSDAP, zumal unter den Auswirkungen der Weltwirtschaftskrise, ist oft beschrieben worden. Für den Aufstieg der NSDAP als Massenbewegung spielten sie eine bedeutende Rolle, nicht jedoch bei den Vorgängen, die zur Bildung des Kabinetts Hitler geführt haben.[48]

Wirtschaftliche Interessen haben gleichwohl nicht allein den Ausschlag dafür gegeben, daß die deutsche Politik spätestens seit Brünings Sturz auf jene schiefe Ebene gelangte, die mit der Aushändigung der politischen Macht an Hitler enden mußte; entscheidend war jedoch, daß die fehlende Bereitschaft der Spitzenverbände der Industrie, den sozialen Ausgleich mit der Sozialdemokratie und den freien Gewerkschaften zu suchen, jede Regenerierung des parlamentarischen Systems, selbst in der eingegrenzten Form, die es während des ersten Kabinetts Brüning erhielt, von vornherein unterband. Die dadurch, nicht wegen der wirklichkeitsfernen und extrem widerspruchsvollen Politik der KPD, deren Gewicht in der Regel überschätzt wurde und wird[49], entstehende chronische Krisenlage hat jene Kette von Fehlentscheidungen, Rechtsbrüchen und Manipulationen ermöglicht, ohne die Hitler nicht hätte zur Macht kommen können. Die Weimarer Demokratie scheiterte nicht an Hitler, sondern Hitler war die letzte Konsequenz ihres Scheiterns.

Van der Lubbes Weg in den Reichstag – der Ablauf der Ereignisse

Im folgenden wird der Versuch unternommen, den Hergang des Reichstagsbrandes und die unmittelbaren Reaktionen der nationalsozialistischen Führung so zu schildern, wie sie sich aufgrund der Erkenntnisse der Forschung und der gesicherten Quellenzeugnisse darstellen, ohne das Beiwerk, das der spontan eintretenden Komplizierung des Kriminalfalles durch wechselseitige Verdächtigungen und der sofort eintretenden propagandistischen und machtpolitischen Ausnützung der Brandlegung durch die nationalsozialistische Führung entsprang. Wie so oft in der Geschichte ergibt sich dabei eine unerwartet große Diskrepanz zwischen den tatsächlichen Ereignissen und dem, was Spekulationen, propagandistische Verzeichnungen durch politische Instrumentalisierung und Phantasie von Zeitzeugen und zeitgenössische Kommentatoren daraus machten.

Marinus van der Lubbe und sein Motiv

Bei der Brandlegung im Deutschen Reichstag am 27. Februar 1933 handelte es sich nicht um einen gewöhnlichen Kriminalfall. Der Brandstifter, Marinus van der Lubbe, war keineswegs ein Pyromane. Er entschloß sich zu der Inbrandsetzung des Reichstagsgebäudes, nachdem drei vorausgehende Brandlegungen erfolglos gewesen waren, weil er, empört und verzweifelt über die extreme soziale Notlage der arbeitenden Bevölkerung, der er angehörte, keinen anderen Weg des Protestes erblickte. Dieser Protest richtete sich gegen das kapitalistische System, das van der Lubbe für die Notlage der Massen verantwortlich machte, aber auch konkret gegen das Kabinett der nationalen Konzentration, von dem er erwartete, daß es über kurz oder lang zum Mittel des Krieges schreiten würde.[1] Mit dem Anzünden öffentlicher Gebäude wollte er zugleich eine Geste des Selbstopfers vollziehen, von der er hoffte, daß sie als ein politisches Fanal wirken könnte. Van der Lubbe machte nicht den geringsten Versuch, sich der Festnahme und Bestrafung zu entziehen. Er erwartete vielmehr, daß ihm ein Strafprozeß Gelegenheit geben würde, seinen – zugestandenermaßen – höchst unklaren politischen Protest zu artikulieren. Daß auf persönliches Betreiben Hitlers unter klarem Bruch der Rechtsordnung das Strafmaß in die Todesstrafe umgewandelt wurde, mag ihm – nach dem Scheitern seines Wunsches, vor Gericht gegen die soziale Not öffentlich zu protestieren – nur als letzte Konsequenz der bitteren und traumatischen Erfahrung erschienen sein, daß er durch eine unübersteigbare Mauer des Unverständnisses von seiner Umwelt getrennt war. Denn es gab zuletzt außer den Kriminalbeamten, die ihn vernommen hatten, fast niemanden, der ihm Glauben schenkte.

In der Regel sind es große Persönlichkeiten, die Geschichte zu machen pflegen, und es fällt schwer, extremen Einzelgängern, die für relevante Gruppen kaum repräsentativ sind, zuzugestehen, daß sie den Lauf der Geschichte in wesentlicher Hinsicht beeinflußt haben. Marinus van der Lubbe gehört zu den letzteren. Er handelte auf eigene Faust, und seine holländischen politischen Gesinnungsgenossen hätten ihm von seinem Verzweiflungsschritt sicherlich abgeraten, wären sie von ihm zu Rate gezogen worden. Es verwundert nicht, daß man diesem Einzelgänger den Platz in der Frühgeschichte des Dritten Reiches hat streitig machen und ihn als bloßes Werkzeug in den Händen Dritter hat hinstellen wollen.

Das Bild, das die deutsche Öffentlichkeit von Marinus van der Lubbe durch dessen Auftreten vor dem Leipziger Reichsgericht gewann und das ihn als apathischen, verschlossenen und psychisch hinfälligen jungen Mann zeigt, hatte mit dem früheren Wandergesellen und Brandstifter nicht viel gemein. Zugleich hat der Umstand, daß van der Lubbe als Brandstifter nicht nur in das Rampenlicht der internationalen Öffentlichkeit gerückt, sondern zum Objekt erbitterter propagandistischer Auseinandersetzungen zwischen Nationalsozialisten und Kommunisten gemacht wurde, zur Folge gehabt, daß über die Person und die Lebensgeschichte des jungen Holländers Zerrbilder und Zweckfälschungen unerhörten Ausmaßes in Umlauf gebracht wurden. Gleichwohl ist es möglich, ein in allen wesentlichen Punkten exaktes Bild seines Charakters und seines Lebenswegs bis hin zu seiner Hinrichtung am 10. Januar 1934, drei Tage vor seinem 25. Geburtstag, zu zeichnen.[2] Entgegen den Verzerrungen der nationalsozialistischen Presse und den ebenfalls entstellenden Schilderungen durch die Prozeßbeteiligten, desgleichen den skrupellosen Versuchen der kommunistischen Propaganda, van der Lubbe als Antikommunisten und Helfershelfer der Nazis hinzustellen, haben seine rätekommunistischen Freunde in dem freilich damals wenig bekannten *Rotbuch* präzise Informationen zusammengestellt, die zusammen mit den überlieferten Tagebuchaufzeichnungen, Notizen, Vernehmungen der Polizei, den Äußerungen vor dem Reichsgericht und dem psychiatrischen Gutachten von Karl Bonhoeffer und Jürg Zutt sowie den Aussagen der Freunde nach 1945 eine zuverlässige Darstellung erlauben. Selten wird der Historiker so viel Material über einen zur einfachen Arbeiterschaft gehörenden jungen Mann vorfinden.[3]

Aus wenig geordneten Familienverhältnissen stammend, als Sohn eines trunksüchtigen ambulanten Kurzwarenhändlers, der sich bald von der Familie löste, am 13. Januar 1909 in Leiden geboren, wuchs Marinus van der Lubbe als vaterloses Kind, seit dem zwölften Lebensjahr wegen des frühen Todes der Mutter als Vollwaise auf. Nach dem Volksschulabschluß arbeitete er zunächst als Verkäufer, entschloß sich jedoch wenig später, eine Maurerlehre zu absolvieren, die sein späteres Schicksal in doppelter Weise vorbestimmte. Einerseits kam der in streng reformierten Verhältnissen aufgewachsene Maurerlehrling dadurch mit der Arbeiterbewegung in Verbindung. Er trat in den Kommunistischen Jugendverband ein. Andererseits erlitt er durch einen Berufsunfall eine schwere Schädigung seiner Sehfähigkeit, die die ständige Gefahr des Erblindens nach sich zog. Das Augenleiden machte den sonst kräftigen und unternehmungslustigen jungen Mann zum Frühinvaliden. Mit der kargen Invalidenrente mußte er fortan den Hauptteil seines bescheidenen Lebensunterhalts bestreiten.

Marinus van der Lubbe, der durch die Ungunst der Verhältnisse und seine Erkrankung über ärmlichste Lebensbedingungen nie hinauskam, zeichnete sich frühzeitig durch Willenskraft und Eigenständigkeit aus, und die Neigung zu Protesthaltungen wie auch zur Bereitschaft, sich für andere aufzuopfern, trat in vielerlei Brechungen hervor. Im Rahmen der bald von ihm geführten kommunistischen Jugendgruppe entfaltete er eine vielseitige Aktivität, die bis zur eigenmächtig verfügten Anmietung einer Lagerhalle, die als Versammlungslokal diente, reichte. Kommunistische Agitation unter Arbeitslosen verschaffte ihm einen gewissen Bekanntheitsgrad, doch kam er darüber nicht nur mit den Behörden, sondern auch der Kommunistischen Partei Hollands (CPH) in Konflikt, deren autoritärer Führungsstil mit der individualistischen Einstellung und dem ungehemmten Aktionismus van der Lubbes unvereinbar war. Jugendliche Protestneigung, die er in der wiederkehrenden Anstiftung von Jugendlichen und Arbeitslosen zu Krawallen und spontanen Demonstrationen auslebte, flossen bei ihm mit anarchistischen Vorstellungen zusammen. Van der Lubbe löste sich nur zögernd vom Kommunistischen Jugendverband und von der CPH, so daß der Bruch mit der Partei definitiv erst 1931 vollzogen wurde. Lubbe schloß sich, zusammen mit seinen Freunden, darunter den Brüdern de Vink, Piet van Albada und Lieuwe Hornstra, der Splittergruppe der Internationalen Rätekommunisten an, die ausgeprägt syndikalistische Auffassungen vertraten und den organisatorischen Zentralismus der Komintern kompromißlos ablehnten.

Das theoretische Verständnis van der Lubbes war wenig entwikkelt. Er setzte sich nachdrücklich für den unmittelbaren spontanen Protest der Arbeiter und direkte Aktion ein und hielt die politische Strategie der großen organisierten Arbeiterparteien für gänzlich verfehlt. Er vertrat somit eine syndikalistische Position, die seinen persönlichen Neigungen entsprach. Eine systematische Beschäftigung mit der marxistischen Lehre lag außerhalb seiner Möglichkeiten. Gleichwohl überrascht das Interesse an politisch-theoretischen Schriften bei einem jugendlichen Arbeiter, der eine höchst dürftige Schulbildung erhalten hatte. Die Hauptquelle seines politischen Weltbildes bildeten kommunistische Druckschriften und Zeitungen, aber er las bezeichnenderweise auch die Autobiographie Henry Fords. Sein politisches Selbstverständnis war gewiß nicht frei von naiven Zügen. Gleichwohl verfügte er über eine wache Intelligenz, ein vorzügliches Gedächtnis und eine ausgeprägte Fähigkeit, politische Informationen aufzugreifen und in eine eigenständige Sicht zu integrieren.

Wie viele kommunistische Sympathisanten bewunderte van der Lubbe die Sowjetunion als »Vaterland der Werktätigen«. Dies war der Grund dafür, daß er im Februar 1931 zu einem Besuch in die Sowjetunion aufbrach, der jedoch in Polen endete. Das hinterlassene Reisetagebuch vermittelt ein lebendiges Bild seiner Persönlichkeit, seiner Findigkeit und Intelligenz, die es ihm ermöglichten, sich in fremden Ländern, deren Sprache er nicht beherrschte, zurechtzufinden und mit den spärlichsten finanziellen Mitteln, über die er sorgfältig Rechnung legte, auszukommen, ohne die zu Hause anerzogene peinliche Sauberkeit jemals zu vernachlässigen. Nicht ohne Mühe versorgte er sich auf seinen viele tausend Kilometer umfassenden Reisen, die er größtenteils zu Fuß, häufig aber auch als Anhalter zurücklegte, mit dem nötigen Schuhwerk und der zu dessen Pflege erforderlichen »Schuhwichse«. Er war alles andere als ein herabgekommener Landfahrer, und er legte Wert darauf, gegenüber zufällig Mitreisenden und Kumpanen seine Unabhängigkeit zu wahren.

Einer der Träume des jungen Wandergesellen, der es nie versäumte, den Freunden in den Niederlanden von seinem Ergehen zu berichten, bestand darin, aus dem düsteren Alltag der erzwungenen Arbeitslosigkeit herauszutreten – nur gelegentlich fand er eine Arbeit, die er trotz seiner geschwächten Augen verrichten konnte. Dazu gehörte unter anderem die Vision, als Kanalschwimmer einen Preis zu gewinnen, und dieser Gedanke beschäftigte ihn auch während der Wanderschaft. Er versäumte nicht, bei passenden Gelegenheiten dafür zu trainieren, und er war ein vorzüglicher Schwimmer. Marinus van der Lubbe nutzte mit einer gewissen Planmäßigkeit die Einrichtungen der Obdachlosenfürsorge aus und scheute sich nicht, im Polizeiasyl zu nächtigen, wenn er nicht bei mehr oder minder gutwilligen Bauern einen Unterschlupf und möglichst auch eine Mahlzeit finden konnte. Die ungewöhnliche Lebenstüchtigkeit und Weltoffenheit, die wir bei dem jungen Landfahrer antreffen, paarte sich mit einer gewissen Naivität, die sich in dem immerhin keineswegs gänzlich erfolglosen Plan widerspiegelt, die angestrebte Rußlandreise mit dem Verkauf von Postkarten zu finanzieren, die ihn und seinen dann doch zurückgebliebenen Kumpanen mit dem Sowjetstern abbildeten. Seine rasche Auffassungsgabe, sein ungewöhnlich scharfes Gedächtnis und seine Fähigkeit, seine Überzeugungen auch im Deutschen eindrücklich zu formulieren, hinterließen bei den Vernehmungsbeamten, den Dolmetschern und den Psychiatern einen gleichermaßen lebhaften Eindruck.

Die letzte große Reise, zu der ihn sein Wandertrieb, zugleich das Mißvergnügen über die unter dem Einfluß der Wirtschaftskrise desolaten Verhältnisse in Holland veranlaßten, führte ihn ohne größere Zwischenaufenthalte Anfang Februar 1933 nach Berlin. Irgendwelche Verbindungen nach Deutschland, etwa über die Gruppe »Spartacus«, der er angehörte, gab es nicht. Mit den holländischen Kommunisten befand er sich, wegen seines Eintretens für spontane Streikbewegungen in Leiden, in offenem Konflikt.

Im Verhör sagte er später aus, sein Entschluß, nach Deutschland zu gehen, sei in erster Linie dem Bedürfnis nach Informationen entsprungen. Bestimmte politische Vorsätze hatte er nicht, aber irgendwie hatte er das Gefühl, daß die grundlegende Auseinandersetzung zwischen Kapital und Arbeit in Deutschland ausgetragen werden würde.[4] Nach einigen Zwischenstationen gelangte er am 18. Februar in die Reichshauptstadt und fand im Obdachlosenheim in der Alexandrinenstraße, wo er schon ein Jahr zuvor untergekommen war, eine Schlafstelle. In den darauffolgenden Tagen tat van der Lubbe, was in seiner Natur lag. Er streifte – gut zu Fuß, wie er war – ruhelos umher, besuchte politische Veranstaltungen, die jedoch, wie die KPD-Kundgebung mit Wilhelm Pieck im Berliner Sportpalast am 23. Februar, in der Regel aufgelöst wurden, wärmte sich häufig im Postamt C2 am Alexanderplatz auf, las Flugblätter und Plakate und war darum bemüht, sich genauere Kenntnisse über die innenpolitische Lage zu verschaffen. Engere Kontakte zu Leidensgenossen knüpfte er nicht; ebensowenig suchte er Verbindungen zu politischen Gruppen.

Seine politischen Grundeindrücke legte er in den ersten Polizeiverhören eindrücklich und einleuchtend dar: »Ich habe festgestellt, daß die Anhänger der nationalen Konzentration volle Freiheit in Deutschland haben, der Arbeiter aber nicht. Weiter ist der Kampf der Organisation der Arbeiter nicht der richtige, um die Arbeiter zum Kampf für die Freiheit aufzurütteln«.[5] Das war die Absage an KPD und SPD, insbesondere an die Illusionen der letzteren, das Joch der Unterdrückung der Arbeiterklasse durch die Teilnahme an Wahlen abschütteln zu können. Wie in Holland, setzte er sich auch in Berlin leidenschaftlich für den spontanen Protest der Arbeiterschaft, insbesondere der Arbeitslosen ein. Er machte indessen die deprimierende Erfahrung, daß die vor den Wohlfahrtsämtern lungernden Arbeitslosen alles andere als kampfwillig waren, daß sich vielmehr allgemeine Resignation breitmachte. »Ich habe eingesehen, daß die Arbeiter aus sich heraus nichts unternehmen. Von allein werden die Arbeiter in der heutigen Zeit vor den Wahlen nicht bereit sein, aus sich selbst heraus gegen das System anzukämpfen, das der einen Seite Freiheit und der anderen Unterdrückung gibt.«[6]

Gerade weil van der Lubbe mit der Forderung nach direkter Aktion nirgends Zustimmung fand, faßte er den im nachhinein verhängnisvollen Entschluß, durch Brandstiftungen, die direkt gegen das System gerichtet waren, ein Zeichen des Protestes zu setzen, wobei er der Illusion folgte, dadurch die Arbeiterschaft aus ihrer Passivität aufrütteln und sie zu bedingungslosem Kampf bewegen zu können. Diese Form des politischen Kampfes entsprach seit langem seiner Grundeinstellung. Gewiß hatte er bisher Brandlegungen als Protestmittel nicht erwogen. Aber an gewalttätigen Übergriffen gegen die Institutionen des Klassenstaats, die sich ihm am eindrucksvollsten in den Wohlfahrtsämtern und Stempelstellen repräsentierten, hatte es in seiner kurzen politischen Laufbahn nicht gefehlt, auch nicht an der Erwägung, die eigene Person im Dienste der Arbeiter in die Bresche zu werfen. Furcht vor Polizeiverfolgung und Gefängnis hatte er nicht. Ihn erfüllte zugleich das Bewußtsein, für eine gerechte Sache einzutreten; es war charakteristisch, daß er gegen das in Leiden gegen ihn wegen Sachbeschädigung ergangene Strafurteil Rechtsmittel einlegte, allerdings erfolglos.[7]

Die Bemühungen der Untersuchungsbehörden, van der Lubbe politische Kontakte zur KPD während seines Berlin-Aufenthalts nachzuweisen, förderten einen äußerst dubiosen Zeugen zutage, der behauptete, van der Lubbe habe mit drei Arbeitslosen den Gedanken der Brandlegung als Mittel des Protests erörtert.[8] Van der Lubbe hat dies entschieden bestritten. Es ist sicher, daß er sich nicht einen solchen Plan hat einfach aufreden lassen. Dazu war er zu eigenwillig. Im Grunde ist die Frage, ob er darüber mit anderen Arbeitslosen gesprochen hat, gleichgültig. Es bedurfte dazu keines Provokateurs von seiten der NSDAP. Am 25. Februar ging er mit einer gewissen Systematik ans Werk. Ausgerüstet mit Kohleanzündern vollzog er die ersten drei Brandstiftungen: im Neuköllner Wohlfahrtsamt, im Roten Rathaus und im Berliner Schloß. Der Zufall war ihm nicht günstig. Alle drei Brandstiftungen wurden rechtzeitig entdeckt und konnten gelöscht werden. Das erhoffte revolutionäre Fanal war ausgeblieben.[9]

Anderntags mußte van der Lubbe feststellen, daß seine Aktion gescheitert war. Die Brände wurden nicht einmal von der Presse beachtet. Nur der begrenzte Brand im Berliner Schloß fand am folgenden Tag eine beiläufige Erwähnung. Gleichwohl beschloß van der Lubbe, nach Holland zurückzukehren, zumal sein Geld – Freunde hatten die ihm zustehende Unfallrente nach Berlin übersandt – ausging. Im Polizeiasyl in Hennigsdorf übernachtete er vom 26. zum 27. Februar, schon in der Absicht, am anderen Morgen den Fußmarsch in Richtung Leiden anzutreten. In der Nacht änderte er seinen Entschluß. Er wollte noch einmal den Versuch machen, durch eine spektakuläre Brandstiftung die Arbeiterschaft zum Widerstand aufzurufen.

Er verließ Hennigsdorf gegen 8 Uhr, gelangte gegen 14 Uhr in die Umgebung des Reichstagsgebäudes, dessen Zugänglichkeit er dabei überprüfte. Anschließend kehrte er noch einmal ins Zentrum zurück, um dann gegen 21 Uhr in das Reichstagsgebäude einzusteigen. Dabei wurde er von zwei Zeugen beobachtet. Schon am

Vormittag hatte er von seinem restlichen Geld erneut Kohleanzünder und Streichhölzer erworben. Van der Lubbes Weg durch das unbeleuchtete Reichstagsgebäude bis zu seiner Verhaftung um 21.22 Uhr ist im Zuge der Voruntersuchung auf das sorgfältigste überprüft worden.[10] Seine Aussagen erwiesen sich als ungewöhnlich präzise; bei dem von Blindheit Bedrohten hatte sich ein besonders ausgeprägter Ortssinn herausgebildet. Zunächst suchte van der Lubbe in den Restaurationsräumen und angrenzenden Bereichen Feuer zu legen. Dies blieb jedoch weitgehend ohne Folgen, zumal die Restbrände rasch abgelöscht wurden. Hingegen zeigte sich die von ihm im letzten Moment, ohne die Verwendung von Kohleanzündern vorgenommene Brandlegung im Plenarsaal als wirkungsvoll. Insbesondere Vorhänge und Holztäfelung verschafften dem Brand lebhafte Nahrung. Es kamen die besonderen Bedingungen des Plenarsaales hinzu, vor allem dessen Kaminwirkung nach dem Platzen der Glasdecke in der Kuppel, die den von ihm erwünschten Großbrand auslösten, der trotz des vergleichsweise raschen Eingreifens der Feuerwehren zum vollständigen Ausbrennen des Plenarsaales führte.

Van der Lubbe hatte bis zum letzten Augenblick die Brandlegung fortgesetzt. Bei seiner Verhaftung äußerte er das Wort »Protest«. In den sofort eingeleiteten Vernehmungen in der Polizeiwache am Brandenburger Tor gestand er diese und die vorausgehenden Brandlegungen, die erst dadurch der Polizei zur Kenntnis gelangten. Die ermittelnden Kriminalbeamten hatten keinen Zweifel daran, daß van der Lubbe den Brand allein gelegt hatte. Auch über seine Motive bestand zu diesem Zeitpunkt hinreichende Klarheit. Die Vorstellung, daß van der Lubbe kommunistische Auftraggeber gehabt habe, entsprang den noch in der Brandnacht auftauchenden irrtümlichen Beschuldigungen gegen die kommunistischen Abgeordneten Wilhelm Koenen und Ernst Torgler. Der Abschlußbericht der Polizei fügte sie gänzlich unverbunden und unüberprüft den Feststellungen über van der Lubbes Alleintäterschaft hinzu. Gleichzeitig setzte sich die auf einer bloßen Vermutung des Hausinspektors Scranowitz beruhende Vorstellung durch, daß an der Brandlegung eine Gruppe von sechs bis acht Personen beteiligt gewesen sei. Nur die Hysterie, die das Brandereignis bei den beteiligten Persönlichkeiten auslöste, vermag zu erklären, warum diese durchweg haltlosen Verdächtigungen von der Voruntersuchung aufgegriffen wurden und Eingang in die Anklageschrift gegen van der Lubbe, Torgler, Dimitroff und Genossen fanden.[11]

Die Brandstiftung im Reichstag war ausschließlich die Folge des spontanen und von keiner Seite beeinflußten Entschlusses von Marinus van der Lubbe. Daß die Voruntersuchung die größten Anstrengungen machte, Verbindungen des Holländers mit Kommunisten nachzuweisen, wobei der Untersuchungsrichter Vogt vor allem an Neukölln dachte, liegt auf der Hand. Abgesehen von einer Reihe von Falschaussagen konnte dabei nichts herauskommen. Die KPD war ihrerseits bemüht, van der Lubbe als Komplizen der Nationalsozialisten hinzustellen, und scheute dabei nicht vor massiven Entstellungen der Wahrheit zurück. Die Vermutung, daß es in Hennigsdorf zu Kontakten mit Nationalsozialisten gekommen sei, war jedoch völlig aus der Luft gegriffen. Spekulationen in dieser Richtung, die in der ausländischen, teilweise kommunistisch inspirierten Presse angestellt wurden, entbehrten jeder Grundlage.[12]

Die nach 1945 über die Urheberschaft am Reichstagsbrand in einer Fülle von Variationen auftauchenden Hypothesen, daß van der Lubbe irgendwie von den Nationalsozialisten gesteuert worden sei, möglicherweise auch in der Form, daß er den nichtinformierten Strohmann zur Abdeckung einer nationalsozialistischen Aktion abgeben sollte, besitzen keinerlei Anhaltspunkte in den Quellen. Sie sind darüber hinaus der Sache nach absurd. Die drei spontanen Brandlegungen am 25. Februar, die allzuleicht zur Festnahme hätten führen können, lassen für eine hypothetische Manipulation van der Lubbes durch angebliche nationalsozialistische Täter nur den Zeitraum zwischen seinem Aufbruch in Hennigsdorf und seinem Eintreffen am Reichstagsgebäude gegen 14 Uhr übrig, und es ist überdies kein Zweifel, daß van der Lubbe den Weg zu Fuß zurückgelegt hat. Dies hätte nicht ausgereicht, um in der Zwischenzeit eine Aktion zu organisieren, und es ist noch absurder anzunehmen, man hätte den Brandleger dann am Nachmittag und Abend allein durch Berlin laufen lassen, ohne sicher zu sein, daß er sich zu gegebener

Zeit im Reichstagsgebäude einfinden werde. Man müßte dann schon zu der ebenso gegenstandslosen Hypothese vordringen, daß es sich um eine Koinzidenz der Fälle gehandelt und NS-Brandstifter und van der Lubbe unabhängig voneinander just zur gleichen Zeit den Brand gelegt hätten.

Das politische Klima vor dem Brand

Unter normalen politischen Verhältnissen wäre die Reichstagsbrandstiftung eine Episode geblieben. In der extrem angespannten innenpolitischen Situation vom Frühjahr 1933 wurde dem Brand von Anhängern wie Gegnern der nationalen Diktatur von vornherein eine politische Signalbedeutung zugeschrieben, noch bevor die unmittelbar einsetzende nationalsozialistische Propaganda die Version des kommunistischen Aufstandsversuches durchzusetzen bestrebt war. Die Ernennung Adolf Hitlers zum Reichskanzler am 30. Januar 1933 bedeutete noch nicht die Aushändigung der ungeteilten Macht an die NSDAP. Das Kabinett der nationalen Konzentration, in dem die Nationalsozialisten mit drei Ministerposten in der Minderheit waren, war, wie die vorausgehenden Präsidialregierungen, von dem Notverordnungsrecht des Reichspräsidenten abhängig. Entgegen den Absichten Alfred Hugenbergs, der in der Öffentlichkeit als der eigentliche starke Mann des Kabinetts gehandelt wurde, hatte Hitler im letzten Augenblick die Herbeiführung von Neuwahlen erzwungen, allerdings mit der fragwürdigen Zusicherung, daß deren Ausgang an der Zusammensetzung der Regierung nichts ändern würde. Nicht nur Hitler, sondern das gesamte Kabinett strebten in den für den 5. März angesetzten Reichstagswahlen eine ausreichende Mehrheit an, um durch die Verabschiedung eines Ermächtigungsgesetzes den Reichstag auszuschalten und von dem Gegenzeichnungsrecht des Reichspräsidenten unabhängig zu werden. Die NSDAP gab sich der Erwartung hin, in den Wahlen eine absolute Mehrheit erringen und sich damit zugleich von der Bindung an den konservativen Koalitionspartner lösen zu können.

Das innenpolitische Klima in Deutschland war, je näher der Wahltag heranrückte, aufs äußerste gespannt. Große Teile der Bevölkerung, keineswegs nur die Anhängerschaft der NSDAP, setzten auf das Kabinett Hitler die allergrößten Hoffnungen. Die Versprechungen der nationalsozialistischen Propaganda fanden bei der von den sozialen Folgen der Weltwirtschaftskrise hart getroffenen und politisch desorientierten Bevölkerung breiten Widerhall. Viele von denen, die das terroristische Auftreten der SA und die radikalen »Auswüchse« der nationalsozialistischen Propaganda mißbilligten, gaben sich trotzdem dem Glauben hin, daß man Hitler eine Chance geben müsse, Deutschland aus dem Zustand innerer und äußerer Not herauszuführen. Die Vorstellung einer »nationalen Erhebung«, die in den Fackelzügen in der Nacht des 30. Januar beschworen und die schließlich anläßlich der spektakulären Eröffnung des Deutschen Reichstags in der Potsdamer Garnisonkirche am 21. März durch den Reichspräsidenten von Hindenburg bekräftigt wurde, erweckte die Illusion, an einer Zeitenwende zu stehen und die Periode der nationalen Niederlagen und Entbehrungen, als die die Weimarer Republik nun erschien, endgültig überwunden zu haben. Die von Goebbels mit der Hilfe des staatlichen Propagandaapparates vorangetriebene Wahlkampagne bediente sich bevorzugt des Mythos von der »nationalen Wiedergeburt« des deutschen Volkes.

Komplementär dazu mobilisierte die nationalsozialistische Propaganda die gerade unter den bürgerlichen und bäuerlichen Bevölkerungsschichten seit langem vorhandenen antikommunistischen und antisozialistischen Ressentiments. Die Ausrottung des »Marxismus« mit »Stumpf und Stiel« wurde von Hitler als das vorrangige Ziel der neuen Regierung herausgestellt. Die viel strapazierte Propagandalüge, daß die »marxistischen Parteien« für die Niederlage im Krieg und für den Friedensvertrag von Versailles verantwortlich seien, wurde verstärkt mit der Beschwörung einer kommunistischen Revolutionsgefahr garniert, vor der Deutschland zu bewahren allein Hitler imstande sei. Der »Kampf gegen den Marxismus« stand daher im Mittelpunkt des mit größtem Aufwand, lautstark und propagandistisch betriebenen nationalsozialistischen Wahlkampfes. Die Schwächung der organisierten Arbeiterparteien war zugleich das erklärte Ziel des deutschnationalen Koalitionspartners. Denn abgesehen von der Zentrumspartei, die hierbei immer wieder mit ins Schußfeld geriet, waren die beiden großen

Linksparteien die einzigen, die Hitler daran hindern konnten, die angestrebte Mehrheit für das Kabinett der nationalen Konzentration zu erreichen.

Unter den Koalitionspartnern bestand Einigkeit darüber, daß es in erster Linie gelte, die kommunistische Bewegung zu zerschlagen. Allerdings setzte sich Alfred Hugenberg mit der Forderung eines förmlichen KPD-Verbots gegenüber Hitler nicht durch, der den Gedanken daran mit dem Argument zurückwies, daß man eine ideologisch geprägte Massenbewegung wie die KPD nicht durch Organisationsverbote beseitigen könne.[13] Zweifellos spielte bei seiner Haltung die taktische Überlegung eine Rolle, die kommunistischen Stimmen für den Fall eines Parteiverbots nicht der SPD zugute kommen zu lassen. Unterhalb der Schwelle des förmlichen Verbots ergriff die Reichsregierung jedoch vom ersten Tag der Machteroberung an alle Maßnahmen, um die Tätigkeit der KPD weitgehend zu unterbinden. Ähnliche Maßregelungen betrafen auch die SPD. Terroristische Übergriffe gegen Angehörige der Arbeiterbewegung waren an der Tagesordnung, und sie konnten nur in seltenen Fällen auf den Schutz der Polizei und Gerichte hoffen. Insbesondere nach der Einrichtung der SA-Hilfspolizei (22. Februar) durch Göring als nunmehrigem preußischen Innenminister waren Sozialisten und Kommunisten zum Freiwild geworden. Die Gefängnisse waren rasch überfüllt. Der nächste Schritt bestand darin, sie auf freiem Feld oder in Lagern zu »konzentrieren«, den gefürchteten Prügelstätten der SA, die alsbald den Namen »Konzentrationslager« erhielten.

Es gelang der pausenlosen nationalsozialistischen Propaganda, die seit Jahren in der deutschen Öffentlichkeit verbreiteten antikommunistischen Ressentiments zu aktivieren. Eine wahre Antikommunistenpsychose setzte ein. Gegen Kommunisten gerichtete Denunziationen überschwemmten die Polizeidienststellen. Die Furcht vor einem »bolschewistischen« Umsturz, durch zahlreiche blutrünstig aufgemachte Propagandabroschüren und Zeitungsartikel genährt, führte dazu, daß man dem kommunistischen Gegner nahezu alles zutraute. Sprengstoffdiebstähle und Waffenfunde wurden mit Putschabsichten der KPD in Verbindung gebracht und maßlos aufgebauscht, Lebensmittelvergiftungen in Volksküchen kommunistischer Sabotage zugeschrieben.[14] Allenthalben witterte man kommunistische Gewaltaktionen und Sabotageakte.

Demgegenüber war die KPD weit davon entfernt, an gewaltsamen Widerstand zu denken, auch wenn die Zentrale, gutenteils wider besseres Wissen, die Massen dazu aufrief, gegen die faschistische Diktatur öffentlich zu demonstrieren.[15] Tatsächlich hielt sich die Partei, was gewaltsame Gegenaktionen betraf, weitgehend zurück und beschränkte sich darauf, die Durchführung von Streiks zu propagieren. Zudem schätzte sie den Charakter des neuen Regimes falsch ein. Zwar begann sie den Aufbau einer illegalen Kaderorganisation, verkannte aber das Ausmaß der massiven Verfolgungsmaßnahmen, die seit den ersten Februartagen abrupt einsetzten. Sie erwartete, daß Hitler binnen weniger Monate abgewirtschaftet haben würde. Danach hoffte sie, sich als maßgebende politische Kraft durchsetzen zu können. Noch immer löste sie sich nicht von der »Sozialfaschismus«-Parole, nach der die Hauptstoßkraft im Kampf gegen die »klassenverräterische« Sozialdemokratie einzusetzen sei.[16]

Die nationalsozialistische Führung reagierte auf die abwartende Taktik der KPD mit einer gewissen Nervosität. Sie war von vornherein entschlossen, die kommunistische Bewegung rücksichtslos zu unterdrücken. Schon am 4. Februar 1933 setzte Hitler den Erlaß einer Notverordnung »zum Schutze des deutschen Volkes« durch, die die Regierung ermächtigte, Streiks in lebenswichtigen Betrieben sowie Versammlungen und Umzüge zu unterbinden, wenn »eine unmittelbare Gefahr für die öffentliche Ordnung zu besorgen« sei; zugleich verschaffte sich die Regierung eine Rechtsgrundlage, um die Presse der Linksopposition weitgehend zu verbieten.[17] Mit der Neuorganisation des politischen Polizeiapparates in Preußen erhielt sie ein zusätzliches Machtmittel, mit dem sie gegen die KPD sowie in kaum geringerem Maße gegen die SPD und teilweise auch gegen das Zentrum mit Presse- und Versammlungsverboten, aber auch Verhaftungen von führenden Funktionären vorgehen konnte.

Die nationalsozialistische Führung zeigte sich gleichwohl verunsichert, daß die KPD, trotz der sich häufenden Provokationen und

Eingriffe, darunter die schon am 3. Februar vorgenommene erste Durchsuchung des Karl-Liebknecht-Hauses, weiterhin passiv blieb. Hitler hatte nicht nur wiederholt die Gefahr eines Generalstreiks oder doch von größeren Streikaktionen beschworen. Er ging zugleich von der Erwartung aus, daß die KPD, möglicherweise unter Einschluß von Teilen der SPD, gezwungen sein würde, auf die Unterdrückungsmaßnahmen mit Streikaufrufen zu antworten. Er konnte sich nicht vorstellen, daß die KPD eine Politik des Abwartens und Stillhaltens einschlug. Sein Kalkül war politisch insofern nicht ganz unbegründet, als die kommunistischen Massen durch die Haltung der KPD-Führung verwirrt und desillusioniert wurden. Hitler neigte dazu, den kommunistischen Gegner zu überschätzen.

Am 31. Januar notierte Goebbels in seinem Tagebuch, daß der »bolschewistische Revolutionsversuch« erst einmal aufflammen müsse. »Im geeigneten Moment werden wir dann zuschlagen«.[18] Je näher das Wahldatum heranrückte, desto mehr verstärkte sich die Unsicherheit über die tatsächliche Haltung der KPD. Schon Wochen vor dem Reichstagsbrand kursierten bei den Polizeiorganen Gerüchte über kommunistische Aufstandsvorbereitungen.[19] Görings großangelegte zweite Durchsuchung des Karl-Liebknecht-Hauses am 23. Februar diente wohl der Herausforderung der KPD. Es fällt schwer zu glauben, daß die Polizeiorgane dort nennenswertes Material aufspürten, das dazu dienen konnte, die Partei der Umsturzvorbereitung zu bezichtigen.[20] Gleichwohl konnte sich die nationalsozialistische Führung nicht vorstellen, daß die KPD den Ausgang der Reichstagswahlen kampflos hinnehmen würde. Denn aus ihrer Sicht mußte die KPD-Führung ein Zusammentreten des Reichstags und die Verabschiedung des angestrebten Ermächtigungsgesetzes um jeden Preis zu verhindern suchen. Sie rechnete nunmehr damit, daß die Kommunisten am Abend des Wahltages, am 5. März, einen Aufstandsversuch unternehmen würden. Entsprechende militärische Vorbereitungen wurden noch am 3. März, also nach der Verhaftungsaktion vom 27./28. Februar, getroffen.[21]

Hitler und die nationalsozialistische Führungsgruppe nahmen die kommunistische Gefahr durchaus ernst, gerade weil sie einen erheblichen Faktor ihrer Machteroberungsstrategie darstellte. Dies ist ein wichtiger Erklärungsgrund für die Reaktionen der nationalsozialistischen Prominenz in der Nacht des Reichstagsbrandes. Ein kommunistischer Aufstandsversuch hatte zwar in ihren Augen keinerlei Aussicht auf Erfolg, aber er konnte die nationalsozialistische Strategie, nach dem positiven Ausgang der Wahlen ein Ermächtigungsgesetz durchzubringen, ernsthaft gefährden. Schon das Kabinett von Papen hatte sich mit der Eventualität eines Ausnahmezustandes für den Fall innerer Unruhen befaßt. Die dafür vorgesehenen Maßnahmen sind gutenteils im Zusammenhang mit dem »Planspiel Ott« überliefert, dessen Vorlage im Kabinett maßgeblich den Sturz Franz von Papens beförderte.[22] Es gibt Hinweise darauf, daß der darin entwickelte Notstandsplan von der Reichswehr und den beteiligten Reichsbehörden noch Mitte Dezember 1932 fortgeschrieben wurde. Desgleichen enthielt die Regierungserklärung des Generals von Schleicher entsprechende Andeutungen. Jedenfalls war die im Planspiel enthaltene Eventualität der Übertragung der vollziehenden Macht an die Reichswehr im Februar frisch in Erinnerung, denn die Erörterung des Planspiels lag nur wenig mehr als zwei Monate zurück.[23]

Die Reaktion der NS-Führung

Vor dem Hintergrund der Erwägungen über die mögliche Gegenstrategie der KPD werden die Reaktionen Hitlers und der führenden Nationalsozialisten in der Brandnacht erst verständlich. Nach der Verhaftung van der Lubbes im brennenden Reichstagsgebäude entstand, auch ausgelöst durch dessen Protestäußerungen im Augenblick der Festnahme und begünstigt durch eine Kette von Mißverständnissen – darunter die irrtümliche Beschuldigung des kommunistischen Reichstagsabgeordneten Ernst Torgler, als letzter das Reichstagsgebäude verlassen zu haben – spontan der Eindruck einer kommunistischen Brandurheberschaft, zumal van der Lubbe alsbald als »holländischer Kommunist« hingestellt wurde.[24] Göring, der unter dem Einfluß derartiger Fehlinformationen stand, deutete die kommunistische Brandurheberschaft sofort in einen »kommunistischen Aufstandsversuch« um. Hitler, der etwas später hinzukam, scheint nach dem Zeugnis Sefton Delmers zunächst nicht vollständig überzeugt gewesen zu sein, daß es sich um »einen kommunistischen Anschlag« gehandelt habe.[25] Er machte sich jedoch rasch die Ansicht Görings zu eigen, daß die Brandstiftung den Beginn des kommunistischen Aufstandes darstellte.

Für die Nationalsozialisten war die Erinnerung an die Novemberrevolution ein wichtiger Faktor bei der Festlegung ihrer Strategie. Das galt nicht zuletzt für Hitler selbst, der auch späterhin von dem Gedanken bestimmt war, alles zu vermeiden, was einen offenen Konflikt des Regimes mit den Arbeitermassen heraufbeschwören könnte. Werner Best war 1931 bei der Abfassung der »Boxheimer Dokumente« von dem Szenario ausgegangen, daß es aufständischen Kommunisten gelungen sei, einen beträchtlichen Teil der Großstädte ihrer Gewalt zu unterwerfen.[26] Wie das »Planspiel Ott« bewies, nahmen auch die späten Präsidialkabinette die Eventualität eines kommunistischen Aufstandsversuches an, wobei die Möglichkeit einbezogen wurde, daß zumindest Teile der Gewerkschaften die kommunistischen Aufforderungen zum Generalstreik befolgen würden. Entgegen späteren apologetischen Behauptungen rechnete man nicht mit einem direkten Eingreifen der SA gegen die Reichswehr, sondern mit einer abwartenden Haltung, nur im Einzelfalle mit der Beteiligung der NSDAP an Streikaktionen. Die »Boxheimer Dokumente« wurden in diesem Sinne interpretiert. Bereits damals erwog man die Aufstellung einer Hilfspolizei. Daraus folgte, daß ein gleichzeitiges politisches Vorgehen gegen SA und NSDAP die Kräfte der Reichsregierung überforderte.

Die Sicherheitsorgane waren daher schon seit dem zweiten Kabinett Brüning bestrebt, gegen das Entstehen einer Bürgerkriegssituation Vorsorge zu treffen. Die Nachrichtensammelstelle im Reichsministerium des Innern stellte systematisch Material über bedrohliche Maßnahmen oder Planungen der KPD zusammen und berücksichtigte im übrigen auch die möglichen Schritte der SPD, des Reichsbanners und der Eisernen Front.[27] Nach dem 30. Januar änderte sich an der Einstellung der mit der Überwachung der KPD befaßten Dienststellen in Preußen und im Reich grundsätzlich nichts; nur wurden die Überwachungsmaßnahmen intensiviert und die nachgeordneten Behörden angewiesen, über alle einschlägigen

Vorkommnisse unverzüglich Bericht zu erstatten. Dies verstärkte die ohnehin angeheizte antikommunistische Psychose in der deutschen Öffentlichkeit.

Bereits in der ersten Sitzung des neuen Reichskabinetts am 30. Januar 1933 standen die Frage eines Verbots der KPD und die bei einer Ausrufung des Generalstreiks zu ergreifenden Maßnahmen zur Erörterung. Hitler lehnte ein förmliches Verbot ab und hob hervor, daß die bewaffnete Macht aus den innenpolitischen Konflikten herausgehalten werden müsse: »Zur Unterdrückung eines eventuellen Generalstreiks dürfe Reichswehr nach Möglichkeit nicht eingesetzt werden«.[28] Die Linie, die Auseinandersetzung mit der KPD vorrangig der SA zu übertragen, war damit also bereits vorgezeichnet. Schon am 3. Februar 1933 traf Hitler in einer Besprechung mit den Befehlshabern der Reichswehr, die auf Initiative des Generals Liebmann zustande kam und deren Inhalt in dessen Aufzeichnungen erhalten ist[29], eine derartige Absprache. Während er der Reichswehr im Gegensatz zu Bestrebungen Ernst Röhms das Waffenmonopol zusicherte, vereinbarte er, daß die Reichswehr nicht für den Kampf gegen den inneren Feind – den »Marxismus« – herangezogen werden sollte. Machtpolitisches und propagandistisches Kalkül gingen dabei Hand in Hand.

Unterdessen rechnete das Preußische Innenministerium nach wie vor mit kommunistischen Vorbereitungen für einen gewaltsamen Aufstand. Entsprechende Informationen kursierten seit Mitte Februar bei den zuständigen Dienststellen. Am 28. Februar übersandte Rudolf Diels, der spätere Leiter der Preußischen Geheimen Staatspolizei, einen entsprechenden Geheimbericht an die Reichskanzlei: »Wie mir mitgeteilt worden ist, wird von kommunistischer Seite beabsichtigt, durch Gewaltaktionen bzw. Sabotageakte, die in allernächster Zeit stattfinden sollen, das Lichtnetz und den Verkehr (Eisenbahn usw.) sowie alle anderen lebenswichtigen Großbetriebe stillzulegen.« Göring berief sich in der Ministerbesprechung vom 2. März auf dieses – fragwürdige – Material und behauptete nun, der »Zeitpunkt des Losschlagens sei zunächst für den Abend und die Nacht des Wahltages festgelegt gewesen, dann aber auf Mitte März vertagt worden«.[30]

In den Tagen nach dem Reichstagsbrand war Göring verständlicherweise bestrebt, die kommunistische Gefahr so stark wie irgend möglich herauszustellen, nachdem für die von ihm in der Nacht zum 28. Februar angekündigte kommunistische Großaktion nicht die geringsten Anzeichen bestanden. Die Verhaftungsmaßnahmen waren ohne Widerstand durchgeführt worden. Für Aufstandsvorbereitungen gab es keinerlei neue Indizien. Der Tatbestand, daß die Sicherheitsorgane und die NSDAP-Führung bis zum Herbst und noch während des Reichsgerichtsverfahrens verzweifelt nach Material suchten, um ihre Beschuldigung der Kommunisten zu verifizieren, läßt nicht den Rückschluß zu, daß zuvor Befürchtungen dieser Art nur vorgetäuscht waren. Anders ist auch nicht zu erklären, warum sich die Nationalsozialisten in das Risiko eines Reichsgerichtsprozesses stürzten, der, wie sich bald herausstellte, nur mit dem Freispruch der mitangeklagten Kommunisten enden konnte.

Im brennenden Reichstagsgebäude gab Göring die Parole aus, der sich abzeichnende kommunistische Umsturzversuch müsse mit allen Mitteln niedergeschlagen werden. Noch bevor Hitler und die nationalsozialistische Prominenz im Reichstagsgebäude eintrafen, wurden entsprechende Befehle an die nachgeordneten preußischen Polizeidienststellen herausgegeben. Nachdem Hitler von Göring über die Vorgänge unterrichtet worden war, erging er sich, den überlieferten Berichten zufolge, in wilden Haßtiraden gegen die Kommunisten. Eine seiner ersten Feststellungen, die er anderentags in der Reichskabinettssitzung wieder aufgriff, betraf die Bemerkung, daß die Reichstagswahlen unter allen Umständen stattfinden müßten. Das war auffällig und bestätigt, daß Hitler in einem kommunistischen Umsturzversuch eine Gefahr für die Abhaltung der Reichstagswahlen erblickte.[31] In einer improvisierten Besprechung im Zimmer des Reichstagspräsidenten setzte Hitler seine hysterischen Angriffe gegen Kommunisten, Sozialdemokraten und das Reichsbanner fort und verlangte allen Ernstes, daß alle kommunistischen Abgeordneten sofort aufgehängt werden sollten.

Gleichzeitig kulminierten die überstürzten Anordnungen an die Polizeibehörden in dem Befehl, sämtliche kommunistischen Abgeordneten und Funktionäre unverzüglich zu verhaften. Dazu gehörte auch die Anordnung umfassender Sicherungsmaßnahmen für öffentliche Gebäude und Verkehrsknotenpunkte. In der allgemeinen Psychose sah sich Rudolf Diels mit einem Bündel von Anweisungen überschüttet, die weder koordiniert noch durchdacht waren. Bezeichnenderweise wurde die SPD in die unmittelbar eingeleiteten Presseverbote und Verhaftungsmaßnahmen einbezogen, doch wurde davon im Zuge der Ausführung weitgehend Abstand genommen. Das sofort auftauchende Gerücht, van der Lubbe hätte in Verbindung zu SPD-Kreisen gestanden, gab den Anlaß zu diesen auch taktisch verfehlten Maßnahmen. Denn die Verdächtigung der SPD, für die Brandlegung mitverantwortlich zu sein, beeinträchtigte nicht nur die Glaubwürdigkeit der Regierung, sondern widersprach auch der von Hitler eingeschlagenen Strategie, die KPD politisch zu isolieren. Dies beweist, daß Göring keinem vorbereiteten und in sich schlüssigen Konzept folgte.[32] Der preußische Polizeiminister war, wie auch Goebbels feststellte, »groß in Fahrt«. Von einer nüchternen Überprüfung der Situation konnte in der Brandnacht nicht die geringste Rede sein. Weder Rudolf Diels noch die ihm unterstellten Beamten sahen sich imstande, mit dem tatsächlichen, wesentlich beschränkteren Informationsstand durchzudringen. Nicht anders erging es dem Pressereferenten Görings, Martin Sommerfeldt.[33]

Die Verhaftungsbefehle, die noch in der Nacht ausgestellt wurden, stützten sich auf den Paragraphen 22 der Notverordnung vom 4. Februar. Gleichwohl schlug Staatssekretär Ludwig Grauert vermutlich im Gedanken an eine Legalisierung der eingeleiteten Maßnahmen vor, eine gesonderte »Notverordnung gegen Brandstiftungen und Terrorakte« zu erlassen. Dies geschah auf einer improvisierten Besprechung im Preußischen Innenministerium, auf der es jedoch nicht zu einer definitiven Beschlußfassung kam.[34] Reichsminister Wilhelm Frick, der dort nicht anwesend war, legte dem Reichskabinett am folgenden Vormittag den Entwurf einer Verordnung »zum Schutze von Volk und Staat« vor. Dessen Inhalt war mit der in der Nacht ins Auge gefaßten, auf Preußen beschränkten Notverordnung nicht identisch. Bemerkenswert war, daß Frick zunächst vorsah, das Reichsministerium des Innern, nicht die

Reichsregierung, wie in der späteren Fassung, mit der vollziehenden Gewalt gegenüber den Ländern zu betrauen.[35]

Ursprünglich hatte Frick erwogen, die Notverordnung vom 4. Februar 1933 zu ergänzen. Nunmehr griff er auf das Vorbild der Preußenverordnung von Papens vom 20. Juli 1932 zurück. Dies lag auch deshalb nahe, weil eine weitgehend textgleiche Variante dazu in den ausgearbeiteten Verordnungsentwürfen des »Planspiels Ott« enthalten war, die in enger Zusammenarbeit zwischen der Reichswehrführung und dem Reichs- sowie dem Preußischen Innenministerium entstanden waren und die von der in der Brandnacht beschworenen Situation ausgingen, einem Generalstreik und bewaffneten Aufstand von KPD, Teilen der SPD und der Freien Gewerkschaften entgegenzutreten. Die vorbereiteten Verhaftungslisten gegen kommunistische Funktionäre basierten auf dieser Eventualplanung. Andererseits sah Frick davon ab, die Reichswehr mit der vollziehenden Gewalt auszustatten.[36]

Die noch am 28. Februar verkündete Notverordnung zum Schutze von Volk und Staat unterschied sich von den beiden Vorlagen, abgesehen von der weniger wichtigen Einfügung des Giftmordes in die mit der Todesstrafe bedrohten Straftatbestände – letztere beruhte auf der Intervention des Reichsjustizministers Gürtner –, durch die Androhung verschärfter Strafen im Falle von Geiselnahmen und der Ermordung des Reichspräsidenten oder von Mitgliedern der Reichs- und Landesregierungen. Derartige Befürchtungen waren in dem von der Polizei überreichten Belastungsmaterial enthalten. Taktische Erwägungen, mögliche Bedenken Hindenburgs beiseite zu schieben, spielten um so weniger eine Rolle, als sich das Kabinett, abgesehen von einigen kleineren, die Souveränität der Länder nicht wirklich sicherstellenden Änderungen, einmütig für die Annahme des Entwurfs aussprach. Verfassungspolitische Bedenken wurden, obwohl die Verordnung tief in die Autonomie der Länder eingriff, nur in bezug auf Nebenfragen angesprochen.

Der entscheidende Unterschied zu den beiden Vorbildern bestand indessen darin, daß die vollziehende Gewalt nicht dem Reichswehrminister, sondern dem Reichsminister des Innern (dann der Reichsregierung) übertragen wurde. Es handelte sich somit um die Sanktionierung des zivilen Ausnahmezustandes. Dies lag im unmittelbaren Interesse der nationalsozialistischen Führung. Die Ausrufung eines militärischen Ausnahmezustandes, die den Normalfall in derartigen Ausnahmesituationen darstellte und zuletzt 1923 praktiziert worden war, hätte die Durchführung der Wahlen in Frage gestellt und die eben errungene Machtstellung Hitlers angetastet, da die vollziehende Gewalt dann in den Händen der Reichswehr gelegen hätte. Zugleich beschnitt die Verordnung die Zuständigkeit des Reichspräsidenten. Nicht dieser, sondern der Reichsminister des Innern war befugt, nötigenfalls Reichskommissare in den Ländern einzusetzen. Papen leistete gegen diese Bestimmungen nur schwächlichen Widerstand.[37]

Es steht fest, daß die Verhängung des militärischen Ausnahmezustandes in der damaligen Situation ernsthaft erwogen worden ist. In Pressemeldungen über den Verlauf der Kabinettsitzung vom 28. Februar heißt es, die Reichsregierung habe beschlossen, vom Mittel des militärischen Ausnahmezustandes abzusehen. In einer Befehlshaberbesprechung vom folgenden Tage äußerte General von Blomberg: »Bemerkenswert, daß Heer herausgelassen (militärische Unterstützung zunächst beabsichtigt. Dies aber hätte Ausnahmezustand bedeutet)«.[38] Einen Nachklang bildete die von Blomberg für die Wahlnacht verfügte Urlaubssperre des Militärs. Es gibt jedoch einige Anhaltspunkte dafür, daß in Reichswehrkreisen Erwägungen vorhanden waren, die Verhängung des militärischen Ausnahmezustandes zu fordern.[39] In jedem Falle hat das rasche Handeln Hitlers und Fricks diese Eventualität beseitigt.

Weitere Einzelheiten der Entstehung der Notverordnung zum Schutze von Volk und Staat lassen sich nicht mehr feststellen. Es ist jedoch mit Sicherheit auszuschließen, daß das Vorgehen der Regierung vorher geplant und zwischen den Beteiligten abgesprochen war. Vielmehr handelte es sich um eine bemerkenswert erfolgreiche Improvisation, die in mehrerer Hinsicht das Ermächtigungsgesetz vorwegnahm. Desgleichen muß davon ausgegangen werden, daß Hitler, Göring und die übrige Prominenz von dem Brandereignis völlig überrascht wurden. Mit bloßer Schauspielerei lassen sich die hektischen, in keiner Weise aufeinander abgestimmten und höchst widerspruchsvollen Reaktionen auf die zunächst erwartete kommunistische Aktion überhaupt nicht erklären.

Es ist hingegen eine Frage der Interpretation, wann die tatsächliche Befürchtung eines kommunistischen Anschlags, der die Durchführung der Wahlen zu bedrohen schien, in eine zynische Ausnützung des Ereignisses für eine vorweggenommene Sanktionierung der Diktaturgewalt der Reichsregierung überging. Bei dem hohen Maß an Selbstsuggestion, das die nationalsozialistische Führungsgruppe auszeichnete, ist dieser Umschwung, der sich vielleicht schon vollzog, als Hitler und Goebbels in den Redaktionsräumen des *Völkischen Beobachters* am frühen Morgen die Propaganda umstellten, nicht präzise nachvollziehbar. Es besteht indessen kein Zweifel daran, daß Göring schon am Tage nach dem Brand, als kommunistische Aktionen völlig ausblieben, alles erdenkliche Belastungsmaterial gegen die KPD verwandte, um seine Beschuldigungen zu substantiieren und den Erlaß der Notverordnung zum Schutze von Volk und Staat zu rechtfertigen. Bezeichnenderweise schob Göring nun das Datum der erwarteten kommunistischen Aktion um gut 14 Tage hinaus, dies freilich auf der Grundlage von Material, das die Polizei erstellt hatte.

Es liegt auf der Hand, daß nach den hektischen Vorgängen in der Brandnacht und der politischen Festlegung der Reichsregierung jede Möglichkeit versperrt war, zu der von den Vernehmungsbeamten zunächst gewonnenen Einsicht zurückzukehren, daß der Brand von Marinus van der Lubbe allein entfacht worden war und daß dieser keinerlei Hintermänner gehabt hatte.[40] Unglücklicherweise fielen die an den Untersuchungen beteiligten Kriminalkommissare Zirpins und Heisig zusätzlichen Fehlinformationen zum Opfer. Mit dem Etikett des Kommunisten belegt, wurde van der Lubbe automatisch bezichtigt, Hintermänner zu haben, wobei offenblieb, wer ihn beauftragt oder mit welchen Komplizen er zusammengearbeitet hatte. Da alsbald das Gerücht die Runde machte, die Nationalsozialisten seien für die Brandlegung, die sie so erfolgreich instrumentalisierten, selbst verantwortlich, war der Weg zur Anerkennung der Alleintäterschaft nach allen Seiten psychologisch endgültig verbaut. Der Verdacht einer nationalsozialistischen Brandurheberschaft drängte sich nicht nur Regimegegnern auf; es gab auch Nationalsozialisten wie Martin Bormann oder Alfred Rosenberg, die dies nicht von vornherein für ausgeschlossen hielten, ohne über irgendwelche internen Kenntnisse zu verfügen.[41]

Unter diesen Umständen hatte Marinus van der Lubbe keine Chance, mit seiner Aussage, er habe allein gehandelt, Gehör zu finden. Nach der Anberaumung des Mammutverfahrens vor dem Reichsgericht war es für alle Prozeßbeteiligten psychologisch unmöglich geworden, zu der einfachen Geschichte der Brandentstehung zurückzufinden. Dieser Effekt war gewiß durch die anlaufende Propagandawelle, die mit dem noch in der Brandnacht von Hitler umgeschriebenen Leitartikel des *Völkischen Beobachters* einsetzte, verstärkt worden. Darüber hinaus aber bedurfte es nicht irgendwelcher direkter Manipulation der Zeugen oder der Untersuchungsbeamten. Das komplizierte Geflecht von Vermutungen und falschen Tatsachenbehauptungen, das schon in der Brandnacht entstanden war, entpuppte sich als viel zu dicht, als daß auch die Beamten, die van der Lubbe vernommen hatten, mit ihrer ursprünglichen Auffassung der Dinge hätten durchdringen können, zumal der eigens bestallte Untersuchungsrichter, Reichsgerichtsrat Vogt, von vornherein in hohem Maße voreingenommen war.

Zusammenfassende Bemerkungen

Der bis zur Psychose gesteigerte Antikommunismus in breiten Teilen der deutschen Öffentlichkeit, nicht zuletzt bei den Funktionseliten, hatte einen maßgebenden Anteil daran, daß die Brandlegung trotz unzulänglicher Indizien als kommunistischer Anschlag hingestellt werden konnte, ohne daß sich, abgesehen von den erklärten Gegnern Hitlers, ernsthafter Widerspruch dagegen erhob. Andererseits war es nur zu begreiflich, daß die Kommunisten, mit tatkräftiger Nachhilfe Willi Münzenbergs, ihres Chefpropagandisten, alle Mittel daransetzten, um die Nationalsozialisten als die wahren Schuldigen erscheinen zu lassen. Daß sie dabei vor bewußten Fälschungen nicht zurückscheuten, mag im erbitterten Kampf gegen einen tödlichen Gegner zu verstehen sein. Ihr Hauptopfer wurde van der Lubbe, den das »Braunbuch« in einen Strichjungen Ernst Röhms umfälschte. Daß das Prinzip des cui bono auch von vielen anderen Zeitgenossen und späteren Betrachtern als Argument für eine nationalsozialistische Brandurheberschaft genommen wurde und gelegentlich noch wird, ist ebensowenig verwunderlich. Diese verbreitete Überlegung, die von den konkreten Daten abstrahiert, verkennt, daß die Nationalsozialisten, wären sie in irgendeiner Form involviert gewesen, damit ein unangemessen hohes Risiko eingegangen wären.

Aber damit haben wir die Ebene der Schilderung des tatsächlichen Herganges bereits verlassen. Die Kette der Irrtümer, die nach der verfehlten Voruntersuchung nicht mehr abriß und Zeugenaussagen, Brandexpertisen und Prozeßführung umfaßte, gehört in den Bereich gegeneinanderstehender Mythen, die durch das »Braunbuch«, den Londoner Gegenprozeß und schließlich durch irreführende Erinnerungen von Zeitgenossen immer neue Nahrung fanden. Darin spiegelt sich das politische Selbstverständnis der Epoche, die Mentalität der Akteure und das Bild, das Gegner und Anhänger von dem Charakter des nationalsozialistischen Herrschaftssystems und seiner Anfänge aus nicht immer uneigennützigen Motiven zeichneten. Die Umwandlung des Reichstagsbrandes in einen politischen Mythos verdeckte von Anfang an den tatsächlichen Tathergang.

Die geschichtliche Bedeutung des Reichstagsbrandes wird durch die Alleintäterschaft Marinus van der Lubbes keineswegs gemindert. Die Verantwortung dafür, daß sich der Diktaturdrohung der Nationalsozialisten, von den Linksparteien und einigen Widerstandsnestern in den linksbürgerlichen Parteien und im Zentrum abgesehen, niemand energisch zu widersetzen gewagt hat, wird durch die Vorgänge, die zur Verabschiedung der Notverordnung zum Schutze von Volk und Staat führten, nur noch deutlicher. Die antikommunistische Psychose, die nicht nur die bürgerlichen Koalitionspartner Hitlers, sondern auch den noch nicht gleichgeschalteten Staatsapparat und nicht zuletzt die Rechtsprechung politisch blind machte, erleichterte es Hitler, mit einer spontan vorgelegten Notverordnung, die zunächst in erster Linie den Sinn hatte, die

Alternative der Militärdiktatur abzuwenden, ein formal legales Machtmonopol zu erringen, noch bevor die bürgerlichen Mittelparteien des Deutschen Reichstags gegenüber seiner Politik der Erpressung und der Drohung, der leeren Versprechungen und des nackten Terrors auf die Knie gingen und dem Ermächtigungsgesetz zustimmten.

Durch die Notverordnung zum Schutze von Volk und Staat, der Hitlers konservative Bündnispartner ebenso bereitwillig Beifall schenkten wie schon der Notverordnung vom 4. Februar 1933 sowie der parallel zur Reichstagsbrandnotverordnung erlassenen Verordnung »gegen Landesverrat und hochverräterische Umtriebe«[42], war zugleich allen Bestrebungen der Boden entzogen, den Einfluß der NSDAP im Kabinett zu begrenzen. Sowohl von Papen und Hugenberg als auch die Reichswehrführung, in der freilich von Blomberg bereits zur bedingungslosen Unterstützung Hitlers entschlossen war, versäumten die letzte Chance, durch das Drängen auf den verfassungsmäßig allein zulässigen, wenngleich auf fiktive Ursachen gestützten militärischen Ausnahmezustand, Hitlers Machtfülle einzuschränken. Der spätere unumschränkte Diktator hätte selbst in den kühnsten Träumen nicht erwarten können, daß sich die Selbstausschaltung des konservativen Rivalen derart reibungslos vollzog, wie dies mit der nahezu vorbehaltlosen Zustimmung zu Fricks Notverordnungsentwurf der Fall war. Mit der kaum mehr eingeschränkten Diktaturgewalt in Händen konnte Hitler das Risiko eines von nun an definitiv manipulierten Wahlkampfes ohne Bedenken eingehen, weil dessen Ausgang nur noch über die Frage einer mehr oder minder gelungenen formalen Sanktionierung der angestrebten Alleinherrschaft entschied. So beschleunigte das Brandereignis den Weg in die Diktatur, die es hatte verhindern sollen.

Die NSDAP: Typus und Profil einer faschistischen Partei

Als politischer Verband ist die NSDAP von der zeitgeschichtlichen Forschung lange vernachlässigt worden, insbesondere im Hinblick auf ihre Rolle in der Regimephase. Unter dem Einfluß der Theorie der totalitären Diktatur ist die Partei in erster Linie als Instrument des Diktators gewürdigt worden, während ihre regionale Verankerung, ihre Rolle innerhalb des Regimes, die inneren Friktionen und ihre organisatorische Entwicklung nur untergeordnetes Interesse auf sich zogen.[1]

Während sich die große Mehrheit der Vertreter der klassischen Totalitarismus-Theorie primär für die Funktionsweise des Diktatursystems interessierten, nahmen nur wenige, unter ihnen Hannah Arendt, die Bewegung in den Blick.[2] In der Regel wurde die NSDAP als Derivat der politischen Biographie Hitlers betrachtet, was auch für die Regimephase hinterfragt werden muß. Indessen ist es weniger das weltanschaulich-ideologische Profil der NSDAP als die seit den frühen zwanziger Jahren ausgebildete Parteistruktur, die nach der Machteroberung dem Regime übergestülpt wurde und die zunächst beibehaltenen institutionellen Formen sprengte, aus der die spezifisch zerstörerische Dynamik des Regimes hervorging. In diesem Zusammenhang sind auch die spezifischen Unterschiede herauszuarbeiten, die zwischen der NSDAP und faschistischen Bewegungen auf der einen und kommunistischen Kaderparteien auf der anderen Seite bestehen.

Die Anfänge der DAP/NSDAP unterscheiden sich nicht von denjenigen anderer völkischer Splittergruppen, die in der Regel von Nebenorganisationen des Alldeutschen Verbandes, so der Thulegesellschaft, ins Leben gerufen wurden, um durch die Mobilisierung des rassischen Antisemitismus ein Gegengewicht gegen die zunächst aufsteigenden und durch die Parlamentarisierung begünstigten Linksparteien zu schaffen.[3] Die Hinterzimmervereinsmeierei, für die die frühe DAP unter Anton Drexler repräsentativ ist, stellte trotz der eindeutigen ideologischen Frontstellung gegen Liberalismus und sozialistische Arbeiterbewegung das gerade Gegenteil des faschistischen Organisationstypus dar. Dieser wurde der jungen, inzwischen in NSDAP umbenannten Partei vielmehr durch die Münchner Aktivistengruppe um Adolf Hitler schrittweise aufgeprägt.

Aus einem an sich belanglos scheinenden Anlaß vollzog Adolf Hitler 1921 seine erste Machtergreifung in der Partei, indem er den Parteiausschuß durch Massenversammlungen unter Druck setzte, die er als neuer Propagandaobmann eingeführt hatte.[4] Wohl weniger aus machttaktischem Kalkül als aus persönlicher Bequemlichkeit setzte Hitler, hierin unterstützt von seiner Münchner Parteiclique, für seine Person das unbedingte Führerprinzip durch. Gleichzeitig erreichte er, daß die Partei darauf verzichtete, über programmatische Fragen zu beraten. Das von ihm gerade durchgepaukte, inhaltlich nicht beeinflußte Programm der 25 Punkte wurde von ihm für unabänderlich erklärt, da er eine Änderung von einmal festgelegten Propagandainhalten für schädlich erachtete.[5]

Hitlers Option zugunsten einer Aufgabenbeschreibung der NSDAP als bloßer Werbeorganisation, wobei zunächst die Beteiligung an Wahlen abgelehnt wurde – diese Frage blieb bis 1926 offen –, wurde jedoch zunächst gegenüber dem Auftreten der zahlreichen paramilitärischen Verbände in Bayern eher in den Hintergrund gedrängt. Die NSDAP sah sich in den Aufmarsch der Freikorps und der Vaterländischen Verbände Bayerns verwickelt. In dem auf die Initiative Ernst Röhms gebildeten »Politischen Kampfbund« unter dem formellen Oberbefehl Erich Ludendorffs wurde Hitler in die Rolle des politischen Propagandisten gedrängt und drohte seit dem Sommer 1923 die Initiative an Kapitän Ehrhardt, aber auch an den bayerischen Generalstaatskommissar von Kahr zu verlieren. Die treibende Kraft innerhalb der uneinheitlichen NSDAP lag in den Händen militärisch erfahrener Führer wie vor allem

Röhm und Ernst Kriebel, während Hitlers bramarbasierendes Auftreten zunehmende Kritik auslöste.[6]

Die Entscheidung Ehrhardts, den geplanten Marsch auf Berlin, der unter dem Vorwand, die prokommunistischen Regierungen in Sachsen und Thüringen abzusetzen, erfolgen sollte, noch einmal aufzuschieben, setzte Hitler, der sich nicht zu Unrecht isoliert fühlte, unter empfindlichen Zeitdruck, da die Finanzierung der mobilisierten SA-Verbände nicht mehr gewährleistet war. Um sich aus der drohenden Isolierung herauszulösen, unternahm er den Umsturzversuch vom 8. November im Münchner Bürgerbräukeller, um, als dieser in der Nacht zum 9. November fehlschlug, durch einen unbewaffneten Propagandamarsch auf die Feldherrnhalle die »deutsche Revolution« in Gang zu bringen. Er scheiterte nicht zuletzt daran, daß Teile des Protestzuges nach wie vor bewaffnet waren.[7] Die Partei zerfiel nach dem Debakel des Putschversuchs in eine Reihe rivalisierender Nachfolgeorganisationen, von denen Alfred Rosenbergs Großdeutsche Volksgemeinschaft und der Völkische Block, den Gregor Straßer mit Ludendorffs DVFP einging, die bedeutendsten waren. Hitler mußte befürchten, den Anschluß zu verlieren[8], wenngleich es ihm gelang, Ludendorff zu einer von vornherein aussichtslosen Kandidatur in den Reichspräsidentenwahlen von 1925 zu bewegen und damit zum Austritt aus der Politik zu zwingen.[9] Hitlers Entschluß, die Parteiführung während seiner Haft niederzulegen und 1925, gestützt auf seine Münchner Clique, aber auch auf die inzwischen entstandene norddeutsche Gruppierung, deren Wiedergründung zu betreiben, zielte darauf ab, eventuell rivalisierende Gruppierungen auszuschalten.

Die neue Parteiorganisation beruhte auf individueller Mitgliedschaft, schloß damit die Fusion mit gesinnungsverwandten Verbänden aus und räumte Hitler, indem München die organisatorische Zentrale blieb, obwohl das gegen ihn gerichtete Redeverbot einstweilen bestehen blieb, die Schlüsselstellung ein.[10] Trotz der organisatorischen Absicherung des unbedingten Führerprinzips – eine Generalmitgliederversammlung gab es nur noch aus vereinsrechtlichen Gründen – konnte von einer auf den einheitlichen Führerwillen ausgerichteten, homogenen Partei noch keine Rede sein.

Hitlers innerparteiliche Taktik beruhte indessen darauf, den Unterführern, sofern sie unbedingte persönliche Loyalität zusicherten, weitgehend freie Hand zu lassen und die Herausbildung eines bürokratischen Parteiapparats möglichst zu unterbinden. Die sich herausmendelnde Partei war dadurch gekennzeichnet, daß sich Hitler als unbestrittener Parteiführer oberhalb vielfältiger Fraktionen bewegte und bei Friktionen nur dann intervenierte, wenn seine Stellung tangiert war.[11] Schrittweise versuchte die Münchner Organisation, Parteiwahlen zu unterbinden und die jeweiligen Parteiführer einzusetzen, was sie allerdings erst allmählich durchsetzen konnte. Desgleichen folgte Hitler dem Rezept, jegliche innerparteiliche Willensbildung auf allen Organisationsstufen zu unterbinden, was mit der Absicht korrelierte, Programmdiskussionen zu vermeiden und alle Kräfte auf die Anhängerwerbung auszurichten.

Als die 1924 entstandene nordwestliche Gruppe der NSDAP unter der Führung von Gregor und Otto Straßer, beide sicherlich die politisch begabtesten Köpfe der Bewegung, daran ging, ein konsistentes politisches Programm zu erarbeiten, das die widerspruchsvollen 25 Punkte ablöste, stellte sich Hitler quer und revozierte das von Straßer und Goebbels auf einer Führertagung in Bamberg vorgelegte Programm.[12] Hitler rückte die NSDAP in der Fürstenenteignungsfrage politisch nach rechts[13], doch unterblieb bis 1933 eine klare richtungspolitische Option, so daß die Partei wegen ihrer sozialistischen Programmatik von seiten der Großindustrie mit Mißtrauen betrachtet wurde, während sie gleichzeitig als schärfster Kontrahent der »marxistischen Parteien« auftrat.[14] Die angestrebte programmatische Flexibilität bei der gleichzeitig vorgenommenen Festlegung der Partei auf vage visionäre Endziele erlaubte eine chamäleonhafte Anpassung ihrer Agitation an wechselnde und schichtenspezifische Wählerinteressen. Dies ging so weit, daß die von Gregor Straßer ins Leben gerufene Reichswahlkampfleitung die Propagandaakzente auf Grund eines Informationssystems setzte, das sich aus der regelmäßigen Berichterstattung der einzelnen Ortsgruppen über die Wirkung jeweils verwandter Slogans und Werbemittel speiste und eine extreme sachliche und regionale Flexibilität der Wahlkampfführung ermöglichte.[15]

Was die propagandistischen Inhalte anging, unterschied sich die Agitation der NSDAP nicht signifikant von der DNVP und anderen rechtsstehenden Parteien, und es wäre verfehlt, das ideologische Moment, das unablässig changierte, als Kriterium zur Bestimmung ihres faschistischen Charakters zu nehmen. Der spezifische Unterschied zu völkischen Vorläufern und bürgerlich-nationalistischen Konkurrenten bestand in der Intensität und Bedenkenlosigkeit, mit der propagandistische Slogans, nicht zuletzt der Rassenantisemitismus, eingesetzt wurden. Die Partei war, wie Juan Linz betont hat, ein Spätkömmling auf der politischen Bühne und instrumentalisierte die schon zuvor virulenten antiliberalen und antisozialistischen Einstellungen in der Bevölkerung.[16]

Was die NSDAP von den Parteien der konservativen Rechten unterschied, war, abgesehen von ihrem Charakter als simulierter Volkspartei, die Hemmungslosigkeit im Ausspielen politischer Ressentiments und propagandistischer Parolen sowie die Fähigkeit, die vom übrigen Parteiensystem nicht besetzten Nischen auszufüllen – so den Platz der freien Wählervereinigungen – und dergestalt von der Mobilisierung der »nichtgleichzeitigen« gesellschaftlichen Sektoren zu profitieren sowie die Ängste vor sozialem Abstieg oder sozialer Marginalisierung zu nutzen. Dabei bewies die Partei eine chamäleonhafte Anpassungsfähigkeit an wechselnde Stimmungslagen, die sie um so leichter aufzugreifen vermochte, als sie auf programmatische Festlegungen bewußt verzichtete.[17]

Angesichts der Einheitlichkeit des politischen Willens bedurfte es nach der Überzeugung Hitlers keinerlei politischer Diskussion oder institutionalisierter innerparteilicher Willensbildung, die als Rückfall in das parlamentarische System betrachtet wurde. Folgerichtig wurde nach und nach jegliche kollektive Willensbildung auf allen Ebenen der Partei unterbunden und durch das Führerprinzip ersetzt. Dies konnte zwar ebenso wie die Wahl von Ortsgruppenleitern im lokalen Bereich nur nach und nach durchgesetzt werden, im Prinzip war die Partei jedoch eine reine Wahlwerbeorganisation ohne jede formelle Möglichkeit der politischen Beratung und des Ausgleichs divergierender Interessen. Folgerichtig wurden diese auf die Ebene persönlicher Rivalität der um die Gunst des Parteiführers bemühten Satrapen verschoben und wirkten sich daher in nicht enden wollenden Konflikten aus, die in Form von Privatfehden ausgetragen werden mußten und nur ausnahmsweise vom Obersten Parteigericht geschlichtet wurden.

Dies spiegelte sich in der Verwandlung der Reichsparteitage der NSDAP, die in den Anfängen von konferenzartigen Zusammenkünften zur Lösung von Sachfragen begleitet waren, in bloße Akklamations- und Werbeveranstaltungen, die für die Willensbildung der NSDAP allenfalls die Staffage abgaben.[18] Bestrebungen, neben die bedeutungslos gewordene Generalversammlung der NSDAP ein repräsentatives Organ treten zu lassen, wurden von Hitler trotz entgegenstehender Zusagen, so nach der Straßer-Krise im Dezember 1932, immer wieder hintertrieben. Der zu diesem Zweck repräsentativ eingerichtete Senatssaal im Braunen Haus in München blieb unbenützt. Der versprochene Partei- und schließlich Führerwahlsenat wurde trotz nachhaltiger Bemühungen von Alfred Rosenberg und Wilhelm Frick niemals gebildet.[19]

Was für die Bewegungsphase galt, wiederholte sich in der Systemphase. Hitler, der instinktiv jede Bindung an ein Kollegialgremium ablehnte, empfand eine Rivalität gegenüber dem Reichskabinett, das immer seltener zusammentrat und als zentrale Clearingstelle der Politik spätestens 1937 ausfiel.[20] Die Koordinierung wurde durch Staatssekretärstreffen und Umlaufverfahren notdürftig bewerkstelligt. Ähnlich verhielt es sich mit der Spitzengliederung der Partei. Die im Sommer 1933 als Widerlager gegen die Parteirevolution von unten spontan einberufenen Reichsstatthalterkonferenzen fielen bald wieder fort, und an der Spitze der Partei gab es, da die 1932 gebildete Parteikommission nie zusammentrat, kein repräsentatives Leitungsgremium. Die Reichsleitung der NSDAP blieb insoweit eine bloße Titulatur.[21] Gauleiterkonferenzen, die auf die Initiative der Beteiligten zurückgingen, waren verpönt und wurden von der Parteiführug schließlich verboten.

Anders als in Italien, wo 1943 der eine Schattenexistenz führende Faschistische Großrat reaktiviert werden konnte, gab es im Dritten Reich keine repräsentative Institution, die nötigenfalls als Gegengewicht gegen Hitlers Alleinherrschaft hätte fungieren können.[22] Dies lief nicht nur auf eine extreme Personalisierung der Politik hinaus, die den sozialdarwinistischen Vorstellungen Hitlers entgegenkam, sondern war mit ständiger Instabilität verknüpft, da die jeweiligen Positionsinhaber nicht damit rechnen konnten, daß ihre errugene Macht, Pfründe und Remuneration institutionell abgesichert waren. Die zunehmende »Feudalisierung« der NSDAP und die nicht enden wollenden Machtkämpfe zwischen den Unterführern nahmen hier ihren Ausgang. Wenngleich es verschiedentlich Bestrebungen gab, das Kabinett rudimentär zu reaktivieren, was einen Versuch am untauglichen Objekt darstellte, bestand insbesondere nach dem 20. Juli 1944 und der definitiven Beseitigung der Autonomie der Wehrmacht keinerlei Möglichkeit mehr, die Alleinherrschaft Hitlers durch ein formelles oder informelles Führungsgremium abzulösen. Hierin lag der signifikante Unterschied zu dem in den äußeren Erscheinungsformen so ähnlichen stalinistischen System, das die Potentialität einer Rückkehr zur kollektiven Führung nie gänzlich einbüßte.

Die NSDAP war – anders als kommunistische Parteien – nicht im strengen Sinne hierarchisiert und zeichnete sich vielmehr durch eine sich ständig vergrößernde Anzahl von nebengeordneten Verbänden aus, da Hitler institutionelle Konflikte in der Weise zu lösen pflegte, daß er die Führung an sich zog, wie im Falle der SA.[23] Die Parteiorganisation war infolgedessen nicht durch Unterordnung, sondern durch Nebenordnung und damit durch dauernde Konflikte zwischen gleichrangigen Positionsinhabern geprägt, zumal es außer dem ständig überlasteten Untersuchungs- und Schlichtungsausschuß keine institutionellen Konfliktaustragungseinrichtungen gab.[24] Das Prinzip der doppelten disziplinarischen und fachlichen Unterstellung der nachgeordneten Funktionäre verstärkte diesen Effekt.

Was sich in der Bewegungsphase in ständigen erbitterten Kämpfen zwischen den einzelnen Gauleitern abspielte, setzte sich nach der Machteroberung in einer sich steigernden Rivalität der Satrapen des Regimes untereinander bis in dessen letzte Tage fort. Die Sprachregelung, daß es keine innerparteilichen Konflikte geben könne, und die Neigung des Diktators, aufbrechende Interessenkonflikte einfach zuzudecken – so im Falle der Reichsreform, die seit 1935 nicht mehr erörtert werden durfte[25] –, drängten sachliche Interessenkonflikte regelmäßig auf andere Felder ab. Daher war es üblich, daß die Satrapen private Verträge zur Aufteilung ihrer Machtsphären abschlossen, gelegentlich auch mit staatlichen Institutionen, so in dem Kompromiß zwischen Robert Ley und dem von Hjalmar Schacht geführten Reichswirtschaftsministerium in Form des Leipziger Abkommens von 1935.[26]

Die Unfähigkeit des Regimes, zu mittelfristig stabilen Kompromissen zwischen divergierenden Interessen zu gelangen, war somit ein Reflex des organisatorischen Gefüges der Partei und des ihm zugrunde liegenden Politikverständnisses. Es erzwang unter der Fiktion prästabilierter Harmonie ein faktisches Diskussionsverbot, während es nach außen hin ständig die »innere Geschlossenheit« der Bewegung apostrophierte. Unterhalb dieser stilisierten monolithischen Struktur verbarg sich eine rastlose Machtakkumulation, die von einer extremen Zersplitterung der Kompetenzen begleitet war. Diese Struktur setzte mit innerer Notwendigkeit einen Prozeß »kumulativer Radikalisierung« in Gang, der sich nicht zuletzt daraus ergab, daß divergierende Interessen der konkurrierenden Hoheitsträger nur im Horizont des visionären Endziels zum Ausgleich gelangten.[27] Die Eskalation der Judenverfolgung bis hin zur »Endlösung« ist das am meisten beachtete, aber keineswegs alleinstehende Resultat dieser letztlich im Laufe der Bewegungsphase eingeübten Mentalität, die notwendig zu einer, wie es Martin Broszat genannt hat, »negativen Selektion der Weltanschauungselemente« hintrieb.[28] Politik bestand nicht in der Verfolgung annähernd klar umgrenzter Zielsetzungen, sondern in ständiger Dynamisierung der Bewegung und gleichzeitiger Formalisierung der propagandistischen Inhalte. Darin lag ein extrem voluntaristisches Element, das sich in Hitlers »Kult des Willens« spiegelte und das die Nietzscheanische Weltsicht in das praktische Handeln projizierte.[29]

Was sich auf der organisatorischen Ebene abspielte, vollzog sich gleichzeitig auf der ideologischen Ebene, die sich in visionäre und niemals klar umrissene Endziele verflüchtigte, welche Hitler unter den Begriff der »Idee des Nationalsozialismus« faßte und in der bloß formale Tugenden wie Wille, Pflichterfüllung, Treue, fanatischer Glaube und Opferbereitschaft zusammenflossen, ohne daß sie inhaltlich bestimmt waren. In der Instrumentalisierung und gleichzeitigen Aushöhlung von tradierten und eingeübten Werthaltungen, die schichtenübergreifenden Charakter besaßen, lag das spezifisch faschistische Moment der nationalsozialistischen Mobilisierungsstrategie. Eduard Bernsteins berühmte Formel, daß das Ziel nichts und die Bewegung alles sei, fand hier eine pervers anmutende Umsetzung.[30]

In vereinfachter Umschreibung läuft die geschilderte Technik der Massenmobilisierung, die Faschismen ihren rechtsnationalistischen Vorläufern und Rivalen voraus haben, auf eine Vertauschung von Politik und Propaganda hinaus, wobei die letztere, indem sie zunehmend zum Selbstzweck wird und Zug um Zug ihren manipulativen Charakter abstreift, ihre politische Umsetzung einfordert. Martin Broszat hat diesen Zusammenhang in Verbindung mit der Genesis der »Endlösung« auf die einprägsame Formel gebracht, daß die Ideologie schließlich den Diktator »beim Wort nahm«.[31]

Solange sich die NSDAP ausschließlich in der Opposition aufhielt, erwies sich die Strategie, die gesamte Energie der Mitglieder und Anhänger auf pausenlose Werbekampagnen zu konzentrieren und programmatische Optionen zu vermeiden – so zwischen einer prosozialistischen und einer prokapitalistischen Strategie –, als bemerkenswert erfolgreich. Sie stieß jedoch, wie Gregor Straßer zutreffend erkannte, nach den Juliwahlen 1932 auf eine Grenze, da die Partei das mit bloßen Mobilisierungsstrategien erreichbare Wählerpotential ausgeschöpft hatte und Wähler und Mitglieder wegen fehlender Umsetzung der Wahlversprechen wieder abzuströmen begannen.

Denn als die NSDAP direkt gegen die Parteien der »nationalen Opposition«, also das Kabinett von Papen antreten mußte, ging der taktische Vorteil, sich als aliud zum Weimarer Parteiensystem hinzustellen, verloren und erwiesen sich die hypertrophe Propagandakampagne der Partei und die Terrorisierung der Straße zunehmend als kontraproduktiv.[32] Gregor Straßer bedrängte Hitler Anfang Dezember 1932, von der »Alles-oder-Nichts-Strategie« abzulassen und beschwor ihn, daß die NSDAP »nicht eine zur Religion werdende Weltanschauungsbewegung« sei, sondern eine Kampfbewegung, die die Macht im Staate anstreben müsse, um diesen zur »Durchführung des deutschen Sozialismus« zu befähigen. Anstelle der brachialen Auseinandersetzung mit dem Marxismus, die sich verbraucht habe, verlangte er die Bildung »einer großen breiten Front der schaffenden Menschen«, trat also für eine konstruktive Oppositionspolitik ein.[33] Hitlers Reaktion kennzeichnete sein Politikverständnis. Er bezweifelte Straßers Loyalität, unterstellte ihm, eine Verschwörung gegen die Parteiführung zu planen und machte dessen erfolgreiche Organisationsreform, der die NSDAP gutenteils die spektakulären Wahlerfolge seit dem September 1930 verdankte, auf der ganzen Linie rückgängig. In einer Denkschrift, der er den Titel »Über die inneren Gründe für die Verfügung zur Herstellung einer erhöhten Schlagkraft der Bewegung« gab, ordnete er die Auflösung des von Straßer geschaffenen zentralen Parteiapparats zugunsten der Autonomie der Gauleiter an. Der Parteiführer begründete seinen Schritt, der in einer Situation extremer Mitgliederfluktuation für eine rasch gewachsene Massenpartei geradezu selbstmörderisch war, mit angeblicher »Überbürokratisierung «.[34]

Hitler lehnte die Existenz organisatorischer Zwischenglieder zwischen sich und der Parteibasis mit Ausnahme der ihm persönlich verpflichteten Gauleiter kategorisch ab und definierte die Aufgabe der Partei als »Erfassung der Nation« für die »nationalsozialistische Idee«. Er betonte damit deren instrumentell-propagandistischen Charakter und betrachtete die Organisation lediglich als technisches Hilfsmittel, gerade nicht als politisch handelnde Größe. In der wenig präzisen Sprache des Parteiführers lief das darauf hinaus, Politik als bloße ideelle Mobilisierung, als Selbstzweck, nicht als Verwirklichung bestimmter Werthaltungen bzw. Vermittlung divergierender gesellschaftlicher Interessen zu betrachten. In der bewußten Aushöhlung und Indienststellung politischer Wertüberzeugungen bei systematischer Pervertierung ihrer Inhalte lag das Geheimnis der nationalsozialistischen Agitation.

Die Übertragung des beschriebenen Politikstils auf Staat und

Gesellschaft vollzog sich im Zuge der Machteroberung und -konsolidierung nur schrittweise, mit beträchtlichen Reibungsverlusten und in ständiger Spannung zum übernommenen Staatsapparat, der zunächst bei äußerlicher Gleichschaltung ein gewisses Maß an Autonomie bewahren konnte und die NSDAP als Massenorganisation weitgehend zu neutralisieren vermochte. Die Partei verwandelte sich in ein amorphes Gebilde, das in vieler Beziehung bürokratische Züge annahm, in ihrem Selbstverständnis aber ein geregeltes Verwaltungshandeln ausschloß und sich statt dessen auf das Prinzip der »Menschenführung« berief, das der Rechtfertigung ständiger Normenverletzungen diente und sich auf die Dauer als kontraproduktiv erwies.[35]

Die Rückgängigmachung der Straßerschen Parteireform bewirkte, daß die NSDAP fortan in 36 selbständige Gauorganisationen zerfiel und eine effektive Koordination durch den schwachen Stellvertreter des Führers, Rudolf Heß, trotz der nachdrücklichen Bemühung seines Stabsleiters Martin Bormann unterblieb. Die aufgeschwemmte Massenpartei, die schließlich acht Millionen Mitglieder umfaßte, wurde zum Sammelbecken der Korruption und verlor ihre politische Schlagkraft. Die Klage von Rudolf Heß, die Partei dürfe nicht die Verbindung zum Volk verlieren, wurde seit 1941 weithin zur Realität.[36]

Nach Heß' Englandflug suchte Bormann, nun Leiter der Parteikanzlei, diese Mängel durch die Straffung des Parteiapparats, verstärkte Schulungsmaßnahmen und systematische Personalplanung wettzumachen.[37] Darüber hinaus sicherte sich die Partei neue Tätigkeitsfelder, indem sie sich in die Betreuung der Bombengeschädigten und später in die Evakuierung aus frontnahen Gebieten einschaltete, und konnte damit ihr gesunkenes Ansehen in der Bevölkerung teilweise wieder aufbessern.

Die Denkschrift, die der Gauleiter Weser-Ems, Karl Röver, 1942 zur Parteireform abfaßte, bemühte sich um eine größere Volksnähe und schlug vor, nach dem Vorbild der katholischen Kirche Sprechtage der Ortsgruppenleiter abzuhalten, um den »Volksgenossen« Gelegenheit zu geben, ihre Sorgen vorzutragen. Sie atmete Hilflosigkeit und politisches Wunschdenken, und sie brach ebendort ab, wo die Situationsbeschreibung in institutionelle Reformvorschläge überging.[38]

Innerhalb des staatlichen Apparats besaß die politische Organisation der NSDAP durch das Instrument der »politischen Beurteilungen« bei Beförderungen im öffentlichen Dienst einen gewissen personalpolitischen Einfluß. Ihr fehlte jedoch ein eingespielter Apparat, um der Verwaltung in Routinefragen gewachsen zu sein, zumal diese durchgesetzt hatte, daß Interventionen ausschließlich über die Dienststelle des Stellvertreters des Führers (StdF) zu leiten waren, was häufig dazu führte, daß die Einspruchsfristen verstrichen.[39] Wichtiger war die durch die Blockleiter ausgeübte soziale Kontrolle, doch hatte die Partei das Recht zur Erstellung von Stimmungsberichten an die SS abtreten müssen.[40]

Bezeichnenderweise errang die Dienststelle des StdF und die spätere Parteikanzlei wirksamen Einfluß auf den weitverzweigten Parteiapparat nur im Wege einer Monopolisierung der Mitwirkung bei der Gesetzgebung. Letztere bildete den Ausgangspunkt der von Martin Bormann angestrebten Rückeroberung der Kontrolle über den Parteiapparat. Die sich nach der Schlacht von Stalingrad abzeichnende Krise des Regimes gab das Startzeichen für eine im Zusammenhang mit der Proklamierung des »totalen Krieges« eingeleitete Revitalisierung der NSDAP. Die Mobilisierungskampagnen, die von Martin Bormann und Robert Ley als Reichsorganisationsleiter zu diesem Zwecke entfacht wurden, reichten zwar kaum über die hauptamtlichen Parteikader hinaus, führten aber dazu, daß der 1933/34 abgebrochene Prozeß der »Partifikation« wieder aufgenommen wurde und daß die innere und allgemeine Verwaltung sowie die Kommunen in den letzten Kriegsmonaten in zunehmendem Maße der Kontrolle der Partei anheimfielen. Die Funktionäre beriefen sich dabei auf die den Gauleitern als Reichsverteidigungskommissaren eingeräumten Sondervollmachten.[41]

Unter dem Druck der Krise setzte sich das notdürftig gebändigte faschistische Potential der NSDAP wieder frei und bewirkte, daß die Partei die in der Machteroberungsphase eingegangenen Kompromisse und institutionellen Selbstbindungen sprengte und auch innenpolitisch in die »Alles-oder-Nichts-Strategie« zurückfiel.

Das zeigte die Usurpation von Verwaltungs- und Polizeifunktionen, die Monopolisierung der Betreuung von Kriegsopfern aller Art und nicht zuletzt die Wiederaufnahme des im Juni 1934 preisgegebenen Anspruchs der Nazifizierung der Armee.

Bereits die Einführung des nationalsozialistischen Führungsoffiziers zielte darauf ab, im Demobilisierungsfalle die Reste des noch in der preußisch-deutschen Tradition stehenden Offizierskorps, das nach dem 20. Juli psychologisch in die Defensive gedrängt war, durch den Typus des fanatischen Politoffiziers nach sowjetischem Vorbild zu ersetzen.[42] Die Übernahme der militärischen Führung des Deutschen Volkssturms durch die NSDAP sollte Ernst Röhms Wunschtraum erfüllen, eine fanatisierte nationalsozialistische »Volksarmee« zu schaffen, die nach Hitlers und Goebbels' Überzeugung unbesiegbar war, weil sie die Einheit von Armee und Volk verkörperte und bis zum letzten Mann auf heimischem Grund und Boden kämpfte und der die Alliierten nur Söldnertruppen entgegenstellen könnten.[43]

Dem entsprach die autosuggestiv eingehämmerte Vorstellung, daß die Partei 1919 und 1923 die schwersten Krisen erfolgreich gemeistert habe und die militärischen Rückschläge erneut überwinden werde, wenn sie nur die notwendigen Vollmachten erhielte. Bezeichnenderweise erinnerte Goebbels den im Führerbunker unter der Reichskanzlei von der Verbindung zur Realität völlig abgeschnittenen Adolf Hitler an seine Denkschrift vom Dezember 1932 und daran, daß der Parteiführer die »Idee des Nationalsozialismus« gegen alle Widerstände behauptet hätte.[44] In der Stunde der Bewährung, die angebrochen war, kam es aus der Sicht des Reichspropagandaministers – und Hitler nahm in den letzten Stellungnahmen dessen Stichworte willig auf – darauf an, Willensstärke und fanatische Entschlossenheit zu zeigen, die allein in der Lage seien, das Schicksal zu wenden. Neben die allenthalben zu beobachtende Idealisierung der »Kampfzeit« trat erneut der »Kult des Willens« und eine nachgerade gespenstische Selbsthistorisierung.

Hitlers Stellung im nationalsozialistischen Herrschaftssystem

Selten in der Geschichte ist ein so hohes Maß an Machtfülle auf eine Person delegiert worden, wie dies in der Geschichte des Dritten Reiches der Fall war. Die Stellung des Führers und Reichskanzlers Adolf Hitler war durch keinerlei institutionelle Vorschriften beschränkt. Nach dem Tode des Reichspräsidenten von Hindenburg und der Vereinigung der Ämter des Reichspräsidenten und des Reichskanzlers gab es auch formell keine Instanz mehr, der Hitler de jure hätte Rechenschaft ablegen müssen. Das mehrfach verlängerte Ermächtigungsgesetz gab Hitler als Regierungschef außerordentliche Vollmachten. Die Ausdehnung der Geltungsdauer des Ermächtigungsgesetzes auf unbeschränkte Zeit durch einseitige Erklärung des Reichskanzlers im Mai 1942 räumte auch in der Form die Souveränität des ohnehin zum dekorativen Organ abgesunkenen Großdeutschen Reichstags beiseite. Mit der Übernahme des Oberbefehls über die Wehrmacht unterstellte Hitler die einzige noch relativ autonome Machtgruppe innerhalb des nationalsozialistischen Herrschaftssystems seiner unmittelbaren Befehlsgewalt. Das Reichskabinett hielt seine letzte Sitzung im Februar 1938 ab. Schon zuvor waren die Minister in die Rolle von gehorsamspflichtigen Vollstreckern der Anweisungen des Reichskanzlers herabgesunken. Der zunächst als Koordinationsstelle fungierende Staatssekretär und seit 1937 Reichsminister der Reichskanzlei, Hans Lämmers, konnte das regelmäßige Vortragsrecht beim Reichskanzler auf die Dauer nicht aufrechterhalten. Im Zweiten Weltkrieg beschnitt ihm überdies der Leiter der Parteikanzlei, Martin Bormann, den Zugang zum Führer. Indem Hitler sich allen routinemäßigen Regierungsgeschäften immer mehr entzog und formalisierte politische Beratungen unterband, bestand faktisch für keine Instanz innerhalb des Dritten Reiches die Möglichkeit, auf die Entscheidungsbildung im Umkreis des Führers kontrollierend Einfluß zu nehmen.[1]

Der seit 1934 entstehende informelle Regierungsstil, der Hitler aus jedem institutionalisierten Gefüge herauslöste, entsprach der seit 1920 innerhalb der NSDAP geschaffenen Führungsstruktur, die Hitler und dem kleinen Kreis enger Vertrauter in der Münchner Ortsgruppe die absolute Entscheidungsgewalt in allen die Partei betreffenden Fragen einräumte. Das Führerprinzip, das in den frühen zwanziger Jahren von Hitler der NSDAP aufgeprägt wurde und das jede kollektive Willensbildung auf allen Ebenen der Partei unterband, verdrängte seit der Neugründung 1925 alle älteren Formen innerverbandlicher Willensbildung. Als Artur Dinter 1927 die Bildung eines Führerrats beantragte, wurde dies von der hitlertreuen Gruppe sofort abgeblockt. Nach der Machtergreifung wurde die Schaffung eines »Senats der nationalsozialistischen Bewegung« wiederholt erwogen; abgesehen von der Einrichtung des dafür vorgesehenen Senatssaals im »Braunen Haus« in München, blieb dieser Gedanke, obwohl ihn Hitler zeitweilig in Aussicht gestellt hatte, selbst in der Modifikation eines Führerwahlsenats zur Sicherung der eventuellen Nachfolge Hitlers unausgeführt.[2] Ebensowenig gab es ein institutionalisiertes Führungsgremium der NSDAP. Die Bezeichnung »Reichsleiter der NSDAP« war ein bloßer Titel. Die mit größtem Propagandaaufwand in Szene gesetzten Parteitage hatten, wie schon vor der Machtergreifung, keinerlei Einfluß auf die politische Willensbildung; sie waren Akklamationsorgan und Staffage zur Selbststilisierung des Regimes.[3] Auch die in den Anfängen des Regimes häufigeren, später nur vereinzelt zusammengerufenen Konferenzen hoher Potentaten des Regimes dienten im wesentlichen nur der Affirmation der von Hitler und der ihn umgebenden informellen Führungsgruppe erteilten politischen Direktiven. Die regelmäßig am Ende der Parteitage stattfindenden Versammlungen des Korps der Politischen Leiter der NSDAP, auf denen Hitler nicht erschien, dienten nur als Klagemauer für die wegen ihres sinkenden politischen Einflusses unzufriedenen Parteifunktionäre. Ihre kritische Stimmung suchte der Stellvertreter des Führers, Rudolf Heß, mit euphemistischen Beschwörungen zu neutralisieren.[4] Auf diese Weise wär die Führergewalt sakrosankt und, selbstverständlich, legibus absolutus, zumal Minister, Beamtenschaft und Armee anstelle des früheren Verfassungseids den persönlichen Treueid auf Hitler abzulegen hatten.

Mit der Konsolidierung des Führerstaats gab es, sehr im Unterschied zum faschistischen Italien, wo der Duce die ihm freilich willige Monarchie zu tolerieren hatte, keinerlei institutionelle Ansatzpunkte dafür, eine stabile Gegenkraft gegen die Alleinherrschaft Hitlers zu entfalten. Auch die Wehrmacht verlor, abgesehen von der zugunsten Hitlers geänderten Spitzengliederung und der konkurrierenden Waffen-SS, ihre politisch-moralische Autonomie spätestens mit dem Beginn des Rußlandfeldzuges.[5] Karl Dietrich Bracher hat daher über Hitlers Machtstellung geurteilt: »Grundlegend für den Nationalsozialismus und sein Herrschaftssystem ist, daß es von Anfang bis zum äußersten Ende mit diesem Manne stand und fiel.«[6] In der Tat fand sich nach der Ermordung Ernst Röhms, der nahezu der einzige der hohen NS-Satrapen war, der sich gegenüber Hitler eine unabhängige Stellung bewahrte und ihm offen zu widersprechen wagte, keine einflußreiche Persönlichkeit innerhalb der verzweigten NS-Führungsclique mehr, die sich nicht bedingungslos Hitler unterordnete und Bedenken gegen die Führungsentscheidungen des Diktators nicht zurückstellte. Erst in den letzten Wochen des Krieges wagte es Albert Speer, sich den unsinnigen Zerstörungsbefehlen Hitlers zu entziehen, die die wirtschaftliche Fortexistenz der Nation vollends zerstört hätten. Bezeichnenderweise setzten die Diadochenkämpfe zwischen Göring, Himmler, Goebbels und Bormann erst zu einem Zeitpunkt ein, als Hitlers Absicht, freiwillig aus dem Leben zu scheiden, feststand – offiziell in der historischen Stilisierung, bis ans Ende im Führerbunker unter der Reichskanzlei auszuharren und mit der Waffe in der Hand zu fallen.

Hitler besaß die einzigartige Begabung, Politiker und Militärs, die sich seinen strategischen und diplomatischen Entscheidungen widersetzen wollten, umzustimmen und – noch in den späten Jahren des Zweiten Weltkriegs – mit Siegeszuversicht zu erfüllen. Dies galt für Generalfeldmarschall von Kluge ebenso wie Generalfeldmarschall Rommel, für Rüstungsminister Albert Speer wie für einzelne skeptisch werdende Gauleiter. Die Ausstrahlungskraft Hitlers hatte daran einen wichtigen Anteil, aber sie setzte Anpassungsbereitschaft voraus. Es ist erstaunlich zu sehen, daß Männer, die sonst ein unabhängiges Urteil hatten, Hitlers Faszination widerstandslos erlagen. Hitlers Fähigkeit, sich auf den jeweiligen Gesprächspartner intuitiv einzustellen, und seine Gewohnheit, Zweifelnde durch Überredung zu überzeugen, eine Konfrontation hingegen zu vermeiden, bieten eine gewisse psychologische Erklärung. Gleichwohl reicht dies als Begründung dafür nicht aus, daß sich ihm niemand entgegenzustellen wagte, nachdem es offenkundig geworden war, daß das Reich dem Abgrund zusteuerte. Auch die Bewegung des 20. Juli 1944 zögerte lange, Hitler durch ein Attentat auszuschalten, und Carl Goerdeler war von der Überzeugung durchdrungen, daß es möglich sein müsse, Hitler durch einen offenen Protestschritt seiner Generäle von der Unhaltbarkeit seiner Politik zu überzeugen.[7]

Wie kam es, daß die große Mehrheit auch der traditionellen Eliten im Banne der Ausstrahlungskraft Hitlers stand, obwohl die Inhaber hoher Positionen, anders als die Masse der Bevölkerung, hinreichend Informationsmöglichkeiten besaßen, um sich davon zu überzeugen, daß Hitlers militärischer Amoklauf die ganze Nation ins Verderben riß? Sicherlich spielte für ihre psychologische Gleichschaltung der mit größtem propagandistischen Aufwand und massivem psychologischen Druck durchgesetzte Führerkultus eine maßgebende Rolle.[8] Goebbels war es in der Tat gelungen, die ganze Nation auf die Person Hitlers als des schicksalhaften Führers, dessen Tatkraft, dessen Einsicht und dessen Opferbereitschaft angeblich alles Dagewesene überstieg, zu fixieren. Der Führermythos erwies sich als erstaunlich stabil; er verselbständigte sich in zunehmendem Maße von dem Prestige der NS-Bewegung. Als Anfang 1945 deutsche Kriegsgefangene von amerikanischen Dienststellen auf ihre Haltung zum NS-Regime befragt wurden, äußerten diese schärfste Kritik an der Partei, an der Bonzokratie, an der Korruption, aber nahmen Hitler bezeichnenderweise von dieser Polemik aus.[9] Der vielzitierte Satz »Wenn das der Führer wüßte« spiegelt die in der Öffentlichkeit dominierende Mentalität, wonach die offenkundigen Mißstände, das Luxusleben vieler nationalsozialistischer Funktionäre, aber auch die Verbrechen des Regimes nicht Hitler anzulasten seien, sondern seinen Unterführern.

Die extreme Fixierung breiter Bevölkerungsgruppen auf Hitler äußerte sich auch darin, daß die Popularitätskurve des Regimes nach dem gescheiterten Attentat vom 20. Juli 1944 vorübergehend scharf anstieg und die Auffassung verbreitet war, nicht Hitler, sondern die konservative Generalität sei für die schweren Niederlagen an der Ostfront verantwortlich.[10] Für viele großbürgerlichen Anhänger des Regimes, wie Albert Speer, und zahlreiche hohe Offiziere war es bezeichnend, daß ihre persönliche Bewunderung für Hitler mit einer weitgehenden politischen Indifferenz und relativen Kritik an der nationalsozialistischen Bewegung einhergehen konnte.[11] Namentlich die Liquidierung der SA-Führung vom 30. Juni 1934 hätte viele konservative Bündnispartner des Regimes in dem bleibenden Eindruck bestärkt, daß Hitler, anders als der in ihren Augen sozialrevolutionäre Flügel der NSDAP, im Grunde für eine gemäßigte Politik eintrete und daß man ihn gegenüber den Radikalen in der Partei unterstützen müsse.[12] Dieser verhängnisvolle Irrtum bewirkte, daß die Wehrmachtsführung, ohne von Hitler dazu gezwungen zu sein, die Armee einen persönlichen Treueid auf die Person des Diktators schwören ließ. Hitlers radikale öffentliche Reden nahm man zunächst vielfach nicht als ernsthafte Absichtserklärungen, sondern als Lippendienst an die nationalsozialistische Bewegung.

All dies bildet jedoch keine hinreichende Erklärung für die Fixierung auch der nicht ausdrücklich nationalsozialistisch eingestellten Machteliten auf die Person Hitlers, zumal als dieser in der Außenpolitik das nationalkonservative Programm der Revision von Versailles durchbrach und einen imperialistischen Annexionskrieg entfesselte, an dessen Ende das Großgermanische Reich deutscher Nation, die totale Beherrschung des Kontinents durch das Deutsche Reich und der Anspruch auf Weltherrschaft stehen sollte. Die innenpolitischen Widerstände, die durch die dann vermittels des Münchner Abkommens unterbundene Absicht Hitlers, die Tschechoslowakei militärisch zu zerschlagen und das Risiko eines Weltkriegs einzugehen, und den Entschluß zum Überfall auf Polen im August 1939 ausgelöst worden waren, entfielen nach den unerwarteten Siegen über Polen und Frankreich. Nach dem Frankreichfeldzug befand sich Hitler innenpolitisch auf dem Gipfel seines Erfolges. Abgesehen von den illegal konspirierenden Kommunisten und den oppositionellen sozialdemokratischen Gruppen waren auch diejenigen, die vorher noch skeptisch geblieben waren, von der Genialität und Führungsbegabung Hitlers überzeugt; die Militäropposition sollte sich, abgesehen von der kleinen Gruppe um Generaloberst Beck, erst Jahre später wieder konsolidieren.

Die bedrohliche Kriegssituation nach der verlorenen Winterschlacht vor Moskau und der angebliche Existenzkampf gegen die Gefahr des Bolschewismus sicherten Hitler erneut die Loyalität breiter Gruppen der Nation. Erst die Wende von Stalingrad brachte im Januar 1943 ein Umkippen der »Stimmung« und verzweifelte Anstrengungen von Goebbels, den Durchhaltewillen der Nation »anzukurbeln«. Goebbels' berühmte Sportpalast-Rede »Wollt ihr den totalen Krieg« und die stürmischen Ovationen, die seiner verantwortungslosen Demagogie gespendet wurden, belegen noch einmal mehr, wie sehr viele Deutsche den Sinn für die Realität verloren hatten und allzuleicht bereit waren, sich dem Rausch nationalsozialistischer Endsiegbeschwörungen hinzugeben.[13]

Die Ursachen dafür sind vielfältig. Es gehörte zum Wesen des Regimes, den einzelnen nicht zur Besinnung kommen zu lassen. Die Lebensverhältnisse in den letzten Kriegsjahren, die Auswirkungen des Bombenkrieges, die ständige Überforderung des einzelnen am Arbeitsplatz und die Inanspruchnahme aller freien Energien zur Sicherstellung der alltäglichsten Lebensbedürfnisse wie die der nationalsozialistischen Indoktrinierung parallel gehende Entpolitisierung der Bevölkerung hatten einen wesentlichen Anteil daran, daß Kritik an Einzelerscheinungen des Regimes sich nicht zu wirklicher Oppositionshaltung verdichtete.[14] Die *unconditional surrender*-Forderung, die von Goebbels' Propaganda geschickt ausgeschlachtet wurde, und die nachwirkende antibolschewistische Indoktrinierung, so wenig sie mit den Erfahrungen der Soldaten an der Ostfront einherging, riefen, zusammen mit fehlenden Informations- und Kommunikationsmöglichkeiten, das Bewußtsein einer ausweglosen Lage hervor, in der alles darauf anzukommen schien, die deutschen Kriegsanstrengungen zum Erfolg zu führen. Es gab – dies war eine Auswirkung der jahrelangen Propaganda – für den durchschnittlichen Deutschen keine psychologische Alternative zur Loyalität gegenüber Hitler, wenn er sich nicht außerhalb der Nation stellen wollte. Hitlers Person symbolisierte, obwohl er sich nicht mehr in der Öffentlichkeit zeigte und immer seltener über den Rundfunk sprach, die Einheit und den Bestand der Nation. Der terroristische Druck, die konkrete Gefährdung, daß regimekritische Äußerungen zur Einweisung in ein Konzentrationslager führten, wirkten zusätzlich ein.

Unter den Bedingungen eines terroristischen Diktaturregimes und einer vollständig manipulierten öffentlichen Meinung bestanden ohnehin keine Chancen, daß innerhalb der breiten Bevölkerung politische Gegenkräfte gegen den selbstmörderischen Kurs des Regimes mobilisiert werden konnten. Es gehörte zum Schicksal des kommunistischen wie des bürgerlichen Widerstands, daß sie im ganzen über ein begrenztes Anhängerpotential nicht hinausgelangten und insbesondere, mit wenigen Ausnahmen, keinen Widerhall bei der jüngeren Generation fanden, die eine andere politische Struktur als die faschistische nicht mehr kennengelernt hatte.[15] Gegenkräfte mußten von den Machtbastionen des Regimes innerhalb der öffentlichen Apparate wie der Kader der NSDAP und den sekundär entstandenen Bürokratien wie der SS und der zahllosen Einsatzstäbe im Spannungsfeld von Partei und Staat ausgehen. Es gab Ansätze zur Opposition auch innerhalb der systemnahen Apparate, darunter einzelnen Teilen der SS-Bürokratie. Ebenso breitete sich im Funktionärskorps der NSDAP Unzufriedenheit und Kritik an Einzelerscheinungen des Regimes aus. Die geheimen Stimmungsberichte der Gestapo, die gewiß kein ungeschminktes Bild der Wirklichkeit darboten, enthalten reiches Anschauungsmaterial für die anwachsenden inneren Spannungen des Regimes.[16] Indessen artikulierte sich die allenthalben vorhandene Unzufriedenheit nicht politisch, sondern erzeugte eher Apathie und Resignation. Die häufige Teilkritik an den Korruptionserscheinungen des Regimes, vor allem an der Haltung der Parteifunktionäre, erstickte zudem in der unablässigen Rivalität der zersplitterten Machtapparate des Systems. Sie verdichtete sich nicht zu einer Gesamtablehnung und sparte insbesondere Hitlers Person aus.

Unter normalen Bedingungen hätten sich in einem so starkem Streß ausgesetzten politischen System – auch unter totalitär-terroristischen Bedingungen – Gegenkräfte herausbilden müssen, die die politische Führung hätten zwingen müssen, um der Systemstabilisierung willen die übersteigerten Expansionsziele abzubauen und den innenpolitischen Status quo zu sichern. In der Tat hatten die konservativen Bündnispartner Hitlers im Januar 1933 geglaubt, daß Hitler, wenn er einmal im Besitz der politischen Gesamtverantwortung sei, seine radikalen Zielsetzungen herunterschrauben würde. Das konservative »Zähmungskonzept« schien auch zunächst, wenngleich nicht im Sinne des Vizekanzlers von Papen und Alfred Hugenbergs, die, wie die öffentliche Meinung, damit rechneten, daß Hitler in wenigen Monaten abgewirtschaftet haben würde, erfolgreich zu sein. Der Demagoge Hitler stilisierte sich in der ersten Phase seines Regimes als gemäßigter Staatsmann. Dies galt insbesondere in außenpolitischer Beziehung. In den ersten Jahren nach der Machtergreifung schlug Hitler einen unerwartet behutsamen außenpolitischen Kurs ein, der, in seiner taktischen Intention nicht voll verstanden, zum großen Teil von den deutschnationalen Bündnispartnern – so bezüglich des deutsch-polnischen Nichtangriffspakts – kritisch aufgenommen wurde. Auch schien die Niederschlagung der angeblichen Röhm-Revolte zu beweisen, daß Hitler entschlossen war, eine sozialrevolutionäre Entwicklung, wie sie sich in dem gerüchtweise verbreiteten Slogan von der »zweiten Revolution« abzeichnete, rücksichtslos abzublocken. In zahlreichen anderen Fragen der Innenpolitik desavouierte Hitler die weiterreichenden Wünsche der NSDAP und SA. Die Reichsregierung unterband spontane Eingriffe von Parteidienststellen in die Wirtschaft und machte alle Anstrengungen, um das spontan entstandene

Kommissar-System von SA und NSDAP wieder abzubauen. Die NSDAP, geführt von dem wenig energischen Stellvertreter des Führers, Rudolf Heß, erlangte keineswegs den erwarteten Einfluß auf die öffentliche Verwaltung, von Einbrüchen auf der kommunalen Ebene abgesehen. Die Politischen Leiter fühlten sich gegenüber der Bürokratie zurückgesetzt.[17]

Die Partei, deren Propagandaapparate dem Reichsministerium für Propaganda unterstellt wurden, verlor, trotz des »Gesetzes zur Sicherung der Einheit von Partei und Staat« und trotz der Erhebung von Rudolf Heß in den Ministerrang allen effektiven Einfluß auf die zentralen politischen Entscheidungen. Zwar vermochte Martin Bormann, zunächst als Stabsleiter von Heß, dem Verbindungsstab des Stellvertreters des Führers einen gewissen Einfluß auf die staatliche Gesetzgebung zu sichern, indem er seiner Dienststelle die Funktion einer mit dem Chef der Reichskanzlei konkurrierenden Koordinationsinstanz zwischen der Ministerialebene und dem engeren Führungsstab Hitlers verschaffte; aber der Tatbestand, daß der von Bormann aufgebaute Apparat bis in die letzten Kriegsjahre hinein nicht in der Lage war, den Einfluß der führerimmediaten Gauleiter zu neutralisieren, und daß dieser weder den Vierjahresplan Hermann Görings noch den sich alsbald verselbständigenden, vielfältigen Machtapparat Heinrich Himmlers kontrollieren konnte, deutet auf die relative Schwäche der NSDAP als politischer Organisation hin; ihre Funktionen beschränkten sich nach und nach darauf, soziale Betreuungsaktionen durchzuführen und das Winterhilfswerk zu betreiben, zumal mit dem Wegfall von Wahlkämpfen und Plebisziten ihre ursprüngliche Zweckbestimmung nicht mehr benötigt wurde. Auf Betreiben des Sicherheitsdienstes wurde der NSDAP die Unterhaltung eines eigenen internen Nachrichtenapparates untersagt. Wirklicher politischer Einfluß stand hohen NS-Funktionären nur dann offen, wenn es ihnen gelang, öffentliche Ämter in Personalunion mit zu versehen oder öffentliche Aufgaben zu usurpieren.

Gleichwohl erfüllte sich die Hoffnung zahlreicher autoritär konservativ eingestellter Mitglieder der traditionellen Führungseliten nicht, daß die Entmachtung der SA und die zunehmende

Reduzierung des Einflusses der NSDAP als Massenorganisation zum reibungslosen Funktionieren eines in sich geschlossenen staatlichen Machtapparats führen würde. Zwar konnte der Reichsminister des Inneren, Wilhelm Frick, durch die Gleichschaltung der Länderbürokratien, seinen Verwaltungsapparat vervielfachen und brachte die freilich unvollkommene Vereinigung der preußischen und der Reichs-Verwaltung, eine lang angestrebte Rationalisierung, aber es erwies sich rasch, daß das Reichsinnenministerium, trotz seiner gesteigerten Kompetenzen, nicht in der Lage war, sich gegenüber den auf ihre territorialen Positionen gestützten Gauleitern durchzusetzen, so daß die erstrebte Reichsreform ebenso wie die Reorganisation der öffentlichen Verwaltung auf der Strecke blieb und außer der Deutschen Gemeindeordnung und dem nach vielen Querelen schließlich 1937 verabschiedeten Reichsbeamtengesetz die Verfassungsreformpläne Fricks Makulatur wurden. Frick, der mit seinen Vorschlägen bei Hitler nicht durchdrang und der die Zuständigkeit für die Polizei an Himmler verlor, obwohl dieser formell dem Reichsminister des Innern unterstellt blieb, erkannte schließlich die Aussichtslosigkeit seiner auf eine eigenständige nationalsozialistische Verfassung gerichteten Reorganisationspläne. Nach Hitlers mehrmals aufgeschobener Einwilligung in Fricks Demission trat dieser an die Stelle des Barons von Neurath als Reichsprotektor in Böhmen und Mähren.[18]

Es war ein Charakteristikum des Dritten Reichs, daß Hitler es teils förderte, teils billigte, daß sich der zunächst nur gleichgeschaltete Staatsapparat in eine Fülle konkurrierender Instanzen auflöste und dieser durch eine beständig wachsende Zahl kommissarischer Apparate, die sowohl als öffentliche wie als Parteieinrichtungen fungierten, aufgeschwemmt wurde. Die vielbeschriebene Ämteranarchie des Dritten Reiches hatte ihren Ursprung in der spezifischen Struktur der NSDAP vor der Machtergreifung. Die Partei war ausschließlich als Wahlorganisation konzipiert; Einfluß auf die Führungsentscheidungen hatten die Parteikader allenfalls akzidentiell, und eine institutionalisierte innerparteiliche Willensbildung gab es ohnedies nicht. Die Erteilung von ad hoc-Vollmachten an die verschiedenen Unterführer und die Belassung eines breiten Bewegungsspielraums für die einzelnen Hoheitsträger entsprang dem Bedürfnis, die Werbewirksamkeit der Partei zu erhöhen.

Die Partei besaß – sehr im Unterschied zum kommunistischen Typus – keine bürokratische Führungsstruktur. Ihre innere Organisation glich auch nicht dem Befehlsweg der Armee, sondern beruhte auf dem Prinzip weitgehender Handlungsfreiheit ihrer einzelnen Unterorganisationen bei gleichzeitiger Fixierung des für »unabänderlich« erklärten Parteiprogramms. In der Praxis handelte es sich nicht um ein stufenhaftes System der Zuständigkeiten, sondern um eine konkurrierende Führungsstruktur, was sich einerseits aus dem Prinzip der doppelten – disziplinarischen wie politischen – Unterstellung der einzelnen Parteifunktionäre[19] ergab, andererseits aus der fehlenden Koordination zwischen der politischen Organisation, SA, SS und den zahlreichen angegliederten Verbänden und Berufsorganisationen. Die kurzfristigen Vorteile dieses Systems der »Menschenführung« gegenüber bürokratischer Organisation liegen auf der Hand.[20] Sie erlaubten es, die notwendig auftretenden Rivalitäten zwischen Apparaten und Unterführern in den Dienst der ungeheuren politischen Mobilisierung zu stellen, die das eigentliche Novum der Organisations- und Propagandatechnik der NSDAP als spezifisch faschistischer Partei darstellte.

Eine dem Umkreis der Parteikanzlei entstammende Denkschrift von 1942 beschrieb diesen für Hitler charakteristischen Führungsstil durchaus kritisch. »Das Prinzip des Wachsenlassens«, heißt es dort, »bis der Stärkste sich durchgesetzt hat, ist sicherlich das Geheimnis der geradezu verblüffenden Entwicklung und Leistung der Bewegung.« Doch habe dieses Prinzip, das »in der Aufbauzeit sicherlich nützlich gewesen« sei, den Nachteil, daß sich die Energien der Bewegung auf die Dauer in »Kompetenzstreitigkeiten bis in die Ortsgruppen hinein« verzehrten und daß es politische »Despoten« heranzüchte, die »keine andere Meinung neben sich« duldeten.[21] Die spezifische Organisationsstruktur der NSDAP, die den jeweiligen Unterführer praktisch nur auf die unbedingte Loyalität gegenüber der Person des Diktators verpflichtete, im übrigen alle Interessendivergenzen auf den Weg persönlich gefärbter Rivalitäten oder Konflikte lenkte angesichts des Verbots, Meinungsverschiedenheiten weder nach außen dringen zu lassen, noch innerparteilich zu erörtern, stimmte mit den sozialdarwinistischen Vorstellungen Hitlers und seiner engeren Clique überein. Auch entsprach diese im strikten Sinne politisch *amorphe* Struktur dem Bedürfnis der Münchner Ortsgruppe, keine konkurrierenden Machtzentren innerhalb der Partei aufkommen zu lassen.[22]

Sicherlich wär dieses von Hitler nachdrücklich begünstigte Organisationsprinzip nicht einfach der Ausfluß einer divide-et-impera-Taktik, obwohl solche Erwägungen sicherlich mitspielten. Wäre dies ausdrücklich der Fall gewesen, hätte Hitler sich der Herausbildung von politisch unkontrollierbar werdenden Machtapparaten widersetzen müssen, nicht zuletzt dem Wachstum des SS-Imperiums Heinrich Himmlers. Indessen pflegte Hitler diesen Prozeß noch zu unterstützen und in die von sekundären Apparaturen vorangetriebene Politik nur zögernd und erst dann einzugreifen, wenn seine eigene Machtstellung unmittelbar tangiert schien. Dies gilt auch für den angeblichen Röhm-Putsch, der, hochgespielt von Himmler und Göring und begleitet von einer verstärkten Aktivität der neokonservativen Gruppen hinter dem Vizekanzler von Papen, die Gefahr anzukündigen schien, daß die Reichswehr, ausgestattet mit dem Vollzug des Ausnahmezustandes, das Kabinett Hitler lahmlegen und den Weg zu einer autoritären Militärdiktatur bahnen würde; Hitler entschied sich erst spät und nach langen Vermittlungsversuchen, unter dem massiven Druck der SS, zu einem dann freilich »rücksichtslosen« Eingreifen.[23]

Andererseits tat Hitler wenig, um die sich schon unmittelbar nach der Machtergreifung abzeichnenden Führungsrivalitäten zu kanalisieren. Dies entsprach der von ihm als Parteiführer immer wieder praktizierten Devise, in innerparteiliche Konflikte nicht einzugreifen, sondern deren Ausgang abzuwarten und jede persönliche Festlegung, die sich später als schädlich erweisen könnte, zu vermeiden. Es war außerordentlich bezeichnend, daß Hitler auf die beredten Klagen Fricks über die Eigenmächtigkeit der Reichsstatthalter entschied, daß es im allgemeinen unterbleiben müsse, Meinungsverschiedenheiten zwischen den Reichsstatthaltern und dem

RMdJ »seiner Entscheidung zu unterbreiten«, abgesehen von Fragen »von besonderer politischer Bedeutung«.[24] Auch im Reichskabinett entzog sich Hitler entsprechenden Konflikten und verlangte, daß sich die Ressortchefs zu einer gemeinsamen Linie zusammenfinden müßten, bevor eine Kabinettsvorlage verabschiedungsreif sei. In der Sache führte dieser Regierungsstil dazu, daß strittige Fragen entweder vollständig tabuisiert – wie die Reichsreform[25] – oder auf die lange Bank interministerieller und parteibürokratischer Auseinandersetzungen geschoben wurden.

Das System der Verzögerung oder der Vermeidung politischer Grundsatzentscheidungen durch Hitler – abgesehen von den Bereichen, denen er momentane oder dauernde Priorität einräumte, darunter bestimmten Aspekten der äußeren Politik – war von der ebenfalls aus der Kampfzeit übernommenen Gewohnheit begleitet, für politische Aufgaben, die als besonders dringlich erachtet wurden, ungeachtet der bestehenden Kompetenzen, neue kommissarische Bürokratien und Verwaltungsstäbe einzurichten, ohne die bisherigen Geschäftsverteilungen zu verändern. Das bekannteste Beispiel dafür ist die Schaffung der weitgehend von der IG Farben bestückten Bürokratie des Vierjahresplans, die nach und nach das Reichswirtschaftsministerium mattsetzte.[26] Eine derartige Problemlösungsstrategie entsprang Hitlers tiefer Abneigung gegen die staatliche Bürokratie und die Juristen, denen er Effektivität und Schlagkraft nicht zutraute, und sie erwies sich kurzfristig als relativ erfolgreich, wie vor allem die von Albert Speer, unter Umgehung fast aller konkurrierender Zuständigkeiten, darunter der des Vierjahresplans, erreichte vorübergehende Steigerung der Rüstungskapazitäten bewies.

Die ausschließliche Konzentration auf eine als vordringlich empfundene Aufgabe und die Vernachlässigung alternativer Strategien für den Fall eines Mißerfolges entsprachen exakt der von der NSDAP vor der Machtergreifung betriebenen Wahlkampfstrategie, die extreme programmatische und propagandistische Widersprüche aus agitatorischen Bedürfnissen in der Erwartung zuließ, diese nach der Machteroberung nicht einlösen zu müssen. Auch das Konzept der Blitzkriegsstrategie, die auf kurzfristiger Anspannung der verfügbaren Ressourcen, nicht auf Tiefenrüstung beruhte, reflektiert diesen spezifisch faschistischen Führungsstil. Die Gleichschaltung des Staatsapparats im Frühjahr 1933 brachte keine qualitative Änderung dieser die nationalsozialistischen Führungsgruppen bestimmenden Mentalität. Der Führungsstil der Partei wurde gleichsam auf das Reich übertragen, obwohl unter den Bedingungen der Machtsicherung andere Tugenden gefordert waren als die des nationalsozialistischen »Haudegens« und Propagandisten. Daraus resultierte die weitgehende Unfähigkeit der NSDAP selbst, die übernommenen wie die neu entstehenden bürokratischen Apparaturen ihrer effektiven Kontrolle zu unterwerfen.[27]

Dieses vielbeschriebene System, das ein hoher Beamter der Reichskanzlei als »vorläufig wohlgeordnetes Chaos« bezeichnete[28], hatte nun freilich unabsehbare politische Konsequenzen. Das Prinzip der »Allzuständigkeit« der jeweiligen Funktionsträger wirkte sich im Zusammenhang mit stets offenbleibenden, gelegentlich durch Privatverträge vereinbarten Kompetenzabgrenzungen in einer zunehmenden Zersetzung des Staatswesens und Auflösung der inneren Geschlossenheit des nur propagandistisch integrierten politischen Systems zugunsten partikularer Machthaber aus. Dem Kampf um Zuständigkeiten stand die verbreitete Tendenz entgegen, sich dort für unzuständig zu erklären oder Kompetenzen bereitwillig abzugeben, wo unbequeme und moralisch fragwürdige Aktionen im Spiel waren. Die Justiz machte keinerlei Anstalten, ihre Zuständigkeit zu behaupten, wenn es um Maßnahmen gegen Juden, Zigeuner und Angehörige slawischer Nationalitäten ging.[29] Am Abend des 8. November 1938 lehnte es beispielsweise der Generalstaatsanwalt in einer Weisung an die nachgeordneten Behörden ab, in Fällen der Schutzhaftnahme von Juden tätig zu werden.[30] Das Reichsministerium des Innern achtete sorgfältig darauf, daß Deportationsmaßnahmen durch Verordnungen abgestützt wurden, die ausdrücklich seine Nichtzuständigkeit festlegten.[31] Daher konnten sich die Gestapo und später der Volksgerichtshof gegenüber der regulären Justiz immer weiter durchsetzen. Regimegegner und Juden waren in zunehmendem Maße des Schutzes jeglicher Rechtsprechung beraubt und fielen direkt in die Zuständigkeit der Gestapo. Die Rechtsprechung war nahezu ausnahmslos bereit, das positive Recht zu durchbrechen und einem Ermessensstrafrecht zu folgen, das das »gesunde Volksempfinden« zur zweifelhaften Grundlage hatte, und sie verschrieb sich willfährig der nationalsozialistischen Ideologie.[32]

Die mangelnde Widerstandskraft auch der konservativen Eliten in Bürokratie und Rechtsprechung gegenüber den sich häufenden Willkürakten und verbrecherischen Tendenzen der NS-Führungscliquen hängt aufs engste mit der tiefgreifenden Aushöhlung des liberalen und des Rechtsstaatgedankens zusammen, die in die Weimarer Republik zurückreicht. Dies erklärt jedoch die Widerstandslosigkeit, mit der sich der überkommene Staatsapparat den Provokationen der NS-Potentaten beugte, nicht hinreichend, zumal Anpassung keineswegs allein unter terroristischem Druck erfolgte. Der Mechanismus, der die alten Eliten in die verbrecherische Politik des Regimes verwickelte und sie systematisch moralisch korrumpierte, beruhte vor allem darauf, daß die Dienststellen aller Ressorts in immer stärkerem Maße bereit waren, die Radikalisierung des Regimes mit zu tragen, um nicht einfach umgangen oder ausgeschaltet zu werden. Der Versuch, ihr Existenzrecht zu sichern, war regelmäßig mit rechtsstaatlichen und inhaltlichen Konzessionen erkauft. Es war bezeichnend, daß man von dieser abschüssigen Ebene schließlich überhaupt nicht mehr herunterkam.[33] Das galt nicht zuletzt für die Wehrmacht, deren Zustimmung zum rassischen Vernichtungskrieg gegen die Sowjetunion ihren moralischen Anspruch verwirkte, Hüter der preußischen Tradition zu sein.

Die Frage, warum sich zahllose, in ihrem privaten Leben in der Regel integre Persönlichkeiten durch das Regime korrumpieren ließen, ist nicht allein damit zu beantworten, daß sie in vielen Punkten inhaltlich mit der nationalsozialistischen Politik übereinstimmten, insbesondere dem Antibolschewismus und teilweise dem Antisemitismus; verschiedentlich vertraten Mitglieder der traditionellen Eliten die Auffassung, daß die Judenverfolgung nun einmal der Preis sei, der gezahlt werden müßte, um die NS-Bewegung von sozial-radikalen Maßnahmen – Eingriffen in die Eigentumsverfassung und die herkömmlichen sozialen Privilegien des deutschen

Großbürgertums – abzuhalten. Auch bei Angehörigen der Widerstandsbewegung wurde die Judenfrage erst dann zu einem Ärgernis, als die Verfolgungsmaßnahmen die assimilierten jüdischen Gruppen sowie Halbjuden und jüdische Mischehen erfaßten, während man bereitwillig der Fiktion folgte, daß es notwendig sei, den Einfluß des Ostjudentums in der deutschen Gesellschaft zu eliminieren.[34] Die mangelnde Resistenzfähigkeit breiter Gruppen in der Armee, der Wirtschaft und der Verwaltung hing ferner damit zusammen, daß sowohl innerhalb wie außerhalb des Parteiapparats die gesamte institutionelle Struktur flüssig wurde. Es gab keinen Bereich innerhalb des nationalsozialistischen Staatswesens, in dem nicht für dieselben Aufgaben mehrere Instanzen zuständig waren oder eine Mitzuständigkeit usurpierten. Dies betraf auch die Spitzengliederung und Befehlsstruktur der Wehrmacht. Keiner der nationalsozialistischen Machthaber konnte sicher sein, daß seine arrondierte Machtposition nicht einer plötzlichen Konstellationsänderung zum Opfer fiel, ohne daß es dazu eines ausdrücklichen Eingriffs von Hitler bedurft hätte. Göring, designierter Nachfolger Hitlers und Vorsitzender des Ministerrats für die Reichsverteidigung, verlor nach und nach die meisten seiner zusammengeklaubten Vollmachten, zumal sein Ansehen als Reichsluftfahrtminister und Luftwaffenchef nach dem katastrophalen Ausgang der Luftschlacht über dem Kanal und seiner Hilflosigkeit angesichts der alliierten Bomberoffensiven dem Nullpunkt entgegenging. Auch Goebbels fürchtete vorübergehend um seine Stellung bei Hitler; dies war eines der Motive, warum er die Pogrome gegen die jüdische Bevölkerung entfesselte, die unter dem allzu euphorischen Namen der »Reichskristallnacht« in die Geschichte eingegangen sind.[35] Selbst Heinrich Himmler wurde in den letzten Kriegswochen durch eine geglückte Intrige Martin Bormanns kaltgestellt.

Der Zustand notorischer Unsicherheit über die jeweils erkämpfte Machtposition, der von Hitler eher gewohnheitsmäßig als absichtlich gefördert wurde und der im weiten Umfang einfach ein Resultat der Unfähigkeit der Nationalsozialisten war, sich in ein einmal geschaffenes institutionelles Gefüge einzupassen, bewirkte bei den Satrapen des Regimes einen beständigen Wettlauf um die

Gunst des Führers. Er veranlaßte fast alle hohen Funktionäre des Regimes, sich durch die Propagierung radikaler Maßnahmen hervorzutun, sofern sie auf der Linie der Hitlerschen ideologischen Tiraden lagen und – was wichtig ist – nicht andere, dominante Interessen innerhalb des Systems in Frage stellten. Martin Broszat hat diesen Mechanismus als Selektion der negativen »Weltanschauungselemente« beschrieben[36]; die kumulative Radikalisierungstendenz, die sich eben aus der andauernden Führungsrivalität herleitete, fand daher ein besonderes Ventil in der Judenfrage. Denn – zumal nach dem Scheitern der Schachtschen Devisenpolitik – die Ausschaltung der jüdischen Bevölkerungsgruppe, zunächst aus offiziellen Positionen und angesehenen Berufen, dann aus der Wirtschaft, tangierte keine einflußreichen Interessen, während die Arisierung des jüdischen Vermögens und die Proletarisierung des deutschen Judentums sonst divergierende Interessengruppen gleichermaßen, wenn auch nicht konfliktfrei, zufriedenstellte.

Unter den Bedingungen eines formal funktionierenden politischen Systems – unabhängig von der Verfassungsform – würde eine Interessenabwägung stattgefunden haben, die die unterschiedlichen Auswirkungen angestrebter politischer Maßnahmen gegeneinander verrechnete. Im Dritten Reich war dies jedoch immer seltener der Fall. Dies hing damit zusammen, daß Hitler keineswegs die »Richtlinien der Politik« in dem Sinne bestimmte, daß die jeweils betroffenen Ressorts und Parteistäbe die jeweils von ihnen in Gang gesetzten »Maßnahmen« auf klar festgelegte Anweisungen der Regierungsspitze abstützten.[37] Zwar gab es unzählige, detaillierte Eingriffe in die Verwaltung, die Rechtsprechung und die Personalpolitik; hingegen blieben, abgesehen von der generalstabsmäßigen Vorbereitung der kriegerischen Expansion, die grundsätzlichen Direktiven allgemein, unklar und häufig widersprüchlich.

Planung in einem rational-kalkulierten, alle Eventualitäten berücksichtigenden Sinne gab es nur auf der Ebene der einzelnen, unkoordinierten Apparate. Hitler handelte – aus Gewohnheit, aus Bequemlichkeit und weil er sich davon eine höhere Effektivität versprach – umgekehrt. Er pflegte die rivalisierenden Macht- und Hoheitsträger zu Initiativen zu ermuntern und nur dann, in der

Regel bremsend, einzuschreiten, wenn ihm wichtig erscheinende politische Prioritäten dadurch gefährdet schienen oder wenn offene Konflikte auftraten, die die propagandistische Geschlossenheit des Regimes in Frage gestellt hätten. Es entwickelte sich daher ein Regierungsstil, der durch eine Unzahl von Einzelinitiativen der verschiedenen Ressorts und Dienststellen bestimmt war, ohne daß eine Koordination der Maßnahmen erfolgte. Stellte sich heraus, daß infolge der mangelnden Prioritätensetzung existentielle Ziele des Regimes nicht hinreichend verwirklicht wurden, betraute Hitler einen neuen Bevollmächtigten mit dieser Aufgabe und räumte diesem eine Generalkompetenz ein, wobei es offenblieb, ob dieser in der Lage war, sich auch wirklich durchzusetzen. Das Regime beugte daher krisenhaften Entwicklungen – in der Rohstoffversorgung, auf dem Arbeitsmarkt, bezüglich der Devisenlage oder der Versorgung der Bevölkerung – höchst unzureichend vor und reagierte auf mutwillig geschaffene *emergency*-Situationen und Engpässe in der Regel hypertroph und häufig unangemessen. Trotz beachtlicher kurzfristiger Effektivität führte dieses Vorgehen zu sich potenzierenden Reibungsverlusten, wie die im Vergleich zu Großbritanniens späten Rüstungsanstrengungen wenig erfolgreiche Tätigkeit des Vierjahresplans beweist. Das nur fallweise Eingreifen der Reichsführung hatte notwendig zur Folge, daß die Aktivität der einzelnen Apparate des Regimes in die verschiedensten Richtungen lief, so daß häufig an einem Ort Gesetzesentwürfe oder Verordnungen vorbereitet wurden, während an einflußreicherer Stelle bereits Pläne vorhanden waren, die diese überholten. Die Kriegsanstrengung überdeckte partiell diese inneren Zerfallssymptome, die auch rüstungstechnisch zu schweren Fehlentscheidungen Anlaß gaben.

Wichtiger waren die psychologischen Desorganisationserscheinungen, die von diesem System ausgingen. Da es – von wenigen Ausnahmen abgesehen – keine geregelte Information der maßgebenden Positionsinhaber über die laufenden oder beabsichtigten politischen Maßnahmen gab, es sich vielmehr einbürgerte, daß – nicht nur aus Gründen der Geheimhaltung – Sonderaufträge nur den damit unmittelbar befaßten Dienststellen zur Kenntnis gegeben wurden, trat gerade auf der mittleren Führungsebene ein extremer

Kommunikationsverlust ein.[38] Die Folge davon war, daß zwar innerhalb der jeweiligen Ressorts ein eingehender Überblick über die dort anstehenden Probleme bestand, während bereits die interministeriellen Beziehungen vielfach zufällig zustande kamen oder willkürlichen Charakter hatten, daß aber eine planmäßige Koordinierung der Führungsentscheidungen nur fallweise stattfand. Daher waren selbst höchste Positionsinhaber nur unzureichend über die tatsächliche innere Situation, über die diplomatischen Abläufe, die militärische Lage und insbesondere die in den okkupierten Gebieten ergriffenen Maßnahmen offiziell und korrekt informiert.[39]

Gleichzeitig entwickelte die nationalsozialistische Führungsschicht eine Mentalität der gezielten Verdrängung unbequemer Tatbestände. Zum Kommunikationsverlust trat die ausgesprochene Kommunikationsverweigerung. Daher konnte Albert Speer nach dem Kriege versichern, daß er über die Endlösung der Judenfrage nicht informiert gewesen sei.[40] Das System der Eskamotierung der Verantwortung und der Umstand, daß niemand bereit war – vielleicht mit Ausnahme Martin Bormanns als der »grauen Eminenz« des zerfallenden NS-Systems –, das Ganze im Blick zu halten, und alles politische Denken in technokratischen Detailfetischismus umschlug, führten dazu, daß Proteste und Widerstände gegen politische und militärische Fehlentscheidungen nur in Ausnahmefällen artikuliert wurden. Von noch grundsätzlicherer Bedeutung erscheint, daß in einem solchen Klima Proteste gegen Gewaltmaßnahmen und Verbrechen keinerlei Resonanz fanden, wenn sie überhaupt geäußert wurden. Die stufenhafte Gewöhnung an systematisch betriebene Rechtszerstörung und Gewaltakte bewirkte stumpfe Resignation und frivole Gleichgültigkeit, längst ehe das Regime die Ausrottungspolitik gegen die jüdische Bevölkerung Europas, gegen Slawen und Angehörige angeblich minderwertiger Rassen bewußt in Gang setzte und nach dem Beginn des Rußlandfeldzugs mit zynischer Perfektion betrieb.

Welche Rolle spielte Hitler in dem kumulativen Radikalisierungsprozeß, der das NS-Regime endgültig erfaßte, als im September 1939 innen- und schließlich außenpolitische Rücksichtnahmen zunehmend entfielen? Der Diktator hatte grundlegende Reformen auf staatlicher Ebene, wie sie Frick mir dem Ziel einer Verfassung des Großdeutschen Reichs anstrebte[41], verhindert. Die laufenden Regierungsgeschäfte interessierten ihn wenig. Anders als Mussolini war Hitler nicht bereit, regelmäßig Akten zu studieren. Bormann, der Nationalsozialist mit der größten bürokratischen Neigung, konnte seine Machtstellung auch darauf begründen, daß er wie kein anderer die täglichen Akteneingänge der Ressorts und Parteidienststellen kannte und zu intervenieren imstande war, wenn er es für notwendig hielt, Maßnahmen abzuändern oder zu verhindern. Hitler studierte eingehend die Presseauszüge, die ihm der Reichspressechef Dietrich vorlegte. Er las wohl auch die diplomatische Korrespondenz, und er besaß zweifelsohne die Fähigkeit, vor entscheidenden Verhandlungen mit auswärtigen Staatsmännern den Problemstand relativ exakt aufzuarbeiten. Sonst kümmerte er sich nur unregelmäßig um die laufenden Regierungsgeschäfte. In der Mehrzahl der Fälle pflegte Hitler nach mündlichem Vortrag zu entscheiden, häufig ohne Kenntnis der in den zu ständigen Ressorts vorliegenden Vorgänge. Diese wesentlich mündliche Regierungsführung, die zudem belastet war durch Hitlers Neigung, die Nacht zum Tage zu machen und sich vor 1941 einem routinemäßigen Tagesablauf weitgehend zu entziehen, gab inoffiziellen Beratern, die teils Adjutantenpositionen innehatten, teils zufällig mit dem Diktator in Berührung kamen, vielfach einen größeren Einfluß als den zuständigen Amtschefs.

Unter derartigen Umständen war es Hitler trotz seines stupenden Gedächtnisses für Details und seiner raschen Auffassungsgabe schlechterdings unmöglich, die Fäden der Regierung wirklich in der Hand zu halten. Er war auch gar nicht daran interessiert. Er ließ es ausdrücklich zu, daß den einzelnen Ressorts, nach Beginn des Krieges auch dem freilich wenig wirkungsvollen »Ministerrat für die Reichsverteidigung« unter Görings Vorsitz, legislative Vollmachten eingeräumt wurden, allerdings mit der Maßgabe, daß der Reichskanzler diese im Einzelfall wieder an sich ziehen konnte.[42] Dieses Verfahren verstärkte die Polykratie der Ressorts und die Entfaltung von sekundären Bürokratien[43], die sich, wie der Polizeiapparat der SS, institutioneller Kontrolle, abgesehen von der Zuständigkeit des Reichsfinanzministeriums, entzogen. Angesichts der räumlichen Ausdehnung des deutschen Herrschaftsbereiches und der Zersplitterung und Vervielfachung der in den besetzten Gebieten an der Verwaltung und Beherrschung beteiligten Dienststellen wäre eine Übersicht über die tatsächlichen Abläufe in den einzelnen Gauen, Gouvernements und Reichskommissariaten selbst dann nicht sicherzustellen gewesen, wenn dies systematisch angestrebt worden wäre. Namentlich im Osten kam es zu einer weitgehenden Verselbständigung der einzelnen Gebietskommissare, die an neofeudale Strukturen erinnert.[44] Zudem war Hitler durch die Übernahme des Oberbefehls über die Wehrmacht und durch die persönliche Leitung der Operationen vor allem an der Ostfront derart in Anspruch genommen, daß die Lenkung des NS-Imperiums mehr und mehr seinen Händen entgleiten mußte.

Mangelnde Koordination selbst kriegswichtiger Maßnahmen und weitgehende Unkenntnis der militärischen und politischen Gesamtsituation kennzeichneten daher nicht nur die Verhältnisse auf den unteren und mittleren Führungsebenen, sondern auch die engere, entscheidungsrelevante Umgebung des Diktators. Unter den Bedingungen des Zweiten Weltkrieges nahm das Informationsgefälle zwischen den Berliner Ministerien und dem Führerhauptquartier unvorstellbare Ausmaße an. Dies wurde potenziert durch die sich zuspitzende Neigung Hitlers, unangenehme oder seinem Wunschdenken widersprechende Nachrichten nicht zur Kenntnis zu nehmen; er verfügte, ihn mit solchen Angelegenheiten nicht mehr zu behelligen.[45] Realitätsblindheit verband sich mit Realitätsverweigerung. Je mehr sich der Diktator im Führerbunker abkapselte, Reisen durch Deutschland nur nachts oder mit verhängten Fenstern unternahm, immer seltener zur Front kam und einen Besuch der zerbombten Großstädte mied, desto mehr wurden die Beratungen im Führerhauptquartier, das nur noch durch das Nachrichtennetz mit der deutschen Wirklichkeit und der militärischen und politischen Lage in den okkupierten Territorien verknüpft war, durch eine selektive Wahrnehmung der tatsächlichen Lage bestimmt. Der – seiner Ausdehnung nach – gewaltigste Großstaat, den Europa je gekannt hatte, wurde aus einer geisterhaften und gespenstisch anmutenden Szenerie des Führerhauptquartiers heraus in Gang gehalten – denn Regierung kann man jenen Stil fallweiser und unsystematischer Eingriffe in das politische Getriebe des Dritten Reiches schwerlich nennen.

Nach außen hin blieb Hitlers Suprematie unangetastet. Es war bezeichnend, daß an die Seite der üblichen gesetzesvertretenden Verordnungen, die der Gegenzeichnung des Chefs der Reichskanzlei, zunächst auch der betroffenen Ressorts bedurften, die formlosen Gesetzesbefehle der Führererlasse und -verordnungen traten, die Bormann ausfertigte und die allzu häufig hingeworfenen Meinungen des Diktators Gesetzeskraft verschafften.[46] Sie spiegelten jeweils wechselnde Einflüsse und entsprachen im seltensten Fall einem geplanten, stufenhaften Vorgehen.

Mit steigendem Wirklichkeitsverlust und in der Vorahnung der militärischen Katastrophe des Dritten Reiches traten bei Hitler und seinen engsten Gefolgsleuten zunehmend die ursprünglichen utopisch-fanatischen Endzielvorstellungen in den Vordergrund, entfielen zugleich alle Rücksichten auf Verbündete, auf neutrale Mächte und mögliche Repressalien der Gegner. In dem Maße, in dem die machtpolitischen Zielsetzungen sich als brüchig erwiesen und die militärischen Niederlagen die nach außen zur Schau getragene Siegeseuphorie beiseite drangten, rückten die ideologischen Fernziele in den Mittelpunkt der Hitlerschen Tiraden, und es gab stets ergebene Fanatiker genug, die diese eilfertig in konkrete Maßnahmen und Strategien umzusetzen bemüht waren. Je grauer die Gegenwart des sich auflösenden Großgermanischen Reichs wurde, desto ungehemmter berauschten sich Hitler und seine Gefolgsleute an den durch angeblich falsche Kompromisse verspielten radikalen Erwartungen der Kampfzeit oder lenkten sie ihre Phantasien auf den chimärischen Zeitpunkt hin, an dem der noch auf unabsehbare Zeit andauernde Überlebenskampf zum Triumph Deutschlands und zur »reinen« Verwirklichung des Nationalsozialismus führen würde.[47]

Es ist wichtig, sich klarzumachen, daß die Endlösungspolitik, die Ermordung von mehr als drei Millionen russischer Kriegsgefangener, die grauenhaften Verbrechen gegen die Zivilbevölkerung in Osteuropa wie die chimärischen Siedlungspläne Himmlers nur in einem Entscheidungsklima politische Realität annehmen konnten, dem jederlei bürokratische Rationalität abging. Es ist nicht einfach Geheimhaltung oder Raffinesse gewesen, daß die von Himmler systematisch betriebene »Endlösung der Judenfrage« in Gang gesetzt wurde, ohne daß es dazu eines förmlichen, geschweige denn schriftlich fixierten Befehls von seiten Hitlers bedurft hätte.[48] Nur vor dem Hintergrund eines ausschließlich propagandistischen Verständnisses von Politik und einer extremen Informalisierung des politischen Entscheidungshandelns war es überhaupt denkbar, daß politische Ziele dieser Art, deren Auswirkungen in vielfältiger Form den realen Interessen des Regimes, nicht zuletzt seinen verzweifelten Rüstungsanstrengungen zuwiderliefen, ohne Einsprüche nachhaltiger Art in die Realität umgesetzt werden konnten. Daß es dazu kommen konnte, hing nicht allein mit Hitlers fanatischer Einstellung zusammen, die ihn intern, aber häufig auch in offizieller Funktion, die Sprache nackter und rücksichtsloser Gewaltanwendung sprechen ließ, an die sich die Satrapen des Regimes ebenso gewöhnten wie an die absurden Ehrenkodexe der SS und die stilisierend-verbergende Sprache der Schergen des Regimes.

So wenig es ein Argument dafür geben kann, daß Hitler die Ausrottungspolitik im Osten nicht uneingeschränkt befürwortet und seine Untergebenen nicht direkt und indirekt dazu angetrieben hat, so bitter ist die Einsicht, daß ohne die konkurrierende Betriebsamkeit der um die Gunst des Diktators buhlenden Würdenträger, zusammen mit der Automatik perfektionistisch-zweckfrei arbeitender sekundärer Bürokratien, die rassenfanatischen Ziele Hitlers schwerlich in die grauenhafte Wirklichkeit der Ausrottung von mehr als fünfeinhalb Millionen Juden und mehreren Millionen slawischer und anderer Opfer des Regimes hätten übersetzt werden können. Die Umsetzung ideologischer Fernziele wie der Vernichtung der jüdischen Rasse in Europa, die als Eventualüberlegungen schon früh auftauchen, aber keine reale politische Strategie enthalten, stellt das eigentliche Problem bei der Aufklärung des verwickelten Wegs zur »Endlösung« dar.[49] Noch bei Kriegsbeginn dachten weder Himmler noch Heydrich in Kategorien systematischer Liquidierung, und die endlosen Überlegungen, die dem Madagaskar-Plan, auch im Denken Hitlers, bis tief in den Krieg hinein gewidmet wurden, belegen dies deutlich.

Selbst Hitlers öffentlich geäußerte Absicht, einen Weltkrieg zur Zerschlagung des Judentums zu benützen, blieb in dem für ihn typischen propagandistisch-drohenden Horizont, und es wäre müßiges Spekulieren, inwieweit Hitler für sich konkrete Vorstellungen entwickelte, und ist noch kein ausreichender Schlüssel, um die Ingangsetzung der praktischen Endlösungspolitik hinreichend zu erklären. Daß der Zweite Weltkrieg und die die innere Stellung des Regimes nachhaltig festigenden militärischen Erfolge in Polen und Frankreich sowohl innenpolitische Widerstände verringerten wie die Schubkraft der Radikalisierungstendenz verstärkten, ist evident. Die bis ins Frühjahr 1941 noch vorhandenen Hemmungen, die teilweise diplomatischen Rücksichten entsprangen, entfielen Stück für Stück bei der Vorbereitung des als ideologischen Vernichtungskrieg konzipierten Feldzugs gegen die Sowjetunion.[50] Wichtig in diesem Zusammenhang war, daß der Antibolschewismus, der gerade von den konservativen Funktionseliten nachdrücklich vertreten wurde, nun auch direkt in den Dienst des Rassenvernichtungsprogramms gestellt werden konnte.

Um den Weg nach Auschwitz, damit zur planmäßigen und schließlich mit einem unerhörten bürokratischen Aufwand betriebenen Ausrottung der jüdischen Bevölkerung im deutschen Machtbereich, zu gehen, waren zahlreiche Zwischenschritte notwendig, die sich nur rückblickend als konsequente Verwirklichung einer festliegenden Absicht darstellen, im einzelnen jedoch sehr verschiedenen Initiativen entsprangen und auf wechselnden Interessen der jeweiligen Machthaber beruhten. Die ersten Euthanasieaktionen, die abgebrochen werden mußten, im Krieg jedoch eine begrenzte strikt geheimgehaltene Fortsetzung fanden, öffneten dem Gedanken technischer Menschenvernichtung den Weg in den politischen Alltag. Die verheerenden Folgen der unkoordinierten Deportationen der deutschen Juden wie die Gettoisierungsmaßnahmen im Generalgouvernement waren von zentraler Bedeutung, weil sie unhaltbare und mit den bisherigen Methoden nicht lösbare Verhältnisse schufen und weil sie jene zynische Abstumpfung bei den Funktionsträgern des Regimes nach sich zogen, die Männer vom Schlage Himmlers und Heydrichs auf den Plan rief, ihre Fähigkeit zu perfekten Problemlösungen unter Beweis zu stellen. Die gleiche Wirkung hatten die Maßnahmen im besetzten Polen, vor allem die Tätigkeit der Einsatzgruppen, die, gleichsam aus innerer Dynamik heraus, die ideologische Gleichsetzung von Juden, Untermenschen und Bolschewisten in eine wirkliche verwandelten. Gleichwohl bedurfte es erst eines schrittweisen Herantastens der von Himmler aufgebauten Unterdrückungsapparatur über die planmäßige Liquidierung sowjetischer Kommissare und Offiziere und vermeintlicher oder tatsächlicher Regimegegner, bis die »Endlösung« der planmäßigen Genozid-Politik erreicht werden konnte. Es ist in diesem Zusammenhang wichtig, daß die zunächst für die »Sonderbehandlung« sowjetischer kriegsgefangener Offiziere und Kommissare errichteten Lager den Ursprung der Vernichtungsmaschinerie abgaben, wie die Technik des Mords zunächst an der Euthanasie und der T4-Aktion erprobt wurde.

Die »Idee«, das heißt die fanatischen Bekundungen des Rassenantisemitismus bei Hitler allein genügten nicht, um die planmäßige Judenvernichtung in Gang zu setzen. Es mußten die eskalierenden, die Schergen an ihr Mordhandwerk gewöhnenden und die Zeugen abstumpfenden Gewaltaktionen hinzukommen, um den systematischen Mord als Methode konkrete Wirklichkeit werden zu lassen. Das Schicksal der sowjetischen Kriegsgefangenen in deutscher Hand, von denen nicht mehr als ein Drittel die Gefangenschaft überlebte, spielte hierbei eine nicht geringe Rolle, wie die bemerkenswerte Untersuchung von Christian Streit eindrücklich zeigt[51]; Auschwitz entstand als SS-eigenes »Kriegsgefangenen-Arbeitslager« in der Absicht, »eine gewaltige Häftlings-Rüstungs-Zentrale« zu errichten, nachdem es vorher nur eines der unbedeutenderen Konzentrationslager gewesen war. Als sowjetische Kriegsgefangene nicht mehr in hinreichendem Umfang zur Verfügung standen, wurden Auschwitz und Birkenau zur »Umschlagzentrale« von Hunderttausenden europäischer Juden.

Das Schicksal mehrerer Millionen russischer Kriegsgefangener ging keineswegs allein auf das Konto der SS-Instanzen und der Einsatzgruppen. Armee-Einheiten wirkten immer direkt und indirekt daran mit, daß ein Teil der Gefangenen selektiert und liquidiert werden konnte; OKW und OKH hatten maßgebenden Anteil daran, daß ungezählte russische Kriegsgefangene in den Lagern verhungerten, nicht primär – wenngleich es dies gab – weil es an Lebensmitteln fehlte, sondern weil russische Menschenleben im Licht der »Untermenschen«-Theorie und des Lebensraumgedankens nichts galten. Die erschreckende Behandlung der russischen Kriegsgefangenen vor allem in den ersten anderthalb Jahren des Rußlandfeldzuges ist, von ganz wenigen Ausnahmen abgesehen, von der großen Mehrzahl der Truppenführer mitgetragen oder bewußt hingenommen worden. An diesem – neben der »Endlösung der Judenfrage« vielfach übersehenen – Massenmord hatte die den ideologischen Prämissen des Rußlandkrieges überwiegend zustimmende Generalität wesentlichen Anteil. Die Katastrophe der russischen Kriegsgefangenen in deutscher Hand war nicht durch Eingriffe oder Anweisungen Hitlers veranlaßt, der die von den Dienststellen der Wehrmacht, in Zusammenarbeit mit SS und Partei, vorbereiteten bürokratischen Maßnahmen größtenteils erst nachträglich zur Kenntnis nahm. Sie lagen allerdings auf der Linie der von Hitler zur Aushungerung und Vernichtung Leningrads und Moskaus vorbereiteten Befehle.

Dieses Beispiel zeigt ebenso wie die Endlösungspolitik, daß trotz Hitlers unbestrittener Machtstellung die Handlungen des Diktators keineswegs die alleinige Endursache für die Eskalation des Verbrechens gewesen sind. Eine breite Gruppe von Militärs, Beamten und Technokraten, auch Repräsentanten der Großindustrie, haben sich bereitwillig in den Dienst einer in ihren Ausmaßen erst ex post voll sichtbar gewordenen Akkumulation der Unmenschlichkeit und barbarischen Gewaltanwendung gestellt. Es kann auch keine Rede davon sein, daß sich die Generalität den mit der Konzeption des Rassenvernichtungskrieges notwendig verbundenen und mit diesen »legitimierten« brutalen Gewalt- und Genozidmaßnahmen konsequent entgegengestellt hätte. Allerdings überwog die defensive und ressortbezogene Einstellung, eine disziplinarische Verrohung der Truppe zu unterbinden, sich allenfalls aus verbrecherischen Maßnahmen herauszuhalten. Die Protagonisten einer brutalen Unterdrückungs- und Ausrottungspolitik innerhalb der Partei- und SS-Apparate und im OKW trafen daher ein unerwartet geringes Maß an Widerstand an und konnten sich bei der Durchführung antijüdischer Aktionen in der Regel auf die direkte oder indirekte Kooperation der Truppe stützen. Der Antibolschewismus, der aufs engste mit dem Antisemitismus verknüpft war, bildete ein zentrales Motiv für die Bereitschaft, völkerrechtliche und humanitäre Gesichtspunkte im Ostkrieg preiszugeben.[52]

Die fanatischen Parolen Hitlers und einer abgrenzbaren Gruppe von radikalen Nationalsozialisten, die ständig Eingang in die offizielle Propaganda fanden und nicht nur auf internen Zusammenkünften geäußert wurden, gaben das Leitmotiv zur Verschärfung der Gewaltpolitik des Regimes. Gerade diese Gruppe war entschlossen, alle zaghaften Bestrebungen beiseite zu wischen, die darauf gerichtet waren, die schlimmsten Perversionen strafrechtlichen Sanktionen zu unterwerfen. Die konkrete Ausführung der verbrecherischen Maßnahmen des Regimes lag in aller Regel nicht bei denjenigen, die Hitler in seinen fanatischen Zielvorstellungen bestärkten und dessen Tiraden vor ihren Untergebenen imitierten. Sie lag in den Händen eilfertiger und dienstbarer subalterner Geister, die auch in den höchsten Positionen des Regimes zu finden waren und sich gerade wegen ihrer Bedenkenlosigkeit und ihres Durchsetzungsvermögens bei der engeren Führungsclique des Regimes Vertrauen erwarben. Männer wie Höß, Eichmann und Kaltenbrunner legten eine erschreckende Perfektion an den Tag, wenn es galt, Liquidierungs- und Deportationsprogramme in die Wirklichkeit umzusetzen. Sie waren von unterschiedlichen Motiven geleitet, unter denen Ehrgeiz und Eitelkeit eine wichtige Rolle spielten. Neben blinden Rassenantisemiten und Antikommunisten überwogen die bloßen Befehlsvollstrecker und Machttechniker, die zynisch genug waren, ein spießbürgerlich-ordentliches Privatleben von ihrer verbrecherischen Tätigkeit abzuschirmen.

Für nahezu alle mit der Durchführung der Judenvernichtung

befaßten Funktionäre galt, daß sie die von Himmler und anderen angebotenen Vorwände aufgriffen, wonach ihr Handeln einer einmaligen Ausnahmesituation entspränge. Dies verweist auf typische Merkmale des Entscheidungsprozesses innerhalb des nationalsozialistischen Systems. Da die politische Konfliktlösung nicht im Zeichen langfristiger Planung erfolgte, Konflikte sich vielmehr regelmäßig bis zur äußersten Zuspitzung verschärften, wobei es stets Interessenten genug gab, die dies mutwillig unterstützten, fielen Entscheidungen in aller Regel im Zwielicht einer Ausnahmesituation, die rasches und »robustes« Eingreifen gebot. Die Röhm-Krise vom Juni 1934 ist ein klassisches Beispiel dafür ebenso wie die Maßnahmen nach der Kristallnacht; in der äußeren Politik verhielt es sich häufig nicht viel anders. Es entsprach Hitlers persönlicher Neigung, seine an sich lethargische Stimmungslage durch äußere Dramatisierung in höchste Spannung zu versetzen, die es ihm erlaubte, über eigene Bedenken wie diejenigen seiner Ratgeber gleichsam als von der »Vorsehung getrieben« hinwegzugehen.

Die Politik der NSDAP hatte schon in der Kampfzeit vor allem darin bestanden, die Konfrontation um jeden Preis zu suchen und von der politischen Ausweglosigkeit der Präsidialregime zu profitieren. Sie war Nutznießer politischer Instabilität. Diese in der ganzen Struktur der NS-Bewegung angelegte Einstellung blieb nach der Machtergreifung in vieler Hinsicht erhalten, wenngleich überdeckt von den zahllosen Disziplinierungsversuchen derjenigen Funktionsträger, die Spitzenpositionen im Staatsapparat einnahmen und unter den maßgebenden Einfluß der konservativ eingestellten Ministerialbürokratie gerieten. Die Politik Hitlers wie der nationalsozialistischen Führungsgruppen tendierte dazu, Krisensituationen geradezu herbeizuführen, um sie dann zum Anlaß propagandistischer Mobilisierung zu machen, die das Lebenselixier der Partei darstellte; in der Regimephase blieb dieses Aktionsmuster erhalten, wenn es auch nicht mehr der in Passivität zurückfallenden politischen Organisation der NSDAP galt. In den ständigen Führungsrivalitäten lag ein zusätzlicher Antrieb zur Herbeiführung von anscheinend ausweglosen Situationen, die gleichsam nur in einer Flucht nach vorn überwunden werden konnten.

Derartige Mechanismen haben für die Durchsetzung der verbrecherischen Politik des Regimes, die sich immer im Zwielicht mutwillig provozierter Ausnahmesituationen vollzog, eine maßgebende Rolle gespielt. Politik war im Dritten Reich letzten Endes nichts anderes als eine unablässige Kette politischer, militärischer und moralischer Ausnahmesituationen vor der Staffage kleinbürgerlicher Normalität, wie sie Hitlers Lebensstil auf dem Obersalzberg kennzeichnete und wie sie von den Massenmedien ständig reproduziert wurde – eine verniedlichte Welt bürgerlicher Ordnung und Rechtschaffenheit, die gleichsam als Wunschbild der NS-Funktionäre zur psychologischen Rechtfertigung der Zerstörung der zwischenmenschlichen Normen bei der Behandlung von Regimegegnern benutzt wurde.

Man wird Hitlers antreibende Rolle nicht unterschätzen, die mit gleichsam innerer Notwendigkeit zur Selbstvernichtung hintrieb, wird aber andererseits erkennen müssen, daß der Diktator nur extremer Exponent einer durch den Wegfall aller institutionellen, rechtlichen und moralischen Barrieren freigesetzten antihumanitären Impulskette war, die, einmal in Gang gebracht, sich potenzierend fortzeugte. Nicht in allen Fällen war der Diktator Protagonist der Radikalisierung. Gegenüber Martin Bormann setzte er durch, daß die äußere Existenz der christlichen Kirchen nicht angetastet wurde. Bekanntlich reagierte er auf Stimmungsänderungen in der Bevölkerung höchst sensibel, wie seine Bedenken gegen die Lebensmittelrationierung, die Einschränkung der Konsumgüterproduktion und eine konsequente Arbeitsmarktregulierung deutlich machen. Insbesondere scheute er dort vor entscheidenden Maßnahmen zurück, wo er entschlossen Widerstand relevanter Bevölkerungsgruppen befürchtete. Mit hoher Wahrscheinlichkeit hätten öffentliche Proteste der christlichen Kirchen und des Offizierskorps die Endlösungspolitik und viele Konsequenzen des Rassenvernichtungskrieges in engen Grenzen halten, wenn auch nicht unterbinden können. Gerade in der Periode vor 1939 tendierte Hitler vielfach dazu, radikale Forderungen der Bewegung abzumildern, eine Haltung, die im Verlauf des Krieges zugunsten eines skrupellosen Fanatismus zurücktrat.

Man macht es sich daher vielfach zu einfach, wenn als Endursache für die verbrecherische Zuspitzung und terroristische Hybris der nationalsozialistischen Politik der bestimmende Einfluß Hitlers herausgestellt wird. Es ist zwar richtig, daß mit diesem Manne das System stand und fiel, aber diese zunächst trivial anmutende Beobachtung bedarf einer differenzierten Erklärung. Der biographische Zugriff, der von verschiedensten Seiten unternommen worden ist, hilft allein nicht weiter. Neuere psychologische Untersuchungen, so problematisch sie in der ihnen eigenen Verengung der den Weg des Dritten Reiches bestimmenden Faktoren auf psychische Veranlagungen Hitlers erscheinen[53], lassen deutlich werden, wie wenig es angebracht ist, Hitler den Rang staatsmännischen Handelns oder einer negativen »historischen Größe« einzuräumen. Sie zeigen beiläufig, daß sich Hitler schon frühzeitig von großen Teilen der Regierungsgeschäfte zurückzog und von einem zunehmenden Verlust bei gleichzeitiger Realitätsverweigerung bestimmt gewesen ist. Die uns bei Hitler entgegentretende Mischung von partieller Begabung und extremem Dilettantismus, die neurotisch anmutende Tendenz, die propagandistische Spiegelung des Regimes für die Wirklichkeit zu halten, Effizienz mit Fanatismus zu verwechseln, und die sich verstärkende Abneigung, abweichende Auffassungen zur Kenntnis zu nehmen, ist von klügeren Anhängern schon früh konstatiert worden.[54] Diese Haltung vermittelte Dritten den Eindruck innerer Geschlossenheit und Gradlinigkeit; dies vermag Hitlers demagogische Ausstrahlungskraft mit zu erklären. Das grandiose Mißverständnis, Hitler staatsmännische Fähigkeiten zuzuschreiben, beruhte auf der Bereitschaft seiner Untergebenen, und dazu gehörte nicht nur die engere NS-Führungsgruppe, die mit ihm in persönliche Berührung kam, sondern auch die Mehrheit der Generalität, sich der Autorität des »Führers« bedingungslos unterzuordnen, wobei persönlicher Ehrgeiz, Antibolschewismus, Machtverherrlichung und obrigkeitsstaatliche Überlieferung zusammenwirkten.

Das Bild des genialen, machiavellistischen, raffiniert kalkulierenden Machttechnikers, das aus Hitlers zweifellos überragendem taktischen Geschick und seiner psychotisch anmutenden politischen Sensibilität abgeleitet wird, verdeckt die menschliche Mittelmäßigkeit und fachliche Inkompetenz eines Mannes, den die Verhältnisse nach oben trieben und dem jede Fähigkeit, normale soziale Beziehungen zu unterhalten, abging. Es ist bezeichnend, daß der Diktator dazu neigte, Konflikten mit hohen Positionsinhabern aus dem Wege zu gehen, und daß er sich nur in seltensten Fällen dazu entschloß, diese nach außen hin fallenzulassen, daß er vielmehr Gegner, die zuvor der Bewegung gedient hatten, von wenigen Ausnahmen abgesehen, nur widerstrebend liquidieren ließ.

Hierin liegt eine der Ursachen dafür, daß sich gegenüber Hitler keine wirksame Opposition innerhalb der engeren Gefolgschaft zu bilden vermochte. Neben der Disposition breiter Gruppen der Bevölkerung, den durch die Goebbelssche Propaganda systematisch geschürten »Führerkult« anzunehmen, ist die Bereitschaft in den traditionellen Funktionseliten, sich der Autorität des »genialen« Führers zu beugen, von größter Bedeutung gewesen. Dies spiegelt sich in der weitverbreiteten Einstellung, die »den Führer« von der Verantwortung für Mißstände innerhalb des Regimes ausnahm und ihn in Gegensatz zu den Exponenten von NSDAP und SS stellte. Die tieferliegenden autoritären Dispositionen entspringende Identifikation mit Hitler als Träger der Staatsmacht wie Repräsentant der Nation erwies sich als entscheidendes Hindernis einer politischen Isolierung oder Ausschaltung des Diktators, die, wie Claus Schenk von Stauffenberg richtig erkannte, eine wichtige psychologische Voraussetzung eines Umsturzes war.

Unter den Bedingungen des Krieges verstärkte sich diese psychologisch gegebene Schlüsselstellung des Diktators, obwohl er zunehmend öffentliche Auftritte scheute und sich in die Scheinwelt des Führerbunkers zurückzog. Für den normalen Staatsbürger gab es keine Möglichkeit, nationale Identifikation und Führermythos voneinander zu trennen; es war nicht zufällig, daß nach dem Attentat des 20. Juli 1944 die Popularität des Regimes vorübergehend anstieg.[55] Die psychologische Reaktion nach 1945 war begreiflicherweise genau die umgekehrte: die Ernüchterung führte nun zu der Mentalität, die Verbrechen und Fehler des Regimes in einer ersten Linie bei Hitler und der engeren Führungsclique als dem Inbegriff eines statisch und unpolitisch begriffenen »totalitären«

Systems aufzusuchen, weniger nach deren strukturellen Ursachen zu fragen. Die historische Analyse wird sich damit nicht zufriedengeben, sondern die Mechanismen aufzudecken suchen, die das Regime als ganzes zu einer Politik virtueller Selbstzerstörung veranlaßten.

Die innere Amorphie des NS-Herrschaftssystems hatte einen wesentlichen Anteil daran, daß sich stabilisierende Gegenkräfte immer weniger herauszubilden und Geltung zu verschaffen vermochten. Die fortschreitende Aushöhlung und Zersetzung der institutionellen, rechtlichen und sozialen Grundlagen des zunächst nur »gleichgeschalteten« politischen Systems schlug sich notwendigerweise in einer wachsenden Korrumpierung auch derjenigen Funktionsgruppen nieder, die sich zunächst aus den Gewaltakten und rechtsbrechenden Übergriffen herauszuhalten oder diese einzuschränken versuchten. Zugleich verbreitete sich selbst bei höchsten Funktionsträgern im staatlichen Apparat wie den Dienststellen der Partei das Gefühl, ohnehin nichts ändern zu können, da die institutionendurchbrechende Dynamik keinen Ansatzpunkt bot, um sich Gehör zu verschaffen.

Bittere Erfahrungen der Geschichte nach dem Zweiten Weltkrieg haben deutlich gemacht, daß voraussetzungslose zynische Machtausübung einer regierenden Clique, die entschlossen ist, alle Brücken hinter sich abzubrechen, relative politische Stabilität besitzen kann. Das späte nationalsozialistische Regime trug ähnliche Züge. Es war zu einer mittelfristigen Stabilisierung des Systems nicht mehr fähig. Dieses löste sich in einzelne Satrapien der Gauleiter und Gebietskommissare und isolierte Befehlsbereiche auf, die nur noch durch die Fiktion des angeblichen »Führerwillens« und die Überzeugung vom nationalen Existenzkampf zusammengehalten wurden. Äußerlich ist dieser Prozeß innerer Auflösung auf die extremen Belastungen durch die Kriegsführung zurückzuführen. Indessen ist diese Tendenz in der Struktur der NS-Bewegung von vornherein angelegt gewesen und hat sich nur unter den Bedingungen des Krieges, die nach und nach innenpolitische Rücksichtnahmen entfallen ließen, voll durchgesetzt. Die Aushöhlung der Zuständigkeiten des Reichsinnenministeriums, die Verselbständigung des in sich antagonistisch strukturierten SS-Imperiums und die Rolle der Reichsverteidigungskommissare sind ein Beispiel dafür.

Es wäre daher irreführend, die militärische Niederlage für die Zerschlagung des Regimes verantwortlich zu machen, ohne sogleich hinzuzufügen, daß diese Niederlage unabwendbar war, weil die inneren Triebkräfte des Regimes notwendig zur Übersteigerung der Ressourcen und militärischen Potentiale gerade aufgrund erster militärischer Erfolge führten und weil eine immer enger werdende Kette strategischer, rüstungspolitischer, wirtschaftlicher und diplomatischer Fehlentscheidungen mit dem fortschreitenden Rationalitäts- und Realitätsverlust notwendig einherging. Insofern tendierte das NS-System zu parasitärer Zersetzung der übernommenen staatlichen und gesellschaftlichen Grundlagen, ohne neue Gestaltungen dauerhafter Art an die Stelle der bisherigen Einrichtungen zu setzen.

Indem das Regime durch das ihm eigentümliche Gemisch von Brutalität und zynischem Terrorismus einerseits und administrativem und politischem Dilettantismus andererseits der Auflösung der bisher geltenden gesellschaftlichen und moralischen Normen und ihrer institutionellen Verankerung mutwillig Vorschub leistete, schob es die zivilisatorischen Dämme beiseite, die einem atavistischen Rückfall in den sozialdarwinistisch geprägten Kampf aller gegen alle entgegenstanden. Es scheint sich so zu verhalten, daß diese tiefgreifende Deformation des gesellschaftlichen und politischen Systems erst jene unerhörten destruktiven Energien freisetzte, die die innerlich brüchige und zum Scheitern verurteilte, nur auf den ersten Blick hin eindrucksvolle Gewalthegemonie des »Tausendjährigen Reiches« auf dem europäischen Kontinent möglich gemacht haben.

Es ist nicht zu erwarten, daß politische Falschmünzer vom Schlage Hitlers in Zukunft politische Chancen haben werden. Insofern ist es verfehlt, das Studium der nationalsozialistischen Gewaltherrschaft auf die Analyse der Rolle zu reduzieren, die Hitler darin einnahm. Diktatoren sind ebensowohl von den politischen Bedingungen abhängig, die ihnen die Macht verschaffen, wie sie dieselben beeinflussen. Die zerstörerischen und zutiefst inhumanen Bestrebungen, die das nationalsozialistische System auf allen seinen Ebenen freisetzte, können unter ganz anderen politischen Verhältnissen und Strukturen, in veränderter Form und sicherlich mit verringerter Mächtigkeit, wieder auftreten. Unter diesem Gesichtspunkt muß die Erfahrung des Dritten Reiches aufgearbeitet werden, und es wäre verfehlt, die politischen Implikationen, die der Amoklauf einer zivilisierten und hoch entwickelten Industriegesellschaft wie der deutschen auch für unsere Gegenwart hat, hinter einer Sehweise zu verstecken, die Hitler als Endursache einsetzt, ohne erklären zu können, warum dieser die wechselnd starke Gefolgschaft beträchtlicher Gruppen der deutschen Bevölkerung hat finden können.

Ausnahmezustand als Herrschaftstechnik des NS-Regimes

Selten gelangte eine Partei so unvorbereitet zur politischen Macht wie die NSDAP am 30. Januar 1933.[1] Im Grunde reichten ihre Zielsetzungen nicht über den Erwerb des politischen Machtmonopols hinaus. Zwar gab es vereinzelt Vorarbeiten für die künftige Machtergreifung, sowohl auf der Ebene der Reichsleitung wie der der Gauleitungen. Sie beschränkten sich jedoch im wesentlichen auf Maßnahmen zur Machtsicherung, und sie waren kaum über die ersten Anfänge hinaus gediehen.[2] Die wenigen Entwürfe, die sich mit der Gesetzgebung eines zukünftigen nationalsozialistischen Kabinetts befaßten, stammten von Außenseitern und haben die seit dem März 1933 rasch erfolgten, in die bisherige Verfassungs- und Verwaltungsstruktur tief eingreifenden Maßnahmen des Reichsministeriums des Innern allenfalls indirekt beeinflußt.[3] Die einzige konkrete Planung der NS-Führung scheint sich auf die Errichtung eines allumfassenden Indoktrinierungsapparates beschränkt zu haben, der in der Form des späteren Reichsministeriums für Volksaufklärung und Propaganda nur unvollkommen verwirklicht wurde.[4] Die 1930 unter dem Titel Boxheimer Dokumente bekanntgewordenen Umsturzplanungen, die in der Hessischen Gauleitung entstanden, enthielten kein Modell eines künftigen Staatsaufbaus; sie skizzierten nur umfassende Maßnahmen zur Ausschaltung politischer Gegner und befaßten sich mit der Übergangsperiode bis zur Stabilisierung der nationalsozialistischen Herrschaft. Über deren institutionelle Form herrschten widersprüchliche Vorstellungen. Einigkeit bestand nur darin, daß das parlamentarische System vollständig beseitigt werden müsse. Bei Vertretern des gewerblichen Mittelstandes, aber auch Großindustriellen wie Fritz Thyssen, fanden berufsständische Ideen lebhaften Beifall, aber sie blieben eine bedeutungslose Episode. Klare Vorstellungen von der Gestalt des nationalsozialistischen Staates bestanden nirgendwo, auch nicht im engeren Führungskreis Hitlers. Die aus „Mein Kampf" stammende Formel von der Übertragung der nationalsozialistischen Parteiorganisation auf den Staat wurde bezeichnenderweise inhaltlich niemals spezifiziert.[5]

Die pseudolegale Machteroberung, wie sie sich seit dem 30. Januar vollzog, war ein in dieser Form unerwarteter Vorgang. In der Partei hatte man geglaubt, daß sich der Übergang zur politischen Macht im Zusammenhang mit der Niederschlagung eines kommunistischen Aufstandsversuchs, also auf revolutionärem Wege, vollziehen werde. Die Politik der Präsidialkabinette eröffnete die Alternative einer pseudolegalen Machtergreifung auf dem Boden der bestehenden Verfassung und unter taktischer Ausnutzung des parlamentarischen Systems. Die Bildung des »Kabinetts der nationalen Konzentration« und die Ausschaltung des Reichstages durch das Ermächtigungsgesetz vom März 1933 wurden von der Parteimehrheit als Vorbereitung zur totalen Machteroberung betrachtet. In Analogie zur Novemberrevolution erwartete man eine vollständige revolutionäre Umwälzung, ohne daß über deren Form und Zielsetzung hinreichend klare Vorstellungen bestanden. Die Stilisierung der Kabinettsbildung vom 30. Januar als »nationale« und später als »nationalsozialistische« Revolution durch Goebbels stellte daher nicht nur eine propagandistische Maßnahme dar, die dazu diente, die sofort einsetzende verfassungswidrige Usurpation staatlicher Institutionen in Reich und Ländern durch die NSDAP zu rechtfertigen; sie zielte zugleich auf die Beschwichtigung der Massenanhängerschaft der Bewegung. Es sei sehr schwer, die Bewegung aus der bisherigen Siedehitze in die Gesetzlichkeit des nationalsozialistischen Staates zu überführen, bemerkte Goebbels.[6] Er interpretierte den sich seit dem März mit zunehmender Geschwindigkeit vollziehenden Gleichschaltungsprozeß als revolutionären Akt, und er bestand darauf, daß »die deutsche Revolution von unten und nicht von oben gemacht worden« sei. Die wiederholten Beschwörungen Hitlers und Fricks von Sommer 1933, daß die nationalsozialistische Revolution abgeschlossen sei, gingen in die gleiche Richtung. Sie wurden von der Versicherung begleitet, daß die vollständige Gleichschaltung von Staat und Gesellschaft gesetzmäßig in die Wege geleitet werde.

Die Anhängerschaft betrachtete das, was Goebbels die »Machteroberung und Vermählung mit dem Staatsapparat« nannte und zum »letzten Teil eines revolutionären Aktes«[7] umstilisierte, als weiteren Schritt im Verlauf eines »revolutionären« Prozesses und gerade nicht als dessen Schlußpunkt. Das Bündnis, das Hitler mit den traditionalen Eliten in Armee, Bürokratie und Wirtschaft einging, erschien als taktisch motivierter Übergangszustand, an dessen Ende die ungeteilte Herrschaft der Partei stehen werde. Dem entsprach die vor der Machtübernahme getroffene Vereinbarung, daß nationalsozialistische Inhaber von Staatsämtern ihre Parteiämter beibehalten sollten.[8] Vor allem die Gruppe der Alten Kämpfer und die aktive SA verblieben in einem Zustand revolutionärer Erwartung und revolutionärer Kampfbereitschaft; sie träumten davon, daß NSDAP und SA virtuell die Gesamtheit der Bevölkerung umfassen und sich an die Stelle der tradierten staatlichen Ordnung setzen würden.[9]

Demgegenüber haftete dem entstehenden nationalsozialistischen Herrschaftssystem notwendig der Charakter des Vorläufigen und Unfertigen an, ja die Spannung zwischen überkommener Staatsverfassung und der sie überlagernden Herrschaftszonen der Parteieliten machte sein eigentliches Wesen aus. Die Utopie einer künftigen radikaleren Neuordnung blieb in einzelnen nationalsozialistischen Kadern lebendig, obwohl sie mit keinerlei positiven Zielsetzungen verbunden war. Das Bewußtsein, daß die Errichtung des wahren nationalsozialistischen Staatswesens noch bevorstehe, erneuerte sich während des Zweiten Weltkrieges im Zusammenhang mit dem 20. Juli 1944.[10] Anfänglich glaubten die lokalen Parteiorganisationen, durch einseitiges Vorprellen im Sinne der Führung zu handeln; es bedurfte dazu keiner ausgeklügelten Kombination von revolutionären Maßregeln von unten und sanktionierenden Gesetzgebungsakten von oben, auch wenn sich diese Taktik im Zuge der Machteroberung als äußerst wirkungsvoll erwies.[11] Mit

Ausnahme der SA unter Ernst Röhm fügte sich die Partei in die staatlichen Disziplinierungsmaßnahmen, wenngleich dies gelegentlich nur widerwillig erfolgte.

Auf dem Hintergrund des Mythos vom endgültigen Sieg der nationalsozialistischen Bewegung muß die Wirklichkeit des Dritten Reiches interpretiert werden. Die Partei als Volksorganisation wurde politisch mehr und mehr entbehrlich, und zwar in dem Maße, in dem sie bis zu der im Mai 1933 verhängten Mitgliederaufnahmesperre zur Millionenorganisation anschwoll. Sie erstarrte gleichsam in der Struktur, die sie in der Bewegungsphase gehabt hatte; um so stärker trafen die divergierenden regionalen, sozialen und ökonomischen Interessen, die in der NSDAP und den ihr angegliederten Organisationen repräsentiert waren, aufeinander, ohne daß sich eine Möglichkeit zu deren Integration abzeichnete. Die Interessendifferenzierung verstärkte sich im Zuge der gesellschaftlichen Gleichschaltung; diese war durchaus eine Fortsetzung der vor dem 30. Januar verfolgten Politik. Es lag nahe, daß die Parteifunktionäre aller Ebenen Kompensationen für den schwindenden Einfluß der Partei auf die Entscheidungen der Zentrale anstrebten und subsidiäre Herrschaftsapparate aufzubauen bemüht waren.

Die Notwendigkeit eines erneuten und mit gigantischem Aufwand betriebenen Wahlkampfes verdeckte im Frühjahr 1933 die sich abzeichnende politische Funktionslosigkeit der Partei. Die schon vor den Märzwahlen vorgenommene Gleichschaltung der Länder, die in Preußen ihren wohlvorbereiteten Ausgang nahm und in einer vorweggenommenen totalen Machtergreifung bestand, mußte in den Augen der Partei vorwiegend als taktische Maßnahme betrachtet werden, die es ermöglichte, durch die Übernahme der Polizeigewalt die angestrebte Repression der Linksparteien zu verstärken. Die gleiche Vorläufigkeit haftete den unkoordiniert vorgenommenen Gleichschaltungsmaßnahmen im gesellschaftlichen Raum an. Es kam hinzu, daß der Reichstagsbrand den Nationalsozialisten die Möglichkeit zuspielte, in der Form eines zivilen Ausnahmezustandes, den die Notverordnungen des 28. Februar trotz einschränkender Durchführungsverordnungen Görings[12] effektiv bedeuteten, das Ermächtigungsgesetz vorwegzunehmen.[13] Während letzteres dem ursprünglichen strategischen Konzept zufolge der Ausgangspunkt des totalen Machterwerbs und der Ausschaltung der konkurrierenden konservativen Kräfte sein sollte, wurde es nun zu dessen legalisierendem Endpunkt, zumal die Regierung bereits die legitimierende Wirkung des Wahlausgangs zum Anlaß einer Kette von einander übersteigenden Ausschaltungsmaßnahmen genommen hatte.

Die Energien der Bewegung wurden noch einmal in den Aktionen absorbiert, die zur Zerschlagung der SPD und der freien und christlichen Gewerkschaften, dann der bürgerlichen Parteien und Verbände einschließlich des Stahlhelms führten und als eine Fortsetzung des durch Repression und Propaganda gekennzeichneten Wahlkampfs betrachtet werden müssen.[14] Für die radikalen Elemente der NSDAP war die ungehemmte Aktivität mit der unklaren Hoffnung einer »zweiten Revolution« verbunden. Die Mißstimmung darüber, daß sich kein entscheidender Wandel vollzog, daß vielmehr der Einfluß der NSDAP im lokalen wie regionalen Bereich abgebaut wurde, entlud sich in einer steigenden Gereiztheit gegenüber der staatlichen Bürokratie und fand zugleich ein Ventil in der Ämterpatronage, die sich namentlich auf kommunalpolitischem Gebiet breitmachte.

Für die SA, die unter dem Druck steigender Mitgliedszahlen und unzureichender finanzieller Ausstattung stand, gab es dieses Ventil im ganzen nicht, da Röhm seine Taktik gerade darauf abstellte, Personalunionen mit staatlichen Ämtern zu vermeiden. Es verwundert daher nicht, daß die SA zum Hauptträger der im Begriff der »zweiten Revolution« zusammengefaßten Unzufriedenheit wurde, obwohl ihre soziale Zusammensetzung sich kaum von der der NSDAP unterschied. Unter dem Druck Fricks und Görings hatte die SA sowohl ihre Hilfspolizeifunktionen aufgeben wie das Kommissarsystem weitgehend einschränken müssen.[15] Sie war daher, mit Ausnahme des konfliktreichen Bayern[16], in die sich abzeichnende Machtstruktur des Regimes nicht integriert, und Hitler war entschlossen, Röhms militärische Ambitionen, die auf eine Gleichstellung der Reichswehr oder deren Abhängigkeit von der projektierten SA-Volksarmee hinausliefen, zurückzuweisen, da er das Bündnis mit der Reichswehrführung für unentbehrlich hielt. Nach dem Vollzug der Gleichschaltung war die SA weitgehend funktionslos geworden; ihre Ausschaltung, die sich am 30. Juni 1934 infolge der Intrigen Himmlers und Görings und unter dem Eindruck gegenrevolutionärer Bestrebungen im konservativen Lager völlig überhastet und unter hohem Risiko in bezug auf das Prestige des Regimes vollzog[17], schien in den Augen der Öffentlichkeit den Übergang zu einem stabilen Regime zu ermöglichen.

Die vom Reichsministerium des Innern, zunächst in Konkurrenz mit Preußen, eingeleiteten Maßnahmen zur Beseitigung der Länderautonomie und zur Einleitung der Reichsreform entsprangen keineswegs einem stufenförmig konzipierten Gleichschaltungsplan.[18] Sie zielten darauf ab, die zahlreichen Kompetenzüberlagerungen, die aus den vielfach spontan erfolgenden Machtsicherungsmaßnahmen erwuchsen, entweder rückgängig zu machen oder doch unter Kontrolle zu bringen. Dies gelang bei weitgehenden, aber durch gleichzeitige Verstärkung des staatlichen Aufsichtsrechts kompensierte Konzessionen an die lokalen und regionalen Dienststellen der NSDAP auf kommunalpolitischem Gebiet mit der Deutschen Gemeindeordnung von 1935, scheiterte jedoch auf der Ebene der seither heftig umkämpften »Reichsmittelinstanz« am Widerstand der partikularistisch eingestellten und um ihre Hausmacht fürchtenden Gauleiter. Schon hier zeichnete sich die Niederlage des Reichsministeriums des Innern ab, das bestrebt war, zu einem einigermaßen rationalen Staatsaufbau zu gelangen. Nach anfänglichen Scheinerfolgen sank dessen Einfluß beständig, um 1942 mit dem Ausscheiden Fricks keine selbständige Rolle im politischen Entscheidungsprozeß mehr zu spielen.[19] Frick traf wiederholt auf dem Widerstand Hitlers selbst. Dieser wies Fricks Vorschlag, das Ermächtigungsgesetz durch ein Reichsverfassungsgesetz abzulösen, aus legalistischen Erwägungen heraus zurück und blockierte alle Versuche, ihm einen Reichsgesetzgebungs- oder auch nur Führerwahlsenat als politisches Integrationsorgan nach dem Fortfall des Kabinetts als integrierender Kraft an die Seite zu stellen.[20] Parallel zum Scheitern der Stabilisierungsbemühungen des RMdI steht die wachsende Preisgabe der der Reichskanzlei obliegenden Koordinierungsfunktionen durch Lammers, der sich gegenüber Bormann immer weniger durchzusetzen vermochte und schließlich gezwungen war, in Form privater Vereinbarungen mit Bormann um das Vortragsrecht beim Diktator zu feilschen.

Eine innere Stabilisierung des Regimes hätte eine grundlegende Reorganisation der NSDAP zur Voraussetzung gehabt, da nur so die in der Bewegungsphase eingeübten Verhaltensweisen hätten abgebaut werden können, die die Aushöhlung bestehender Institutionen zum Ziele hatten und sich nun gegen die vom Regime ausgefüllten Machtpositionen selbst richteten. Hitler war jedoch zu einer Parteireform nicht in der Lage. Er betrachtete die NSDAP zwar als vorantreibende Kraft, auf die er sich dort abzustützen gedachte, wo der staatliche Apparat versagte oder Widerstand leistete, aber er hielt an ihrer bisherigen Aufgabenstellung fest, die im wesentlichen in propagandistischer Integration bestand. Im Reichsministerium des Innern und der Reichskanzlei erwog man, die Partei zur Eliteorganisation zurückzubilden und ihr die Funktion der politischen Führungsauslese zu übertragen. Angesichts der führerimmediaten Stellung der Gauleiter war an einen solchen Schritt nicht zu denken. Das Gesetz zur Sicherung der Einheit von Partei und Staat vom Dezember 1933 gab der Partei eine weitreichende Autonomie, entzog ihr aber alle wirklichen politischen Funktionen. Schon zuvor hatte sich Hitler als Kanzler der Aufgaben des Parteiführers weitgehend entledigt; mit der Ernennung von Rudolf Hess zum Stellvertreter des Führers wurden die auf der Ebene der Reichsleitung der NSDAP anhaltenden Führungsrivalitäten noch verstärkt. Hess zeigte sich der Aufgabe des faktischen Führers der Partei in keiner Weise gewachsen. Diese zersplitterte von vornherein in eine Vielzahl von einander weitgehend abgetrennten Machtblöcken und rivalisierenden Apparaten.[21]

Während es der SS aufgrund der Übernahme staatlicher Funktionen gelang, eine entscheidende Machtposition innerhalb des Regimes aufzubauen und sich nach und nach das Monopol der politischen Kontrolle zu verschaffen, wurde die NSDAP als politische Massenorganisation zunehmend auf unpolitische Betreuungsaufgaben beschränkt. Es ist bezeichnend, daß ihr vornehmstes Ideal darin bestand, dem jeweiligen Gemeindepfarrer den Rang abzulaufen. Dem entsprach die Idealisierung der katholischen Kirche als Institution durch führende Repräsentanten der Partei.[22] Die Propagandafunktionen, stets die eigentliche Aufgabe der Partei, wurden durch das Reichspropagandaministerium übernommen, das sich die Propagandaabteilungen der NSDAP, in typischer Vermischung von Staats- und Parteiapparat, direkt unterstellte. Der Partei verblieben Aufgaben der politischen Schulung; aber auch hier traf sie auf die Konkurrenz der Deutschen Arbeitsfront und Alfred Rosenbergs.[23] An der Basis alleingelassen, mußte sie beklagen, daß ihr die vielberufene Verbindung zur Bevölkerung nach und nach verloren ging und daß der von Hess lebhaft beklagte »luftleere Raum« zwischen Volk und Führung von ihr immer weniger überbrückt werden konnte.[24]

Es hätte der Übertragung effektiver und eigenständig wahrgenommener politischer Kompetenzen an die NSDAP bedurft, um dem Konjunkturrittertum und der drohenden bürokratischen Erstarrung Einhalt zu gebieten. Stattdessen führte das Prinzip der Personalunion zwischen staatlichen und Parteiämtern zu einer zunehmenden Einbindung der Partei in die staatliche Bürokratie, zum Ausscheiden zahlreicher Parteifunktionäre, die das Staats- dem Parteiamt vorzogen, und indirekt zu fortschreitender Entpolitisierung.

Politische Bedeutung besaß nicht die Partei, sondern gewannen jene führenden Funktionäre, die ihr Parteiamt als Sprungbrett zur Usurpierung öffentlicher Funktionen und staatlicher Hoheitsaufgaben benutzten. Es hing von der Energie des jeweiligen Funktionärs ab, inwieweit es ihm gelang, in kommunale oder regionale Materien hineinzuregieren, und bezeichnenderweise war der Einfluß der Partei auf der lokalen Ebene je nach den politischen Kräfteverhältnissen außerordentlich verschieden.[25] Effektive politische Macht entsprang auch im Dritten Reich aus der Wahrnehmung staatlicher Hoheitsaufgaben. Diejenigen Parteifunktionäre, denen es nicht gelang, öffentliche Funktionen an sich zu ziehen, blieben weitgehend einflußlos. Die anwachsende Machtstellung Martin Bormanns beruhte weit weniger auf seiner Hausmacht innerhalb der Partei als vielmehr darauf, daß er sich damit durchsetzte, der Dienststelle des Stellvertreters des Führers und späteren Parteikanzlei das Monopol der Gesetzgebungskontrolle zu sichern, so wenig er den Einfluß der Gauleitergruppe gänzlich zurückzudrängen vermochte. Die Funktion der Parteikanzlei als eines mit der Reichskanzlei rivalisierenden politischen Koordinationsministeriums verschaffte Bormann sekundär auch die Möglichkeit, sich vielfach unter Umgehung der Gauleiter den nachgeordneten Parteiapparat zu unterwerfen, ohne diesen gänzlich in ein effektives Vollzugsorgan umwandeln zu können.[26]

Nicht anders erwuchs Himmlers Machtstellung aus der Verschmelzung der Stellung als Reichsführer-SS mit der Position als Chef der Deutschen Polizei, in der er nominell Frick unterstellt war; als Reichskommissar für die Befestigung des Deutschen Volkstums vermochte er in den eingegliederten und besetzten Gebieten die Macht des Reichsministeriums des Innern erfolgreich zu neutralisieren, bis er schließlich 1943 dessen Leitung selbst übernahm und dessen Zuständigkeiten zugunsten des Reichssicherheitshauptamtes weiter aushöhlte.[27] Desgleichen beruhte Robert Leys Einfluß als Reichsorganisationsleiter weitgehend darauf, daß er in Personalunion mit der Führung der Deutschen Arbeitsfront, der zahlenmäßig und finanziell bei weitem stärksten Massenorganisation des Dritten Reiches, betraut war.

Der vielbeschriebene Ämterantagonismus des Dritten Reiches ging nicht zuletzt darauf zurück, daß die Parteiorganisation keine politischen Integrationsaufgaben wahrnahm, gleichzeitig aber die fiktive Legitimationsgrundlage für die von Frick nur vorübergehend zurückgedrängte Ämterusurpation durch nationalsozialistische Funktionäre abgab. Darüber hinaus stellte die Partei geradezu das Muster für den zur Zersetzung des Regimes und zum Verlust politischer Rationalität führenden Prozeß fortschreitender Zersplitterung politischer Zuständigkeiten und Verantwortlichkeiten dar. Während die NSDAP als Massenorganisation politischer Sterilität anheimfiel, drängten ihre Funktionäre, in erster Linie die Gauleiter, auf den Aufbau einer eigenen Hausmacht, und das Prinzip der politischen Klientel und Cliquen nahm von hier seinen Ausgang.

Die rein personelle Auffassung von Politik, der fehlende Sinn für Institutionen, der Anspruch, die wahren Interessen der Bewegung zu vertreten, und die in der Parteiorganisation angelegte Tendenz zur Korruption trugen dazu bei, das nationalsozialistische Herrschaftssystem in ein Netzwerk von persönlichen Abhängigkeitsverhältnissen, rivalisierenden Apparaten, konkurrierenden Kompetenzansprüchen und unkontrollierter persönlicher Willkürherrschaft der Nazi-Elite zu verwandeln.

Karl Dietrich Bracher hat die Führungsrivalitäten, inneren Machtkämpfe und schließlich die Selbstzersetzung des Regimes auf die sozialdarwinistischen Grundauffassungen Hitlers und sein Bestreben zurückgeführt, durch Vermehrfachung der Kompetenzen gleichzeitig seine Stellung als arbiter supremus sicherzustellen und die effektivere Durchsetzung der von ihm befolgten Zwecke zu erreichen: »Der Antagonismus der Machtfunktionen ist einzig in der omnipotenten Schlüsselstellung des Führers aufgehoben. Gerade darin aber, nicht im Funktionieren des Staates per se, liegt die tiefste Absicht der keineswegs perfekten Gleichschaltung. Denn die Schlüsselstellung des Diktators ist gerade in dem unübersichtlichen Neben- und Gegeneinander der Machtgruppen und persönlichen Bindungen begründet.«[28] – Daß dieser Effekt entstand, ist unbestritten; Hitler, obwohl namentlich in den letzten Monaten des Dritten Reiches immer mehr faktischer Führungsaufgaben enthoben, blieb stets der Bezugspunkt der rivalisierenden Machtgruppen. Hingegen erscheint es zweifelhaft, dies auf ein bewußtes Kalkül von seiten Hitlers zurückführen zu wollen.

Im Umgang mit Angehörigen der Führungseliten von Partei, Armee und Staat zeigte sich Hitler als Propagandist, der durch Beschwörungen zu überzeugen versuchte und dem bestehende Interessenkonflikte lästig waren. Der machiavellistische Genuß der Macht hätte ein eher rauhbeiniges Auftreten gegenüber den Unterführern erwarten lassen, doch ist das Gegenteil der Fall – Hitler suchte sie sämtlich durch Redetiraden und persönliche Ansprache auf seine Weise zu gewinnen, und er war erstaunlich erfolgreich damit. Das rücksichtslose Durchgreifen, das er von seinen Unterführern immer wieder forderte, und das er etwa durch willkürliche, in der Regel spontan motivierte Eingriffe in die Gerichtsbarkeit und in die innere Politik praktizierte, steht in gewissem Kontrast zu dem äußerst vorsichtigen Taktieren, das er immer dann bevorzugte, wenn er das Gefühl hatte, daß sein persönliches Prestige tangiert sei. Die Gleichsetzung von Macht und Prestige bei Hitler verweist auf den propagandistischen Hintergrund der von ihm getroffenen politischen Entscheidungen, denen daher durchweg ein Moment der Irrationalität anhaftete.

Tim Mason hat auf das Gefühl der Unsicherheit hingewiesen, das Hitler stets in bezug auf mögliche Reaktionen der Bevölkerung und insbesondere der Arbeiterschaft gehegt hat, und Alan Milward hat gezeigt, daß Hitler deshalb unpopuläre Maßnahmen zur Durchführung des totalen Kriegs möglichst hintenanstellte.[29] Peterson hat die nüchterne Betrachtung hinzugefügt, daß Hitlers Neigung, Prioritätensetzungen zu vermeiden, vielfach nicht bloß einem Gefühl unzureichender Kompetenz und einer ihn vielfach kennzeichnenden Entscheidungsschwäche, sondern auch einfachem Desinteresse entsprang.[30] Als Parteiführer, wie dann auch als Reichskanzler und Reichspräsident – bezeichnenderweise unterließ er es bewußt, den letzteren Titel weiterzuführen – vermied er alle Maßnahmen, die als Inkonsequenz oder als Eingeständnis einer Fehlentscheidung aufgefaßt werden konnten. Er scheute davor zurück, sich von Männern zu trennen, die führende Funktionen in Bewegung und Staat einnahmen, oder suchte die politische Bedeutung ihres Rücktritts zu kaschieren. Baron von Neurath wurde zum Präsidenten des Geheimen Kabinettsrats ernannt, Fricks Rücktrittsgesuch dilatorisch behandelt; von Gauleitern trennte sich Hitler erst nach schwerem inneren Kampf. Nur auf den ultimativen Druck von Göring und Himmler hin willigte er am 30. Juni 1934 in die Erschießung Röhms ein.

Zeit seiner Herrschaft empfand Hitler geradezu Furcht vor einer institutionell fest verankerten Macht. Die plebiszitäre Absicherung der Vereinigung der Ämter des Reichskanzlers und des Reichspräsidenten entsprang dem Bedürfnis, institutionell ungebunden zu sein. Die Vereidigung der Wehrmacht auf den Führer und Reichskanzler hatte daher zunächst keine institutionellen Auswirkungen.

Hitler übte die Funktion des Parteiführers faktisch nicht aus, übertrug aber die Mentalität und Methoden desselben auf die Staatsgeschäfte. Als Diktator handelte Hitler nach den Maximen des erfolgreichen Propagandisten: Konzentration auf ein jeweils herausgestelltes Ziel, Vortäuschung unerschütterlicher Zielstrebigkeit und Benutzung paralleler Strategien ohne Rücksicht auf die politischen Folgewirkungen, die sich aus den notwendig erwachsenden institutionellen Reibungen ergaben. Wenn er immer wieder von der Unerläßlichkeit ideologischer Geschlossenheit und fanatischer Kampfbereitschaft sprach, mit der es die Massen zu erfüllen galt, so glaubte er wirklich an die Überlegenheit propagandistischer Mobilisierung gegenüber totalitärer und damit notwendig pragmatischer Organisation. Das Ausspielen rivalisierender Instanzen gegeneinander geschah daher weniger um der Sicherung seiner Omnipotenz willen, sondern vor allem aus dem instinktiven Bedürfnis heraus, jeden Fanatismus in der Verfolgung angestrebter Ziele zu honorieren, selbst wenn er sich unter Mißachtung institutionell geregelter Zuständigkeiten vollzog und das bürokratische Festschreiben gewonnener Positionen zugunsten einer offenen Dynamik verhinderte.

Diese Einstellung hatte in der Kampfzeit die totale Mobilisierung der Bewegung möglich gemacht, in der vollausgebildeten Diktatur bewirkte sie erhebliche Reibungsverluste und mangelnde sachliche Effizienz. Allzuständigkeit und unbürokratische »Menschenführung«, gekoppelt mit einer chronischen Unterschätzung fachlicher Kompetenzen, riefen auf allen Ebenen des Systems die unkontrollierte Herrschaft von persönlichen Klientelen, die Ausbreitung von Korruption und Denunziation und eine völlige Zersplitterung des politischen Entscheidungsprozesses hervor. Die Herausstellung des Prinzips der Menschenführung war von der Verachtung aller Verwaltungstätigkeit begleitet und mündete in die Fiktion einer »Regierung ohne Verwaltung«.[31] Das Fehlen förmlicher Integrationsmechanismen – das Kabinett verlor rasch seine Bedeutung und wurde seit 1938 nicht mehr einberufen, Parteiführerbesprechungen waren selten und besaßen überwiegend Akklamationscharakter, die Reichsleitung der NSDAP existierte nur dem Namen nach und war in Form unkoordinierter bürokratischer Apparate ohne wirkliches Gewicht – verwies den Austrag innerparteilicher Interessengegensätze notwendig auf den Weg der Intrigen und der persönlichen Übereinkünfte, womit alle Konflikte unvermeidlich in personalisierter Form auftraten. Bezeichnend dafür ist die naive Vorstellung der nationalsozialistischen Führungsgruppe, daß sich bei der Wahl der richtigen Männer die allenthalben als unhaltbar empfundenen Reibungen ausräumen ließen, obwohl es sich durchweg um strukturell bedingte Gegensätze handelte.

Hitler war alles andere als das ausgleichende Element der Regierung. Er verhinderte einen kontinuierlichen Geschäftsgang teils durch stets neue, verschiedenartige Impulse, teils durch die Verschleppung von zur Entscheidung anstehenden Materien. Sein völlig unbürokratischer Führungsstil, der sich im Verfall der Schriftlichkeit niederschlug, seine Abwesenheit von Berlin, der völlig ausbleibende Kontakt mit den Ressortministern, seine Abhängigkeit von vielfach zufälligen und in der Regel inkompetenten Beratern, seine Kritik am Beamtentum, das zu schwerfällig sei, um das als politisch notwendig Erkannte ohne Abstriche zu realisieren, all dies gab seiner Regierung einen unsteten und in wachsendem Maß widerspruchsvollen Charakter. Dieser Regierungsstil war keineswegs ein Resultat jener von Hitler immer wieder beschworenen »Zielklarheit« und Entschlossenheit, die hinter taktischen Diversionen verborgen gewesen wäre, dominante Motivation war stets das Bestreben, die Fiktion der Geschlossenheit der politischen Willensbildung aufrecht zu erhalten, deren einheitsstiftende Kraft Hitler innenpolitisch für entscheidend hielt.[32] Die Schaffung von Doppel- und Mehrfachkompetenzen war die notwendige Folge eines solchen Vorgehens, das im wesentlichen Prestigegesichtspunkten Rechnung trug. Es verknüpfte sich mit sozialdarwinistischen Überlegungen. »Das Prinzip des Wachsenlassens, bis der Stärkste sich durchgesetzt hat,« nannte der Gauleiter von Weser-Ems »das Geheimnis der geradezu verblüffenden Entwicklung und Leistung der Bewegung«[33]. Die Praktizierung dieses Prinzips führte jedoch nur im Ausnahmefall zur vollständigen Ausschaltung des Unterlegenen, vielmehr konnten sich die Rollen des Siegers und des Unterlegenen potentiell vertauschen. Hitlers sozialdarwinistische Ausflucht vor möglichen Konfliktlösungen kann daher schwerlich als ein divide et impera in ein rationales Entscheidungsmuster überführt werden. Es gibt keinen Anhaltspunkt dafür, daß Hitler seine persönliche Machtstellung durch die Entstehung partikularer totalitärer Apparate bedroht sah. In der SA-Frage war er im Frühjahr 1934 nur unter manipulativem Druck zu entschiedenem Vorgehen fähig. Der Entwicklung der SS zu einem allmächtigen Staat im Staate hat er sich nicht widersetzt, ja mit der Ernennung von Thierack zum Reichsjustizminister letzte Barrieren dagegen abgebaut.[34]

Die Funktionsfähigkeit des Systems hing davon ab, daß der Führer die Richtlinien der Politik festlegte und bei grundlegenden Konflikten den Ausschlag gab, was jedoch nur ausnahmsweise und dann regelmäßig verspätet eintrat. Dadurch entstand notwendig eine allgemeine Atmosphäre des persönlichen Mißtrauens innerhalb der Führungsschichten des Dritten Reiches. Zugleich war der Führungsstil Hitlers, der weithin auf Nichtentscheidung und Vertagung von Prioritätensetzungen grundsätzlicher Art beruhte, notwendig von einem wachsenden Realitätsverlust begleitet. Die mangelnde Selbstkritik der Führung schlug sich in gefärbter Berichterstattung und selektiven Informationen nieder; Stimmungsberichte konnten den Informationsgehalt öffentlicher Meinungsbildung nicht ersetzen.[35] Der politische Entscheidungsprozeß wurde in zunehmendem Maße von den persönlichen Ambitionen und der Korruption der Amtsträger beeinflußt und vollzog sich irrational in der Form von nicht institutionalisierten Machtkämpfen zwischen den Klientelen in Staat und Partei.

Infolge dieser strukturellen Defizienzen wurde die öffentliche Gewalt durch ein offenes System herrschender und miteinander konkurrierender Cliquen ersetzt. Zur Steigerung ihrer Macht bedienten diese sich der bestehenden Institutionen, die dadurch parasitär ausgehöhlt wurden. Im Drehpunkt des Karussells wechselnder Einflußmöglichkeiten stand der Diktator. Dieser aber bevorzugte eine Politik, die einen politischen Ausgleich divergierender Interessen nicht durch pragmatische Kompromisse, sondern nur im

Horizont utopischer Endziele oder taktisch-kurzfristiger Nahziele herzustellen vermochte.

Überall dort wo massive Interessen der verschiedenen Machtgruppen einander gegenübertraten, kam es zu keinen tragfähigen Konfliktlösungen. Daher fielen alle Ansätze zu positiver Neugestaltung dem ungezügelten Gegensatz der gesellschaftlichen Interessen zum Opfer, die innerhalb der rivalisierenden Parteiapparate sich nicht minder scharf abzeichneten als in der Gesellschaft. Damit wurden die politischen Energien auf die Linie des geringsten Widerstandes gedrängt und sie bewirkten, wie Martin Broszat hervorgehoben hat, einen Prozeß der „Selektion der negativen Weltanschauungselemente".[36] Der gemeinsame Nenner der rivalisierenden Machtgruppen bestand in jedem einzelnen Falle nicht in der Einigung auf einer mittleren Linie, sondern in der unter den gegebenen Umständen jeweils radikalsten und bis dahin für utopisch gehaltenen Lösung. Dies ließe sich im einzelnen am Beispiel der Judenverfolgung zeigen, also gerade einem Bereich der nationalsozialistischen Politik, in dem die ideologisch-programmatische Festlegung am stärksten erfolgt war.[37]

Die Überspielung politischer Kompromisse und Prioritätensetzungen durch propagandistische Formeln, wie etwa der der »Volksgemeinschaft«, war ein Charakteristikum der Bewegungsphase der NSDAP. Obwohl diese innerhalb des Regimes ständig an Bedeutung einbüßte, übertrug sich das Prinzip der Nichtkonfliktlösung auf den staatlichen Bereich und bewirkte hier eine fortschreitende kumulative Radikalisierung. Dadurch wurde es möglich, utopische Endziele und politische Nahziele im Bewußtsein der NS-Führung zur Deckung zu bringen. Mit der Judenvernichtung, der Ausrottung der Eliten der Ostvölker, den chimärischen Siedlungsplänen Himmlers und der Heranzüchtung einer großgermanischen Elite wurden die chiliastischen Zielsetzungen des Tausendjährigen Reiches Realität und damit zugleich politisch ad absurdum geführt.

In der Literatur überwiegt die Auffassung, daß letzten Endes Hitler die eigentliche treibende, dynamische Kraft gewesen sei, die das Regime zu fortgesetzter Radikalisierung seiner Ziele und damit zur Überdehnung seiner Kraft veranlaßt habe.[38] Die persönliche

Rolle des Diktators scheint jedoch weit mehr von einer spezifischen Ambivalenz geprägt gewesen zu sein. Er war keineswegs immer und überall Anwalt radikaler Zielsetzungen. Bekanntlich wich Hitler dort, wo er, wie bei der Euthanasieaktion[39] oder in der Kirchenfrage[40], Widerstand in der Bevölkerung antraf, zurück. Zumindest in den Anfängen des Regimes gab er den Vorstellungen Schachts und der Ministerialbürokratie des Reichsministeriums des Innern stärker nach als den radikalen Einflüsterungen seiner intimen Parteigänger. Andererseits widersetzte sich Hitler nicht dem Aktionismus seiner Unterführer, der nicht zuletzt den sich zuspitzenden Rivalitäten und Machtkämpfen zwischen ihnen entsprang. Die persönliche Unstetigkeit und der Fanatismus des Diktators war nur ein Faktor unter vielen, die die innere Stabilisierung des Regimes verhinderten und es in einen sich beschleunigenden Prozeß der Selbstzerstörung hineintrieben. Dieser war vor allem in der Unfähigkeit der nationalsozialistischen Führungsgruppen begründet, mittelfristige Kompromisse im Horizont des politisch Möglichen zu schließen. Schon in der Bewegungsphase trat dies deutlich hervor. Eine wichtige Ursache der Wahlerfolge vor 1933 ist gerade darin zu erblicken, daß die NSDAP-Führung politische Prioritätensetzungen in aller Regel nur aus taktischen Gründen, niemals grundsätzlich vornahm.[41] Hitlers Werben um die Industrie schloß beispielsweise keineswegs aus, daß die Partei gleichzeitig die antikapitalistischen Ressentiments namentlich des unteren Mittelstandes zu ihren Gunsten mobilisierte.[42]

Angesichts fehlender politischer Prioritätensetzungen in allen Bereichen, in denen klare Interessenkonflikte bestanden, lief die nationalsozialistische Innen- und Wirtschaftspolitik darauf hinaus, Notsituationen durch Notstandsprogramme zu beheben, die wiederum Notstandssituationen nach sich zogen. Die wenigen Ansätze zu langfristiger Planung, wie der Vierjahresplan, der aus der Krise in der Mineralölversorgung und anderen Rohstoffengpässen erwuchs, machen hier keine Ausnahme.[43] Die Herleitung und Rechtfertigung radikaler Maßnahmen aus einem mutwillig geschaffenen oder propagandistisch vorgespiegelten Ausnahmezustand gehörte zum klassischen Instrumentarium zur Lösung politischer Konflikte im NS-Regime. Das gilt für den Reichstagsbrand, für den 30. Juni 1934, für die Form, in der Gleichschaltungs- und Unterdrückungsmaßnahmen nachträglich sanktioniert wurden, für die dem Novemberpogrom folgende Arisierung, für die aus den Deportationen entspringende Endlösungspolitik, für die Liquidierung eines beträchtlichen Teils der sowjetischen Kriegsgefangenen, für den Weg zum »totalen Krieg« bis zur Ausschaltung der inneren Verwaltung durch die Ernennung der Gauleiter zu Reichsverteidigungskommissaren. Es wäre verfehlt, diesem Konfliktregelungsmuster, das die Unfähigkeit zu einer politisch stabilen, divergierende Interessen ausgleichenden Lösung durch Radikalisierung überdeckte, rationales Kalkül zugrunde legen zu wollen. Es entsprach einfach dem an den eigenen propagandistischen Erfolgen orientierten Stil der NS-Bewegung, die nur in den Kategorien des Ausnahmezustands zu denken vermochte.

Dies gilt prinzipiell auch für die äußere Politik, wenngleich hier die politische Entscheidungsfindung in wesentlich höherem Maße durch die bestehende internationale Konstellation determiniert war und Hitler sein Führungsmonopol weit stärker ausfüllte als im Bereich der Innenpolitik. Auch in der Außenpolitik tritt eine eigentümliche Disparität zwischen taktischen Nahzielen und utopischen »Endzielen« entgegen. Eberhard Jäckel hat zu zeigen versucht, daß Hitler in »Mein Kampf«, im »Zweiten Buch« und einer Reihe außenpolitischer Stellungnahmen vor 1933 ein abgeschlossenes Konzept entwickelt habe, dem er, bei taktischen Abweichungen im einzelnen, als Kanzler konsequent gefolgt sei.[44] Aber alle derartigen Äußerungen müssen in deren agitatorischen Kontext gestellt werden. Schon aus propagandistischen Gründen stellte Hitler die Programmatik der Kampfzeit darauf ab, die nationalistischen Forderungen der Rechtsparteien zu überbieten und eine Alternative zur bloßen Revision von Versailles zu entwickeln. Hitler gab daher der kontinentalen Expansion, der Forderung des »Lebensraums im Osten« die Priorität gegenüber älteren imperialistischen Zielen, die in Fortführung der Kolonialpolitik vor 1914 in erster Linie gegen Großbritannien gerichtet waren. Als oberste Maxime hob er die Forderung hervor, daß das Deutsche Reich bei der Rückgewinnung der europäischen Hegemonie einen Zweifrontenkrieg mit den Westmächten und Rußland zu vermeiden habe. Das Kernstück seines Programms war die Absicht, England zum Bündnis oder doch zum Stillhalten zu bewegen. Mit der bekannten Forderung, England militärisch »zum Frieden zu zwingen«, gestand Hitler im August 1940 nicht nur das Scheitern dieses Konzepts, sondern auch die Sinnlosigkeit einer Fortführung des Krieges ein, und der Entschluß zum Angriff auf die Sowjetunion war nur eine weitere Etappe in der Jagd nach dem weltpolitischen Bündnis mit England, das die Voraussetzung der Expansion hatte darstellen sollen.

Die Vertauschung von Mitteln und Zielen, die die nationalsozialistische Innenpolitik kennzeichnet[45], findet sich ebenso in der äußeren Politik. Man sollte daher deren innere Rationalität nicht überbewerten. Prestigegesichtspunkte spielen ebenso eine Rolle wie propagandistische Erwägungen. Das gilt nicht nur für Hitler, sondern auch für seine außenpolitischen Helfer und Ratgeber, nicht zuletzt Joachim von Ribbentrop. Der realpolitisch kaum bedeutsame Antikominternpakt ist ein Beispiel dafür. Die Rolle der mit dem Auswärtigen Amt konkurrierenden Apparate, die von Hans-Adolf Jacobsen eingehend dargestellt wurde[46], kann nicht einfach dahin interpretiert werden, daß sich Hitler zur Durchsetzung unorthodoxer Maßnahmen bewußt wechselnder Handlanger bedient habe; die Existenz dieser Apparate spiegelte den uneingelösten Anspruch der NSDAP, unmittelbaren Einfluß auf die Außenpolitik zu nehmen. Hitler ließ ihre Aktivität zu, schon um nicht von den Diplomaten des Auswärtigen Amtes abhängig zu werden, die er im Grunde verachtete, weil ihm ihre Sachkompetenz unbequem war. Er bemühte sich auch nicht darum, deren außenpolitische Ambitionen zu koordinieren. Die vielumstrittene Frage nach dem Verhältnis von traditionellen und revolutionären Zielsetzungen und Methoden in der Außenpolitik[47] findet eine weitgehende Beantwortung darin, daß das Regime stets mehrere Linien gleichzeitig verfolgte und spezifische Prioritätensetzungen nur dann vornahm, wenn die außenpolitische Konstellation sie unabweislich machten, und auch dann besaßen sie in keiner Weise definitiven Charakter. Im Vordergrund stand stets das Bestreben, keinerlei feste Bindungen einzugehen; wo das diplomatisch geschah, erfolgte es durchweg unter innerem Vorbehalt und in der festen Absicht, sich dieser Bindung alsbald zu entziehen. Aus dieser vielfach spielerischen, mit den Mitteln des Bluffs arbeitenden außenpolitischen Strategie entsprang zugleich jene innere Motorik, die alle Zeitpläne über den Haufen warf und das Regime einem selbst suggerierten außenpolitischen Erfolgszwang aussetzte, der es trotz noch unzureichender Rüstung in das Risiko eines gesamteuropäischen Krieges hineintrieb. A.J.P. Taylor hat in der für ihn typischen Überspitzung gemeint, daß Hitler »in einen Krieg verwickelt wurde, weil er erst am 29. August ein diplomatisches Manöver lancierte, das er schon am 28. hätte lancieren sollen«[48] – richtig daran ist, daß es Hitler selbst gewesen war, der eine Konstellation geschaffen hatte, aus der er, ohne sein Gesicht zu verlieren, nur durch die Flucht nach vorn unter Hinnahme des Risikos, den immer abgelehnten Zweifrontenkrieg zu führen, herauskam. In der diplomatischen Geschichte des Zweiten Weltkrieges setzt sich die Kette gescheiterter außenpolitischer Erpressungsmanöver fort, die diplomatisch nicht hinreichend vorbereitet und durchdacht zur Verzettelung der deutschen militärischen Kraft beitrugen. Ein klassisches Beispiel ist Hitlers Frankreichpolitik im Kriege. Sie ist vor allem dadurch gekennzeichnet, daß die deutsche Politik nicht in der Lage war, über die Vichy zu gewährenden Konzessionen mittelfristige Entscheidungen zu treffen.[49] Es ist deshalb auch fragwürdig, in irgendeinem konstruktiven Sinne von einer nationalsozialistischen Europa-Politik zu sprechen[50]; divergierende mittelfristige Planungen fanden, wie in der Innenpolitik, ihre Vermittlung nur im Horizont der utopischen »objektlosen Expansion«, von dem her sie als bloß taktische Schritte relativiert und politisch durchlöchert wurden. Ebenso wird man der Vision eines künftigen atlantischen Krieges gegen die USA, womöglich im Bündnis mit Großbritannien, keinerlei Realitätsgehalt beimessen dürfen.

Die Außenpolitik des Nationalsozialismus war daher, der Form nach, eine nach außen projizierte Innenpolitik, die den zunehmenden Realitätsverlust nur durch Aufrechterhaltung der politischen Dynamik, durch unablässige Aktion, zu überspielen vermochte und sich damit von der Chance politischer Stabilisierung immer weiter entfernte. Das Fehlen jeder Begrenzung der außenpolitischen Zielsetzungen des Regimes verursachte notwendigerweise eine Überstrapazierung der eigenen Kräfte, die selbst einen militärischen Sieg in eine Niederlage verwandelt hätten. Die Sehnsucht der nationalsozialistischen Führungsclique in den letzten Monaten des Krieges nach den Verhältnissen der Kampfzeit und die chimärische Hoffnung, nach Kriegsende zu den großen innenpolitischen Glattstellungen gelangen zu können, ist kennzeichnend für eine Politik, die notwendig an ihren eigenen Erfolgen zugrunde gehen mußte. Was als angeblich souveräne strategische Ausnützung der seit der Wirtschaftskrise gewandelten außenpolitischen Konstellation begann, führte in eine Situation, in der die Verweigerung, eingegangene außenpolitische Wechsel einzulösen, und die Unfähigkeit, Prioritäten zu setzen, einen unvergleichlichen diplomatischen und militärischen Amoklauf des Regimes erzeugten, der dessen innere Zersetzung zugleich verzögerte und über alle Grenzen steigerte.

Barbarei und Genozid

In seinem 1993 geschaffenen Leuchtkasten »Der Eintrag«, der den dem Griechischen entlehnten Begriff der Barbarei thematisiert, wies Jochen Gerz darauf hin, daß darunter keineswegs nur historisch rückständige Formationen zu verstehen seien. Vielmehr stelle die Selbstverblendung der fortgeschrittenen abendländischen Zivilisation und die Berufung auf eine überlegene Moral, welche die Anmaßung hervorbringe, »den Mitmenschen in deren Namen zu vernichten«, eine moderne Form der Barbarei dar. Unmißverständlich deutet der Künstler auf die Verbrechen des Nationalsozialismus und den »Holocaust« hin.[1]

Daß der nationalsozialistische Genozid nicht einfach als Rückfall in atavistische Formen betrachtet werden kann, sondern eine »der Moderne inhärente Möglichkeit« darstelle und als Klimax eines fehlgeleiteten *social engineering* und damit letztlich als Ausfluß einer rationalen Gesellschaftsplanung zu interpretieren ist, wurde zuletzt von Zygmunt Baumann eindrücklich hervorgehoben.[2] Der polnische Soziologe schließt sich mit diesen Argumenten der Feststellung Henry Feingolds an, wonach der »Holocaust« einen »monströsen Entwurf des *social engineering*« darstelle, monströs deshalb, weil er von der geschichtlich gewachsenen Realität losgelöst war und der Chimäre folgte, mit politischen und militärischen Mitteln eine rassisch homogene Zusammensetzung des deutschen Führungsvolkes erzwingen zu können.[3]

In der Tat muß die »Endlösung« der europäischen Judenfrage, die Reinhard Heydrich in seinen Ausführungen auf der Wannseekonferenz am 20. Januar 1942 anvisierte,[4] in engem politischen Zusammenhang mit der gleichzeitig verfolgten Politik einer umfassenden völkischen »Flurbereinigung« im osteuropäischen Raum gesehen werden. Die Ermordung von mehr als fünf Millionen Juden stellte, trotz der Unerhörtheit dieses Vorgangs, in dieser Hinsicht nur den Torso einer weit umfassenderen Vernichtungspolitik dar, die auf die Germanisierung weiter Gebiete Osteuropas, darunter des Generalgouvernements, die Schaffung deutscher Siedlungszonen und einer bis zur Krim reichenden deutschen Siedlungsbrücke abzielte. Sie schloß die Vertreibung von vielen Millionen Menschen hinter den Ural ein, von denen große Teile nicht überlebt hätten oder vorher liquidiert worden wären. Der utopische Charakter dieses Projekts liegt auf der Hand. In dem Maße, in dem sich praktische Widerstände auftaten, zog es eine hemmungslose Entfesselung von Gewalt gegen die autochthone Bevölkerung nach sich.[5]

Aus dieser Perspektive heraus erscheint der »Holocaust« als negative Folie und Kehrseite der hypertrophen Vision, einen sich tief in den europäischen Osten erstreckenden Herrschaftsraum zu schaffen, dem Heinrich Himmler die plakative Bezeichnung eines »Großgermanischen Reiches deutscher Nation« gab. Die damit angestrebte rassisch-ethnische Umstrukturierung des Ostraums abstrahierte von allen gegebenen historisch-politischen und geographischen Voraussetzungen. Trotz des Fleißes der bis zuletzt tätigen Planungsstäbe war der utopische und realitätsabgewandte Charakter des Projekt unverkennbar. Mit den ersten Versuchen, das chimärische Programm in die Wirklichkeit umzusetzen, trat dies offen zutage. Folgerichtig wurden nur dessen destruktive Elemente, die Absiedlung und Vertreibung der einheimischen Bevölkerung, die Liquidierung des jüdischen Volksteils und die Zerschlagung der bisherigen administrativen Strukturen realisiert, während die Ansiedlung der Volksdeutschen stagnierte.[6] Das war einmal mehr ein Beispiel dafür, daß das NS-Regime über bloß destruktive Strategien nicht hinaus zu gelangen vermochte.

Die im deutsch-sowjetischen Freundschaftsvertrag vom 28. September 1939 vereinbarte Rücksiedlung der Volksdeutschen aus den baltischen Staaten, aus Wolhynien und später Bessarabien gab der von Heinrich Himmler als Reichskommissar für die Festigung deutschen Volkstums betriebenen Ostraumpolitik den ersten Anschub, da es galt, Platz für die Rücksiedler zu schaffen. Trotz der Pläne in Kreisen ehemaliger Volkstums- und Geopolitiker, die in Volksdeutschen Mittelstellen für das Regime vereinnahmt wurden, fehlte bis dahin ein richtungsweisendes Konzept. Vielmehr schien Hitlers Entscheidung, die deutschen Minderheiten aus dem Herrschaftsbereich der Sowjetunion zurückzuziehen, der deutschen Ostexpansion enge Grenzen zu setzen.[7]

Ebensowenig war die »Endlösung« der europäischen Judenfrage von langer Hand geplant. Vielmehr schien die einzige reale Möglichkeit, dem ideologisch fixierten Ziel der Herstellung einer rassisch homogenen Zusammensetzung des deutschen Volkes näherzukommen, in einer Zwangsauswanderung der jüdischen Bevölkerung zu bestehen, wie sie Adolf Eichmann mit der Schaffung der Auswanderungszentralen in Wien und Prag, schließlich im Reichssicherheitshauptamt betrieb.[8]

Die nach dem Beginn des Zweiten Weltkrieges ventilierten Pläne, das jüdische Problem durch die Zwangsabsiedlung in Reservate zu lösen, scheiterte am Widerstand der betroffenen Machthaber, so demjenigen Hans Franks im Generalgouvernement, aber auch an unzureichenden Ressourcen. Nachdem sich bereits der Madagaskar-Plan als undurchführbar erwiesen hatte, mußten weitere Reservatspläne infolge des Angriffs auf die Sowjetunion eingestellt werden. In einem ständigen Interaktionsprozeß zwischen den lokalen und regionalen SS- und Polizeiführern und dem Reichssicherheitshauptamt schälte sich schließlich als radikalste Lösung heraus, die nach Osten deportierte jüdische Bevölkerung zu liquidieren. Zuvor waren die Einsatzgruppen im besetzten sowjetischen Gebiet bereits seit dem Spätsommer 1941 dazu übergegangen, die autochthone jüdische Bevölkerung unter dem Vorwand der Partisanentätigkeit auszurotten.[9]

Einmal in Gang gesetzt, wurde die Vernichtung des europäischen Judentums zum konkreten Ziel, wobei der Aktion Reinhardt im Galizien eine Brückenfunktion zufiel.[10] Anders als bei den historischen Judenverfolgungen in Osteuropa, die sich nicht zuletzt des Mittels bedient hatten, lang angestaute antisemitische Ressentiments zu mobilisieren und Gewaltausbrüche zu provozieren, wobei vielfach das Motiv einwirkte, von anderen politischen und sozialen Konflikten abzulenken, verzichtete die SS weitgehend darauf, spontane Haßausbrüche der autochthonen Bevölkerung gegen die jüdische Volksgruppe zu inszenieren.

Versuche dieser Art, so die Boykottaktion vom 1. April 1933 oder der Novemberpogrom von 1938 waren angesichts der relativen Passivität der Bevölkerung nicht erfolgreich gewesen. Statt dessen war das Regime dazu übergegangen, den Weg der gesetzlichen Ausschaltung der Juden zu beschreiten, deren Durchführung in den Händen von Gestapo und SD lag. Der Druck auf die nicht zur Auswanderung gebrachten deutschen Juden ging in erster Linie von den Gauleitern aus, die nach dem Beginn des Krieges auf die Deportation der im Altreich verbliebenen deutschen Juden drängten und dabei vielfach Hitlers Sympathien fanden, obwohl die Aufnahmefähigkeit der im Hinblick auf die Vorbereitung des Madagaskar-Plans und parallel geplanter Reservatsprojekte geschaffenen osteuropäischen Ghettos nicht dafür ausreichte. Somit setzten die Deportationen von vornherein eine Eskalation in Gang, die unvermeidlich in der indirekten und direkten Liquidierung von vielen Tausenden der in den Ghettos zusammengepferchten Juden enden mußte.

Die relativ gesehen »gemäßigten« Kräfte in der Reichsregierung, die noch im Dezember 1941 für eine Aufschiebung der »Endlösung« der Judenfrage bis zum Ende des Krieges, den man schon 1941 erwartete, eintraten, sicherlich aus bloß technischen Motiven, vermochten sich gegen die Machttechniker im Reichssicherheitshauptamt nicht durchzusetzen, welche die Kriegsbedingungen im Osten zur Realisierung der ursprünglich für die Zeit nach dem Kriege ins Auge gefaßten »Endlösung« zu benutzen entschlossen waren.[11]

Die Einsatzgruppen bedienten sich in den baltischen Gebieten bewußt der vorhandenen extremen antisemitischen Strömungen bei Teilen der autochthonen Bevölkerung und entfachten wiederholt lokale Pogrome. Dieses Vorgehen entsprach jedoch nicht der Hauptlinie der antijüdischen Strategie der SS, die eine möglichst reibungslose Vernichtung des rassischen Gegners ohne Einschaltung der Öffentlichkeit anstrebte. Die Methoden, die nach und nach zur Durchführung der massenhaften Liquidierung entwickelt und verfeinert wurden, zielten in diese Richtung.

Einmal zum offiziellen Ziel erhoben, wurde die Vernichtung der im deutschen Herrschaftsbereich befindlichen Juden durch einen bürokratischen Prozeß vorangetrieben, an dem die unterschiedlichsten Behörden beteiligt waren. Die Tätigkeit Adolf Eichmanns und seiner Mitarbeiter zur Koordinierung der Deportationen ist ein eindrückliches Beispiel dafür. Der auf weite Strecken bürokratische Charakter des Genozids ist allerdings in der letzten Zeit wiederholt bezweifelt worden, obwohl maßgebende Repräsentanten der »Holocaust«-Forschung, nicht zuletzt Raul Hilberg und Christopher Browning, diesen Tatbestand nachdrücklich hervorgehoben haben.[12]

Insbesondere Daniel J. Goldhagens Buch »Hitlers willige Vollstrecker« ignoriert, wie Hilberg hervorhebt[13], den bürokratischen Aspekt des Geschehens und stellt ausschließlich die ideologischen und emotionalen Motive der Vollstrecker in den Vordergrund. In der Sache ist nicht zu bestreiten, daß die Implementierung des Holocaust auf weite Strecken durch die nachgeordneten bürokratischen Apparate des Reichssicherheitshauptamts und des Reichskommissars für die Festigung deutschen Volkstums vorangetrieben wurde, desgleichen durch die Einsatzgruppen und Polizeibataillone, dies unter maßgebender Beteiligung der Wehrmacht, des Auswärtigen Amtes, der öffentlichen Verwaltung und der Deutschen Reichsbahn.

Hingegen ist die Frage umstritten, welche jenseits bürokratischer Rationalität liegenden Motivationen für die Vollstrecker jeweils handlungsleitend gewesen sind. Die jüngere Forschung über die Judenverfolgung in Galizien, in den baltischen Ländern und in Weißrußland[14] zeigt eindrucksvoll, daß neben der generell antisemitisch-antibolschewistischen Aufladung ein extremer Zynismus und hemmungslose Gewaltbereitschaft für die Gruppe der Täter bestimmend gewesen ist.

Die über die Rolle des Hamburger Polizeibataillons 101 geführte Auseinandersetzung zielte unmittelbar auf die Beweggründe, die die Täter bei der Befolgung der Mordbefehle leiteten. Während Goldhagen den haßerfüllten »eliminatorischen« Antisemitismus der Handelnden hervorhebt und den bei den Liquidierungsaktionen auftretenden sadistischen Vorfällen über Gebühr großes Gewicht beilegt, gelangte Browning zu einer wesentlich zurückhaltenderen Bewertung der Motive der Mitglieder des Polizeibataillons, bei der neben antibolschewistisch-antisemitischer Indoktrination, Kameradie, »Dienst im Gliede« und Karrieregesichtspunkte, damit häufig nicht politisch begründete Einstellungen eine Rolle spielten.[15] Charakteristisch war, daß eine Minderheit fanatischer Heißsporne den Ton angab.

Die auf die Befunden über die Angehörigen des Polizeibataillons gestützte Grundannahme Goldhagens, daß die Vollstrecker durchweg aus einen haßerfüllten, emotionsgeladenen »eliminatorischen« Antisemitismus heraus gehandelt hätten, ist nach einer erneuten Überprüfung der Quellen, so durch Ruth Bettina Birn, schwerlich aufrechtzuerhalten. Zwar ist Goldhagen darin zuzustimmen, daß die »Endlösungs«-Politik mit unerhörten Gewaltmethoden verbunden war, die vor bewußten Quälereien, zynischer Herabsetzung der verfolgten Juden und Drangsalierungen aller erdenklichen Art bis zu sadistischem Mord reichten. Die von Josef Goebbels und Julius Streicher propagierte Formel vom jüdischen »Untermenschentum« trug dazu bei, die moralischen oder moral-analogen Hemmungen bei den Verfolgern abzubauen.

Indessen war die Anwendung barbarischer Methoden nicht auf den Bereich der Judenverfolgung beschränkt. Von allen verfolgten Gruppen waren Juden zwar auf die unterste Stufe gedrängt, aber im Prinzip wurden alle ausgegrenzten Gruppen, denen jeglicher Rechtsschutz vorenthalten wurde, zu Objekten hemmungsloser Gewalt. In allen diesen Fällen war Sadismus an der Tagesordnung, aber er stellte, was die Triebkraft der Verfolgung anbetraf, einen eher peripheren Faktor dar. Das entscheidende Merkmal des vom NS-System eingeleiteten Vernichtungsprozesses besteht in der Abwesenheit jeglicher Form von Spontanität.

Allerdings stellte die »kalte«, angeblich fabrikmäßig betriebene

Menschenvernichtung nur einen Ausschnitt des gesamten Ausrottungsprozesses dar, die als Charakteristikum der Judenverfolgung des Dritten Reiches gelegentlich überbetont wird. Das Vorgehen der SS in den baltischen Ländern und in Ostgalizien zeigt eine Vielfalt von Liquidierungsvarianten, die in der unmenschlichen Behandlung der Opfer einen gemeinsamen Nenner haben.

Die Ursachen der fortschreitenden Brutalisierung, die mit der Intensivierung des Vernichtungsprozesses korrelierte, sind nicht in erster Linie in der antisemitischen Indoktrinierung der Täter im weitesten Sinne zuzuschreiben. Die zynische Menschenverachtung und Geringschätzung von Menschenleben, die zum Habitus der nationalsozialistischen Funktionäre wurde, war nicht auf die jüdischen Opfer begrenzt. Das barbarische Vorgehen der Wehrmacht gegen die sowjetischen Kriegsgefangenen, die man zu Hunderttausenden verhungern und ohne jegliche sanitäre Einrichtungen vegetieren ließ, um dann deren »Vertiertheit« und Kannibalismus zum Beweis des »Untermenschentums« anzuprangern, ist in diesem Zusammenhang ebenso zu nennen wie die Übergriffe gegen die Zivilbevölkerung beim Kampf gegen Partisanen, dies nicht nur in Rußland, sondern auch in Italien und Frankreich.[16] Die brutalen Methoden der Kriegführung im Osten waren von der militärischen Führung im Rahmen des »Rassenvernichtungskrieg«-Konzeptes bewußt akzeptiert und mit dem Komplex der verbrecherischen Befehle umgesetzt worden.

Der Gewalteskalation waren daher von vornherein keine Grenzen gesetzt. Beispielsweise forderte Hitler zu Beginn des Rußlandfeldzuges, »jeden, der schief schaue, zu erschießen«, und propagierte das Rezept, jeden Widerstand mit den extremsten Mitteln zu brechen.[17] Dies bewirkte eine unerhörte Brutalisierung der Kriegführung, trug entschieden zur Eskalation des Partisanenkriegs bei und verspielte die Sympathien, die von den Ostvölkern zunächst den deutschen Truppen entgegengebracht wurden. Das rücksichtslose Vorgehen gegen die gegnerischen Kräfte entsprach der von Hitler vertretenen »Alles oder Nichts-Mentalität«. Sie schloß jegliche politischen Kompromisse und Arrangements aus und ließ Alternativen zur bedingungslosen Unterwerfung nicht zu.

Doch erklären die Methoden der Ostkriegführung die Durchsetzung individueller Gewalt nicht hinreichend. Sie bildete zunächst eine Begleiterscheinung eines Systems, in dem eine effektive Kontrolle der Tätigkeit der Funktionsträger nur ausnahmsweise stattfand und in dem der Diktator persönlich darauf hin wirkte, auch kriminelle Gewaltakte, die ideologisch begründet werden konnten, von strafrechtlicher Verfolgung auszunehmen. Am spektakulärsten geschah dies in dem »Erlaß über die Ausübung der Kriegsgerichtsbarkeit im Gebiet Barbarossa« vom 13. Mai 1941. Darin wurde ausdrücklich ein Freibrief für gegen die Zivilbevölkerung begangene Verbrechen im Hinblick auf die dem Bolschewismus anzulastenden »Blutopfer der Bewegung« in der Weimarer Zeit ausgestellt.[18]

Aber auch unabhängig von der Aushöhlung der Rechtsordnung ließ die systematische Einübung von Gewalt auf allen denkbaren Politikfeldern das System folgerichtig in eine unbeschränkte Barbarei abdriften. In dem Maße, in dem sich die selbstzerstörerischen Tendenzen des Regimes, die Rivalität der Machthaber und das unerhörte Maß von Korruption verstärkten und die anfänglich noch wirksamen juridischen und administrativen Kontrollmechanismen ausgeschaltet wurden, trat der Rekurs zu Gewaltlösungen auch in der inneren Politik in den Vordergrund. Unter dem Slogan der »Menschenführung« wurde die überkommene Verwaltung zunehmend ausgehöhlt und auf mittlere Sicht jeder geordnete und berechenbare administrative Prozeß ausgeschaltet.[19]

Die daraus hervorgehende Strukturlosigkeit des NS-Herrschaftsgebildes war von einer tumorhaften Veränderung der bestehenden Institutionen begleitet und konnte von dem gleichwohl beibehaltenen Beamtenapparat immer weniger abgefangen werden. Die mangelnde institutionelle Sicherung, die auch Stellung der Unterführer kontinuierlich bedrohte, verstärkte den sozialdarwinistisch gefärbten Kampf um die Sicherung und die Arrondierung der aufsplitternden Machtbereiche. Dazu trat die Unfähigkeit des Systems, zu mittelfristigen Kompromissen zu gelangen. Sie beschleunigte den Prozeß »kumulativer Radikalisierung« und favorisierte regelmäßig Gewaltlösungen auf Kosten eben jener Gruppen, die keine *vested interests* hinter sich hatten. Das galt nicht zuletzt für den jüdischen Volksteil.[20]

Der Faktor ideologischer Indoktrination trat hinzu. Die nationalsozialistische Rassenideologie scheute vor der »Ausmerzung rassisch und biologisch schädlicher Bestandteile des Volkskörpers« nicht zurück. Von der Euthanasie führte ein gerader Weg zur Vergasung arbeitsunfähiger Juden und Kriegsgefangener. Aber die sich darin ausdrückende Menschenverachtung beschränkte sich nicht auf die rassisch ausgegrenzten Volksteile, sondern richtete sich ebenso auf Kriegsgefangene, Zwangsarbeiter und Slawen. Sie traf schließlich auch jene arischen Volksgenossen, die wegen Krankheit und Alter als »unnütze Esser« betrachtet wurden.

Die zynische Geringschätzung von Menschenleben im Dritten Reich stellte sich als genereller Habitus bei den nationalsozialistischen Unterführern ein, obwohl er in unüberbrückbaren Gegensatz zu ihrem pseudoidealistisch geprägten kleinbürgerlichen Selbstverständnis stand. Zygmunt Baumann hat in diesem Zusammenhang den Begriff der »Gewöhnung an moralische Indifferenz« geprägt.[21] Sie kennzeichnete bereits die deutsche Gesellschaft der Nachkriegszeit und beruhte auf einer tiefgreifenden Statusverunsicherung der Mittel- und Oberschichten, die sich in einer weitreichenden Akzeptanz von Gewalt in der Politik niederschlug.[22]

Diese langfristige Akzeptanz von Gewalt in der Politik hilft zu erklären, warum nach 1933 unter den Bedingungen terroristischer Bedrohung nur in Ausnahmefällen die Zivilcourage aufgebracht wurde, die nötig war, um den Exzessen des Regimes entgegenzutreten. Vielmehr vollzog sich eine schrittweise Billigung der von ihm eingeleiteten Gewaltmaßnahmen, die in dem Sprichwort »Wo gehobelt wird, da fallen Späne« zum Ausdruck kam. Zudem erwiesen sich auch die Angehörigen der konservativen Eliten als äußerst anfällig für die Remunerationen und Profite aus der allenthalben auftretenden Korruption, die das Regime ihnen anbot.

Die Dotationen, die Hitler den Armeeführern zukommen ließ, und die Schenkung von Rittergütern an die militärische Elite sprechen eine beredte Sprache und erklären, warum von den der gleichgeschalteten Funktionselite kein ernstlicher Widerstand gegen das

Absinken des Regimes in ungehemmte Gewaltpolitik ausging.[23] Die moralische Abstumpfung reichte bis zur völligen Ausschaltung moral-analoger Hemmungen, wie Christopher Browning in seiner Analyse des Hamburger Polizeibataillons 101 eindrücklich gezeigt hat.[24]

Die Entstehung eines Klimas von zynischer Gewaltanwendung, willkürlicher Unterdrückung und Mißhandlungen von beliebigen Opfern, verbunden mit extremen Korruptions- und Alkoholexzessen bei der gleichzeitig aufrechterhaltenen Fassade der »Anständigkeit« ist mit dem Hinweis auf die nationalsozialistische Weltanschauung nicht hinreichend erklärt. Auch entsprach dies nicht der politischen Strategie des Regimes. Eine systematische Terrorisierung der Bevölkerung, wie im Falle der Bolschewiki, lag nicht in dessen Sinne. Es setzte statt dessen auf Indoktrination und Erziehung, zumal es über eine zeitweise beträchtliche Zustimmung in der Bevölkerung verfügte.

In dieser Hinsicht liegt der Unterschied zur bolschewistischen Politik, die bewußt mit offenem Terror operierte, klar zutage. Massenterror im Sinne einer systematischen Intimidation der Bevölkerung, wie er von Lenin und Stalin praktiziert wurde, hatte das Regime, jedenfalls nach dessen im Sommer 1934 abgeschlossener Stabilisierung, nicht nötig. Es griff zu diesem Mittel, abgesehen von den Methoden in den besetzten Ländern, erst in der verzweifelten militärischen Lage seit dem Sommer 1944, um die Bevölkerung zum Durchhalten um jeden Preis zu zwingen.

Im Unterschied zur sowjetischen Zwangsumsiedlung vollzog sich die »Endlösung« im Schatten formeller und großenteils faktischer Geheimhaltung, was für den Archipel Gulag gerade nicht zutraf. Insofern sind die Gleichsetzungen, die Stéphane Courtois im »Schwarzbuch des Kommunismus« zwischen Nationalsozialismus und Stalinismus vornimmt, irreführend, so wenig der zutiefst verbrecherische Charakter beider Regime in Frage steht.[25] Die ständige Verstärkung der verbrecherischen Züge, die das NS-System in eine moderne Barbarei verwandelte, war in erster Linie der vollständigen Auflösung der normativen Grundlagen des Zusammenlebens zuzuschreiben. Die in den letzten Jahren in Gang gekommene systematische Analyse der Täterbiographien macht die enthemmenden und gewaltfördernden Wirkungen deutlich, die aus der unbeschränkten Macht der Satrapen, insbesondere Osten hervorging. Hitler erträumte sich davon Herausmendelung eines neuen, durch rücksichtslose Härte geprägten Führertypus. In dem Maße, den dem Funktionäre und Truppenführer aus Rußland in Altreich oder die westlichen Kriegsschauplätze verlegt wurde, wurden deren brutale Methoden auch dort heimisch.

Die Eingewöhnung von Gewalt ergab sich nicht zuletzt aus dem Wegfall effektiver Sanktionsmechanismen, so daß den fanatischen Schafmachern im Alltag die Initiative überlassen blieb. Daß sich die Unterführer des Regimes immer tiefer in eine unkontrollierte und kriminelle Gewaltanwendung verstrickten, hing sicherlich auch mit ihrer charakterlichen Disposition, sozialen Herkunft und beruflichen Karriere zusammen. Unter normalen Bedingungen – das lehrt die unscheinbare biographische Rolle, welche die Täter in der deutschen Nachkriegsgesellschaft einnahmen – wären sie zwar nicht zu Waisenknaben, aber auch nicht zu Verbrechern geworden.

Aus prosopographischen Untersuchungen ergibt sich ein einheitlicher Täter-Typus, der von den Verhältnissen geformt wurde und keineswegs, wie Goldhagen behauptet, von vornherein auf Mord ausgerichtet war.[26] Die Mechanismen, die zu der psychischen und sozialen Deformierung der meisten Chargen des NS-Regimes beitrugen, bestanden nicht zuletzt in einer Atmosphäre, die durch ständige Rivalität untereinander, stoßweisen Aktionismus und das Bemühen geprägt war, sich durch besonderen Eifer hervorzutun. Die Gewöhnung an die Handhabung von Gewalt und der zynische Umgang damit wurde durch die seit dem Angriff auf die Sowjetunion eintretende Verrohung der Kriegführung begünstigt.[27] Eine ernsthafte Reflexion der ideologischen Vorgaben des Regimes erfolgte in den seltensten Fällen. Die Verfestigung der Vorurteile gegen die Opfer stellte vielfach nur noch einen automatischen Reflex dar, der die Auslöschung von Menschenleben als alltäglichen Vorgang wahrnahm.

Es ist schwierig, eine angemessene Antwort auf die Frage zu finden, warum das Regime in einem Amoklauf sondergleichen jegliche moralische Hemmungen hinter sich ließ und mit dem »Holocaust«, mit der Ermordung von mehr als drei Millionen sowjetischen Kriegsgefangenen, mit der Politik der »verbrannten Erde« beim Rückzug der deutschen Verbände aus der Sowjetunion, mit der Ausschaltung des inneren Gegners in Liquidationen durch die Gestapo, den SD, Sondergerichte und fliegende Standgerichte eine Blutspur ohnegleichen in den eigenen Untergang nach sich zog, und, anders als die poststalinistische Sowjetunion, unfähig war, auch angesichts der totalen Niederlage, einzuhalten und den Krieg zu beenden.[28]

Die Antwort auf diese Frage kann sich nicht mit dem Hinweis auf die mörderischen Elemente der nationalsozialistischen »Weltanschauung« begnügen. Es handelt sich vielmehr um eine kollektive Mentalität, die aus der Auslöschung der tradierten Normen und Verhaltenskodizes hervorging. An deren Stelle trat ein unverhüllter Sozialdarwinismus, gekoppelt mit einem Nietzscheanischen Willenskult und dem blinden Glauben an die Machbarkeit von Sachen. Die extreme Eskalation der Gewalt, die im »Holocaust« gipfelt, muß in diesen überindividuellen Zusammenhang gestellt werden.

Die Ursachen dafür liegen nicht zuletzt in der spezifisch faschistischen Willensbildung und dem entsprechenden Politikverständnis, das in der Transformation politischer Interessen und Loyalitäten in Mobilisierung als Selbstzweck unter der Perspektive bloß visionärer, faktisch substanzloser »Endziele« bestand.[29] Im Falle der NSDAP konnte die Mobilisierung einer beträchtlichen Anhängerschaft durch den Appell an bestehende soziale und politische Ressentiments, vor allem in den »ungleichzeitigen« Sektoren der Gesellschaft, zugleich unter dem Eindruck einer allgemeinen Krise erreicht werden. Eben auf der Mobilisierung des Ressentiments beruhte die Machteroberungsstrategie Adolf Hitlers und der nationalsozialistischen Bewegung vor 1933. Martin Broszat hat deshalb mit guten Gründen betont, daß die charismatische Ausstrahlung, die von Adolf Hitler ausging, wiederum einen Reflex der tief zerspaltenen deutschen Nachkriegsgesellschaft darstellte. Broszats methodischer Zugriff beruhte auf der Überlegung, daß es nicht hinreicht, die nationalsozialistische Diktatur unter individualbiographischem Gesichtspunkt zu erklären.[30] Denn die intentionalistische Betonung des weltanschaulichen Faktors wie die Annahme einer von langer Hand vorgenommenen Planung der nationalsozialistischen Politik greifen als Explanandum fehl.

Um so verwunderlicher ist es, daß jüngst Christof Dipper der »funktionalistischen« Schule expressis verbis zum Vorwurf gemacht hat, daß »deren Formelgebäude sich zuletzt gelegentlich in abstrakten Höhen« bewege und gerade die zentrale Frage nach dem Absturz des Regimes in die unbeschränkte Barbarei nicht zu erklären vermöge.[31] Er versteigt sich sogar zu der verklausulierten Kritik, die Funktionalisten hätten damit den »Entsorgern« geradezu in die Hände gespielt, denn die »stukturalistische Argumentationsweise« erwecke, jedenfalls bei dem nicht akademischen Leser, den Anschein, »den Genozid in letzter Konsequenz zum Selbstläufer zu erheben« und damit als eine Art Betriebsunfall zu deklarieren, für den keine klare moralische Verantwortlichkeit festzumachen sei. Dipper konstatiert, daß deutsche Historiker, im Unterschied zu Daniel Goldhagen, nicht gelesen würden, und er meint, daß gerade die funktionalistischen Antworten zu abstrakt und zu »blutleer« seien, um ein breiteres Publikum zu überzeugen, und vermutet, das das historiographische Versagen der herrschenden funktionalistischen Schule den Publikumserfolg Daniel Goldhagens erst erkläre.[32] Ähnlich argumentiert Bernd Rusinek, der »funktionalistische Historiker des Holocaust« laufe Gefahr, »im trüben Licht eines Rechtsbeistandes für die Täter« zu erscheinen und spricht geradezu von einer »Theoretiker-Falle im Goldhagen-Streit«.[33] Durch den funktionalistischen Ansatz werde die Schuld der eigentlich Verantwortlichen verdeckt.

Polemiken dieser Art spiegeln die sich gegenwärtig verstärkende historiographische Tendenz, zu einer narrativ-anschaulichen Darstellungsform zurückzukehren und die emotionalen Bedürfnisse des Lesers zu befriedigen, damit auch die Verbrechen selbst anschaulich zu schildern. Den funktionalistischen Interpretationen wird demgegenüber »Dürre der Sprache« und mechanistische Abstraktheit vorgeworfen und vorgehalten, sie biete statt »Aufklärung« nur »Irritation«.

Das ist freilich allzu wohlfeil. Der Tatbestand, daß sich extreme Gewaltpolitik in diktatorischen Strukturen allenthalben durchsetzt, wie dies vor kurzem auch mit dem »Schwarzbuch des Kommunismus« deutlich gemacht wurde, verbietet unilineare Erklärungsmodelle. Insoweit ist die Kritik am Funktionalismus, zu komplex zu argumentieren, zwar populär, aber ziemlich unberechtigt. Es ist jedoch einzuräumen, daß sich gegenwärtig ein historiographischer Paradigmenwechsel vollzieht, indem sich eine jüngere Forschergeneration verstärkt der Aufschlüsselung der biographischen Herkunft und politisch-ideologischen Mentalität der Täter zuwendet. Parallel dazu vollzieht sich die Rückwendung zu einer allerdings modifizierten Geschichte der Ideen, während die Erforschung der mentalen Disposition der handelnden Eliten als auch der ihr Handeln determinierenden politischen Strukturen in die zweite Reihe rückt. Man kann darin einen Kreislauf der historischen Zugriffsformen, aber auch eine Flucht in die heile Welt einfacher Erklärungen interpretieren, die der Suche nach der verlorenen öffentlichen Resonanz der Geschichtswissenschaft entspringt.

Das harte Verdikt der »funktionalistischen Schule«, bei der Erklärung »Holocaust« zu versagen, beruht indessen auf unzureichender Kenntnis des Geschehens, das sich dem gewohnten Muster einer ideologiegeschichtlichen Ableitung entzieht. Der Absturz des Systems in eine moderne Barbarei ohne Beispiel ist eben nicht einfach auf das Werk einzelner Personen oder einer Personengruppe oder die Rolle Adolf Hitlers zurückzuführen, sondern beruht auf einer komplexen gesellschaftlichen und politischen Deformation, die spätestens 1918 einsetzte. Insoweit sind die funktionalistischen Einsichten, welche die systemischen Bedingungen für die Eskalation des Terrors und des Verbrechens und die Ausschaltung aller Hemmungsfaktoren verantwortlich machen, schwerlich als Methode zu denunzieren, welche die Perspektive von den Tätern ablenkt, zumal diese erst unter den Bedingungen einer strukturellen Eskalation von Verbrechen und Gewalt in die Geschichte eintreten.

Für unsere Ausgangsfrage nach dem Verhältnis von Genozid und Barbarei ergibt sich aus diesen methodischen Überlegungen, daß das NS-Regime in einem von fortschreitendem Realitätsverlust begleiteten Amoklauf eine ungeahnte Orgie von Gewalt freigesetzt hat, die in dem Genozid gegen die jüdische Bevölkerung ihre äußerste Steigerung erfuhr. Die Vision, ein rassisch homogenes Herrschaftsvolk zu kreieren, trug atavistische Züge. Die Methoden und die bürokratische Perfektion, mit denen versucht wurde, sie in die Wirklichkeit umzusetzen, gehörten dem 20. Jahrhundert an, und sie sind auch in unserer Gegenwart nicht ohne anschauliches Pendant.

Der »Ostraum« in Ideologie und Politik des Nationalsozialismus

»Wir stoppen den ewigen Germanenzug nach dem Süden und Westen Europas und weisen den Blick nach dem Land im Osten. Wir schließen endlich ab die Kolonial- und Handelspolitik der Vorkriegszeit und gehen über zu der Bodenpolitik der Zukunft.« Diese Äußerung Adolf Hitlers in »Mein Kampf« deckte den Kernbereich des nationalsozialistischen außenpolitischen Programms dar. Das damit umschriebene Programm richtete sich ausdrücklich gegen Rußland, dessen »Riesenreich« reif zum Zusammenbruch sei. Explizit kritisierte Hitler die Politik der Stauferkaiser und verurteilte deren Italienpolitik, die nur zum Verlust deutschen Blutes geführt und das Reich nicht dauerhaft gekraftigt hätte.[1]

Umgekehrt machte sich Hitler zum Verteidiger der deutschen Ostkolonisation, als deren Vollstrecker er sich begriff. Das »Zukunftsziel« des deutschen Volkes könne nicht »im berauschenden Eindruck eines neuen Alexanderzuges liegen, der zwar vorübergehende Machtentfaltung und Prestige, aber keine dauerhafte Machtsicherung enthalten habe. Das Zukunftsziel müsse vielmehr in der emsigen Arbeit des deutschen Pfluges liegen, dem das Schwert nur den Boden zu geben hat«[2]. Damit machte er sich zum Sprecher der zeitgenössischen Agrarromantik und der Idealisierung des Bauerntums.

Mit diesen alles andere als originellen Vorstellungen knüpfte Hitler an die Propaganda der Alldeutschen Bewegung im Kaiserreich an. Die imperialistisch geprägte Vorstellung eines deutschen Ausgreifens über die Erde, die der wilhelminischen »Weltpolitik« zugrunde lag, räumte jedoch der überseeischen Expansion den Vorrang ein. Dagegen richtete sich wachsende Kritik auf dem völkischen Flügel der Alldeutschen, die gegen die Kolonial- und Handelspolitik einwandten, daß sie nur zur Zerstreuung des deutschen Volkstums, nicht aber zur Ausweitung des deutschen Territoriums führen werde.

Ursprünglich hatte sich der Alldeutsche Verband vorbehaltlos für die deutsche Weltpolitik eingesetzt, aber seit der Mitte der 1890er Jahre vollzog sich ein allmähliches Umdenken. In dem Verbandsorgan, den *Alldeutschen Blättern*, erschien im Januar 1894 ein richtungsweisender Artikel, der eine neue Prioritätensetzung ankündigte: »Der alte Drang nach Osten soll wieder lebendig werden. Nach Osten und Südosten müssen wir Ellbogenraum gewinnen, um der germanischen Rasse diejenigen Lebensbedingungen zu sichern, deren sie zur vollen Entfaltung ihrer Kräfte bedarf«.[3] Tschechen, Slowenen und Slowaken sei das Recht auf eigene Nationalität abzusprechen, das allein den großen Kulturvölkern zustünde. Letzteres stellte eine Anleihe bei der Philosophie des deutschen Idealismus dar. Der Artikel fuhr fort, »überseeische Siedlungen« seien zwar für die wirtschaftliche Wohlfahrt des deutschen Volkes förderlich, aber die angestrebte »Weltstellung« könne nur errungen werden, »wenn uns zuvor die nationale Zusammenfassung des gesamten deutschen Volkstums in Mitteleuropa« gelänge.

In diese vor der Jahrhundertwende vollzogene Option zugunsten der Ostexpansion gingen verschiedene ideologische Versatzstücke ein. Einerseits machte sich hier ein ungebrochener Sozialdarwinismus bemerkbar, der eine friedliche Verständigung zwischen Völkern ausschloß und einen unablässigen Kampf um die Sicherung des Lebensraums postulierte, wobei das Dogma der Erweiterung von Grund und Boden, damit der agrarischen Lebensbasis im Mittelpunkt stand. Obwohl dieses Theorem durch die objektive Entwicklung der westeuropäischen Industriestaaten eindeutig widerlegt war, fand die Vorstellung, daß allein das bäuerliche Element in der Lage sei, die Volkskraft der Nation sicherzustellen, weithin Zustimmung. Darin verbarg sich eine ausgeprägte Ablehnung der modernen Großstadtkultur und eine Kritik an der fortschreitenden Urbanisierung, die mit der Ausdehnung der unterständischen Schicht, damit des modernen Industrieproletariats in Zusammenhang gebracht wurde. Der Kulturpessimismus und die Furcht eines Niedergangs der europäischen Zivilisation verknüpften sich mit einem sich rasch ausbreitenden biologistischen Denken, das in der Rassenverschlechterung und der Verbreitung von Erb- und Geisteskrankheiten eine dramatische Gefährdung der »Volksgesundheit« erblickte und mit eugenischen Rezepten darauf antwortete.[4]

Die Lebensraumideologie muß in den Zusammenhang mit den Befürchtungen der spätwilhelminischen bürgerlichen Schichten gesehen werden, im nationalen Zusammenhang gegenüber den anwachsenden proletarischen Massen ihre bisher wahrgenommenen sozialen Privilegien einzubüßen, im globalen Kontext gegenüber der aufsteigenden »gelben Rasse« unterlegen zu sein. Diese Furcht veranlaßte Gottfried Benn noch 1933, in seiner schmählichen Entgegnung auf Heinrich Manns Kritik an der Umwälzung des 30. Januar 1933 diese mit dem Argument rechtfertigte, es handele sich »um eine neue Vision von der Geburt des Menschen«, ja »um die letzte großartige Konzeption der weißen Rasse, vielleicht um eine der großartigsten Realisationen des Weltgeistes überhaupt«. Wenig später fügte er hinzu, er wisse nicht »ob die angewandten Methoden richtig sind, das bezweifle ich sogar, aber ein bewundernswerter Wille ist doch da«.[5]

Hitler knüpfte in seiner Sonthofener Rede vom 23. November 1937 an derartige sozialdarwinistisch gefärbte Ideengänge ausdrücklich an, indem er versprach, die Deutschen würden »einmal als vorherrschende weiße Macht und Rasse aufsteigen« – sie hätten schon einmal »große europäische Lebensräume kultiviert«, womit er auf die Ostkolonisation anspielte und sich zugleich auf den Reichsgedanken bezog.[6] Der expansive Nationalismus des Alldeutschtums ging dabei eine enge Verbindung mit dem extremen Rassenprinzip ein, das dem völkischen Lager entstammte.

Es ist für die Kontinuität des Lebensraumsyndroms bezeichnend, daß die gesamte Terminologie bereits vor dem Ersten Weltkrieg ausgebildet war, einschließlich des Begriffs der »völkischen Flurbereinigung«, der in der alldeutschen Presse weite Verbreitung fand.[7] Daß es freilich nicht nur darum ging, den knappen Raum in Mitteleuropa auszuweiten, sondern die Macht der deutschen Nation zu verstärken, geht aus den allenthalben angestrengten Erwägungen hervor, eine Rücksiedlung der Volksdeutschen aus dem russischen Reich und auch von Übersee anzustreben.[8]

Es muß deutlich gemacht werden, daß der Gedanke, das Polentum zurückzudrängen und notfalls gewaltsam auszusiedeln, nicht nur bei den Scharfmachern des Ostmarkenvereins und der Alldeutschen auf lebhafte Resonanz stieß, sondern auch in die Kriegszielforderungen der kaiserlichen Regierung mit dem Programm der Annexion des »polnischen Grenzstreifens« Eingang fand, wobei angebliche militärische Gesichtspunkte der OHL unter Hindenburg und Ludendorff eine enge Verbindung mit völkischen Forderungen eingingen. Bei der Reichsleitung hoffte man darauf, daß die russische Seite durch die Enteignung der deutschen Bevölkerung den Vorwand für eine systematische Aussiedlung der polnischen Bevölkerung liefern würde. Der Gedanke der zwangsweisen Absiedlung von Teilen der polnischen und insbesondere der jüdischen Bevölkerung fand in den Regierungsverhandlungen einen eindeutigen Niederschlag. Noch nach dem Frieden von Brest-Litowsk dachte man an eine Umsiedlung von zwei Millionen Menschen.[9]

Die militärische Niederlage von 1918 durchkreuzte diese Absichten. Sie brachte freilich keine Stillegung der Ambitionen der Anhänger einer aktiven Ostraumpolitik, die sich nun freilich nicht mehr der Mittel der Hakatisten und der Ansiedlungspolitik bedienen konnte. Statt dessen sprachen die Volkstumstheoretiker, die diese Debatte wieder aufnahmen, nachdem die Politiker gescheitert waren, nunmehr mit deutlicher Spitze gegen die Pariser Friedensverträge, welche sich um die Schaffung von geschlossenen Nationalstaaten bemüht hatten, von einer deutsch-slawischen Schicksalsgemeinschaft und kritisierten die Unangemessenheit des nationalstaatlichen Prinzips für den in der Tat durch Völkermischung gekennzeichneten deutschen Osten und das übrige Ostmitteleuropa.[10]

Der Akzent verlagerte sich nolens volens auf das, was man Binnenkolonisation nannte, den agrarischen Ausbau Deutschlands im Wege und Meliorationen und Trockenlegungen von Sumpfgebieten. Damit verknüpfte sich die Vorstellung einer »inneren Regeneration« des deutschen Volkes, die notwendig erschien, um den 1918 unterbrochenen nationalen Aufstieg neu in Gang bringen zu können. Daß sich in dieser Frage eine stillschweigende Allianz zwischen allen politischen Parteien mit Ausnahme der USPD herausbildete, zeigt die nahezu einstimmige Annahme des Reichssiedlungsgesetzes im Deutschen Reichstag von 1920, das von den gleichen Ministerialbeamten vorbereitet war, die sich zuvor um die Ostsiedlung gekümmert hatten.[11]

Es ist bemerkenswert, daß sich die beiden christlichen Kirchen an der Siedlungsbewegung aktiv beteiligten und eigene Siedlungswerke einrichteten. Sie folgten damit der zeitgenössischen Agrarromantik, aber auch eigenen Interessen, da, wie es auf protestantischer Seite 1931 hieß, »Bodenverwurzelung« neuen Glauben schaffe: »Der Siedler lernt wieder, mit seiner Arbeit Gottesdienst zu tun«.[12] Seit dem Beginn der dreißiger Jahre kippte die Siedlungsbewegung wieder in den offenen Annexionismus zurück.

Parallel zu diesem Programm, das sich nicht zuletzt in der Grenzlandarbeit und der Arbeitslagerbewegung niederschlug[13], bemühten sich verschiedene populäre Organisationen, darunter der VDA, um eine verdeckte Förderung der fortbestehenden oder neu entstandenen volksdeutschen Minderheiten sicherzustellen. Volkstumspolitiker wie Max Hildebert Bohm und Karl Haushofer unterhielten enge Querverbindungen zur NSDAP, insbesondere zu Rudolf Heß, aber sie unterschieden sich ideologisch dadurch, daß sie einen kulturell, nicht rassisch geprägten Nationsbegriff vertraten.

Nach der Bildung des Kabinetts Hitler erhoffte sich diese Gruppe nicht mit Unrecht eine nachhaltige Förderung durch die Reichsregierung, die die volkstumspolitischen Organisationen wie den VDA benützte, um sie als gleichsam neutrale Zwischenglieder zu den Minderheiten zu benützen. Daher war eine Ersetzung ihrer Funktion direkt durch Parteigliederungen nicht opportun. Das zunächst von Ribbentrop gebildete Büro Otto von Kursell, das die verschiedenen Initiativen koordinieren sollte, geriet indessen rasch in Konflikt mit Heinrich Himmler, der 1937 mit der Umbildung des Amtes in die Volksdeutsche Mittelstelle unter Werner Lorenz maßgebenden Einfluß gewann.[14]

Dies bedeutete zugleich die Ausbootung der herkömmlichen Volkstumspolitiker und eine Indienststellung der zunehmend unter die Kontrolle der Mittelstelle gebrachten deutschen Minderheiten, die, wie zunächst Konrad Henlein, als fünfte Kolonne fungierten, während die Volkstumspolitiker gerade auf der Pflege der Eigenständigkeit der deutschen Volksgruppen bestanden hatten. Gleichzeitig ging die Auslandsorganisation der NSDAP dazu über, die Minderheiten unter ihre Kontrolle zu bringen und als fünfte Kolonnen in einen wachsenden Gegensatz zu ihrem Heimatstaat zu bringen.

Mit Himmlers Einschaltung in die Volkstumspolitik – Hitler übertrug ihm 1936 die Lösung des Südtirol-Problems im Sinne Mussolinis[15] –, nach der Gründung des Protektorats Böhmen und Mähren, nahm Reinhard Heydrich auf der Basis des Prager Bodenamtes eine umfassende Umvolkungsplanung vor, die allerdings nach Beginn des Krieges zurückgestellt werden mußte, so wenig damit das langfristige Programm der Aussiedlung der nicht eindeutschungsfähigen Tschechen aufgegeben war.[16]

Diese Funktion Himmlers fand zunächst einen Ausdruck in der Gründung des Rassen- und Siedlungshauptamtes, das zunächst Darré, später von Gottberg übertragen wurde, der sich bei der Registrierung der böhmischen Bevölkerung einen Namen gemacht hatte, während Ulrich Greifelt an der Stelle von Lorenz die Zuständigkeit in der Südtirolfrage übernahm, wo er gegen diesen eine Forcierung der immer wieder verschleppten Aussiedlung der Südtiroler Bauern durchsetzte.

Himmler hatte in den zwanziger Jahren den Artamanen, einer extrem völkischen Gruppierung, angehört und 1922 ein Examen als Diplom-Landwirt abgelegt. Er gehörte neben Alfred Rosenberg zu den ausgeprägtesten Verfechtern des Ostraumgedankens. Er glaubte an den Mythos einer einstigen germanischen Herrenschicht im Osten, die in der slawischen Nationalität aufgegangen sei. »Unser Blut, eingebaut in eine fremde Nationalität« müsse wieder befreit und durch einen nie versiegenden Siedlerstrom nach dem Osten müßten »diese neuen Provinzen ... germanische, blonde Provinzen Deutschlands werden ...«[17].

Der Ostraum stellte für ihn einen mythischen Zweck des Krieges dar, der die nie wiederkehren dehistorische Chance bot, an die Ostkolonisation anzuschließen: »Wenn es den Kosaken geglückt ist, sich für den russischen Zaren bis ans Gelbe Meer durchzufressen und das ganze Gebiet allmählich zu erobern, dann werden wir und unsere Söhne es in drei Teufels Namen fertig bringen, Jahr für Jahr, Generation für Generation unsere Bauerntrecks auszurüsten und das Gebiet hinter der militärischen Grenze allmählich flächenmäßig zu besiedeln«.[18]

Indessen erfolgte die eigentliche Mobilisierung der Blut und Boden-Ideologie des Regimes durch Walter Darré, der durch den Aufbau des »Agrarpolitischen Apparates« einen maßgebenden Hebel zur Unterwanderung des Reichslandbundes, der wichtigsten agrarischen Interessenorganisation in der Weimarer Republik, schuf und der bis dahin ganz überwiegend städtischen NSDAP das Eindringen in das platte Land gestattete.[19] In der Tat errang sie schon im Mai 1928 ganz unerwartete Erfolge in der Geest und in Niedersachsen bei bäuerlichen Wählern, und die wachsenden Wahlchancen bei der ländlichen Bevölkerung veranlaßten Hitler schon 1927, das »unabänderliche« Parteiprogramm im Bezug auf die darin enthaltene Enteignungsklausel zu entschärfen.[20] Aber erst im Zusammenhang mit der Rolle des nach 1933 geschaffenen Reichsnährstandes gewann der Lebensraumgedanke eine spezifische agrarwirtschaftliche Autarkiekomponente. Jedoch riefen erst der deutsch-sowjetische Nichtangriffspakt vom 23. August 1939 und der sich daran anschließende Freundschaftsvertrag vom 28. September, in dem beide Vertragspartner eine Verschiebung ihrer zuvor vereinbarten Einflußzonen vornahmen, die Notwendigkeit hervor, in der Ostsiedlungsfrage konkrete Entscheidungen zu treffen. Die Zusage der Reichsregierung, die deutschen Minderheiten aus den baltischen Staaten und Wolhynien, später auch aus Bessarabien und der Bukovina zurückzuziehen, erfolgte wohl primär auf Grund des russischen Drucks, obgleich auch die nazifizierten »Volksgruppen«, wie die Minderheiten nun genannt wurden, in den leichtfertig verkündeten Slogan »Heim ins Reich« einstimmten und damit das NS-Regime unter Zugzwang setzten.

Zuvor hatte Himmler dafür gesorgt, daß die ursprünglich für die Abwicklung vorgesehene Volksdeutsche Mittelstelle diese Aufgabe an die eigens zu diesem Zweck errichtete Behörde Himmlers in seiner Eigenschaft als »Reichskommissar für die Festigung deutschen Volkstums« abtrat. Die Ernennung erfolgte an Himmlers Geburtstag, einen Tag nach der spektakulären Reichstagsrede Hitlers vom 6. Oktober 1939, in der er sich als Garant der Friedenssicherung aufspielte und eine grundlegende Neuordnung der ethnographischen Verhältnisse ankündigte. Umfassende Umsiedlungen im Osten und Südosten Europas würden »wenigstens einen Teil der europäischen Konfliktstoffe« beseitigen.[21] Faktisch bedeutete dies die Aufopferung der deutschen Siedlungsinseln im Ostraum, hervorgerufen durch leichtfertige Zusagen an Josef Stalin, die im Freundschaftsvertrag festgeschrieben wurden. Die Volksdeutsche Mittelstelle (Vomi) wurde dem Reichskommissar unterstellt, der die Höheren SS- und Polizeiführer als nachgeordnete Behörden benützte. Während die Vomi im wesentlichen als Planungsapparat fortbestand, wurden mit der Umwanderungs- und der Einwanderungszentrale zwei umfassende bürokratische Apparate ins Leben gerufen, die sich der Aufgabe annahmen, die bereits in Trecks ankommenden Volksdeutschen auf Kosten der Polen und Juden im Warthegau anzusiedeln.[22]

Tatsächlich handelte es sich um ein fortgesetztes Scheitern eines viel zu anspruchsvollen Umsiedlungsprogramms. Die Siedler mußten überwiegend in bloß vorläufigen Lagern untergebracht werden, und nur ein kleiner Teil konnte auf abgesiedelten polnischen Höfen angesetzt werden, zumal größere Teile der Baltendeutschen aus städtischen Verhältnissen stammten und für eine agrarische Ansiedlung gar nicht in Frage kamen. Insgesamt belief sich die Zahl der Rücksiedler auf 500 000 Personen; dazu kamen 400 000 Volksdeutsche aus Kroatien und 800 000 aus Ungarn. Von ihnen wurden vielleicht 200 000 im Warthegau und in Westpreußen angesiedelt. Mit dem Fortgang des Ostkrieges, dem Rückzug der deutschen Verbände, der Rückwanderung der erneut ins Baltikum verbrachten Siedler ergab sich ein unbeschreibliches Fiasko, das die zuständigen Behörden, nicht zuletzt die Dienststelle Adolf Eichmanns, der für die Absiedlung generell, nicht nur für die Judenfrage zuständig war, zu resignativer Verzweiflung führte. Es ist daher kaum erstaunlich, daß die Männer Eichmanns in der möglichst vollständigen Eliminierung der autochthonen jüdischen Bevölkerung eine gewisse Kompensation erblickten. Zudem wirkte der Mechanismus ein, für abzusiedelnde Polen jüdische Wohnungen freizuziehen, was einen zusätzlichen Schub für die Ghettobildung im Generalgouvernement und in den baltischen Ländern abgab.[23]

Die Notwendigkeit, die Volksdeutschen einzugliedern, brachte zugleich Himmlers Ostraumpläne in Gang. Schon im November 1940 dachte er daran, in großem Stil Wehrbauerndörfer nach dem Vorbild der Habsburgischen Militärgrenze anlegen zu lassen. Gleichzeitig gab es Vorstellungen, ein germanisiertes Reichsland Burgund zu schaffen sowie deutsche Siedlungsmarken in Kärnten, in der Steiermark und in Ostgalizien zu errichten (letzteres fungierte als ein deutsches Sibirien). Diese Vorhaben fanden ihre Fortsetzung mit den Siedlungsvorhaben von Hegewald und Samosc, die von Odilo Globocnik, Himmlers Mann in Lublin, energisch vorangetrieben wurden und zur Deportation oder Ermordung von mehr als 100 000 jüdischen und polnischen Einwohnern führte. Himmler selbst wollte die Kriegssituation für die Ingangsetzung der Siedlung benützen.[24]

All diese Vorhaben kulminierten in dem im Auftrage Himmlers von Professor Meyer-Hettling vorangetriebenen »Generalplan Ost«, der in seiner endgültigen Gestalt den Namen »Gesamtplan Ost« trug. Der im Mai 1942 vorgelegte Plan zielte auf die Schaffung eines ausgedehnten deutschen Siedlungsstreifens vom Generalgouvernement über die Ukraine bis zur Krim, die zum bevorzugten Objekt der deutschen Siedlungsplaner wurde, welche die Südtiroler dort anzusetzen gedachten und ein deutsches Touristenzentrum projektierten.[25] In internen Erörterungen wurde die Zahl der umzusiedelnden Bevölkerung auf 51 Millionen geschätzt, doch ist es richtiger, von 100 Millionen Menschen auszugehen, die im Fall einer Realisierung dieser chimärischen Vorhaben hätten gewaltsam umgesetzt werden müssen oder planmäßig liquidiert worden wären.[26]

Dieses gigantische ethnische Flurbereinigungsprogramm stand in klarem Widerspruch zu den Erfordernissen einer modernen industrialisierten Gesellschaft, und es abstrahierte von dem extremen Arbeitskräftebedarf der Rüstungsindustrie des Reiches. Es stand somit quer zu allen Plänen der wirtschaftlichen Ausbeutung des besetzten sowjetischen Gebietes. Insbesondere Himmler war in starkem Umfang von sozialromantischen Ideen geprägt, und die Konzeption der befestigten Wehrdörfer und Siedlungsringe nahm auf die Probleme der modernen Industrie keine Rücksicht.

Hitler, der sonst Himmlers Ideengänge mit gewisser Skepsis betrachtete, teilte in dieser Beziehung dessen Enthusiasmus. »Was für England Indien war, wird für uns der Ostraum sein«, äußerte er Anfang November 1941 und sprach von den »Reichsbauern«, die nur »in hervorragend schönen Siedlungen hausen« sollten, während die Russen außerhalb der Siedlungszone, unter kärglichsten Bedingungen in, wie er sich ausdrückte, einer »anderen Welt« als Helotenbevölkerung existieren durften.[27]

In Anknüpfung an die alldeutschen Ideen meinte Hitler in diesem Zusammenhang: »Kolonien sind ein fraglicher Besitz. Diese Erde ist uns sicher. Europa ist kein geographischer, sondern ein blutsmäßig bedingter Begriff, und er erwog, einen »Riesenwall« nach Art der Chinesischen Mauer zu errichten, der nicht aus Palisaden, sondern aus Menschen bestehen sollte.[28] Er nahm damit die Überlegungen von 1939 wieder auf, einen gigantischen Ostwall, zusammen mit riesigen Truppenübungsplätzen und eingeschlossenen Siedlungsräumen zu bauen. Im Nachgang zu entsprechenden Ideengängen seit 1915 nahm die Wehrmacht lebhaft an derlei Projekten teil, die insbesondere Kriegsbeschädigten eine Bleibe verschaffen sollten.[29] An das Recht der einheimischen Bevölkerung dachte niemand.

Indessen zerstoben die Siedlungsträume mit dem Fortgang des Ostfeldzuges, insbesondere der Niederlage bei Stalingrad. Himmler sah sich daher auf Anweisung Hitlers dazu gezwungen, die Arbeiten an den Projekten Meyer-Hettlings im Januar 1943 einstellen zu lassen, zumal es nahezu unmöglich war, dafür Arbeitskräfte und Rohstoffe abzuziehen. Daß er gleichwohl nicht gesonnen war, diese

Pläne aufzugeben, zeigt seine Äußerung vom 26. Juli 1944: »Der Sinn des Krieges besteht ... in einem soliden Hinausschieben der deutschen Volkstumsgrenze um mindestens 500 km nach dem Osten«. Mit der Besiedlung dieses Raumes gelte es, »einen Pflanzgarten germanischen Blutes« zu schaffen, »damit wir weiter ein Bauernvolk bleiben«.[30]

Es fällt schwer, die Hybris der nationalsozialistischen Ostpolitik nachzuvollziehen. Sie ist ein Indikator für die Unfähigkeit der Nationalsozialisten, ihre Zielsetzungen den vorhandenen Ressourcen anzupassen, und sich an das politisch Machbare zu halten. Martin Broszats Formulierung von der »negativen Selektion der Weltanschauungselemente« läßt sich auch auf diesen Bereich anwenden.[31] Abgesehen von den grundsätzlich völkerrechtswidrigen, inhumanen und verbrecherischen Zügen der Ostpolitik sind von ihr nur die negativsten Elemente umgesetzt worden – die Vernichtung des osteuropäischen Judentums, welche die notwendige »Begleiterscheinung« – wenn dieses zynische Wort erlaubt ist – für die Vertreibung der polnischen Bauern von ihrer Scholle darstellte, die wiederum die Vorbedingung für die Ansetzung volksdeutscher Siedler darzustellen schien.

Die Verknüpfung von Judenvernichtung und Ostsiedlung bestand auch in anderer Beziehung. Zunächst gab der Ansiedlungsbedarf für die Volksdeutschen, wie Götz Aly bewiesen hat, einen Anschub für die Fortsetzung des zunächst – nach dem Scheitern der frühen Reservatspläne – eingestellten Programms zur Deportation der polnischen und der Juden aus dem Altreich. Zugleich rangierten Juden definitiv auf der untersten Stufe der umzusetzenden Gruppen, und daher wurde auf sie noch weniger Rücksicht genommen. Für den inneren Zusammenhang beider Programme ist aufschlußreich, daß das aus der Aktion Reinhardt – der Liquidierung des Judentums zunächst in Ostgalizien, dann im ganzen Generalgouvernement – stammende jüdische Eigentum der Volksdeutschen Mittelstelle zu überstellen war, um damit den Bedarf der volksdeutschen Umsiedler an Kleidung und anderen Ausrüstungsgegenständen zu befriedigen.[32] Schließlich gab es auch einen direkten Austausch von jüdischer und volksdeutscher Bevölkerung wie im

Falle der Stettiner Juden, die in denselben Zügen, in denen die baltischen Volksdeutschen in die Hafenstadt gelangten, nach Riga deportiert wurden, um dort umgebracht zu werden.[33] Psychologisch war es schließlich von Bedeutung, daß die Vollstrecker wie Eichmann, Globocnik und Danneberg das Hauptgewicht ihrer Tätigkeit in dem Ausbau des nationalen Territoriums erblickten und die Durchführung des Liquidationsprogramms gegen die Juden aus ihrer subjektiven Sicht pseudomoralisch gerechtfertigt werden konnte.[34]

Abschließend ist darauf hinzuweisen, daß die zeitgenössische deutsche Ostforschung an der Implementierung der völkischen Flurbereinigung, die Hunderttausende das Leben kostete, mehr oder minder aktiv beteiligt gewesen ist.[35] Bei genauerer Hinsicht waren es eben nicht nur der SS-Apparat und die Dienststellen anderer Ressorts sowie die Wehrmacht, die mit ihm zusammenarbeiteten, die für diesen Komplex verantwortlich waren, sondern weite Teile der Funktionseliten, wenngleich sie mit dem Vernichtungsprogramm vielfach nur indirekt in Berührung traten.

Die Inhumanität und die Geringschätzung fremder Völker war nicht erst eine Erscheinung nationalsozialistischer Politik, die nur – aus einer extremen Rücksichtslosigkeit heraus – das umsetzte, was die bisherigen Volkstumspolitiker und Ostraumbegeisterten nur gedacht hatten. Und es ist unverkennbar, daß in der Idee, durch die Rückgewinnung umfassenden Siedlungsraums im östlichen Europa, die vor und in dem Ersten Weltkrieg hervortrat, in der Weimarer Republik eine zunächst gezähmte Ausdrucksform gewann, um nach 1933 zunehmend radikaler artikuliert zu werden, auch eine der Wurzeln für die Implementierung des Holocaust lag, die wiederum sich als negativer Reflex des großgermanischen Expansionsprogramms erweist.[36] So wenig bestreitbar ist, daß mit dem Nationalsozialismus eine nicht umkehrbare kumulative Radikalisierung einsetzte, die alles Frühere an Gewaltsamkeit und Zynismus in den Schatten stellte, so wenig kann der Kontinuitätszusammenhang geleugnet werden, der spätestens mit dem alldeutschen Ostexpansionismus begann und die deutsche Politik seither begleitete.

Umvolkungspläne des Nationalsozialismus und der Holocaust

Im Lichte der verhängnisvollen Nationalitätenkonflikte in den Nachfolgestaaten Jugoslawiens und der Sowjetunion zielen die folgenden Ausführungen darauf ab, die Strategien ethnischer Flurbereinigung, die im Dritten Reich verfolgt wurden, in ihrem Zusammenhang mit dem Holocaust zu skizzieren. Dabei stellt sich sowohl die Frage nach langfristigen Kontinuitäten der Ostsiedlungspolitik als auch das Problem, inwieweit die um die Jahreswende 1940/41 eskalierenden Umvolkungspläne des Dritten Reiches den Übergang zur systematischen Liquidierung des europäischen Judentums bedingt haben. Daß das nationalsozialistische Herrschaftssystem von vornherein entschlossen war, die volkstumspolitischen Zielsetzungen, die seit der wilhelminischen Epoche hervortraten, gewaltsam umzusetzen, ist hinreichend bekannt. »Wir (Nationalsozialisten) setzen dort an, wo man vor sechs Jahrhunderten endete. Wir stoppen den ewigen Germanenzug nach dem Süden und Westen Europas und weisen den Blick nach dem Land im Osten. Wir schließen endlich ab mit der Kolonial- und Handelspolitik der Vorkriegszeit und gehen über zur Bodenpolitik der Zukunft«, schrieb Hitler im zweiten Band von »Mein Kampf«.[1] Er intonierte damit ein Thema, das die Ostsiedlungsfanatiker verschiedenster Provenienz auf den Plan rief, deren variantenreiche Expansionspläne auf Kosten fremder Völker im Dritten Reich der »unbegrenzten Möglichkeiten« ein wahres Eldorado antrafen.

Es wäre irreführend, das Ostsiedlungsprogramm als genuine Schöpfung des Nationalsozialismus zu betrachten, der durchweg ideologische Inhalte nur aufzugreifen, nicht zu entwickeln pflegte und durch die ihm eigentümliche Grenzenlosigkeit eines visionären politischen Wunschdenkens ins Gigantische übersteigerte, sie zugleich mit extremer Bedenkenlosigkeit der Mittel und ohne ernstliche Zweck-Mittel-Abwägung in die Wirklichkeit umzusetzen suchte. Der Gedanke der Ostsiedlung war ein Lieblingskind schon des deutschen Imperialismus, ausgeprägt im Programm der Hakatisten und des Ostmarkenvereins, gehegt von den Militärs im Ersten Weltkrieg bis hin zur militärischen Ansiedlungspolitik von Oberost im Baltikum und den Wunschträumen einer neuen deutschen Ostkolonisation im Anschluß an den Gewaltfrieden von Brest-Litowsk.[2] Die Lage der deutschen Kolonisten in Rußland, die in den Strudel der Bolschewisierung geworfen wurden, hat die deutsche Siedlungseuphorie nur weiter angeheizt, so wenig wirkliche Kenntnisse über die deutschen Minderheiten im Ostraum auch bei Experten abgerufen werden konnten.

Nach dem Ersten Weltkrieg, im Schatten der uneingestandenen Niederlage, traten die Ideen derer, die sich dem Traum hingegeben hatten, den deutschen Volksboden mittels eines neuzeitlichen Wehrbauerntums im großen Stile ausweiten zu können, vorübergehend zurück. Statt dessen verlegten sich die Nachfahren der Hakatisten auf das Schlagwort der »deutsch-slawischen Schicksalsgemeinschaft« und auf die Strategie der europäischen Nationalitätenkongresse, die gegen das nationalstaatliche Prinzip der Pariser Vorortsverträge standen.[3] Im Grenzlandkampf suchten sie die innere Regenerierung der durch westliche Verweichlichung gefährdeten deutschen Nation, die in der Berührung mit dem europäischen Osten, dem Antäus gleich, ihre wahre Kraft würde finden können. Durch den Umweg über den Reichsgedanken hoffte man, die deutsche Hegemonie in Ostmitteleuropa wieder herzustellen, und die deutschen Minderheiten dienten, wie die Völkerbundspolitik Gustav Stresemanns zeigte, als Mittel zum Zweck, deutsche territoriale Ansprüche offenzuhalten.[4]

Die Vorkämpfer einer aktiven deutschen Ostpolitik von Weimar, die, wie Gottfried Treviranus[5], durchaus in der Nähe der Reichsregierung anzutreffen waren, schwenkten sogleich wieder auf die Linie nationalstaatlicher Expansion ein, als es Hitler gelang, die Fesseln von Versailles abzustreifen. Allerdings schien der deutschpolnische Nichtangriffspakt den unmittelbaren Zugriff auf den Korridor zu lähmen und die Stoßrichtung auf die Ukraine abzulenken. Dies hinderte die deutsche Ostforschung nicht, sich intensiv mit Fragen der Volkstums- und Siedlungspolitik zu befassen. An ihr waren angesehene Fachhistoriker wie Hermann Aubin und Albert Brackmann, unter den jüngeren auch Theodor Schieder und Werner Conze beteiligt, und die Schule von Gunter Ipsen, die in mancher Hinsicht der Ausgangspunkt der deutschen Variante der Sozialgeschichte war, stellte doch andererseits eine historiographische Umsetzung der völkischen Ideengänge der 20er Jahre dar. Michael Burleigh, Götz Aly und Karl Heinz Roth haben auf diesen bis dahin von der Geschichtswissenschaft eher zurückgedrängten Sachverhalt hingewiesen, der die deutsche Geschichtswissenschaft mahnt, selbstkritisch zu sein.[6]

Der Feldzug gegen Polen setzte 1939 eine konkurrierende Planungsexpertokratie frei, zu der, neben der Volksdeutschen Mittelstelle, die unter der Führung des Obergruppenführers Werner Lorenz der SS nahestand, obwohl sie zunächst als Institution der NSDAP dem Stellvertreter des Führers (StdF), dann seit 1938 Hitler persönlich zugeordnet war[7], das vom SD beherrschte Deutsche Auslands-Institut in Stuttgart[8], der VDA, auch die vom RMdI gebildete Expertengruppe der Nord- und Ostdeutschen Forschungsgemeinschaft gehörten. Die Arbeit der letzteren, die die Aufsiedlung der polnischen Westprovinzen und den Verlauf der deutschen Ostgrenze zum Gegenstand hatte, wurde durch die Kriegsentwicklung und die Beauftragung Himmlers als Reichskommissar für die Festigung deutschen Volkstums (RKF) überholt. Gleichwohl ist sie ein Zeugnis dafür, wie wenig es noch Hemmungen gab, die polnische Volkstumspolitik seit dem Liquidationsabkommen von 1921 nicht nur rückgängig zu machen, sondern durch die Schaffung einer geschlossenen siedelnden deutschen Bevölkerung in den künftigen Ostprovinzen bei weitem zu übertreffen, was von der Ausweisung aller seit 1919 nach Posen und Westpreußen zugewanderten Polen bis zu »Bevölkerungsverschiebungen allergrößten Ausmaßes« reichen sollte und selbstredend von der Entjudung der polnischen Städte begleitet war.[9]

Die sich in derlei Denkschriften niederschlagende Siedlungseuphorie, die weit über das engere nationalsozialistische Lager hinaus weite Kreise der deutschen Intellektuellen ergriffen hatte und, wie Götz Aly und Susanne Heim zugespitzt herausgearbeitet haben, zu einer rassistischen »Bevölkerungsökonomie« führte[10], stellte eine wichtige Vorbedingung für die Umvolkungspolitik des Nationalsozialismus dar, mit der die Ausscheidung der jüdischen Bevölkerung untrennbar verbunden war.

Auch wenn man die riesigen Zwangsumsiedlungsziffern in der Sowjetunion vor Augen hat[11], machen die Bevölkerungsverschiebungen, die vom NS-Regime in Angriff genommen wurden oder Gegenstand von dessen umfassenden Planungen darstellten, ein Vielfaches dieser Größenordnung aus. Was mit der Ansiedlung der Südtiroler als Konzession an Mussolini – sie stellte einen durchaus schmerzhaften Einschnitt in die Lage der dortigen Minderheit dar[12] begann, mit derjenigen der Volksdeutschen im engeren Böhmen[13], der deutschen Bevölkerung in der Steiermark und Kärnten, dann des für nicht eindeutschungsfähig betrachteten Teils des tschechischen Volkes fortgesetzt wurde und rund 85 Prozent der polnischen Bevölkerung im Warthegau und in Danzig-Westpreußen betreffen sollte, schließlich das Polentum insgesamt, mündete in ein riesiges Verwirrspiel ab- und umzusiedelnder Volksgruppen im gesamten Ostraum.

Allein der Generalplan Ost, damit die völlige Umvolkung des Generalgouvernements und des Ostlandes bis zur Krim, sah die Ausweisung von mindestens 31 Millionen Fremdvölkischen – Experten im Ostministerium schätzten sogar 46–51 Millionen – vor.[14] Himmlers Gesamtsiedlungsplan umfaßte die Einwohner des Generalgouvernements, die Tschechen, die Ausdünnung der baltischen Völker, den rassisch für minderwertig erklärten Teil der Deutschösterreicher, die frankophone Bevölkerung Elsaß-Lothringens und die Bewohner Burgunds, das in ein germanisches Ursprungsland zurückverwandelt werden sollte. Diese Liste bezog gleichwohl nur die wichtigsten Umsiedlungsvorhaben ein, die das NS-Regime guteils noch mitten im Kriege mit einer schließlich auf 20 Jahre verkürzten Laufzeit einzuleiten bestrebt war. Euphorisch vermerkte

Himmlers Adlatus Ulrich Greifelt, der den Apparat des RKF aufbaute, daß der Generalplan Ost die »gewaltigste staatsgelenkte Völkerwanderung aller Zeiten«[15] in Gang setzen sollte.

Das Erschreckende an den chimärischen Vorhaben lag nicht zuletzt darin, daß über das Lebens- und Heimatrecht ganzer Völker, aber auch der deutschen Minderheiten außerhalb des Reiches, in technokratischer Manier verfügt wurde, die auf historische Strukturen ebensowenig wie auf die betroffene Bevölkerung irgendwelche Rücksichten nahm. Dieser Durchbruch technokratischer Inhumanität war jedoch keineswegs auf den Nationalsozialismus beschränkt, wie der Blick auf die deutsche Ostforschung seit den 20er Jahren zeigt. Die Bereitwilligkeit, mit der sich Soziologen, Volkskundler, Demographen und Nationalökonomen in den Dienst der offen scheinenden Zukunft des Dritten Reiches stellten und sich dem Traum unbegrenzter Möglichkeiten hingaben[16], verweist auf eine tiefer liegende Krise der deutschen Gesellschaft, die Georg Lukács mit dem Begriff der »Zerstörung der Vernunft« wohl angemessen umschrieben hat.[17]

Es war, wie wir aus der anschaulichen Schilderung von Rolf-Dieter Müller wissen, keineswegs nur der rassenpolitisch engagierte Teil des NS-Apparates, der die einander ausstechenden und überbietenden Siedlungsvorhaben vorantrieb, wenngleich die gigantomanische Übersteigerung der Ziele und die Überschreitung der Grenzen des Machbaren für die NS-Satrapen, denen jegliche innere Bindung und Mäßigung fehlte, besonders kennzeichnend war.[18]

Auch die deutsche Wehrmacht gedachte, den der Nation angedichteten Siedlungshunger zur Versorgung ausgedienter Unteroffiziere und Mannschaften in großem Stile nutzbar zu machen, und dies konnte sich 1939 zunächst mit dem fragwürdigen Konzept eines Ostwalls, eines rund 200 km breiten Streifens deutschen Siedlungsgebiets diesseits der neuen Reichsgrenze verbinden. Die Pläne für riesige Truppenübungsplätze, die von deutschen Militärsiedlungen umsäumt waren, das Angebot, sich in wehrmachtseigenen landwirtschaftlichen Fachschulen ausbilden zu lassen, und die Erneuerung der Idee der Militärgrenze ordneten sich in die allgemeine Siedlungseuphorie ein. Dazu kamen Dotationen für Offiziere, Rittergüter für Ritterkreuzttäger und die Schaffung von landwirtschaftlichen Gutsbezirken im besetzten sowjetischen Gebiet, die die zuständigen Landwirtschaftsführer des Heeres, den Landaufteilungsplänen des Ostministeriums unter Rosenberg widerstrebend, am liebsten selbst übernommen hätten.[19]

All das fügt sich in ein widerspruchsvolles Bild ein, in dem herkömmliche Siedlungsvorstellungen mit denen der Großraumplaner der SS, der DAF der Parteikanzlei, des Reichsernährungsministeriums, aber natürlich auch des Vierjahresplans und der von der Großindustrie gebildeten Ostgesellschaften miteinander in Wettstreit traten. Allerdings wurde bald das verfügbare Siedlungsland knapp, mußte ein bestimmter Teil für Frontkämpfer »zurückgehalten« werden und sahen sich manche Lobbyisten, wie der Erbgroßherzog von Mecklenburg, von dem nun allzuständigen Reichsführer-SS auf die Nachkriegszeit verwiesen.[20] Immerhin erblickte Himmler noch Ende Juli 1944 in der planmäßigen Ausstattung verdienter Soldaten mit Grund und Boden eine volkspolitische Großtat.[21] Alles dies wäre von untergeordneter Bedeutung geblieben, hätte sich nicht das aus den inneren Machtkämpfen des NS-Regimes herausmendelnde SS-Imperium der Siedlungspolitik bemächtigt, um daraus ein Instrument zu schmieden, das dem Schwarzen Korps die herausragende Schlüsselstellung im entstehenden Großgermanischen Reich deutscher Nation verschaffen sollte. Die Initiative dazu ergab sich paradoxerweise aus dem Rückzug, den das Ostexpansionsstreben des Dritten Reiches mit dem Abschluß des deutsch-sowjetischen Nichtangriffspakts vorübergehend hatte antreten müssen.

In seiner Reichstagsrede vom 6. Oktober 1939, also nach der Niederlage der polnischen Republik und den am 28. September vereinbarten polnischen Gebietsaustausch, wies Hitler auf die Notwendigkeit hin, »eine neue Ordnung der ethnographischen Verhältnisse, d.h. eine Umsiedlung der Nationalitäten« vorzunehmen, »so daß sich am Abschluß der Entwicklung bessere Trennungslinien ergeben«, damit ein Teil der europäischen Konfliktstoffe beseitigt werden könne.[22] Hinter dieser Äußerung verbarg sich die gegenüber der Sowjetunion zugesicherte Rücksiedlung der deutschen

Minderheiten aus den baltischen Staaten, aus Bessarabien und aus Weißrußland.[23]

Es hanelte sich um ca. 80000 Deutschbalten, die aus Estland und Lettland auszusiedeln waren, dazu weitere 50000 Deutsche aus Litauen, ferner 134000 Volksdeutsche aus Wolhynien, Ostgalizien und dem Narev-Gebiet, 136000 aus Bessarabien und der Nordbukowina sowie 67000 rumänische Volksdeutsche.[24] Daß sich das Reich dieses riesige Umsiedlungsprogramm aufbürdete – es wurde nach dem Sommer 1941 noch komplizierter, weil viele der aus dem Baltikum abgesiedelten Volksdeutschen in ihr angestammtes Siedlungsgebiet zurückkehren wollten[25] –, entstammte keinem festliegenden ethnischen Neuordnungsprogramm, sondern stellte eine Konzession an die Sowjetunion dar, die durch die Absiedlung der deutschen Minderheiten dem Deutschen Reich jeden Vorwand oder Anlaß zu intervenieren zu nehmen gedachte.[26]

Himmler nützte die Chance, die sich bot, indem er sich zur Lösung dieser umfassenden Aufgaben am 7. Oktober 1939 in einem geheimen Erlaß Hitlers zum Reichskommissar für die Festigung deutschen Volkstums (RKF) ernennen ließ.[27] Darin wurde der Reichsführer-SS ermächtigt, sämtliche auf dem Gebiete der Siedlung und Siedlungsgestaltung tätigen Behörden seiner Weisungsbefugnis zu unterwerfen und allgemeine Anordnungen zu erlassen. Unter dem SS-Oberführer Ulrich Greifelt entstand zunächst der Führungsstab des RKF, dem die Höheren SS- und Polizeiführer Ostpreußen, Oberschlesien, Danzig/Westpreußen zugeordnet wurden, der aber in der Folgezeit zu einem selbständigen Hauptamt im Rahmen der SS aufstieg, dem die bis dahin selbständige Volksdeutsche Mittelstelle, die der Betreuung von Volksdeutschen diente, unterstellt wurde. Die Dienststelle des RKF, die schließlich mehrere tausend Personen beschäftigte, unterstellte sich den Apparat der Höheren SS- und Polizeiführer. Er überzog vor allem das Generalgouvernement und die besetzten Gebiete mit einem dichten Netz von Dienststellen, die sowohl Polizei- als auch Siedlungsaufgaben wahrnahmen, den Reichskommissaren in den besetzten Ostgebieten praktisch gleichgestellt waren und sich zugleich umfassender Ansiedlungsstäbe bedienten.[28]

Nach und nach gelang es Himmler, konkurrierende Instanzen zurückzudrängen, wobei das Schwergewicht der Tätigkeit des RKF auf der agrarischen Siedlung lag, während die von Göring eingerichtete Haupttreuhandstelle Ost zunächst in Polen, dann im besetzten Gebiet der Sowjetunion tätig wurde, um industrielle Anlagen zu übernehmen. Zugleich wurde vom Reichswirtschaftsministerium in Zusammenarbeit mit industriellen Branchen oder Firmen Ostgesellschaften zur Verwertung des industriellen Vermögens gebildet. Darüber hinaus kümmerte sich der 1941 gebildete Wirtschaftsführungsstab Ost im Auftrag Görings um den Rüstungsausbau, wurde jedoch seit dem Juni 1942 durch Speer weitgehend übernommen. An Rivalitäten und Ineffizienz fehlte es also nicht.[29]

Es ist von geringerem Interesse, daß sich naturgemäß weitere Instanzen um die Ostsiedlung kümmerten. Neben dem erwähnten OKH handelte es sich um das Reichsernährungsministerium, das Reichsministerium für die besetzten Ostgebiete, das Rassenpolitische Amt der NSDAP, die Parteikanzlei, die keinesfalls zurückzustehen gedachte, und um den Planungsapparat der DAF, der sich in mancher Hinsicht als effektiver erwies als das von Himmler aus dem Boden gestampfte Planungsgremium, das unter der Leitung des Berliner Professors Konrad Meyer-Hetling stand. Das Tätigwerden konkurrierender Institutionen war insoweit bedeutsam, als es eine Eskalation der Planung wie der Durchführung einer gigantischen Siedlungspolitik hervorrief, obwohl hinter ihr kein unmittelbarer Interessendruck stand.[30]

Trotz des ursprünglichen Siedlerüberflusses krankten alle Pläne – nicht zuletzt der ominöse Generalplan Ost, dessen frühere Fassungen jüngsthin aufgedeckt worden sind[31] – vor allem daran, daß es entweder an Siedlungsland oder an Siedlungswilligen fehlte. Die Südtiroler wurden gleich mehrfach verplant, und jene von Hitler ins Auge gefaßte Größenordnung von 100 Millionen germanischer Menschen als Ziel der Ostpolitik war schlechthin eine Chimäre.[32] Himmler konnte allenfalls hoffen, im Laufe von 20 Jahren 2,4 Millionen deutscher Siedler in den Räumen des Generalplans Ost einzusetzen, darunter die Palästinadeutschen auf der

Krim, für die die Planung als neues deutsches Kurzentrum der DAF bis 1944 vorangetrieben wurde. Dies alles wäre eine Glosse wert, bestünde die Kehrseite nicht in Millionen von ihrer Scholle vertriebener und Hunderttausenden ermordeter Angehörigen der autochthonen Völker.[33]

Bis zum Angriff auf die Sowjetunion im Juni 1941 überwog auf deutscher Seite noch die Tendenz, die deutschen Minderheiten »heimzuholen« und sie nicht als Bastion für eine künftige deutsche Aufsiedlung an Ort und Stelle zu lassen. So erwog Rosenberg die Rücksiedlung der 300 000 Wolgadeutschen, bis man, im Verlauf des Ostkrieges, die Schaffung einer deutschen Siedlungsbrücke ins Auge faßte, dies zu einem Zeitpunkt, als die deutsche Führung die inzwischen vorgenommene Absiedlung der Wolgadeutschen nach Sibirien noch nicht wahrgenommen hatte. Als Retaliation faßte der Ostminister die Vertreibung der in deutscher Hand befindlichen Juden in die Gebiete jenseits des Ural ins Auge.[34]

Die unzähligen Widersprüche, die die Umvolkungspolitik vor allem im Ostraum aufwarf, auch mit den konkret durch die Deportation der jüdischen und der übrigen Bevölkerung eingeleiteten Siedlungsprojekten in Zamosc und im »Hegewald«[35], sollen uns hier nicht beschäftigen. Vielmehr wird man sich über die Mechanik klar werden müssen, mit der die Politik der Aus- und Ansiedlung vorangetrieben wurde. Die Notwendigkeit, die baltischen und litauischen, später auch die wolhynischen Volkdeutschen unterzubringen, brachte eine schier endlose Spirale der Austreibungspolitik in Gang, an deren Ende nicht nur die fast vollständige Zerschlagung der deutschen Minderheiten in Osteuropa, sondern auch die Ermordung von fünf Millionen europäischer Juden stand.

Die Doppelpoligkeit der Umvolkungspolitik – einerseits die Zurückholung deutscher Minderheiten nicht nur in Europa, sondern überall in der Welt zur Bereitstellung des eingeplanten Siedlerbedarfs und die gleichzeitige Aufschließung umfassender neuer Siedlungsräume auf Kosten anderer Völker – blieb während des gesamten Krieges bestehen. In der Spätphase erhielt dies die tragisch anmutende Form, daß die Rußlanddeutschen sowohl wie die nach dort verbrachten deutschen Siedler an der Spitze der zurückflutenden deutschen Armeen einem ungewissen Schicksal entgegengingen, von Auffanglager zu Auffanglager verschoben, in Einzelfällen mehrmals angesiedelt wurden, um schließlich noch einmal jenen Ostwall zu bestücken, der 1939 als Wehrgrenze konzipiert worden war.[36] Sie blieben am längsten den Kriegseinwirkungen unterworfen und wurden zu Opfern einer umständlichen SS-Bürokratie, die schon bei der deutschen Volksliste in den annektierten Gebieten hervorgetreten war, die die neu gewonnenen Volksgenossen kaum sonderlich entgegenkommend behandelte und gehalten war, potentielle Regimegegner und rassisch ungeeignete Personen auszusondern und in die Konzentrationslager zu überführen.

Weit entscheidender war, daß die Notwendigkeit, Raum für diese Menschen zu schaffen, die zunächst noch in geordneten Trecks anreisten, die Maßstäbe bei der Behandlung der polnischen Bevölkerung in den annektierten Gebieten unter jedes moralische Maß herabdrückte. Massendeportationen erschienen nunmehr als selbstverständliches Mittel der Volkstumspolitik, und es war symptomatisch, daß dieselben Dienststellen sowohl mit der Judendeportation wie der Absiedlungsfrage befaßt waren. Eichmann war, nachdem die jüdische Auswanderung zum Erliegen gekommen war, auch für die Abschiebung von Polen und Serben zuständig.[37] Im Warthegau, dem bevorzugten Zielgebiet der volksdeutschen Westwanderer, implizierten die rassische Schichtung und Ausweisung des nicht für eindeutschungsfähig betrachteten Polentums die Herabstufung der jüdischen Bevölkerungsgruppe auf die denkbar niedrigste Kategorie.[38]

Dies verknüpfte sich mit dem Umstand, daß das Großghetto Lodz, das einzige, das im Reichsgebiet lag, zum Umschlagspunkt des aus dem Altreich und anderen Territorien abgesiedelten Judentums aufstieg, obwohl es – am 1. Mai 1940 gegründet – nur für sechs Monate bestehen sollte, bis eine territoriale Lösung der Judenfrage herbeigeschafft war. Angesichts der katastrophalen sanitären Verhältnisse, der völlig unzureichenden Versorgung, der mangelnden Arbeitsmöglichkeit im Lodzer Ghetto äußerte der in der Umwandererzentrale in Posen tätige SS-Sturmbannführer Höppner am 16. Juli 1941 gegenüber seinem »lieben Kameraden Eichmann«, daß es angesichts der für den Winter bevorstehenden Krise möglicherweise »die humanste Lösung« sei, »die Juden, soweit sie nicht arbeitseinsatzfähig sind, durch irgendein schnell wirksames Mittel zu erledigen«.[39] Lodz wurde somit zum Patt der scheiternden Ostsiedlung, die vom Zusammenbruch der Reservatspläne begleitet war.

Hier lag der Ansatzpunkt für die Errichtung des Todeslagers von Kulmhof unter Einschaltung des Personals der T4-Aktion, damit der für das Euthanasieprogramm verantwortlichen Gruppe, zunächst zur Liquidierung der nicht mehr arbeitsfähigen Juden. Kulmhof (Chelmno) unterstand dem HSSPF Koppe und begann mit seinem Vernichtungsbetrieb im Januar 1942. Der 3. Nahsiedlungsplan, der Anfang Januar 1944 beschlossen wurde, implizierte die vollständige Verdrängung der jüdischen Bevölkerung aus dem osteuropäischen Siedlungsraum.[40]

Die Gewöhnung daran, daß es erforderlich sei, in erster Linie die Juden abzusiedeln, erst aus dem Altreich, dann aus den annektierten Gebieten, schließlich aus dem Generalgouvernement, setzte sich im Zusammenhang mit der Umvolkungspolitik allgemein durch. Durch die Entfernung von Polen und Juden sollte Platz für volksdeutsche Siedler geschaffen werden. Ihre Vertreibung »in den Osten« nach Beendigung des Rußlandfeldzuges wurde nicht nur von Goebbels und Rosenberg erwogen, sie lag in einer Konstellation auf der Hand, in der man längst dazu übergegangen war, größere polnische und weißrussische Gruppen nach Osten abzusiedeln, um für Himmlers ehrgeizige Ansiedlungsprojekte Platz zu schaffen.

Rosenberg lehnte zwar Franks Ersuchen, die jüdische Bevölkerung des Generalgouvernements in die besetzten Ostgebiete abzuschieben, einstweilen ab, ließ aber die Bereitschaft durchblicken, zu einem späteren Zeitpunkt »die Judenemigration in den Osten zu fördern, zumal die Absicht bestehe, überhaupt die asozialen Elemente innerhalb des Reichsgebietes in die dünn besiedelten Ostgebiete zu verschicken«.[41] Das war im Oktober 1941, zu dem Zeitpunkt des Stopps der jüdischen Auswanderung nach Westeuropa. Damals lautete die Alternative noch nicht systematische Liquidation, sondern die Schaffung von Judenreservaten, zunächst im Gebiet von Nisko am San, in der zweiten Stufe im Zusammenhang mit der Umsiedlung im Warthegau im Bezirk Lublin, bzw. im östlich der Weichsel gelegenen Teil Galiziens. Als dies scheiterte und auch die Madagaskar-Alternative infolge der Haltung Großbritanniens zur Farce gerann, sich zugleich ein Engpaß in der Kriegsführung ergab, der die weiter östlich gelegenen Deportationsziele einstweilen unzugänglich werden ließ, öffnete sich die Schere für umfassende systematische Tötungsaktionen, an deren Anfang bezeichnenderweise ein nach Kulmhof weitergeleiteter Zigeunertransport nach Lodz stand.[42]

Juden- und Polendeportationen gingen 1940/41 Hand in Hand, wurden von denselben Persönlichkeiten bearbeitet, wie umgekehrt der freiwerdende Transportraum für die abzusiedelnen Balten- und Wolhyniendeutschen verwandt wurde, wie Götz Aly herausgearbeitet hat.[43] Für die Vollstrecker stellte die Judenabsiedlung nur die unvermeidliche Kehrseite für die aus nationalpolitischen Gründen gerechtfertigt erscheinende Ansiedlung Volksdeutscher dar. Die Hybris der eskalierenden Siedlungsideen, die in der erweiterten Fassung des »Generalplans Ost« von Ende Mai 1942 kulminierte, bewirkte, daß die jüdischen Reservatspläne im Sperrfeuer der Interessenkollision liegen blieben. Die Ausweichlösung, die in der Errichtung von Kulmhof bestand, wurde mit der Errichtung der Vernichtungslager Belzec, Sobibor und Treblinka sowie der Konzentrations- und Vernichtungslager Auschwitz und Majdanek zu einem endgültigen Programm.

Götz Aly hat darauf hingewiesen, daß das vom Konzept der Überbevölkerung ausgehende, technokratische Programm der Bevölkerungsverschiebung keine originär nationalsozialistische Politik darstellte, aber unter der vom Dritten Reich geschaffenen Perspektive einer grenzenlosen tabula rasa mit Notwendigkeit im Massenmord enden mußte. Denn in der Praxis lag es nahe, die demographische Verschiebung durch passiven und aktiven Massenmord – das Verhungernlassen ganzer Bevölkerungen, die systematische Ermordung durch die Einsatzgruppen wie die Liquidierung in

Auschwitz – zu beschleunigen. Alys Schlußfolgerung, daß die Ermordung des europäischen Judentums nur den »unter Kriegsbedingungen vorgezogenen und am weitesten realisierten Teil weit größerer Vernichtungspläne« dargestellt hat, ist nur zu unterstreichen.[44] Die These freilich, daß ökonomische Motive zusammen mit technokratischer Planung den Ausschlag gegeben hätten, verkürzt den komplexen Zusammenhang zwischen Siedlung und Holocaust.[45]

Gleichwohl ist es einsichtig, daß das NS-Regime, ähnlich wie bei anderen politischen Zielsetzungen, auch in diesem Falle ausschließlich deren negativste Dimension realisierte, während der Spuk des »Generalplans Ost« noch rascher zerstob, als er entstanden war, obgleich er Millionen von Menschen verschiedenster Volksgruppen einschließlich der Volksdeutschen mit Leid und Tod überschüttete. Die ethnische Flurbereinigung, die Austreibung der deutschen Bevölkerung aus dem Raum von Oder und Neiße und Nordböhmen und Mähren, stellte in mancher Hinsicht nur die Fortführung einer von der deutschen Politik selbst ausgelösten Westwanderung von Hunderttausenden von Deutschen dar, die größtenteils gegen ihren Willen vom Nationalsozialismus instrumentalisiert worden waren. Gemessen an den deutschen Methoden waren diejenigen Polens und der ČSR weniger grausam, aber sie setzten eine im Ansatz verfehlte Politik völkischer Flurbereinigung fort.

Als Deutsche haben wir aus schmerzlicher Erfahrung allen Anlaß, Widersinn und Inhumanität ethnischer Flurbereinigung und völkischer Überheblichkeit zu beklagen und alles zu tun, um die blutige Spur der Umvolkungspolitik des Zweiten Weltkriegs hinter uns und den europäischen Völkern zu lassen. Es erübrigt sich, den politischen und ökonomischen Widersinn und Atavismus eines Programms zu beweisen, das Himmler noch im Juli 1944, angesichts der sich abzeichnenden militärischen Niederlage im Osten, gleichwohl aufrechterhalten wollte, indem er von »einem soliden Hinausschieben der deutschen Volkstumsgrenze um mindestens 500 km nach dem Osten« und der Schaffung eines »Pflanzgartens germanischen Blutes« faselte, der notwendig sei, »damit wir weiter ein Bauernvolk bleiben«. Es käme darauf an, »die Äcker, die wir in diesem Kriege bereits gewonnen hatten und wieder verloren und die wir uns wieder holen werden, was gar kein Problem sein wird, zu gewinnen. Es geht um das Hinausschieben einer Wehrgrenze bis an die Grenze unseres militärischen Interessengebietes, mit einem ständigen Hineinfressen in den Osten, der kein Gespenst für uns sein darf«.[46]

Hybris, Verbrechen und Realitätsflucht gingen bei der Umvolkungspolitik des Dritten Reiches eine verhängnisvolle Verbindung ein, aber sie beruhten zugleich auf unaufgeklärtem nationalistischen Ressentiment, fehlgeleiteter Wissenschaftlichkeit und der Gewöhnung an moralische Indifferenz. Ihr entsprang zugleich die Dynamik, die als einzig gangbare Lösung der Judenfrage die Ausrottung des Judentums anstrebte. Sie blieb singulär und war doch mit dem Hirngespinst der ethnischen Flurbereinigung untrennbar verbunden.

Die Rückkehr zu den Ursprüngen – Betrachtungen zur inneren Auflösung des Dritten Reiches nach der Niederlage von Stalingrad

Am 8. Mai 1945, dem Tage der deutschen Kapitulation, vollzog sich nicht nur eine historisch einmalige militärische Niederlage des Dritten Reiches, sondern auch der völlige Zusammenbruch des politischen Systems, wenn man von den schwächlichen Bemühungen des Großadmirals Karl Dönitz absieht, den Zusammenhalt des Reiches zu sichern. Der Zerfall des NS-Herrschaftssystems war nicht einfach ein bloßer Reflex der sich abzeichnenden militärischen Katastrophe. Vielmehr war der innere Auflösungsprozeß des Regimes, der durch die Rivalität der Machthaber und die Zersplitterung der Kompetenzen beschleunigt wurde, seit Jahren in vollem Gange.

In der Tat vollzog sich seit dem Beginn des Krieges ein schleichender Zerfall der Spitzengliederung. Er wurde auch von rückhaltlosen Parteigängern Adolf Hitlers, nicht zuletzt von Joseph Goebbels, bitter beklagt, und seit 1942 gab es verschiedentliche Anläufe, an die Stelle des unter Hermann Göring weitgehend funktionslos gewordenen Ministerrats für die Reichsverteidigung, der eine Art Kriegskabinett hatte bilden sollen, eine neue Lenkungsinstanz zu setzen.[1] Während sich Hitler im entlegenen Führer-Hauptquartier nahezu ausschließlich mit der Führung des Ostkrieges befaßte und Fragen der inneren Politik des Reiches fast völlig vernachlässigte, bemühte sich der Reichsminister und Chef der Reichskanzlei, Hans-Heinrich Lammers, in ständiger Rivalität mit Martin Bormann, der als Sekretär des Führers und Chef der Parteikanzlei den Zugang zum Diktator zu kontrollieren suchte, mit immer geringerem Erfolg darum, wenigstens der Form nach eine einheitliche politische Führung des Reiches zu sichern.[2] Die überfällige Reform scheiterte immer wieder an der Weigerung Hitlers, grundlegende Veränderungen am zunehmend unübersichtlichen Regierungssystem vorzunehmen.

Zwei Ereignisse weckten die nationalsozialistischen Führungsgremien aus dem politischen Schlendrian, in dem sich auch die politische Organisation der Partei befand und der nach und nach deren politische Glaubwürdigkeit bedrohte. Das erste war die Nachricht von der Kapitulation der 6. Armee unter Generalfeldmarschall Paulus in Stalingrad, die nicht mehr als vorübergehender Rückschlag weggesteckt und mit den üblichen Durchhalteparolen zugedeckt werden konnte. Es war charakteristisch, daß bei den nachfolgenden »Kriegsverhärtungsmaßnahmen«, so der Jargon der Parteikanzlei, jede Begründung mit Stalingrad ausdrücklich zu unterbleiben hatte.

Der zweite Schock, der die NS-Führung traf, war die Absetzung Benito Mussolinis durch den Faschistischen Großrat und die Übertragung der vollziehenden Gewalt an Marschall Badoglio am 17. Juli 1943. Die Ernennung Heinrich Himmlers, des Reichsführers-SS und Chefs der Deutschen Polizei, zum Reichsminister des Innern entsprang dem unmittelbar empfundenen Sicherheitsbedürfnis auch innerhalb des Reiches. Desgleichen lösten die italienischen Vorgänge hektische Bemühungen aus, zur inneren Festigung des Parteiapparats zu gelangen. Mit mehr als acht Millionen Parteimitgliedern und einer Plethora von Nebenorganisationen stellte die NSDAP einen extrem aufgeschwemmten und politisch weitgehend sterilen Apparat dar, dessen Ansehen bei der Masse der Bevölkerung infolge der verbreiteten Korruption der Parteifunktionäre und deren unangemessener Bevorzugung bei der Gewährung von Uk-Stellungen tief unter den Nullpunkt gesunken war.[3]

Den Einsatzpunkt für durchgreifende innere Reformen gab Joseph Goebbels' Sportpalastrede vom 18. Februar, unmittelbar nach Bekanntgabe der Niederlage von Stalingrad.[4] Während sich Hitler um die fällige öffentliche Rede anläßlich des zehnten Jahrestags der Machtübernahme herumdrückte und seine wenig überzeugende Proklamation von Goebbels verlesen ließ, nutzte dieser die Gelegenheit, erneut für eine einheitliche innere Führung einzutreten, nachdem das auf seine Anregung im Januar gebildete Dreimännerkomitee unter Lammers, Bormann und Keitel vor der Aufgabe, eine Straffung der Reichsverwaltung und eine Konzentration auf die Verteidigungsanstrengungen herbeizuführen, offenkundig versagt hatte.[5] Gegenüber Göring, der ebenfalls nicht beteiligt worden war, sprach er verächtlich von »den heiligen drei Königen«.[6]

In dieser von allen Sendern übertragenen Rede, in der er den »totalen Krieg« verkündete, deutete Goebbels zugleich die Lösungswege an, die aus der militärischen und politischen Krise heraus führen sollten. Es ging um die »restlose« Mobilisierung des deutschen Volkes bis zum letzten Mann, zur Erringung des, wie es hieß, »totalen Endsieges«. Das Mittel, um den geforderten »totalen Kriegseinsatz« zu realisieren, sollte in erster Linie in der Aktivierung der NSDAP bestehen. Die Partei, die, »wie stets in großen nationalen Schicksalsstunden, der Motor dieser grandiosen Umstellung des Lebens und der Arbeit unserer Heimat sein« werde und deren »revolutionärer Elan, der nicht tot ist, der lebt«, werde auch das Tempo dieses revolutionären Umwälzungsprozesses bestimmen.[7]

Damit gab Goebbels ein Stichwort, das die gesamte NS-Propaganda bis zum Untergang des Regimes begleiten sollte. Im Hintergrund stand die nach außen hin verhüllte Selbstkritik, daß die Partei die Zügel habe schleifen lassen und ihre Funktionäre sich nicht entschlossen genug als Vorbild im Kriegseinsatz bewährt hätten. Es dauerte indessen noch ein halbes Jahr, bis zwischen Reichspropagandaministerium, Parteikanzlei und Reichsorganisationsleitung ein »Aktionsprogramm für die Aktivierung der Partei« vereinbart wurde.[8] Anders als bei dem Partido Fascista in Italien, hieß es darin, gebühre der NSDAP die »gesamte Macht« im Staate. Durch die Rückrufung von bewährten Parteirednern von der Front, die in der Ordensburg Sonthofen für ihre Aufgabe geschult werden sollten, wollte man eine geballte »Versammlungswelle« in allen Gauen ganz im Stile der Kampfzeit abhalten. Goebbels fühlte sich wieder in seinem Element.

Unter der Auswirkung des Schocks von Stalingrad, aber zugleich unter dem Eindruck der italienischen Ereignisse, griffen Martin Bormann und Robert Ley, dieser in seiner Funktion als Reichsorganisationsleiter der NSDAP, diese Initiative auf. Eine umfassende innerparteiliche Mobilisierungskampagne – sie fand ihren ersten Höhepunkt im Oktober 1943 – sollte die Partei wieder zum Mittelpunkt der politischen Willensbildung machen und die Mitglieder reaktivieren, die angehalten wurden, das Parteiabzeichen öffentlich zu tragen. Dies sollte unter anderem durch die kontinuierliche Abhaltung von Generalmitgliederappellen und Propagandamärschen, an denen die Teilnahme Pflicht war, und die Abhaltung regelmäßiger Sprechabende der Partei geschehen, um den Kontakt zu den einfachen Volksgenossen zu pflegen, die dort ihre Gravamina zur Sprache bringen durften, wenngleich jede Kritik am Regime untersagt war. Die Teilnahme an den öffentlichen Veranstaltungen und Appellen war für alle Mitglieder Pflicht, doch suchte man nach außen hin den Eindruck der Freiwilligkeit zu erwecken.[9] Auf den Mitgliederappellen sollten die Parteigenossen auf ihre »verpflichtende Aufgabe als Stimmungsträger der Heimat« hingewiesen und »wieder zur aktiven Mitarbeit in der Bewegung« herangezogen werden.

Es spricht wenig dafür, daß diese durch zahllose Massenkundgebungen begleiteten Maßnahmen seit dem Oktober 1943 zu einer umfassenden Reaktivierung der Parteimitgliedschaft geführt haben. Ebensowenig änderten die Aufstellung von »Bunker-Diskussionstrupps« und Anti-Nörgler- und Feldpostbriefkampagnen etwas an der umsichgreifenden pessimistischen Einstellung der Mehrheit der Bevölkerung.[10] Das Funktionärskorps wurde durch die pausenlose Aktivität in Bann gehalten und zumindest daran gehindert, über die ausweglose militärische und politische Lage nachzudenken.

Allerdings gelang es Goebbels und Bormann, durch parallele organisatorische Anstrengungen, das Ansehen der NSDAP in der Öffentlichkeit aufzubessern, wenngleich Bormann wenig Möglichkeiten hatte, unmittelbar auf die führerimmediaten Gauleiter einzuwirken und die überfällige personelle Reform des Parteiapparats zu erzwingen.[11] Immerhin kam es zu einer Reihe von Maßnahmen zur Unterbindung der Korruption, desgleichen zu einem Stellenabbau in den Nebenorganisationen der NSDAP. Diese Schritte zur Verbesserung des Ansehens der Partei wurden durch die Usurpation öffentlicher Aufgaben im Wohlfahrtswesen, nicht zuletzt der Betreuung und vorläufigen Versorgung der Bombengeschädigten, später auch der Flüchtlinge aus dem Osten und dann den frontnahen Grenzgebieten, wirkungsvoll ergänzt. Bezeichnenderweise erteilte Bormann die Anweisung, daß die NSV, die sich ein Monopol im Bereich der Sozialfürsorge erpreßt hatte, stets nur im Namen der NSDAP agieren durfte.[12] Wenn man bedenkt, daß bis zu 80 Prozent der Bevölkerung des Altreiches in dieser oder jener Form Unterstützung durch die NSV erfuhren, wird erklärlich, daß dadurch eine indirekte Stärkung des Prestiges der NSDAP erreicht wurde.[13]

Es ist schwer abzuschätzen, wie diese Mobilisierungskampagne gewirkt hat, aber es ist davon auszugehen, daß sich ein engerer Kern der Mitgliedschaft von den nun ausgegebenen Sprachregelungen indoktrinieren ließ, was nicht zuletzt für die höheren Funktionäre, die angesichts der sich abzeichnenden Kriegsniederlage zu einer Flucht nach vorn neigten, gegolten haben dürfte. Die inhaltliche Linie geht aus den Anweisungen für die Gestaltung der Generalmitgliederappelle vom 29. September 1943 plastisch hervor: »Die nationalsozialistische Bewegung hat noch jede Lage gemeistert! Sie hat sich nie durch gelegentliche Rückschläge und größere Schwierigkeiten beirren lassen«. Und im Aufklärungs- und Rednermaterial der Reichspropagandaleitung aus der gleichen Zeit heißt es, daß »der Kampf, den wir heute als deutsches Volk und Nation zu führen haben, im Grunde genommen der gleiche Kampf gegen die gleichen Feinde« sei, »wie wir ihn einst in den Jahren der Kampfzeit der Bewegung im Innern zu führen hatten«.[14]

Charakteristisch an dieser Argumentationsfigur, die schon in der Sportpalastrede anklang, waren der Rekurs auf die »Kampfzeit«, in der die NSDAP durch unbeirrtes Festhalten an dem einmal gesteckten Ziel auch die schwersten Niederlagen, so die Katastrophe des 9. November 1923, überwand und in den »totalen Sieg« umkehrte, und die Gleichstellung von innerem und äußerem Kampf. Dieses ideologische Konstrukt schloß die Vorstellung ein, daß die Krise, in der sich das NS-System befand, nur deshalb hatte eintreten können, weil die Partei es versäumt habe, die Zügel in allen maßgebenden Politikfeldern zu übernehmen.

Die eigentümliche Rückkehr zu den Ursprüngen der Bewegung, die sich ohne Machtmittel, allein gestützt auf den unbeugsamen Willen von »Führung und Gefolgschaft« durchgesetzt hatte, war von nun an in nahezu jeder parteiamtlichen oder propagandistischen Lageanalyse enthalten. Mit dieser Romantisierung der »Kampfzeit« verband sich die Vorstellung, daß es notwendig sei, die 1933/34 abgestoppte nationalsozialistische Revolution fortzuführen, und dies nicht nur auf innenpolitischem sondern auch auf militärischem Gebiet. Mit der Betonung der Notwendigkeit, das Volk zum Entscheidungskampf zu mobilisieren und motivieren, kehrte die Partei zu ihren ursprünglichen Tätigkeitsfeldern zurück. Bei gleichzeitiger Selbsthistorisierung traten die spezifisch faschistischen Züge – und Schwächen – der Bewegung wieder in den Vordergrund.

Gleichzeitig stieß die Partei in jenes innenpolitische Terrain hinein, das ihr bis dahin noch verschlossen geblieben war. Der Schub zu einer immer weiter fortschreitenden Partifizierung – dieser Begriff ist von Dietrich Orlow geprägt worden[15] –, damit der Usurpation staatlicher Aufgaben, wurde durch den zunehmenden Druck jener Parteifunktionäre intensiviert, die aus den verloren gegangenen besetzten Gebieten in Ost- und Westeuropa zurückkehrten und formell in die Führerreserve eingegliedert wurden. Nach außen hielt man an der Fiktion fest, daß sie in ihre früheren Ämter zurückkehren würden, tatsächlich stießen sie zur Klientel der einzelnen Gauleitungen und setzten eine neue Ämterpatronagewelle auf Kosten der öffentlichen Verwaltung in Gang.

Im Zusammenhang mit der Übertragung der Zuständigkeit für die innere und allgemeine Verwaltung an die Gauleiter in ihrer Eigenschaft als Reichsverteidigungskommissare zog die Partei im zunehmenden Umfang öffentliche Positionen an sich.[16] Jedenfalls übertraf das Maß an politischer Machtvollkommenheit, das die Parteiorgane auf der regionalen und lokalen Ebene usurpierten, die kühnsten Hoffnungen der Machteroberungsphase. Die Partei nahm in wachsendem Maße auch sicherheitspolizeiliche Funktionen wahr, wurde für die Errichtung von Befestigungsanlagen in frontnahen Gebieten und für die Evakuierungsmaßnahmen zuständig.[17] In Einzelfällen stellten die Gauleiter eigene Hilfstruppen zur Wahrnehmung von Sicherungsaufgaben auf.[18] Die Parteikanzlei wies ausdrücklich auf die psychologische Bedeutung der Teilnahme der Partei an den Verteidigungsaufgaben hin.[19]

Mit der Schilderung der innerparteilichen Mobilisierung und der Nachholung der abgestoppten Parteirevolution von 1933/34 sind wir den Vorgängen an der Spitze des Regimes vorausgeeilt. Bekanntlich blieb Goebbels' propagandistisches Strohfeuer nach Stalingrad zunächst folgenlos. Der Minister vermochte den Diktator nicht davon zu überzeugen, sich der lethargisch gewordenen oder resignativ eingestellten Personen in seiner Umgebung wie Ribbentrop oder Göring zu entledigen. Es bedurfte erst neuerlicher Rückschläge, bevor sich etwas bewegte. Die Doppelkrise des Sommers 1944 – der Aufstandsversuch des 20. Juli und der Zusammenbruch der Heeresgruppe Mitte – fiel mit einer erneuten Initiative von Goebbels zusammen, den »revolutionären« Volkskrieg in die Tat umzusetzen.

Der Anstoß dazu kam jedoch von Albert Speer, der als Reichsminister für Bewaffnung und Kriegsproduktion spektakuläre Erfolge vorweisen konnte (auch wenn diese, wie wir heute wissen, vor allem seinem Vorgänger Fritz Todt zu verdanken waren[20]) und der als möglicher Nachfolger Hitlers gehandelt wurde, wenngleich dieser nach außen an der Designation des sonst ins Abseits geschobenen Hermann Göring festhielt. Goebbels mokierte sich in seinen Tagebüchern, daß Speer mehr von nüchternen Statistiken aus- und ihm »der unerschütterliche Glaube an den Endsieg« abginge[21], aber das hinderte ihn nicht, dessen Bündnis zu suchen, zumal Speer in einer an Hitler gerichteten umfangreichen Denkschrift die totale Erfassung des deutschen Volkes für die Kriegsanstrengungen verlangte. Er griff darin die Goebbelssche Idee des »totalen Krieges« auf und, was wichtiger war, forderte die Ersetzung des Dreimännerkomitees durch eine nervenstarke und unabhängige Führung im Innern.[22] In einer zweiten Denkschrift vom 20. Juli 1944 schlug er Goebbels für die vorgesehene Koordinationsaufgabe vor.

Goebbels, der Speer in der Wochenzeitung »Das Reich« publizistische Schützenhilfe gewährte[23], schloß sich dessen Initiative an. In einem über 50 Seiten langen Memorandum an Hitler, das er am 18. Juli abfaßte, legte er die Unzulänglichkeiten des bestehenden Regierungssystems unmißverständlich dar und verlangte ebenfalls die Schaffung eines effektiven Kommissariats.[24] In einer Chefbesprechung, die am 22. Juli die Denkschrift erörtern sollte, spielte sich Goebbels in den Vordergrund und fand die Unterstützung Bormanns, Keitels und Lammers', der ihn Hitler vorschlagen sollte. Bezeichnenderweise erbat der Reichspropagandaminister, daß die Nominierung einstimmig erfolgen solle, da sonst Gefahr bestünde, daß Hitler seine Zustimmung verweigere.[25]

Damit war Goebbels am Ziel seiner Initiative und wurde am 25. Juli 1944 zum »Reichsbevollmächtigten für den totalen Kriegseinsatz« ernannt. Obwohl seine neue Funktion derjenigen eines stellvertretenden Regierungschefs glich und damit der Übernahme der »inneren Führung« entsprach, die er schon im Februar 1943 angestrebt hatte[26], mußte er bald die Erfahrung machen, daß seine Handlungsmöglichkeiten eher begrenzt waren. Zwar tangierte ihn nicht übermäßig, daß die Maßnahmen des Reichsbevollmächtigten für den totalen Kriegseinsatz im Einvernehmen mit dem Leiter der Parteikanzlei und dem Reichsminister der Reichskanzlei zu erfolgen hatten und der Generalbevollmächtigte für die Reichsverwaltung, also Heinrich Himmler als Reichsminister des Innern, in Angelegenheiten seines Ressorts gehört werden mußte, wobei sich Hitler im Konfliktfall die Entscheidung vorbehielt. Aber der Tatbestand, daß seine auf die Gauleiter als Reichsverteidigungskommissare gestützte Weisungsbefugnis zwar die gesamte innere und allgemeine Verwaltung, nicht jedoch die Partei und die Wehrmacht umfaßte, verwickelte ihn erneut in die sattsam bekannten Kompetenzkonflikte.

Indessen war es auch nicht Goebbels' Absicht, einen eigenen Verwaltungsapparat zu schaffen, zumal ihn das in offenen Konflikt mit dem Reichsministerium des Innern gebracht hätte, von dem allerdings auch unter der Führung Himmlers nur geringe Initiative ausging. Vielmehr stellte er sich die Dinge so vor, daß er die überfälligen Reformen und Rationalisierungsschritte durch propagandistische Maßnahmen sowie die Aktivierung der Partei in

Gang setzen könne, wobei er im wesentlichen die Funktion erfüllte, die Dinge in Bewegung zu setzen und als psychologischer Katalysator zu fungieren. Dies entsprach Goebbels' ausschließlich propagandistischem Politikverständnis.

Ähnlich wie Speer wollte Goebbels die erforderlichen Maßnahmen durch den Parteiapparat inaugurieren, und er verließ sich dabei auf das von ihm immer wieder propagierte Prinzip nationalsozialistischer »Menschenführung«.[27] Aber ganz ohne Bürokratie ging es nicht. So wurden in einem Erlaß zur Durchführung des totalen Kriegseinsatzes vom 16. August 1944 gemischte Kommissionen auf der Gau- und Kreisebene eingerichtet, welche die anstehenden Probleme der Einziehung von Soldaten und der Stellung von Arbeitskräften bearbeiten sollten. In ihnen waren der Kreisleiter, die DAF, die kommunale Verwaltung und das Wehrersatzamt vertreten.[28] Daß diese Querschaltung effektiver funktioniert hätte, als die bisherigen Institutionen, war schlechterdings nicht zu erwarten, vielmehr verstärkte die Kompetenzenvermischung auf der lokalen und regionalen Ebene die allgemeine Unübersichtlichkeit der Verwaltung nur noch mehr.

Goebbels war sich dieses Effekts wohl teilweise bewußt. Er wußte auch, daß sich die eingeleiteten Maßnahmen nicht unmittelbar auf die kritische militärische Situation auswirken konnten. Aber er hielt sie schon deshalb für notwendig, um der Agitation für den »totalen Krieg« relative Glaubwürdigkeit zu verschaffen. In seiner an Hitler gerichteten Denkschrift vom Juli 1944 hatte er seine Vorschläge vor allem mit dem Argument gerechtfertigt, daß sie »einen nicht vorstellbaren Stimmungsaufschwung im ganzen Volke« auslösen würden, das dadurch »frische Hoffnung« schöpfen werde.[29] Auch in der Chefbesprechung vom 22. Juli hatte er eingeräumt, daß die »Reform des öffentlichen Lebens (...) zum Teil nur optischen Charakter« haben könne, doch wies er nachdrücklich auf deren psychologische Bedeutung hin.[30]

In den Monaten, die seiner Sportpalastrede folgten, hatte er die Erfahrung machen müssen, daß die von ihm in zahllosen Reden, Artikeln und Broschüren verfochtene Durchhaltepropaganda von ernsthaften praktischen Schritten begleitet sein mußte, wenn sie auch nur den Anschein von Glaubwürdigkeit besitzen solle. Daher waren es primär taktische Überlegungen, die gerade Goebbels zum Vorkämpfer der Mobilisierung der letzten menschlichen Ressourcen, darunter auch der von Hitler abgelehnten allgemeinen Dienstpflicht für Frauen, machten. Im Grunde ging es nicht so sehr um die Mobilisierung von Arbeitskräften und die Ausschöpfung der letzten Reserven, sondern darum, »den geballten Siegeswillen« der »Volksgemeinschaft« unter Beweis zu stellen.[31] Um mit Martin Broszat zu sprechen, mußte »sich die Propaganda selbst beim Wort nehmen«.[32]

Goebbels' Überlegungen fielen zusammen mit der innerparteilichen Mobilisierung, und sie entsprachen dem von Hitler früh aufgenommenen, nun vom Regime massiv propagierten Syndrom, daß letztlich nur der Wille zum Sieg entscheidend sein würde, nicht die Waffen, die dabei halfen. Das zentrale Schlagwort war »Fanatisierung«, und ihr lag die pseudo-idealistische Vorstellung zugrunde, daß die Unbedingtheit des Willens sich schließlich doch durchsetzen müsse, wenn die Weltgeschichte noch irgendeinen Sinn haben sollte.[33] Selbstheroisierung und Selbstopfer waren gefordert, und die offizielle Propaganda scheute sich nicht, Anleihen bei der griechischen Überlieferung zu machen und Leonidas' ruhmvolles Selbstopfer bei den Thermopylen als Vorbild zu beschwören.

Für die Kombination von Reideologisierung und Partifikation war die Einführung des nationalsozialistischen Führungsoffiziers charakteristisch, bei der sich Goebbels ausdrücklich auf das Vorbild des sonst so verteufelten sowjetischen Politruks berief.[34] Bormann zielte darauf ab, das Korps der NS-Führungsoffiziere, die für ihre Aufgabe von der Partei geschult wurden, der Befehls- und Disziplinargewalt der Parteikanzlei zu unterstellen und damit mittelfristig, auch im Hinblick auf eine in nicht zu ferner Zukunft liegende Demobilisierung, das Offizierskorps, das bislang dem Zugriff der Partei entzogen war, ihrer unmittelbaren Kontrolle zu unterwerfen. Schon jetzt wurden die Führungsoffiziere darauf verpflichtet, politisch unbotmäßiges Verhalten von Offizieren den Parteidienststellen zur Kenntnis zu bringen. Auch wenn das neue Institut, für das dringend benötigte Frontoffiziere zu wochenlanger Schulung abgestellt wurden, nicht überall funktionierte, mußte es von den Wehrmachtsangehörigen als gefährliches Kontrollorgan betrachtet werden. Für Bormann und Goebbels stellte es einen entscheidenden Schritt für den Übergang zum Volkskrieg dar, von dem Goebbels andeutend im Sportpalast gesprochen hatte.[35]

Ein weiterer Schritt auf dem Wege der Verschmelzung von Partei und Wehrmacht bestand in der Bildung des »Deutschen Volkssturms«, die am 18. Oktober 1944, dem Jahrestag der Völkerschlacht von Leipzig verkündet wurde. Nach heftigen Auseinandersetzungen mit dem OKW hatte Bormann durchgesetzt, daß das Kommando der zu bildenden Volkssturmverbände bei den lokalen und regionalen Hoheitsträgern der Partei beziehungsweise im Falle, daß ihnen hinreichende militärische Kompetenz und persönliche Eignung abging, von in Kurzlehrgängen darauf vorbereiteten jüngeren Parteifunktionären liegen sollte. Nur die Ausrüstung und die operative Führung verblieb bei dem an sich zuständigen Chef des Ersatzheeres, Heinrich Himmler.[36]

Militärisch gesehen war die Unterstellung des Volkssturms unter die Partei völlig unsinnig, aber solche Gesichtspunkte waren für Goebbels und Bormann von sekundärer Bedeutung. In erster Linie erblickten sie im Volkssturm ein Mittel zur »restlosen« ideologischen Fanatisierung des deutschen Volkes und zur Schaffung einer, wie Himmler formulierte, »revolutionären Volksbewegung«.[37] Der Reichsführer-SS beschwor in seinem Gründungsaufruf vom 18. Oktober den Volkssturm als Nachfahre des preußischen Landsturms, dem er das Verdienst zuschrieb, 1813 im Kampf gegen Napoleon I. die entscheidende Wende herbeigeführt zu haben. Auch er gab sich der Illusion hin, mit dieser unzulänglich ausgerüsteten und mangelhaft bewaffneten Miliz der unter 16- und über 60jährigen den Kern einer »revolutionären Volksarmee« vor sich zu haben.[38]

Die strategische Vision, welche die nationalsozialistische Führungsgruppe mit dieser letzten Mobilisierungsmaßnahme verfolgte, lag in der nicht zuletzt von Hitler selbst geschürten Annahme, daß die westlichen Alliierten die Führung eines wirklichen Volkskrieges nicht durchhalten könnten, daß die Söldner, die sie in die Schlacht schickten, gegenüber einer auf eigenem Grund und Boden stehenden, bis zum letzten Mann kämpfenden Bevölkerung versagen würden. Goebbels machte sich zum prominenten Sprecher dieser Erwartungshaltung, die von der Propaganda allenthalben geschürt worden war: »Wir wissen«, erklärte er am 20. Oktober 1944 beim ersten Generalappell des Volkssturms, »daß eine Idee lebt, auch wenn ihre Träger gefallen sind. Der Feind, der nicht viel mehr einzusetzen hat, wird endlich vor dieser geballten Kraft eines fanatisch kämpfenden Volkes kapitulieren«.[39]

Diese Philosophie, den Kampf bis »fünf Minuten nach zwölf Uhr« fortzuführen, stellte eine bewußte Selbsttäuschung dar, der sich die nationalsozialistische Führungsclique gleichwohl so lange hingab, bis sie selbst daran zu glauben begann. Wenn sie schon nicht zum »Endsieg« führte, so begründete sie doch die Vision, den »Sieg der nationalsozialistischen Idee« im zukünftigen Deutschland sicherzustellen.[40] Aus dem gleichen Motiv heraus agierte Goebbels in den letzten Kriegsmonaten als energischer Befürworter des zuvor halbherzig betriebenen »Werwolf«. Nicht die Durchführung von Guerilla-Operationen hinter den feindlichen Linien, sondern die Erwartung, durch die Indoktrination junger Freiwilliger die »nationalsozialistische Idee« auch durch die Niederlage hindurch zu bewahren, an die künftige Generationen wiederanknüpfen konnten, war dabei bestimmendes Motiv.[41]

Gerade in den letzten Kriegswochen trat die Ambivalenz der Durchhaltepropaganda in den Vordergrund, beispielsweise in dem von Martin Bormann an die Parteigenossen gerichteten, aber nicht zur Veröffentlichung bestimmten Rundschreiben vom 24. Februar 1945 aus Anlaß des 25. Jahrestages der Programmverkündung der NSDAP. Zusammen mit den üblich gewordenen Durchhaltefloskeln betonte Bormann, das Schicksal Deutschlands sei nun »in jedes Einzelnen Hände gelegt« und fordere rückhaltlose Opferbereitschaft: »Wer sein Leben zu retten versucht, ist mit Gewißheit, und sei es durch Urteil des Volkes, dem Tode verfallen. Es gibt nur *eine* Möglichkeit, am Leben zu bleiben: die Bereitschaft, kämpfend zu sterben und damit den Sieg zu erzwingen«.[42]

Kennzeichnend für diese Mentalität war der von Goebbels mit allen erdenklichen Mitteln geförderte UFA-Farbfilm »Kolberg«, unter der Regie Veit Harlans. Goebbels hat geäußert, daß der Film, der am 30. Januar 1945 in der Festung La Rochelle (wohin die Rollen mittels U-Boot und Flugzeugen gebracht worden waren) sowie im Tauentzin-Palast in Berlin uraufgeführt wurde, den Gegenwert von vier Divisionen ausmache.[43] Es war der Durchhaltefilm katexochen. Er schilderte die angeblich heroische Verteidigung der pommerschen Hafenstadt gegen die überlegenen Truppen Napoleons I. und beschwor die Identität von Selbstopfer und Endsieg, indem er die Episode zum Ausgangspunkt der Bündniskoalition stilisierte, welche 1813 den Sturz Napoleons I. herbeiführte.[44] Als die zur Festung erklärte Stadt am 18. März 1945 kampflos fiel, sorgte Goebbels dafür, daß eine Erwähnung im Wehrmachtsbericht unterblieb.[45]

Neben der im Kolberg-Film reflektierten Dialektik von Selbstopfer und »Endsieg« symbolisierte er die zunehmende »Selbsthistorisierung« der NSDAP, die sich einerseits auf die »Kampfzeit«, andererseits auf die Tradition der Freiheitskriege berief – es wäre an die Regimentsnamen der zur Entlastung Berlins bestimmten Armee Wenck zu erinnern, aber auch an das von Robert Ley noch im März 1945 mit Billigung des Diktators aufgestellte Freikorps »Adolf Hitler« (dessen Idee hinter die Aufstiegsphase der NSDAP in der Weimarer Zeit zurückfällt).[46] Hinter derlei historischen Stilisierungen verbarg sich ein fortschreitender Realitätsverlust der NS-Führungsgremien.

Zugleich aber besann sich die Partei auf die Rückkehr zu ihren Ursprüngen und verknüpfte dies mit dem Konzept eines totalen Neuanfangs (der vor oder nach der Niederlage liegen konnte). Sie zog sich damit in das ursprüngliche Ideengehäuse zurück, für das empirische Politik ohnehin nur propagandistische Funktionen besaß. Damit traten auch die ursprünglichen faschistischen Züge der Bewegung wieder ungeschminkt hervor. Die Zurückweisung jeglicher Kompromisse, das Bestehen auf der »Reinheit der Idee« und der »Kult des Willens« gehörten unauswechselbar dazu. In einer seiner letzten öffentlichen Stellungnahmen, seiner Radioansprache am 30. Januar 1945, leitete Adolf Hitler von der inneren Einheit des deutschen Volkes, die der Nationalsozialismus herbeigeführt habe, auch dessen Unbesiegbarkeit von außen ab.[47] »Wie groß auch immer im Augenblick die Übermacht unserer Feinde sein mag, am Ende wird sie – genau wie einst – trotzdem zerbrechen«, schrieb er noch Mitte April an Karl Holz, den stellvertretenden Gauleiter von Franken.[48] Ähnlich erklärte er noch am 24. Februar, dem Jahrestag der Parteigründung, daß, wie schon die Kampfzeit bewiesen habe, »unser durch nichts zu erschütternder Wille« letzten Endes obsiegen müsse.[49]

Hitlers pseudoidealistische Anleihen bei Friedrich Nietzsche und der deutschen Identitätsphilosophie, die dem voluntaristischen Politikverständnis der NSDAP zugrunde lagen, schlugen hier voll durch. Aus der Einstellung heraus, daß es gelte, das deutsche Volk zu einer unerschütterlichen Willenseinheit zusammenzuschweißen, ergab sich die Notwendigkeit, nach der rassischen endlich auch jene politisch-weltanschauliche Homogenität zu erzwingen, woran die Partei durch die Rücksichtnahme auf die »bürgerlichen« Funktionseliten gehindert worden sei. Mit hemmungslosem Terror nicht nur gegen Juden, »Fremdstämmige«, sowjetische Kriegsgefangene und Ostarbeiter, sondern nunmehr gegen die deutschen Volksgenossen, die sich den Durchhalteparolen zu entziehen versuchten, erstickten die Fanatiker der letzten Stunde ihre etwa noch vorhandenen Selbstzweifel.

Das Ausmaß des nach innen gerichteten Terrors spiegelte die endgültige Auflösung des normativen Gefüges des politischen Systems. Er traf zunächst die Wehrmachtsangehörigen, die beim geringsten Anlaß wegen Fahnenflucht von teilweise willkürlich installierten Standgerichten zum Tode verurteilt oder ohne irgendein Verfahren an Ort und Stelle hingerichtet wurden.[50] Die Zahl der Opfer ging in die Zehntausende. Zugleich richtete sich der Terror fliegender Feldgerichte oder der von der normalen Justiz bei den Reichsverteidigungskommissaren eingerichteten Standgerichte, die sich nicht scheuten, selbst zum Mittel der Sippenhaft zu greifen, gegen die Zivilbevölkerung, gegen potentielle Gegner, »Defätisten« oder Leute, die einfach Schluß machen wollten.[51] Die Verhaftung von mehr als 4000 Persönlichkeiten der Weimarer Republik in der sogenannten »Gewitteraktion« diente dieser präventiven Gegnerbeseitigung. Der Blutrausch, den die ständig verschärfte Repression auslöste, forderte bis zur letzten Stunde unzählige Opfer. Die viel beachteten Todesmärsche von KZ-Häftlingen aller Couleurs bildeten nur einen Ausschnitt, beleuchten jedoch, wie sehr das Reich in völlige Anarchie abgesunken war, so daß selbst der Reichsführer-SS die Befolgung seiner Befehle wie den »Stop der Endlösung« nicht mehr durchsetzen konnte.

Angesichts der völligen Atomisierung der inneren Verwaltung gab es kaum ein Mittel mehr, um zu verhindern, daß einzelne SS-Kommandos und selbsternannte oder lokale Potentaten ganze Regionen in Angst und Schrecken versetzten. Dort, wo sich Widerstandsgruppen bildeten – am spektakulärsten im Fall der »Freiheitsaktion Bayern« – fielen diese in aller Regel dem Eingriff fanatisierter Militärs, Parteibonzen und SS-Männer zum Opfer.[52] Die Folge der auch von führenden Militärbefehlshabern wie dem Generalfeldmarschall von Rundstedt geforderten »Fanatisierung der Kampfführung« (so in einem Aufruf vom 21. September 1944)[53] bestand im Bürgerkrieg nach innen, nicht in der Verstärkung des Abwehrwillens nach außen.

Vor diesem Hintergrund ist es leichter zu begreifen, warum das NS-Regime schlechthin nicht in der Lage war, einen offensichtlich verlorenen Krieg – und das war spätestens im Sommer 1944 unabweisbar – zu beenden. Es war absurd anzunehmen, daß von der Gruppe der Gauleiter, analog zum Faschistischen Großrat, eine Initiative dazu hätte ausgehen können, obwohl einige von ihnen sich den Bestrebungen Albert Speers, die Zerstörungsbefehle Hitlers vom Marz 1945 zu unterlaufen, nicht widersetzten.[54] Die Gauleiter, die am 25. Februar 1945 in die halb zerstörte Reichskanzlei zum Empfang bei Hitler kommandiert wurden, sahen sich einem gebeugten aber nach wie vor in seiner Scheinwelt gefangenen Diktator gegenüber, der erst allmählich zu seiner gewohnten Suada zurückfand und Wunderwaffen beschwor, von denen alle Teilnehmer wußten, daß sie nicht mehr existieren. Es blieb beim obligaten Händeschütteln, ein Meinungsaustausch aber wurde von Bormann unterbunden, um den Führer nicht unnütz zu belasten. Ansätze von Skepsis erstickten im Führerkult, und der Sekretär des Führers schwor die Besucher erneut auf die Formel ein, »mit dem Endsieg zu stehen und zu fallen«.[55] Nur Gauleiter Karl Kaufmann suchte aus eigenen Stücken, Verhandlungen mit den Westalliierten aufzunehmen, da er einen weiteren Luftangriff auf das bereits weitgehend zerstörte Hamburg befürchtete.[56]

Von der Wehrmachtsführung, deren Spitzen durchweg aus Nationalsozialisten bestanden, war seit dem 20. Juli 1944, wie ein britischer Intelligenzbericht Anfang August voraussagte, nicht mehr zu erwarten, eine effektive Kontrolle über das zersplitterte Reichsgebiet auszuüben.[57] Himmlers chimärische Kontakte zu Graf Bernadotte setzten erst ein, als klar wurde, daß Hitler im Bunker unter der Reichskanzlei bleiben und nicht die Flucht in das utopische Alpenreduit antreten wollte, obwohl sich die Ressorts bereits weitgehend nach Oberbayern abgesetzt hatten. Daher konnte von den Reichsministerien, die weitgehend kaltgestellt waren, eine Aktion zur Beendigung des Krieges ebensowenig ausgehen.

Die Atrophie des politischen Systems, die sich seit langem abgezeichnet hatte, wurde durch die fortschreitende Partifizierung und die Realitätsverweigerung der NS-Führungsgruppe nur verdeckt. Eine politische Handlungsfähigkeit des Regimes gab es nicht mehr. Während die Satrapen daran gingen, ihr historisches Nachleben zu organisieren, zögerten sie nicht, jede Unmutsäußerung der ihnen anvertrauten Volksgenossen mit Feuer und Schwert zu ersticken. Die sich immer mehr auffächernde Cliquenherrschaft der Partei mündete in eine Konstellation, in der die Bevölkerung sinnlose Durchhalte- und Evakuierungsbefehle verweigerte, während die »Goldfasane« sich ihrer Verantwortung durch Flucht entzogen und die Einwohnerschaft ihrem Schicksal überließen. Derweil tickten die Fernschreiber der Parteikanzlei und überschütteten die Funktionäre weiterhin mit einer Flut von Plakaten, Broschüren und Propagandaanweisungen, bis die Telephonverbindungen schließlich zusammenbrachen. Schon zuvor hatte die sich selbst perpetuierende Führung jede Verbindung mit den »Volksgenossen« verloren. Der Widerstand bis zum letzten Mann brach zusammen, bevor er erst begonnen hatte, und der »Werwolf« versiegte. Die innere Auflösung des Regimes hielt mit dem militärischen Niedergang Schritt.

Der lange Schatten der untergehenden Republik

Zur Kontinuität politischer Denkhaltungen von der späten Weimarer zur frühen Bundesrepublik

Anders als die Weimarer Republik hat die Bundesrepublik Deutschland dauerhafte Stabilität erlangt; sie kann sich auf einen Grundkonsens der übergroßen Mehrheit ihrer Bürger stützen. Das steigende Selbstbewußtsein der zweiten deutschen Demokratie hat sich in dem bekannten Diktum: »Bonn ist nicht Weimar«[1] niedergeschlagen. Der Vergleich beider Staatswesen geht zumeist von einer Sicht der Weimarer Republik aus, die die auf die Schaffung eines liberal-parlamentarischen Systems gerichtete Intention der Mehrheit der Nationalversammlung von 1919/20 zum Maßstab ihres Scheiterns nimmt. Die Ursachenanalyse richtet sich primär auf die dem Friedensvertrag von Versailles entspringenden außenpolitischen Belastungen, die dem Verfassungssystem innewohnenden Mängel und die ungebrochene Vorherrschaft der überwiegend antirepublikanisch eingestellten Eliten des Kaiserreichs in der Reichswehr, der Bürokratie und der Gesellschaft. Demgegenüber wird häufig übersehen, daß die Republik seit dem Einbruch der Weltwirtschaftskrise auch von denjenigen bürgerlichen Gruppierungen innerlich aufgegeben wurde, die ursprünglich den Kompromiß der Weimarer Reichsverfassung maßgeblich geprägt hatten und ihre politische Heimat zunächst in der DDP und der Zentrumspartei besaßen.[2] Die Lebensfähigkeit der Weimarer Republik war keine Frage des in seiner Bedeutung allenthalben überschätzten Verhältniswahlrechts und der mangelnden verfassungspolitischen Abstützung der Reichsregierung gegenüber wechselnden Fraktionsinteressen im Reichstag und dem ihrer Kontrolle entgleitenden Amt des Reichspräsidenten. Wichtiger war der aus der Kaiserzeit ererbte Druck der Interessenverbände auf Fraktionen und Regierung, die bewirkten, daß die Parteien ideologische Programmpunkte in den Vordergrund rückten, um interessenpolitische Divergenzen zu überbrücken.[3]

Wenn Hans Zehrer im Mai 1932 davon sprach, daß sich Deutschland einer »nichtliberalen autoritären Regierungsform« nähere, »die sich abseits des Weges bildet, die bisher die westlichen und romanischen Prinzipien des Parlamentarismus oder der Diktatur bestimmt haben«, drückte er damit eine keineswegs nur auf den Herausgeberkreis der *Tat* beschränkte, sondern eine allgemein verbreitete Erwartungshaltung aus.[4] Die liberalen Grundlagen des Weimarer Verfassungssystems schienen sich überlebt zu haben. Mit Ausnahme des isolierten Flügels der Linksrepublikaner war das Bürgertum aus der Verfassungsordnung ausgewandert, während die SPD, aus der Defensive heraus, sie mangels politischer Alternativen halbherzig verteidigte. Die tiefe Enttäuschung vor allem der bürgerlichen Wähler über den Mißerfolg der sie repräsentierenden Parteien schlug sich in einer eskalierenden Wählerwanderung nach rechts nieder, die zunächst DNVP und DVP, nach 1923 den Interessenparteien, schließlich der Protestbewegung der NSDAP zugute kam.[5] Parallel dazu vollzog sich die Hinwendung zahlreicher früherer SPD-Anhänger zur KPD, deren betonter Antiparlamentarismus mindestens so viel Anklang fand wie ihre mit nationalistischen Parolen bestückte antikapitalistische Ausrichtung.

In Anbetracht der seit 1929 rasch fortschreitenden Kritik am parlamentarischen System und am Parteienstaat in der öffentlichen Meinung, in der Wissenschaft und der Literatur, des Anschwellens der antirepublikanischen Parteien auf der Linken wie der Rechten und des verbreiteten Eindrucks, vom bestehenden politischen System nicht hinreichend repräsentiert zu sein, überrascht die nach dem Zusammenbruch des Dritten Reiches im Mai 1945 vergleichsweise reibungslos vollzogene Rückkehr zur liberal-parlamentarischen Verfassungsform. Sicherlich spielte der dominierende Einfluß der alliierten Militärregierungen, die sich am Weimarer Vorbild orientierten, dabei eine entscheidende Rolle. Gleichwohl bedarf es einer genaueren Analyse der Faktoren, die die Wiederanknüpfung an wesentliche Elemente der Weimarer Verfassungstradition erlaubten. Sie erschließen sich indessen erst vor dem Hintergrund der verblüffenden Kontinuität der politischen Denkhaltungen seit den Mitteljahren der Weimarer Republik, deren lange Schatten über die nationalsozialistische Periode hinaus auf die Bestrebungen zur politischen Neuordnung nach 1945 fielen.

Das parlamentarische System von Weimar ist nicht erst durch Hitler zum Einsturz gebracht worden. Dieser war vielmehr entscheidender Nutznießer der innerlichen Abkehr fast aller relevanten politischen Kräfte von der Weimarer Verfassungsordnung. Diese Tendenz machte vor der SPD nicht halt. Ein Programm wie der »Umbau der Wirtschaft« implizierte die weitgehende Preisgabe des liberalen Parlamentarismus. Namentlich in der jüngeren Mitgliedschaft gab es ein wachsendes Mißtrauen gegen den parlamentarischen Kurs der Partei. Dies galt nicht nur für »Neubeginnen«, sondern auch für die parteitreuen aktivistischen Kräfte im Reichsbanner und der Eisernen Front. Auch Vertreter des rechten reformistischen Flügels zweifelten an der bisherigen Form des Parlamentarismus und an der auf sie zugeschnittenen herkömmlichen Versammlungsdemokratie. Theodor Haubach und Carlo Mierendorff bemühten sich darum, neue Propagandatechniken zu entwickeln, die der unablässigen propagandistischen Mobilisierung durch die NSDAP entgegengesetzt werden konnten.[6] Die Massenaufmärsche der »Eisernen Front« von 1932 stellten eine neue Form des politischen Kampfes dar, die durchaus den Vergleich mit nationalsozialistischen Großkundgebungen aushielt, aber auch eine psychologische Abwendung vom parlamentarischen System implizierte. In den Konflikten zwischen dem Parteivorstand der SPD mit dem Reichsbannerführer Friedrich Hörsing, der schließlich eine eigene Splitterpartei gründete, und den ständigen Spannungen, die zwischen Otto Wels und Karl Hültermann auftraten, spielte zugleich der Gegensatz zwischen den Generationen, dem ein unterschiedliches Politikverständnis entsprach, eine wichtige Rolle.[7]

Kennzeichnend für die Krise des Weimarer politischen Systems war die Überschneidung der ideologischen Fronten. Die Gruppe um die *Neuen Blätter für den Sozialismus*, die sich in loyaler Distanz zum Parteivorstand der SPD befand, vertrat eine neue, bündisch geprägte Form der Demokratie, so wenig klare Vorstellungen über die anzustrebende Verfassungsordnung vorhanden waren.[8] Zwischen den *Neuen Blättern* und der von Hans Zehrer herausgegebenen Zeitschrift *Die Tat*, die zunehmend zum Sprachrohr einer neokonservativen Erneuerung wurde, gab es signifikante Übereinstimmungen. Die Kritik an den erstarrten Parteiapparaten und der Vergreisung der Republik war beiden Gruppen gemeinsam. Die allgemeine Erwartung, daß die verheerende Weltwirtschaftskrise in dieser oder jener Weise das Ende des Kapitalismus bedeute, überdeckte die Klassenfronten. Hans Zehrers Erwartung, daß Nationalismus und Sozialismus zunehmend konvergierten und die zwei großen Marschsäulen zur grundlegenden Erneuerung des politischen und gesellschaftlichen Systems darstellten[9], bezeichnet das Ausmaß der politischen Desorientierung, die auch die Linke erfaßte. Es bedurfte nicht erst der Beiseitedrängung und schließlich faktischen Ausschaltung des Reichstags, um dem Eindruck allgemeine Geltung zu verschaffen, daß, wie immer sich die politischen Kräfteverhältnisse darstellten, die Tage des Parlamentarismus gezählt seien.

Die Beseitigung der republikanischen Bastion Preußen 1932 hinterließ bei SPD und Freien Gewerkschaften eine tiefgreifende Desillusionierung, die nach außen hin durch Parolen zur Stärkung der Organisationen und der Bewahrung der Legalität verdeckt wurde. Die Republik besaß spätestens seit dem Frühjahr 1932 keine Selbstverteidigungskräfte mehr, und dies erklärt, warum von Papen die Absetzung der preußischen Koalitionsregierung ohne jeden Widerstand von seiten der organisierten Arbeiterschaft verfügen konnte. Otto Braun reagierte auf die erwartete Niederlage in den preußischen Landtagswahlen mit tiefer Resignation. Er hoffte wohl, daß nach der Überwindung der wirtschaftlichen Notlage eine Ernüchterung eintreten würde, die republikanischer Politik wieder Erfolgsaussichten verschaffte. Der Rückzug in die reine Oppositionsstellung, den auch die Zentrumspartei vollzog, war zugleich

Reflex der vollständigen politischen Isolierung der SPD. Das Festhalten von Schleichers an den Gleichschaltungsmaßnahmen in Preußen machte für die Partei jedes Eingehen auf dessen Offerten an den ADGB psychologisch und politisch unmöglich.

Im gleichen Zeitraum setzten sich auch in der Zentrumspartei die antiparlamentarischen Kräfte endgültig durch. Heinrich Brüning und Ludwig Kaas bekannten sich zu einem Programm der »autoritären Demokratie«, das die Rechte der Volksvertretung nachhaltig beschnitt und korporativen Gliederungsprinzipien den Weg ebnete, obwohl das Zentrum gleichzeitig aus taktischen Gründen Franz von Papen des Verfassungsbruchs bezichtigte und sich von den Verfassungsreformplänen des Reichsministers des Innern, Freiherrn Wilhelm von Gayl, eindeutig distanzierte. Ähnlich wie die DNVP paßte sich das Zentrum schließlich dem politischen Stil der NSDAP an und suchte den Führerkult zugunsten von Brüning zu kopieren. Die von der Kurie nachdrücklich unterstützte Katholische Aktion verfolgte die Tendenz, dem traditionsreichen politischen Katholizismus in Deutschland den Boden zu entziehen. Unter Prälat Kaas gewann der zu autoritären Formen strebende Parteiflügel das Übergewicht; nur die Frontstellung gegen von Papen, der die Partei schmählich im Stich gelassen hatte, hielt das Zentrum formell noch auf der Seite derjenigen, die die Weimarer Verfassungsordnung beziehungsweise die Beibehaltung der formalen Legalität verteidigten.[10]

Während die liberalen Parteien in den Wahlen zu einer insignifikanten Minderheit schrumpften und die von Kreisen der Schwerindustrie nachdrücklich gutgeheißene bürgerliche Sammlung scheiterte, fanden sie sich, von einzelnen Persönlichkeiten abgesehen, mit der Einschränkung des parlamentarischen Systems zugunsten autoritärer Vollmachten für Reichsregierung und Reichspräsidenten ab. Der »Bund zur Erneuerung des Reiches«, der eine autoritäre Verfassungsumbildung im Zuge der territorialen Neugliederung anstrebte und insbesondere den Fortbestand Preußens bekämpfte, erhielt auch vom ehemals liberalen Lager aktive Schützenhilfe. Neben der DNVP und dem Stahlhelm vertraten die Verbände der bürgerlichen Rechten übereinstimmend das Programm einer »nationalen Diktatur«. Es zielte in erster Linie auf eine Ausschaltung der Sozialdemokratie. Sie setzte die Beseitigung der parlamentarischen Grundlagen der Republik voraus.

Für die verwirrende innenpolitische Lage der späten Republik war es bezeichnend, daß sich in breiten Kreisen der Eindruck verdichtete, das Ende der Parteienherrschaft stünde unmittelbar bevor. Das Kabinett von Papen suchte durch den kollektiv vollzogenen Parteiaustritt seiner Mitglieder diese Fiktion als wirklich erscheinen zu lassen. Tatsächlich blieben die Parteien, solange der Verfassungsrahmen nicht gesprengt wurde, am politischen Kräftespiel beteiligt, allerdings in der denkbar negativsten Form bloßer Vetomacht ohne Übernahme parlamentarischer Verantwortung. Die extreme Diskreditierung der Parteien im bürgerlichen Lager, die sich in einer hohen Wählerfluktuation spiegelte, machte sich Hitler zunutze, indem er den grundlegenden Unterschied zwischen der »nationalsozialistischen Freiheitsbewegung« und den bisherigen parlamentarischen Parteien herausstellte und sich der Umarmungsstrategie Hugenbergs anläßlich der Harzburger Front erfolgreich entzog. Auch Hugenberg suchte mit der Reorganisation der DNVP deren parlamentarischen Charakter herunterzuspielen und eine Volksbewegung zu simulieren. Paradoxerweise befand sich die politische Rechte in dem Selbstwiderspruch, die Notwendigkeit von Parteien grundsätzlich zu negieren, obwohl sie selbst alle Charakteristika einer Parteibewegung besaß.

Unter der publizistischen Mithilfe Hans Zehrers und seiner Redaktion[11] verbreitete sich namentlich bei bürgerlichen Intellektuellen der Mythos, daß es möglich sei, auf Parteien ganz zu verzichten. Sie verkannten dabei, daß die eigentlich sprengende Wirkung von den Interessengruppen ausgegangen war, die, wie der Reichslandbund oder die Interessenverbände der Industrie – in gewissem Sinne galt das auch für das Verhältnis von SPD und ADGB –, die Parteien fortschreitend mediatisiert und ihrer integrativen Funktion zunehmend beraubt hatten. Gerade in einer Konstellation, in der Interessenkonflikte zwischen kollidierenden Verbänden die politische Willensbildung blockierten, triumphierte in der Publizistik des bürgerlichen Lagers eine überwiegend ideologische Sicht des politischen Prozesses. Den handelnden politischen Kräften gelang es nicht, ihren Anhängern ein glaubwürdiges Bild der Koalitionspolitik zu vermitteln, was mit den übersteigerten Erwartungen der Wähler wie mit der relativen Isolierung der Parteiapparate zusammenhing, von denen nur SPD und Zentrum – letzteres durch eine indirekte Organisationsstruktur – außerhalb der großstädtischen Zentren präsent waren.

Dies trug dazu bei, daß neben den unübersehbaren Abnützungserscheinungen des parlamentarischen Systems in der breiten Öffentlichkeit Vorstellungen an Boden gewannen, im Zuge einer nationalen Selbstfindung würden politische Parteien überflüssig sein. Hans Zehrer machte sich zum Anwalt dieser Illusion. Er glaubte, Anzeichen dafür zu erkennen, daß sich hinter den Parteien eine »Neue Front«, die er mit der jungen Generation identifizierte, zu bilden im Begriff sei. Daher konnte er die Parole eines »Heraus aus den Parteien! Abwarten!« ausgeben.[12] Die tägliche Präsenz paramilitärischer oder doch uniformierter Verbände – vom dann verbotenen Roten Frontkämpferbund über das Reichsbanner und den Jungdeutschen Orden reichte dieses Spektrum zu Stahlhelm und SA, und es war von zahlreichen Nebenorganisationen für die Jugend, für politisch aktive Frauen und einzelne Berufsgruppen unterfüttert – verführte zur Überschätzung ihrer tatsächlichen Macht. Die durch NSDAP und KPD provozierte Anwendung von Gewalt und die bürgerkriegsartigen Auseinandersetzungen, die von den Großstädten allmählich auf das Land ausgeweitet wurden, erhielten im öffentlichen Bewußtsein übertriebenes Gewicht. Gelegentlich kam es zu der für die Weimarer Republik charakteristischen Überschneidung von nationalen Verbänden und parteipolitischem Auftreten wie beim Stahlhelm und dem sich zur Volksnationalen Reichsvereinigung umbildenden Jungdeutschen Orden. Darin spiegelte sich der generelle Vertrauensverlust in das republikanische Parteiwesen, der den Protestparteien auf dem äußersten linken und rechten Flügel Auftrieb gab.

Hans Zehrer gab den Erwartungen vieler Angehöriger der jüngeren Generation, insbesondere derjenigen, die aus der bündischen Bewegung kamen, beredten Ausdruck, indem er sich der Illusion verschrieb, daß sich hinter dem Parteiengetriebe eine neue Elite zu formieren beginne, die den Träger der nationalen Revolution abgeben werde.[13] Damit verband sich eine verhängnisvolle Fehleinschätzung der NSDAP. Zehrer glaubte, zwischen der sich in ihr formierenden neuen Elite und dem proletaroiden »Treibholz« unterscheiden und die Prognose aussprechen zu können, daß der »bündische Kern in der NSDAP« sich von letzterem lösen und den Rückhalt der »Neuen Front« bilden werde. Die NSDAP erschien ihm daher als Übergangsphänomen. Sie habe die Schlacken der Parteibewegung noch nicht ganz von sich abgestreift. Trotzdem werde sie, analog zur KPD, als »Endprodukt des Liberalismus« die »aus der liberalen Geisteswelt abflutenden Massen aufsaugen und sammeln«.[14]

Vor dem Hintergrund derartiger Illusionen ist das Querfrontkonzept Schleichers zu sehen, das Zehrer, der den General wohl auch direkt beeinflußt hat, nachdrücklich propagierte.[15] Dazu stand nicht im Widerspruch, daß Schleicher das kriegswirtschaftliche System im Ersten Weltkrieg vor Augen hatte, das ebenfalls von einer relativen Ausschaltung der Parteien zugunsten der in den Vordergrund drängenden Verbände geprägt gewesen war. Die schon an der Verweigerung der SPD und an der innerparteilichen Isolierung Gregor Straßers scheiternde Querfront zielte darauf ab, durch eine faktische oder formelle Umbildung der Verfassung eine zumindest vorübergehende Ablösung vom Parteiensystem herbeizuführen. Dieses Konzept stieß bei der christlichen Arbeitnehmerschaft wegen der Nähe zu den Vorstellungen Othmar Spanns und der katholischen Soziallehre auf große Sympathien. Es unterschied sich von den autoritären Verfassungsumbildungsplänen von Gayls durch den Versuch, eine völlige Isolierung des Präsidialkabinetts zu vermeiden. Flankierende Maßnahmen wie die Arbeitslagerbewegung, die Jugendertüchtigung und Arbeitsbeschaffungsmaßnahmen fanden selbst beim ADGB beträchtliche Sympathien.

Die von Theodor Leipart und Lothar Erdmann vorangetriebenen Bestrebungen des ADGB, sich von der politisch gänzlich isolierten SPD loszusagen und sich der nationalen Regierung anzubiedern, trafen zwar auf nachhaltigen Widerstand des linken

ADGB-Flügels unter Siegfried Aufhäuser, gaben aber einer verbreiteten Stimmung Ausdruck, die auch im Lager der christlichen Gewerkschaftsbewegung sowie beim Deutschnationalen Handlungsgehilfenverband vorherrschte und sich im April 1933 in der Bildung des Führerkreises der Vereinigten Gewerkschaften niederschlug.[16] Berufsständische Ideen, die vor allem im neokonservativen Schrifttum seit Jahren propagiert worden waren, gewannen in der Phase der späten Präsidialkabinette wachsende Sympathien. Auch die NSDAP sympathisierte mit korporativen Vorstellungen, insbesondere der Straßer-Flügel, und ähnlich galt das für den Jungdeutschen Orden und für die Ideologen des Stahlhelm. Sie fanden durch Fritz Thyssen auch in das Unternehmerlager Eingang.

Obgleich die Hoffnung auf eine neue nationale Sammlung und eine »organische« Neugliederung des »Volkskörpers« esoterisch anmutet, beeinflußte sie große Teile der funktionalen Eliten. Die neokonservative Ringbewegung, die eine weitreichende personelle Vernetzung der Verbände und Parteien der bürgerlichen Mitte und Rechten bewerkstelligte, hatte dies ideologisch vorbereitet. Edgar Jungs »Herrschaft der Minderwertigen« faßte die im neokonservativen Schrifttum gebündelten antiliberalen Ressentiments zusammen.[17] Sie verknüpften sich mit der Vorstellung, die 1918 ausgebliebene »nationale Revolution« nachzuholen und sich gleichzeitig der Fesseln des Versailler Friedensvertrags und der von außen aufgezwungenen Staatsform zu entledigen. Moeller van den Brucks Vision eines »Dritten Reiches« hatte auf das Denken der jüngeren Politiker und Intellektuellen, die sich seit 1928 den älteren, schon im Kaiserreich aufgestiegenen Führungseliten entgegenstellten, maßgebenden Einfluß. Die »nationale Erhebung« vom 30. Januar 1933 wurde daher von einer breiten bürgerlichen Öffentlichkeit mit Ausnahme der linksrepublikanischen Berliner Presse uneingeschränkt begrüßt.

Der Sog, den die Fiktion der neugewonnenen »Volksgemeinschaft« ausübte, drängte die Kräfte bürgerlicher Selbstbehauptung in die äußerste Isolierung, ob es sich dabei um den Stahlhelm, der die Eingliederung in die SA hinnahm, die DNVP, deren Fraktionsführer im Reichstag, Ernst Oberfohren, angesichts der mangelnden

Widerstandskraft seiner Parteifreunde Selbstmord beging, oder um die seit der Abreise von Kaas nach Rom führungslose Zentrumspartei handelte, die sich dem massiven Druck der NSDAP ausgesetzt sah und zugleich von der Kurie, den deutschen Bischöfen und dem Rat der deutschen Katholiken fallengelassen wurde.[18] »Die freiwillige Einordnung des Katholizismus in das neue Werden war nur noch eine Frage der Zeit.«[19] Die Widerstandslosigkeit, mit der zuvor dem Nationalsozialismus distanziert oder feindlich gegenüberstehende Verbände die Anpassung an die neue Lage vollzogen, beruhte nicht allein auf opportunistischer Anpassung und – was den Katholizismus betraf – der Sicherung spezifischer Sonderinteressen. Dahinter stand die grundsätzliche Bereitschaft, die mit dem Ermächtigungsgesetz geschaffene, grundlegend veränderte innenpolitische Konstellation als definitiv hinzunehmen.

Die Bereitwilligkeit, mit der sich Verbände und die Reste der bürgerlichen Parteien dem »neuen« Staat unterordneten, ist allein vor dem Hintergrund der Illusion erklärlich, daß die Ausschaltung der Parteien nur den Anfang einer grundlegenden Umbildung der politischen Verfassung darstelle. Dazu gehörte auch die Vorstellung, daß die NSDAP, nachdem die »nationale Revolution« abgeschlossen war, überflüssig geworden sei und in einen Führerorden zurückgebildet werden würde.[20] Vorstellungen dieser Art wurden von Göring, dem neuen preußischen Ministerpräsidenten und Reichsluftfahrtminister, geteilt.[21] Noch das von Wilhelm Frick durchgebrachte »Gesetz zur Sicherung der Einheit von Partei und Staat« vom Dezember 1933 zielte in diese Richtung. Durch die Umwandlung in eine Körperschaft des öffentlichen Rechtes war die NSDAP der Aufsicht des Reichsministeriums des Innern unterstellt. Bezeichnenderweise blockierte Martin Bormann im Stab des Stellvertreters des Führers die Durchführung des Gesetzes vom ersten Tage an.[22]

Tatsächlich war die NSDAP seit der Konsolidierung des NS-Regimes im Grunde überflüssig. Dies wurde in den NSDAP-Kreisen, die von der Gleichschaltung nicht unmittelbar profitiert hatten, mit steigender Irritation zur Kenntnis genommen. Abgesehen von der kommunalen Ebene, auf der der NSDAP mit der »Deutschen

Gemeindeordnung« ein allerdings alsbald durch die Verstärkung des staatlichen Aufsichtsrechts weitgehend eingedämmter Einbruch gelungen war, sah sich die Partei zunehmend aktiver politischer Mitwirkung beraubt, zumal nach der faktischen Ausschaltung des Reichskabinetts als maßgeblicher Clearing-Instanz. Sie erstarrte seit 1935 in einem bürokratischen Charakter annehmenden Apparat, den Bormann seit 1942 als Leiter der Parteikanzlei vergeblich in eine schlagkräftige Kaderorganisation zurückzuentwickeln trachtete. Die Vision des *Tat*-Kreises und der neokonservativen Verschwörer im Umkreis des Vizekanzlers von Papen vom 30. Juni 1934, daß die NSDAP die Nachhut der parlamentarischen Parteien und die Vorhut einer »neuen Front« der jungen Generation bilden werde, erwies sich als vollständig verfehlt.[23]

Wenngleich sich eine Reihe von enttäuschten Republikanern 1934/35 – als der Rausch der »nationalen Revolution« abgeklungen war und eine allgemeine Ernüchterung einsetzte, die Joseph Goebbels mit »Anti-Miesmacherkampagnen« zu bekämpfen suchte – an die Vorzüge des nunmehr als ausschließlich »marxistisch« abqualifizierten »Systems« von Weimar erinnerte, war doch der Gedanke an eine Rückkehr dahin psychologisch verstellt. Als von Bose und Edgar Jung versuchten, die erwartete SA-Revolte zur Durchsetzung der Militärdiktatur zu benützen, stand ihnen nur die Reminiszenz an die Episode gebliebene Strategie des Kabinetts von Schleicher, gestützt auf die Armee die langfristige Vertagung des Reichstags zu erzwingen, als politische Alternative zur faschistischen Diktatur vor Augen; das galt ebenso für die sich seit Ende 1937 formierende Opposition.

Für die politische Linke konnte Weimar, das mit ihrer totalen Niederlage endete, ebensowenig als Auffangstellung erscheinen. Dies galt insbesondere für die KPD, die auf Grund einer verfehlten Einschätzung der nationalen Konzentrationsregierung nicht vor 1935 von der »Sozialfaschismus«-Parole Abstand nahm und erst mit dem Berner Programm 1939, unter dem Druck der Komintern, Lippenbekenntnisse für ein Zusammengehen mit den fortschrittlichen Kräften des Bürgertums in einer formell liberalen Prinzipien verpflichteten Verfassungsordnung abgab. Die aktiven Kräfte in der sozialistischen Arbeiterbewegung erblickten als einzige Konsequenz aus der faschistischen Machteroberung vom Januar 1933 eine revolutionäre Lösung. Die allerdings rasch kommunistisch unterwanderte SAPD, die Gruppe »Neubeginnen«, die »Sozialistische Aktion« in Hannover und die »Revolutionären Sozialisten« standen in einer zunächst äußerlich überbrückten Spannung zur Sopade, die trotz der Proklamierung des »Kampfes für den Revolutionären Sozialismus« wesentlich reformistisch geprägt blieb. Ihr gegenüber verlangte der aktive sozialistische Widerstand im Innern einen Austausch der führenden Funktionäre und polemisierte gegen den marxistisch verbrämten Immobilismus und Quietismus der Mehrheitspartei.

Während die »Revolutionären Sozialisten« das demokratische Prinzip preisgaben, es nur mehr als »Kampfboden für die Sammlung der Massen zur revolutionären Eroberung des Sozialismus« gelten ließen und in Analogie zum November 1918 eine Räteverfassung anstrebten, in der Legislative und Exekutive zusammengefaßt waren, wurde dies vom Exil-Parteivorstand als »ideologische Kapitulation« und Bruch mit der sozialdemokratischen Tradition gebrandmarkt.[24] Alle sozialistischen Widerstandsgruppen strebten eine antibürgerliche Umgestaltung und eine Konzentration der sozialistischen Arbeiterschaft an, wobei die Hoffnungen, die KPD einbeziehen zu können, zunehmend zurückgingen. Einzig und allein die Exilfunktionäre der Sopade in Prag blieben parlamentarischen Vorstellungen verhaftet und folgten zunächst der Illusion, daß das Kabinett Hitler nicht lange lebensfähig sein werde. Im ISK und bei »Neubeginnen« stand das Bestreben, eine Kaderorganisation aufzubauen, im Vordergrund. Auch das im Zusammenhang mit »Neubeginnen« von Otto Bräß und Hermann Brill 1937 formulierte Programm einer »Deutschen Volksfront«[25] löste sich von der Weimarer Tradition, während das Exil, wie Willy Brandt in seinen Erinnerungen bemerkte[26], eine Art »Fortsetzung von Weimar mit anderen Mitteln« darstellte, was sich auch in der Überbewertung ideologischer Positionen bei der Auseinandersetzung mit den Exil-Kräften der KPD zeigte.

Symptomatisch für die Desorientierung des reformistischen Flügels der alten SPD waren die Äußerungen des unmittelbar nach der »Machtergreifung« inhaftierten Lübecker Arbeiterführers Julius Leber, der das säkulare Scheitern des sozialdemokratischen Experiments einräumte und vorübergehend meinte, man müsse Hitler die Chance geben, die Lösung der sozialen Frage zu erreichen. Lebers später berühmt werdende Brochüre »Gedanken zum Verbot der deutschen Sozialdemokratie« enthielt eine scharfe Abrechnung mit der Parteiführung und muß als Zeugnis der Selbstkritik gewertet werden, was auch daraus hervorgeht, daß Leber noch im September 1933 daran dachte, die Schrift bei einem deutschen Verlag herausgeben zu können.[27] Auch die Gruppe um die *Neuen Blätter für den Sozialismus* ging nicht durchweg in die Opposition, sondern gab sich der Illusion hin, daß sich eine Symbiose zwischen Sozialismus und nationalem Gedanken in neuen Formen herstellen lasse. Die Haltung der Gewerkschaftsführer war ebenfalls von der Erwägung geprägt, einen modus vivendi mit dem neuen Regime zu finden. Noch nach dem Debakel des gemeinsamen Auftretens mit Robert Ley auf der internationalen Arbeitsschutzkonferenz in Genf hoffte Wilhelm Leuschner, innerhalb des NS-Systems politischen Einfluß nehmen zu können.[28] Die gewerkschaftlichen Verhandlungen mit der NSBO und die Anbiederungen Leiparts an die nationalsozialistische Regierung konnten die Zerschlagung der Gewerkschaftsapparate nicht abwenden.

Die bürgerliche Mitte teilte mit den Gewerkschaftlern die Illusion, es würde sich ein korporativer Umbau durchsetzen lassen, der in Organisationsbezeichnungen wie dem »Reichsstand der deutschen Industrie« und dem »Reichsnährstand« anklang, desgleichen in der Propaganda der DAF auftauchte, deren Untergliederung in die Säulen der Arbeiter, Angestellten und Unternehmer jedoch nicht lange Bestand hatte. Der mit dem Führerprinzip einhergehende Zentralismus und die frühzeitig einsetzende Zersplitterung der Zuständigkeiten zerschlug Ansätze zu korporatistischen Formen, bevor diese Gestalt annehmen konnten. Die Gleichschaltung der Berufsverbände durch die NSDAP blieb in dieser Hinsicht ohne Bedeutung, da die Partei selbst nur über ihre personellen Spitzen in das sich herausbildende labile Machtgefüge eingeordnet war. Desgleichen unterblieben die auch von Kreisen der NSDAP nachhaltig befürworteten Maßnahmen zum Ausbau der Selbstverwaltung. Das Freiherr vom Stein-Gedenkjahr von 1932 hatte der seit langem einwirkenden Vorstellung Auftrieb gegeben, daß das Selbstverwaltungs- an die Stelle des westlichen Repräsentationsprinzips treten müsse. Auch der Reichsminister des Innern, Wilhelm Frick, berief sich bei seinen Plänen zum Verfassungsumbau auf den Selbstverwaltungsgedanken. Er diente später der NSDAP, ihre Ansprüche auf die Kontrolle der »Reichsmittelinstanz« – was immer darunter zu verstehen war – zu begründen. Das vollständige Desinteresse Hitlers an der von Frick vorbereiteten Reichsverfassungsreform und die im Schlagwort von der »Menschenführung« gespiegelte Institutionenfremdheit der nationalsozialistischen Führungsgruppen unterdrückten jedoch jegliche institutionelle Reform und gaben der für das Regime charakteristischen fortschreitenden Zersetzung des institutionellen Aufbaus zusätzliche Antriebe.[29]

Die Reste der bürgerlichen Republikaner, ohnehin durch die erzwungene Emigration jüdischer Intellektueller und Journalisten dezimiert, reagierten auf die nationalsozialistische Umwälzung mit politischer Sprachlosigkeit. Die Vorgänge, die zum Zusammenbruch Weimars geführt hatten, schienen die Lebensfähigkeit der parlamentarischen Demokratie widerlegt zu haben. Die wenigen liberalen Staatsrechtslehrer, die nicht Carl Schmitts Attacke auf das Weimarer Repräsentativsystem gefolgt oder auf die präsidiale Zwischenstufe eingeschwenkt waren, galten als völlig diskreditiert. Sofern bei den bürgerlichen Gegnern Hitlers politische Alternativen ins Auge gefaßt wurden, knüpften sie an den gescheiterten Versuch der späten Präsidialkabinette an, das Regierungssystem unter Umgehung der politischen Parteien zu stabilisieren. Es war bezeichnend, daß ein Altkonservativer wie Ewald von Kleist-Schmenzin nach der Bildung des Kabinetts der nationalen Konzentration Alfred Hugenberg sein DNVP-Parteibuch mit dem Bemerken übersandte, daß die Koalitionsregierung einen Rückfall in die bereits überwunden geglaubte Parteienwirtschaft darstelle.[30] Von konservativer Seite wurde der 30. Januar ebensowenig als Zäsur konstatiert, wie dies für die übrige öffentliche Meinung einschließlich der

»Roten Fahne« galt, die gebannt auf die Rolle des »Wirtschaftsdiktators« Alfred Hugenberg starrte.

Nicht alle späteren bürgerlichen Oppositionellen verhielten sich so konsequent wie Kleist-Schmenzin oder Helmuth James von Moltke, die von unterschiedlichen Voraussetzungen her das neue Regime konsequent ablehnten. Die fatale Vorstellung zahlreicher Konservativer, daß man Hitler gegen die radikalen Kräfte in der eigenen Bewegung stützen müsse, hinderte sie daran, rechtzeitig das taktische Bündnis zu lösen, das sie mit dem »Trommler« eingegangen waren. Persönlichkeiten wie Carl Goerdeler, Hjalmar Schacht, Ludwig Beck und Johannes Popitz teilten die Illusion, daß es möglich sei, durch Konzessionen auf als marginal betrachteten Politikfeldern, zu denen nicht zuletzt die Judenfrage gehörte, die sozialrevolutionären Energien der NSDAP zu zügeln und Hitler zu mäßigen. Aus einer Strategie alternativer Politik bildete sich dann seit 1938 der Plan eines Umsturzes heraus, der nicht das System als ganzes beseitigen, wohl aber seine schädlichsten Elemente, darunter den Einfluß von Goebbels, Himmler und Heydrich, eliminieren sollte.[31] Seit 1941 setzten dann systematische Überlegungen für eine politische Neuordnung ein, die dem Motiv entsprangen, zu einer innenpolitischen Stabilisierung für die Zeit nach einem Putsch zu gelangen.

Für den nationalkonservativen Widerstand war der Gedanke an eine Rückkehr zur Weimarer Reichsverfassung von vornherein ausgeschlossen. Gewiß ist dabei zu berücksichtigen, daß seit der zweiten Hälfte der dreißiger Jahre in Kontinentaleuropa dem parlamentarischen System kaum eine Chance eingeräumt schien. In den auf der Pariser Friedenskonferenz geschaffenen Staaten hatte es sich durchweg nicht behauptet. In Frankreich befand sich das parlamentarische System im Grunde schon seit der Bildung der Volksfrontregierung von 1936 in einer schweren Krise, und der Übergang zum semifaschistischen Vichy-Kabinett kam keineswegs überraschend. Nur in den skandinavischen und den Beneluxländern überlebten parlamentarische Regierungsformen.[32] Aber die Ablehnung des parlamentarischen Prinzips durch den deutschen national-konservativen Widerstand reichte tiefer. Aus der Perspektive des Kreises um Beck und Goerdeler wurzelte der Nationalsozialismus in den Fehlentwicklungen, die schon 1918 eingesetzt hatten.

Für die Distanz zum angelsächsischen Verfassungsdenken ist die Haltung von Adam von Trott zu Solz, der in mancher Hinsicht eine eindeutige Affinität zur politischen Linken aufwies, charakteristisch. In kaum verhülltem Nationalstolz antwortete er am 6. Oktober 1938 auf die Vorhaltungen seiner amerikanischen Freundin Shiela Sokolow-Grant, »that perhaps capitalist and imperialist democracy uses liberty as a smokescreen for definitely coercive policies whereas some aspects of ›authoritarian‹ systems may mean a more straightforward assertation of the rights of man in modern industrialist society«.[33] Er brachte damit zum Ausdruck, daß die repräsentative Demokratie liberaler Prägung vor der Herausforderung durch die soziale Frage auf der ganzen Linie versagt habe und daß es gewisser autoritärer Strukturen bedürfe, um die Auswüchse des kapitalistischen Systems zu beseitigen. Trott gab sich damals noch der Erwartung hin, daß es möglich sei, das NS-System, das er verabscheute, auf evolutionärem Wege in eine sozialstaatliche Ordnung umzuwandeln, die eine Synthese zwischen »westlichem Individualismus« und »östlichem Kollektivismus« zum Inhalt habe.[34]

Die betont kritische Einstellung Trotts zum westlichen Typus der Demokratie ist in vieler Hinsicht für die Auffassungen der sich formierenden nationalkonservativen Opposition repräsentativ, wenn man von der emotionalen Rivalität Trotts gegenüber angelsächsischen Patentrezepten absieht. Einigkeit bestand in der Diagnose, daß die Herrschaft Hitlers ein Resultat der gesellschaftlichen Krisenerscheinungen und der moralischen Haltlosigkeit der Massen darstellte, die man mit der Weimarer Republik als solcher identifizierte. Nur der Kern des Kreisauer Kreises suchte die Ursachen für den moralischen Niedergang, dessen Extremform der Nationalsozialismus darstellte, bei dem europäischen Säkularisierungsprozeß seit dem Zeitalter der Reform und bei der Bildung des bürokratisch verwalteten zentralistischen Territorialstaats, die zum Verlust der personalen Bindungen und zur Preisgabe der christlich geprägten sozialen Verantwortung des Individuums geführt hätten.[35] Weimar erschien den nationalkonservativen Verschwörern als

Irrweg. Selbst Julius Leber bekundete, daß die Übernahme westlicher Verfassungsvorbilder zum Niedergang der Weimarer Demokratie maßgeblich beigetragen habe.[36] Theodor Haubach und Carlo Mierendorff, die noch 1932 für den Bestand der Republik gekämpft hatten, näherten sich christlich-sozialen und korporativistischen Positionen. Helmuth von Moltke, der vor 1933 für die republikanischen Parteien gestimmt hatte, entschloß sich seit den ausgehenden dreißiger Jahren dazu, Vorüberlegungen für den von ihm antizipierten Tag X zu machen, an dem mit dem Scheitern des Nationalsozialismus auch der Endpunkt der säkularen Fehlentwicklungen erreicht und die Voraussetzungen für eine grundlegende Neuordnung, die Europa als ganzes betraf, gelegt sein würden.

Bei zahlreichen Varianten im einzelnen stimmen die verfassungspolitischen Vorstellungen der nationalkonservativen Verschwörer – zumal eine gewisse gegenseitige Angleichung zwischen Kreisau und der Gruppe um Goerdeler erfolgte – in dem Bestreben überein, eine konsolidierte Regierungsgewalt zu schaffen, die auf einem gestuften System »volksnaher« Selbstverwaltungskörper aufruhte und daher gegen den partikularistischen und demagogischen Einfluß zentralistischer Parteien weitgehend gefeit sei. Zugleich verfolgten sie die Zielsetzung, die behauptete »Atomisierung« der Gesellschaft durch eine bewußte Stärkung der nachbarschaftlichen, genossenschaftlichen und beruflichen Solidaritäten rückgängig zu machen und, wie es Moltke formulierte, die Entstehung »wasserkopfartiger Organisationen« und zentralistischer Bürokratien zu unterbinden.[37] Die Verfassungsmodelle, die Goerdeler und die Kreisauer, aber auch der Freiburger Kreis vorlegten, liegen weitab von der Tradition des parlamentarischen Repräsentationsprinzips und waren bestrebt, dessen unitarische und egalitäre Momente nach Möglichkeit zu unterlaufen. Dies schlägt sich in den Entwürfen für die gleichwohl für notwendig erachteten Vertretungskörper nieder, für die auf von unten nach oben konzipierten Repräsentationsstufen überwiegend indirekte Wahlen sowie im einzelnen ungewöhnlich komplexe Delegationsmechanismen vorgesehen waren. Dies zielte darauf ab, die Entstehung von Massenparteien und Großverbänden zu verhindern. Es wäre zu kurz gedacht, darin ausschließlich eine

Reaktion auf die nationalsozialistische Massenmobilisierung zu erblicken, wenngleich diese die Abneigung gegen egalitäre »Vermassung« verstärkte.

In allen verfassungspolitischen Planungen des Widerstands findet sich die Tendenz, politische Repräsentation und die Wahrnehmung politischer Ämter an bestimmte Eingangsqualifikationen zu knüpfen, die die Bindung der Delegierten an die lokalen Wähler sicherstellen und berufsmäßigen Parteipolitikern den Weg verlegen sollten. Helmuth James von Moltke ging in dieser Hinsicht noch einige Schritte weiter und hoffte, mit dem Gedanken der »kleinen Gemeinschaften« den Gegensatz von Elitenrepräsentation und der Identität von Wählern und Gewählten überbrücken zu können. In der Sache lief dies auf die weitgehende Anwendung des Prinzips der Subsidiarität hinaus, was in den Vorstellungen Goerdelers gewisse Entsprechungen hatte. Der Kreisauer Kreis dachte nicht in den Kategorien des politischen Parteiwesens, stellte vielmehr auf eine unmittelbare Interessenrepräsentation ab, die Parteien überflüssig erscheinen ließ. In dieser Beziehung war Goerdeler realistischer, wenngleich er ebenfalls die Wiederkehr zentralistisch organisierter nationaler Parteien zu verhindern trachtete. Wenn in den Kreisen des nationalkonservativen Widerstands von Parteien die Rede war, stand der Gedanke der Sammlungspartei im Vordergrund, so bei Jakob Kaiser und Max Habermann. Mit der Erörterung des Plans, eine überparteiliche »Volksbewegung« ins Leben zu rufen, trat das Parteienproblem in den Hintergrund.[38]

Die Alternativkonzepte, die der Widerstand dem NS-Regime entgegenstellte, stimmten in der Ablehnung jeglicher plebiszitären Elemente überein. Die Erfahrung mit den manipulierten nationalsozialistischen Volksabstimmungen bestärkten das ohnehin vorhandene Mißtrauen gegen die Verführbarkeit der Massen. Die Betonung des Selbstverwaltungsprinzips findet sich jedoch aus einer ähnlichen Motivlage heraus auch auf der Linken. Der Gedanke einer Gliederung des Staatswesens in Selbstverwaltungskörper stand bei ihr freilich ebenso wie in den Kreisauer Plänen in unauflöslichem Widerspruch zu der Forderung der Verstaatlichung der Großindustrie und einer staatlichen Lenkung der Wirtschaftspolitik. Das maßgebend von Hermann Brill inspirierte Zehnpunkteprogramm der »Deutschen Volksfront« von 1937 forderte »die volle Selbstregierung und Selbstverwaltung des deutschen Volkes in einem erneuerten Reich der politischen, sozialen und wirtschaftlichen Demokratie«.[39] Brill, der schon damals die mangelnde Rezeption westlichen Verfassungsdenkens in Deutschland beklagte, variierte diese Ansätze im »Buchenwalder Manifest« vom April 1945. Es sah die Bildung von Volksausschüssen und den Aufbau eines demokratischen Systems von unten nach oben vor. Dies entsprach zugleich der nach dem Zusammenbruch bestehenden Aktionsunfähigkeit der zentralen Verwaltungsapparate. Brill hoffte, auf der Grundlage der von ihm geforderten Volksausschüsse eine neue Integration erreichen zu können, ganz in Übereinstimmung mit den sich allenthalben spontan bildenden, dann aber von den westlichen Alliierten und der SMAD verbotenen Antifaschistischen Ausschüssen.[40] Alle Ansätze in dieser Richtung wurden jedoch mit der Neubildung zentral gesteuerter Parteiapparate auf Grund der Wiederzulassung politischer Parteien durch die SMAD am 11. Juni 1945 und dem sofort einsetzenden Kaderaufbau der KPD gegenstandslos.

Eine 1942 für Wilhelm Leuschner verfaßte Denkschrift des früheren DDP-Politikers Ludwig Bergstraesser[41] stellt unter den Verfassungsentwürfen des Widerstands insofern eine Ausnahme dar, als sie von einem ausgesprochenen Vertreter der Weimarer Republik stammt. Bergstraesser überlegt darin, wie das politische Leben nach einem Umsturz wieder in Gang zu bringen sei. Für ihn war die Rückkehr zur parlamentarischen Verfassung selbstverständlich, doch hielt er eine sorgfältige Vorbereitung dazu infolge der mangelnden politischen Erziehung der Deutschen für unentbehrlich. Unter Berufung auf die »klassischen Grundgedanken« des Reichsfreiherrn vom Stein schlug er eine stufenhafte Errichtung von Selbstverwaltungskörpern vor, wobei er verfrühte Wahlen selbst auf der Gemeindeebene ablehnte. Sie sollten erst dann stattfinden, wenn die Grundzüge der Neuordnung feststünden. Als überlebende positive Kräfte bezeichnete er die katholische Kirche und die Gewerkschaften, während er dem Protestantismus nicht unbegründet skeptisch gegenüberstand.

Bergstraesser verlangte als ersten Schritt die Bildung lokaler Komitees unter Mitwirkung der früheren politischen Richtungen, betonte aber gleichzeitig die Notwendigkeit der Einschaltung von Fachleuten und einer neutralen Verwaltung. Kennzeichnend ist, daß er für die Bildung der Provinzial- und Ländervertretung ein indirektes Wahlverfahren mit der Maßgabe empfahl, die Hälfte der Kandidaten außerhalb der lokalen Vertretungskörperschaften zu nominieren, um eine »Klüngelwirtschaft« zu unterbinden. Sein Programm trägt deutliche antizentralistische Züge. Das Selbstverwaltungsprinzip wird »als Bildungsstätte der Mitarbeit am Staat« und als »Sprungbrett der Politik« bezeichnet. Finden sich in dieser Beziehung Entsprechungen zu den Vorschlägen Goerdelers, so stimmte er auch in dem Gedanken überein, dem Zentralparlament durch die Schaffung eines »Oberhauses« oder »Senats« ein politisch retardierendes Element an die Seite zu stellen. Allerdings sprach sich Bergstraesser dafür aus, den Reichsrat wegfallen zu lassen, da sich in diesem die Entscheidungen der ersten Kammer bloß duplizierten.

Unter den bekannt gewordenen Neuordnungskonzepten des Widerstands knüpfte Bergstraessers Denkschrift »Wiederherstellung« am stärksten an die Weimarer Verfassungstradition an, wenngleich mit der Tendenz, den Einfluß des Parteiwesens zurückzudrängen. Mit dem grundsätzlichen Bekenntnis zum parlamentarischen Prinzip war er allerdings völlig isoliert. Andererseits bildet die Denkschrift insofern gerade eine Brücke zu den nach dem Zusammenbruch 1945 in den Vordergrund tretenden Verfassungsvorschlägen.[42] Eine deutliche Parallele zu Bergstraessers Gedanken enthalten die im Oktober 1945 entstandenen »Überlegungen zur künftigen Verfassung und Verwaltung in Deutschland« von Theodor Eschenburg.[43] Dies ist insoweit nicht überraschend, als beide liberale Positionen vertraten und grundsätzlich Anhänger des parlamentarischen Systems waren. Beide Autoren sprachen sich für eine schrittweise Rückkehr zum demokratischen Repräsentativsystem aus. Eschenburg hielt es für geboten, die Tätigkeit der für die Vorbereitung der Kommunalwahlen unerläßlichen politischen Vereine möglichst zu begrenzen und ihnen vorderhand den Zusammenschluß zu Landesverbänden zu verwehren. Erst nach der Errichtung funktionsfähiger demokratischer Selbstverwaltungskörper auf der kommunalen Ebene sollte die Wahl eines beratenden Landesausschusses durch die Gemeindevertretungen unter Hinzuziehung der Berufsverbände, der Gewerkschaften, der Kirchen und der Hochschulen erfolgen. Aus dem von den Landesausschüssen gebildeten Zentralausschuß wollte er mit bestimmten Modifikationen eine provisorische Bundesregierung hervorgehen lassen, der zunächst ein von den neugebildeten Ländern beschickter Bundesausschuß an die Seite treten sollte.

Eschenburgs Überlegungen trafen sich weitgehend mit dem alliierten Konzept der »grass root democracy«; sie waren von der Erwägung bestimmt, den Aufbau eines demokratischen Repräsentativsystems neben den bereits bestehenden Verwaltungskörpern nur schrittweise und unter Vermeidung verfrühter zentralistischer Impulse zu vollziehen: »Die junge deutsche Demokratie in ihrer Traditionsarmut muß sich entwickeln und ausrichten an den Aufgaben des kleinen Bezirks.«[44] Die flankierende Erwägung dazu wurde von Eschenburg mit der Forderung eines »künstlich zu verlangsamenden Ausbaus der Parteienentwicklung« offen angesprochen. Ausdrücklich wird in seiner Denkschrift den Parteien das Recht zur Bildung von Nebenorganisationen, insbesondere von Jugendverbänden, untersagt und eine förmliche Parteimitgliedschaft vermieden. Dadurch sollte der Wegfall umfassender Parteiapparate erreicht und dem einzelnen Abgeordneten größtmögliche Unabhängigkeit von Parteiweisungen eingeräumt werden. Eschenburg hielt es für verfehlt, die Zahl der Parteien schematisch zu verringern; er erblickte vielmehr in einer großen regionalen Variation der Parteien die Chance für eine »Intensivierung des politischen Lebens«.[45]

Die Denkschriften Bergstraessers und Eschenburgs spiegeln das Mißtrauen gegen zentralistisch gesteuerte und organisierte Parteien. Es wäre zu kurz gegriffen, dafür ausschließlich die Erfahrung mit der NSDAP in Anschlag zu bringen. Vielmehr stehen die enge Bindung des Weimarer Parteiwesens an die Verbände im Hintergrund, aber auch die Bestrebungen der in der zweiten Hälfte der zwanziger Jahre jungen Politiker, die zunehmende Versäulung der Parteien zu beseitigen. Die überstürzte Lizenzierung eines Vierparteiensystems durch die SMAD, die die westlichen Besatzungsmächte in Zugzwang brachte, verhinderte eine solche Inkubationsphase für einen Umbau des überkommenen Parteiensystems, der von verschiedensten Seiten angestrebt wurde. Dies galt nicht allein für die SPD, die eine einheitliche Arbeiterpartei anstrebte, aber bei der KPD auf taube Ohren stieß, sondern auch für Jakob Kaisers Gedanken, eine deutsche Labour Party ins Leben zu rufen, und für die Erwägung von Theodor Heuss, der ursprünglich hoffte, zu einer breiteren Parteibildung als der dann von ihm mitbegründeten LDP zu gelangen. In einer Aufzeichnung über *Die staatsrechtliche Gestaltung Deutschlands* vom Juli 1947 bemerkte Heuss, daß die Bildung der Parteien auch in den Westzonen zu früh eingesetzt habe.[46] Bei diesen dann gegenstandslos werdenden Überlegungen zur Neuformierung des demokratischen Parteiwesens zeigte sich eine gewisse Spannung zwischen der Erwägung, die Klassenfronten zu durchbrechen, und dem Desiderat, an die regionalen Eigenarten anzuknüpfen.

Im Gegensatz zu den ausgeprägt liberalen Positionen von Bergstraesser, Eschenburg und Heuss bewegte sich der Hauptstrom des politischen Denkens im frühen Nachkriegsdeutschland in den Bahnen der herkömmlichen Kritik des »Parteienstaates«. Wie in der Weimarer Zeit wurde den politischen Parteien eine Tendenz zur dogmatischen Ausschließlichkeit und die Mißachtung des bonum commune gegenüber der Vertretung partikularer Interessen ganz im Stile der Parteienkritik Otto von Bismarcks zum Vorwurf gemacht.[47] Zum Repertoire dieser Denkhaltung gehörte die Kritik an der angeblichen Parteienzersplitterung von Weimar, die zu der Funktionsunfähigkeit des parlamentarischen Systems maßgeblich beigetragen habe. Tatsächlich aber machte der Anteil der Splitterparteien in der Weimarer Zeit niemals mehr als 15 Prozent der Mandate aus und blieb auf die Mehrheitsbildung praktisch ohne Einfluß. Die in den Nachkriegsjahren populäre Forderung des Mehrheitswahlrechtes und des Einerwahlkreises, die von Bergstraesser schon 1942 erhoben wurde, zielte in der Regel weniger auf eine stärkere Binnendemokratisierung der Parteien als auf deren Zurückdrängung zugunsten der Wahl politischer Persönlichkeiten.

Hinter dem in der Bundesrepublik lange nachwirkenden Antiparteien-Affekt verbarg sich die Besorgnis vor einer angeblichen »Überdemokratisierung«. Dies klang selbst noch bei Theodor Heuss an, wenn er feststellte, daß in Weimar die Praktizierung des Parlamentarismus in allen, auch den unbedeutenden Ländern und die bunte Fülle von Koalitionen die Glaubwürdigkeit der Parteien zerschlissen habe.[48] Darin ist jedoch überwiegend ein Reflex der in den ersten Nachkriegsjahren allenthalben zu beobachtenden Skepsis gegenüber dem politischen Parteiwesen zu erblicken, die sich nicht zuletzt in dem hohen Anteil freier Wählervereinigungen auf kommunaler Ebene niederschlug. Es liegt auf dieser Linie, daß Ferdinand Friedensburg in seiner 1934 abgefaßten, 1946 neu herausgegebenen Darstellung über *Die Weimarer Republik* mit den Parteien ins Gericht ging und eine mangelnde Führungsauslese und eine Überladung des Parlaments mit »subalternen Persönlichkeiten« konstatierte, »während starke Persönlichkeiten sich nicht durchzusetzen vermochten«.[49] Gleichzeitig sprach Friedensburg von einem »offenkundigen Versagen der verfassungstreuen Gruppen«, ein Vorwurf, den Arnold Brecht frühzeitig zurückwies. Angesichts der politischen Zersplitterung des deutschen Volkes und der schon 1920 verlorenen Mehrheit der Weimarer Koalition seien »starke Persönlichkeiten«, sofern sie sich an die demokratischen Spielregeln gehalten hätten, mit Notwendigkeit politisch schwach gewesen.[50]

Die Selbstkritik vieler Anhänger des parlamentarischen Systems von Weimar[51] verknüpfte sich nicht ganz widerspruchsfrei mit der Klage über die »politische Unreife« großer Teile des deutschen Volkes.[52] Auf letztere wurde vielfach die Empfänglichkeit der »Massen« für die nationalsozialistische Propaganda zurückgeführt, von der jedoch bei einer genaueren Analyse jedenfalls nicht in dem Sinne die Rede sein kann, als seien politisch gebildetere Kreise den Versprechungen Hitlers nicht ebenso erlegen. Die Skepsis bezüglich der Demokratiefähigkeit der Deutschen mündete nach dem Zusammenbruch vom Mai 1945 in die allenthalben anzutreffende Forderung nach einer schrittweisen Einübung in die Demokratie. Der alliierte Umerziehungsgedanke fand daher durchaus ein Gegenstück in der deutschen Diskussion. Dahinter verbarg sich insofern eine elitäre Grundhaltung, als die fehlgeleitete innere Entwicklung in Weimar den »Massen« angelastet wurde. Darin drückte sich ein innerer Vorbehalt gegen die Demokratisierung aus, der mit der Geringschätzung von Parteien und Parteifunktionären in Zusammenhang stand.

Aus dieser Perspektive erschien die NSDAP als Inkarnation der Massenpartei, die demagogische Mobilisierung an die Stelle der Verantwortung des einzelnen und dessen Bindung an seine Mandatare setzte. Am ausgeprägtesten trat diese Vorstellung im Denken des Kreisauer Kreises hervor, das Moltke auf die Formel brachte, daß Europa nicht eine Frage der Bildung »wasserkopfartiger Organisationen«, sondern der »Wiederherstellung des Bildes des Menschen im Herzen unserer Mitbürger« sei.[53] Es überrascht nicht, daß die überlebenden Vertreter des Kreisauer Kreises, darunter Paulus van Husen und Theodor Steltzer, sich von der entstehenden parlamentarischen Verfassungswirklichkeit der frühen Bundesrepublik abgestoßen fühlten und sich enttäuscht zurückzogen. Theodor Steltzer, der 1946/47 Ministerpräsident von Schleswig-Holstein war und zu den Mitbegründern der CDU gehörte, nahm 1948 zum deutschen Verfassungsproblem in einer auch dem Parlamentarischen Rat zugeleiteten Denkschrift kritisch Stellung. Er verwarf die Tendenz, an den »Weimarer Parteienstaat« anzuknüpfen und sich darauf zu beschränken, »einige allzu offensichtliche Fehlerquellen durch formal-technische Konstruktionen«, beispielsweise durch das konstruktive Mißtrauensvotum, zu beseitigen.[54] Steltzer lehnte sowohl die Rückkehr zur »zentralistischen Massendemokratie« wie zu einer »weltanschaulich gebundenen Demokratie«, in der ideologische Positionen maßgebend seien, nachdrücklich ab. Statt dessen forderte er die Schaffung eines »modifizierten parlamentarischen Systems« unter Einbeziehung von berufsständischen Institutionen und eine genossenschaftlich-korporative Bildung der Bundesorgane auf der Grundlage indirekter Wahlen ganz im Sinne der Kreisauer Verfassungsvorschläge.[55]

Von ganz anderen Voraussetzungen aus warnte damals Eugen Kogon, der 1932 Mitglied des von Franz von Papen ins Leben gerufenen katholisch-konservativen Bundes »Kreuz und Adler« gewesen war[56], vor Formen der Demokratie, die einseitig vom Individualismus oder Kollektivismus bestimmt seien und der »Atomisierung der Gesellschaft« entsprängen. Unter letzterer verstand Kogon »die mehr oder minder gründliche und vollständige Herauslösung des einzelnen aus der Gebundenheit natürlicher und den natürlichen Aufgaben des Menschen entsprechender Glied- und Wirkungsgemeinschaften – der Familie, der kleinen Gemeinde, der Berufsgruppe als eines Nicht-bloß-Interessenverbandes, der landsmannschaftlichen Zugehörigkeit, des wesenseigenen Kulturkreises« sowie der kirchlichen Gemeinschaft. Vor diesem Hintergrund erschien ihm die Zusammenfassung der Individuen in »Massenparteien« als eine Fehlentwicklung, die auf der ersten Stufe im Streben nach utopischer absoluter Freiheit, auf der darauffolgenden im Kollektivismus der Massen enden müsse. Es ist leicht erkennbar, daß dieser Überlegung ein Zweistufenmodell zugrunde lag, dem zufolge die Weimarer Republik aus einer libertären in die faschistische Phase hinübergetreten war.

Von dieser Grundposition ausgehend, unterzog Kogon den liberalen Parlamentarismus einer indirekten Kritik. Er lehnte den diesen angeblich kennzeichnenden »formal-demokratischen Wahlmechanismus« ausdrücklich ab, da das daraus fließende Mehrheitsprinzip, sofern es nicht durch zusätzliche Mechanismen eingeschränkt sei, zum totalitären Kollektivismus führen müsse. Demgegenüber forderte er »umfassende Sicherungen gegen einen Mißbrauch der Kernstücke der Demokratie«, einerseits durch den Ausbau der Freiheitsrechte angelsächsischer Provenienz, andererseits durch umfassende Anwendung des Subsidiaritätsprinzips. Er dachte dabei an eine extrem föderative und zugleich sozialistische Ordnung, in der nicht die Verstaatlichung, wohl aber »die funktionale Gliederung des sozial verpflichteten Besitzes« angestrebt würde.[57] Diese in vieler Hinsicht an Kreisau erinnernden Überlegungen richteten sich eindeutig gegen die Anknüpfung an die Weimarer Verfassungstradition und suchten das Prinzip der parlamentarischen Repräsentation durch Dezentralisierung und durch grundrechtliche Sicherungen einzuschränken. Dabei war weniger an die spätere Grundrechtsdrittwirkung gedacht als daran, dem einzelnen Rückhalt im kommunalen und wirtschaftlichen Bereich zu gewähren.

Analoge Auffassungen entwickelte noch Jahre später Jürgen von Kempski, der unter dem Eindruck des zeitgenössischen Gaullismus zu der Schlußfolgerung gelangte, daß die parlamentarische Regierungsform »im Niedergang begriffen« sei. Er hielt es für alles andere als selbstverständlich, »daß eine freie Demokratie auch eine parlamentarische Demokratie« sein müsse.[58] Zur Begründung griff Kempski auf vorparlamentarische Denkbestände zurück und argumentierte, daß das »Versagen des Parlamentarismus in den Massendemokratien« auf die darin unvermeidliche »soziale Ablösung« der Parlamentarier von ihrer Wählerschaft zurückgehe. Deshalb müsse man mit der Einführung des Mehrheitswahlrechts wenigstens den Versuch machen, den Einfluß der »echten Honoratioren« in den Parteien zu stärken. Immerhin verstieg sich der Sozialphilosoph dazu, für den Fall der Abhängigkeit der Regierung vom Vertrauen des Parlaments die Gefahr einer »diktatorischen Machtausübung« der Mehrheit zu beschwören, zumal hier nicht das Volk, sondern die Parteibürokratie die Feder führe. Den einzigen Ausweg erblickte er in einer Regierung auf Zeit. Das Kollegialprinzip sollte eine weitere Absicherung gegen Diktaturneigungen bereitstellen.

Beispiele für die Furcht vor parlamentarischer Willkür und einer einseitigen Machtausübung durch die Parteien, wie sie bei Kempski hervortritt, ließen sich beliebig vermehren. Ihr Motivationshintergrund besteht in einer Gleichsetzung des Weimarer Parlamentarismus mit den Anfängen der nationalsozialistischen Herrschaft. Das Mißtrauen gegenüber den gesellschaftlichen Nivellierungstendenzen der Weimarer Zeit wirkte deutlich nach. Am eindrücklichsten spiegelt sich dies in den im Herbst 1946 niedergelegten *Thesen über die politische Freiheit*, mit denen sich der Philosoph Karl Jaspers in die Debatte über die Grundsätze einer möglichen Verfassungsordnung einmischte. Jaspers postulierte eine »Trennung von Politik und Weltanschauung«, plädierte für das »Ethos gemeinschaftlichen

Lebens« und setzte sich für eine »defensive«, nicht eine »offensive Demokratie« ein, da sich letztere immer schon auf dem Wege zur Diktatur befinde. Ihm schwebte die Bildung einer »aristokratischen Schicht« vor, »die ständig aus der Gesamtbevölkerung nach Leistung, Verdienst, Erfolg ergänzt wird« und die eine »durch Erziehung, Bewährung und Auslese« beruhende politische Elite darstellen müsse.[59] Der Artikel enthielt eine seltsame Kombination liberaler Grundsätze mit elitären Prinzipien; er spiegelte die unverminderten sozialen Ressentiments zahlreicher deutscher Honoratioren. Das tiefe Mißtrauen gegen das egalitäre Prinzip und die Funktion politischer Massenparteien tritt darin unverkennbar hervor.

Demgegenüber ließ der christliche Sozialismus von Walter Dirks einen weit größeren Realismus erkennen, vielleicht weil er neben formalen Freiheitsgarantien und der verbreiteten Forderung nach einer von demokratischem Geist erfüllten Politik die Notwendigkeit einer »produktiven Utopie«, einer inhaltlichen Ausfüllung der sich in den ersten Umrissen abzeichnenden Zweiten Republik verlangte.[60] Seine Forderung entsprang der Überlegung, daß die Weimarer Koalition aus Arbeitern, liberalem Bürgertum und Katholiken zu keiner gemeinsamen geschichtlichen Perspektive gelangt, sondern alsbald in der Verteidigung bloß formaler Legalität erstarrt sei. Er erblickte diese Utopie in der Verbindung christlicher und sozialistischer Prinzipien, im Zusammengehen von Arbeitern und Christen für eine europäische Kooperation und für die Wirtschaftsdemokratie. Die Vorstellung, auf Parteien weitgehend verzichten zu können, fand sich hier nicht, vielmehr ein starkes Plädoyer für eine enge koalitionspolitische Zusammenarbeit parlamentarischer Parteien.

Allerdings war auch bei den stärker nach links tendierenden Gruppen die Befürchtung lebendig, daß das parlamentarische System durch rasch wechselnde Mehrheiten instabil werden könnte. Selbst ein profilierter Sozialist wie Hermann Brill hielt daher Einschränkungen der parlamentarischen Souveränität für geboten. Unter ausdrücklichem Hinweis auf die Mängel der Weimarer Reichsverfassung schlug er im Zusammenhang mit den Bemühungen des

Länderrats um die Einrichtung eines Büros für Friedensfragen im März/April 1947 vor, die Verantwortlichkeit der zu schaffenden Bundesregierung auf das Mittel der Ministeranklage vor dem Staatsgerichtshof zu begrenzen.[61] Die übergroße Mehrheit der an Verfassungsfragen interessierten Intellektuellen trat damals nachdrücklich für das Prinzip der Regierung auf Zeit ein.[62] Allgemein überwog unter dem nachwirkenden Eindruck Weimars größte Skepsis, ob eine funktionsfähige Demokratie unter deutschen Bedingungen überhaupt möglich sei. Angesichts der Unpopularität der Parteien, die dort wieder anfingen, wo sie 1933 aufgehört hätten[63], wurden Alternativen in einer starken zweiten Kammer, in einer größeren Unabhängigkeit des Kabinetts und in einer Regierung auf Zeit gesucht.

Bemüht man sich darum, einen Überblick über die Vielzahl öffentlicher Äußerungen und privat zirkulierender Denkschriften zur Verfassungsfrage zu gewinnen – Lucius D. Clay soll gesagt haben, daß es keinen Deutschen gebe, der nicht einen Verfassungsplan in der Tasche habe[64] –, so ergibt sich eine bemerkenswerte Kontinuität der politischen Vorstellungswelt von der Phase der Präsidialkabinette über den aktiven Widerstand während des Zweiten Weltkrieges bis zum Zeitpunkt der Übergabe der Frankfurter Dokumente. Durchweg dominierten Einstellungen, die das reine parlamentarische Prinzip ablehnten, die Zuständigkeit des Zentralparlaments begrenzen wollten sowie eine größtmögliche Aufgliederung der Wählerschaft durch die Verstärkung des föderativen und regionalen Elements und eine Zurückdrängung des Einflusses der Parteien und der Parteibürokratien anstrebten. In den unmittelbaren Nachkriegsjahren verband sich dies mit einer ausgeprägten Idealisierung des Föderalismus, dessen Vorkämpfer, wie beispielsweise Wilhelm Röpke, durchaus antiparlamentarische Positionen mit vertraten.[65] Dieser Effekt wurde durch die Selbstbeharrungskräfte der noch vor der Durchsetzung der Parteien etablierten Länderbürokratien verstärkt, wie die frühen Äußerungen Fritz Schäffers als bayerischer Ministerpräsident zeigen, die jede Mitwirkung politischer Parteien und damit implizit die Notwendigkeit parlamentarischer Kontrolle als überflüssig hinstellten.[66]

Es liegt nahe, daß die zurückkehrenden politischen Emigranten in dieser Beziehung anders dachten. Ihr Existenzrecht im Exil hatte in der Aufrechterhaltung der Parteientraditionen bestanden, entweder direkt, wie im Falle des Londoner Exilvorstands der SPD, oder indirekt, indem sie als Berater der westlichen Regierungen auf ihre frühere politische Legitimation zurückgriffen. Dies galt in gewisser Hinsicht auch für diejenigen, die aus den Konzentrationslagern kamen. Die häufig geäußerte Kritik, daß es die Vertreter der Weimarer Republik waren, die sich an die Spitze der sich verzögert bildenden politischen Parteien setzten, knüpfte an den Tatbestand einer ungebrochenen Kontinuität der parlamentarischen Eliten an. Hingegen war die übergroße Mehrheit derjenigen, die im Widerstand tätig gewesen waren oder in die innere Emigration gedrängt wurden, in starkem Maße von dem Bestreben geprägt, eine grundlegende Abwendung von der Weimarer Verfassungstradition zu vollziehen und das parlamentarische Prinzip möglichst zu beschränken.

Anders dachte ein Mann wie Konrad Adenauer, der zielbewußt die Ansätze zur Bildung einer christlichen Partei der Mitte aufgriff und sie in ein Instrument seiner spezifischen politischen Ziele zu verwandeln verstand. Gewiß finden sich auch bei Adenauer gelegentlich Vorbehalte gegen die parteienstaatliche Demokratie. Als Pragmatiker der Politik ordnete er derartige Erwägungen seiner zentralen Zielsetzung der Zurückdrängung des sozialistisch-kommunistischen Einflusses und der Hinwendung zum Westen unter. Bei ihm und seiner engeren Umgebung fehlen Vorstellungen, wie sie für seinen Parteifreund Steltzer, aber auch für Jakob Kaiser kennzeichnend waren.[67] Konsequent kritisierte Steltzer Adenauers Politik als einen Rückfall in politisch überwundene Formen. Das traf insofern zu, als der Parteiführer sich nicht scheute, für die neue interkonfessionelle Parteibildung der CDU auch Persönlichkeiten heranzuziehen, die vor 1933 – wie Robert Lehr – im deutschnationalen Lager gestanden hatten. Das Geheimnis seines Erfolges bestand darin, daß er die Entstehung einer konservativen Partei neben einer christlich-sozialen Parteibildung frühzeitig unterband. Er vermochte viele derjenigen politisch zu integrieren, die schwerlich gesinnt waren, ein im Kern an die Weimarer Republik anschließendes Verfassungssystem zu akzeptieren. Der von Adenauer vertretene politische Pragmatismus stand jedoch keineswegs mit der vorherrschenden öffentlichen Meinung im Einklang.

Für die Verworrenheit der politischen Einstellungen in der frühen Nachkriegszeit war es kennzeichnend, daß die Länderverfassungen verschiedentlich als problematische Zwischenform betrachtet und Erwartungen ausgesprochen wurden, diese Fehlentwicklung mit der künftigen Schaffung eines Bundesstaates wieder rückgängig zu machen. In einem im August 1946 in den *Frankfurter Heften* veröffentlichten Beitrag äußerte sich der spätere Bundesrichter Günther Willms kritisch über die Verfassungsgesetzgebung in den Ländern. Er verwies auf die Unangemessenheit der Weimarer Reichsverfassung, die auf die besonderen geschichtlichen Voraussetzungen nicht Rücksicht genommen habe, welche sich nicht durch den »Zauberstab« verfassungspolitischer Normen beiseite drängen ließen. Er beanstandete die Einführung des Verhältniswahlrechts, das die Auswahl der Kandidaten der Kontrolle des Volkes entziehe und in die Hände der Parteibürokratien lege. Dadurch sei die Tätigkeit von »frei und selbständig denkenden politischen Persönlichkeiten« unangemessen eingeschränkt worden. Seine Analyse stellte die Verselbständigung des parlamentarischen Betriebs gegenüber den tatsächlichen Wählerinteressen infolge der zentralen Stellung der Parteien als maßgeblichen Strukturfehler der Weimarer Reichsverfassung heraus.[68]

Folgerichtig forderte Willms ein Mehrheitswahlrecht in enger Bindung an die bestehende kommunale Gliederung. Um eine rasche Umschichtung der Mehrheitsverhältnisse zu verhindern, schlug er eine zeitliche Staffelung der Wahl vor und wollte die Landtage zu permanenten Körperschaften gemacht wissen. Kandidaturen könnten nur von denjenigen wahrgenommen werden, die im betreffenden Wahlkreis bisher »gelebt und gewirkt« hätten. Eine förmliche Rechenschaftspflicht der Abgeordneten gegenüber den Wählern sollte den Einfluß der Parteien reduzieren, der Persönlichkeit den Vorrang gegenüber dem »Parteimann« einräumen. Auf derselben Linie lag der Vorschlag, das Wahlrecht an die Ableistung eines

Bürgereids zu knüpfen, der die Teilnahme an einem »von der Regierung anerkannten Lehrgang für Staatsbürgerkunde« voraussetzte.[69] Willms stand bei diesen Überlegungen die amerikanische Verfassungswirklichkeit vor Augen. Er verkannte, daß diese sich nicht auf die deutschen Bedingungen übertragen ließ und letztlich zu einer dominierenden Stellung der Beamtenschaft geführt hätte.

Im Zusammenhang mit diesen Erwägungen forderte Willms die Schaffung eines im wesentlichen berufsständisch geprägten Senats als Legalitätsreserve und »Hüter der Verfassung«. Parallel dazu wollte er auf selbständige und parlamentarisch verantwortliche Ressorts verzichten, weshalb er auch den Titel Ministerpräsident zugunsten der Bezeichnung »Landeshauptmann« preiszugeben gedachte. Er plädierte für ein »reformiertes parlamentarisches Regierungssystem«, das in der Regierung eines Bevollmächtigten auf Zeit bestand, dessen Abwahl an die Zustimmung eines Drittels der Abgeordneten geknüpft wäre. Überdies plädierte Willms dafür – und Vorstellungen dieser Art fänden später im Grundgesetz einen deutlichen Niederschlag –, dem einzurichtenden Verfassungsgerichtshof nicht nur die allgemeine Normenkontrolle, sondern auch ein Recht der Überprüfung der Gesetzgebung unter dem Gesichtspunkt zu übertragen, ob diese »die persönlichen Rechte der Landesbewohner« gefährde. Neben dem indirekt geäußerten Gedanken der Drittwirkung der Grundrechte plädierte Willms für die Einschaltung der Rechtsprechung als voll ausgebildeter dritter Gewalt, um so »ein zusammenhängendes Gerüst von Sicherungen und Garantien« zu schaffen, »das, in die Verfassungen der ersten Republik eingebaut, das Anschwellen und die ›Machtergreifung‹ des Nationalsozialismus unmöglich« gemacht hätte.[70]

Ähnliche Gedankengänge hatte Walter Dirks schon im Juni 1946 in einem Artikel über »Die neuen Verfassungen« vorgelegt, in dem er hervorhob, daß die zentralen Fragen der relativen Autonomie der Exekutive, der Begrenzung des »Dreinredens der Parteien und der öffentlichen Meinung« in das Regierungshandeln und die Notwendigkeit der Bildung einer zweiten Kammer in den Landtagen ohne hinreichende Einschaltung der demokratischen Öffentlichkeit behandelt würden. So bleibe in den Verfassungsberatungen der

Länder das Problem ungeklärt, »wie weit durch die Verfassungen über den Aufbau der demokratischen Republik hinaus *Entscheidungen über den weiteren geschichtlichen Weg des deutschen Volkes* gefällt werden«.[71] Indirekt warnte er vor zu frühen Festlegungen und forderte einen sozialen und politischen Neuordnungsprozeß, »der sogar über die deutschen Grenzen hinausgreift« und dem »die Verfassung als statische Grundlegung der politischen Bewegung« keine Hindernisse in den Weg legen dürfe. Die Verfassung müsse jedoch ebenso wie die Weimarer Reichsverfassung, die freilich damit gescheitert sei, eine Perspektive formulieren, eine »Vorwegnahme der Zukunft«, wenn man nicht »ein zweites Mal mit einer bürgerlich-demokratischen und liberalen Republik Schiffbruch erleiden und ein zweites Mal im Totalitarismus enden« wolle.

Dirks gab dieser Forderung eine betont sozialistische Note, indem er auf die Ambivalenz der Menschenrechte hinwies, die einerseits als »Errungenschaft der bürgerlichen Revolution Voraussetzung einer jetzt untergehenden Welt« wären, andererseits als »Grundforderungen des Menschen überhaupt« unmittelbare Verwirklichung verlangten, die die Überwindung der Anarchie der Produktion und des Arbeitsmarkts und des Zwangs der Ausbeutung und der Diktatur einschlössen. In der Positionsbestimmung von Dirks klingen jene Forderungen an, die das Denken des nationalkonservativen Widerstands bestimmt haben, zugleich die Sorge vor einer bloß formelhaften Demokratie, die sich von ihren ideellen Voraussetzungen löste. Der Gedanke einer grundlegenden Neuordnung, nicht bloß der Rückkehr zu Weimar, wird hier eindrücklich formuliert.

Es würde zu weit führen, die Fülle von Zeugnissen zu versammeln, die die Kontinuität der Parlamentarismuskritik von Weimar im deutschen Bürgertum und insbesondere in Kreisen der bürgerlichen Intellektuellen nach 1945 belegen. Sie verknüpfen sich in der Regel mit einem idealistisch überhöhten Demokratiemodell, das die Realität demokratischer Willensbildung angesichts der Besatzungsherrschaft als Farce denunzierte und den politischen Parteien ernstliche Legitimität absprach. In den *Frankfurter Heften* konstatierte Alfred Andersch – und er wurde hierbei von Walter

Dirks und vielen anderen kräftig sekundiert – ein weitverbreitetes Unbehagen an der Tätigkeit der politischen Parteien, denen unterstellt wurde, sich auf dem Rückweg zu den alten Weltanschauungsparteien zu befinden, anstatt die anstehenden Sachprobleme einvernehmlich zu lösen. Damit verknüpfte sich der Vorwurf, die Parteien seien ausschließlich von der älteren Generation repräsentiert und besäßen bei den Jüngeren keinerlei Rückhalt.[72] Charakteristisch erscheint, daß die ersten Anfänge eines Abgehens vom Prinzip der Allparteienregierung bei der Mehrheit der Publizisten scharfe Kritik und den Vorwurf auslösten, wiederum das Parteiinteresse dem Gemeinwohl voranzustellen.[73]

Illusionen ähnlicher Art fanden sich auch bei der Gruppe um Hans-Werner Richter, die zwischen 1945 und 1947 die Zeitschrift *Der Ruf* herausgab und sich zum Fürsprecher eines ebenso utopischen wie harmonisierenden »Sozialismus« machte. Sie verabscheute die »Parteienwirtschaft« als Hinterlassenschaft des Nationalsozialismus und war bitter enttäuscht, mit ihren Ideen nicht einmal bei der SPD Resonanz zu finden.[74] Hier wurden ausdrücklich Ideen aufgenommen, wie sie von Hans Zehrer vor 1933 und dann wieder vom nationalkonservativen Widerstand formuliert wurden und die unter dem Schlagwort »Deutschland – Brücke zwischen Ost und West« explizit das Programm eines »dritten Weges«, der gerade nicht parlamentarischen Charakter besaß, formulierten. Die Kontinuität der intellektuellen Eliten, die 1932 zur rebellierenden »jungen Generation« gehört hatten, kam im *Ruf* am stärksten zum Ausdruck, war aber allgemeines Kennzeichen der Nachkriegspublizistik in Deutschland. Inwieweit sie über die gebildete Schicht hinaus Resonanz besaß, ist schwer zu bestimmen, doch prägte sie in starkem Maße die sich als »unabhängig« deklarierende öffentliche Meinung und in hohem Umfang die politische Vorstellungswelt der durch den Umbruch von 1945 wenig tangierten Funktionseliten.

Die angeführten publizistischen Stellungnahmen spiegeln eine grundsätzliche Ablehnung der liberalen Grundlagen der Weimarer Demokratie, die – diesem Denkansatz zufolge – mit der Auslieferung der öffentlichen Gewalt an die Parteien bereits in der Frühzeit die Wurzeln für die Machteroberung des Nationalsozialismus gelegt hatte.[75] Demzufolge war die Weimarer Republik nicht an einem Defizit an Demokratie, sondern an deren Übersteigerung zugrunde gegangen. Die verbreitete Kritik am Verhältniswahlrecht erscheint daher häufig aufgesetzt. Sie zielte darauf ab, nicht die Parlamentssouveränität, sondern den Wählerwillen gegenüber den im Parlament vertretenen Parteien zu stärken. Dazu traten vielfältige Erwägungen, das Prinzip parlamentarischer Repräsentation durch den Einbau berufsständischer Elemente und Mechanismen zur Verselbständigung des Kabinetts zu beschränken. Anfängliche Bestrebungen bezüglich des Zonenbeirates und der Organe der Bizone, die Repräsentationsstränge zu vermischen und Parteivertreter, Regierungsmitglieder, Interessenvertreter und Sprecher der Religionsgemeinschaften in einer Repräsentativkörperschaft zu vereinigen, wurden von dem erfahrenen Praktiker Konrad Adenauer von Anfang an unerbittlich bekämpft, worin er mit seinem großen Gegenspieler Kurt Schumacher übereinstimmte.[76]

Darüber hinaus trat die Tradition latenter und offener Kritik des parlamentarischen Prinzips insofern in den Hintergrund, als die politischen Parteien, die schon auf die Verfassungsgebungsprozesse in den Ländern maßgeblich einwirkten, nach den Länderwahlen zur Macht gelangten und die Länderkabinette auf eine parlamentarische Grundlage stellten.[77] In gewisser Weise trugen auch die britische Militärregierung und die SMAD durch die Übung, zunächst anstelle von gewählten Körperschaften Kontrollgremien zu bilden, die auf Grund des Parteienverhältnisses der späten Weimarer Republik zusammengesetzt waren, zur Etablierung eines sich eng an das Weimarer Parteiensystem anlehnenden Parteiwesens bei.

Die Sozialdemokratie hielt mit wenigen Ausnahmen an dem herkömmlichen Verständnis des parlamentarischen Systems fest, und dies mag auch erklären, warum wirtschaftsdemokratische Zielsetzungen in der Anfangsphase der Bundesrepublik nur verhalten verfolgt wurden.[78] Hingegen bestanden innerhalb der bürgerlichen Parteien vielfältige Tendenzen zur Einschränkung der parlamentarischen Souveränität, wenngleich in geringerem Umfang als in der öffentlichen Meinung, der hohen Beamtenschaft und zahlreichen

Interessenverbänden. Für die Parteien selbst galt eine Sicht des parlamentarischen Systems, der zufolge ihnen die Funktion zufiel, bestimmte Segmente der Wählerinteressen zu repräsentieren. Das Parlament erschien als Stätte des Interessenausgleichs, nicht als Instrument zur Schaffung klarer Regierungsmehrheiten. Durchweg hielt man am Prinzip der Allparteienregierung fest, aus der mit dem Durchbruch des kalten Krieges jedoch die KPD ausgeklammert wurde.[79] Die Zahl derjenigen, die zu einer uneingeschränkt positiven Beurteilung der Funktion der Parteien gelangten, war begrenzt. Zu ihnen gehörte Adolf Arndt, der 1948 sehr entschieden gegen das Schlagwort von der »Bändigung der politischen Parteien« Stellung nahm und auf die Notwendigkeit hinwies, »zu einer neuen politischen Konzeption der Parteien überhaupt zu kommen, die diese innerhalb der modernen Massendemokratie mit ihren sozialen Spannungen und religiösen Unterschieden als für die Arbeitsteilung wertvoll und für die notwendige Vertrauensbildung unerläßlich erkennt«.[80]

Angesichts der Hauptkonfliktlinie in der der Gründung der Bundesrepublik vorausliegenden Phase, die mit der ausgeprägten föderalistischen Grundströmung insbesondere in Süddeutschland zusammenhing, unterblieb eine grundsätzliche Klärung des Demokratieverständnisses bis zum Zeitpunkt der Beratungen des Parlamentarischen Rats, und sie erfolgte auch danach nur zögernd. Diese spiegelte sich in der damals dominierenden Sicht der Weimarer Republik. Durchweg neigte man dazu, in der Weimarer Reichsverfassung die Ursache für die soziale und politische »Atomisierung« erblicken zu können, die man für den Aufstieg der NSDAP verantwortlich machte. Im Hinblick auf die Massenkundgebungen des frühen Dritten Reiches und die erfolgreiche Anhängerwerbung der NSDAP von 1930 bis 1933 verlangten insbesondere rechtsstehende Autoren, daß die künftige Verfassung Schutzwälle gegen die »Massendemokratie« errichten müsse.

Der Ordoliberale Wilhelm Röpke, einer der maßgebenden Protagonisten der »sozialen Marktwirtschaft«, sprach davon, daß es »die proletarische und traditionslose Masse« gewesen sei, die die »soziologische Grundlage« des Nationalsozialismus gebildet habe[81], und der konservative Publizist Winfried Martini verstieg sich zu der Schlußfolgerung, Hitler sei das Resultat der »Stimmzetteldemokratie« gewesen.[82] Weniger zugespitzt fand sich eine weitgehend übereinstimmende Radikalkritik der Weimarer Demokratie bei Rudolf Pechel, dem Herausgeber der wieder erscheinenden *Deutschen Rundschau*[83], bei Alfred Müller-Armack[84], dem Theoretiker der »sozialen Marktwirtschaft«, und bei Walter Eucken, deren intellektuellem Urheber.[85] Ähnliche Auffassungen vertrat Otto Heinrich von der Gablentz, der Mitbegründer der Berliner Hochschule für Politik, dessen spätere Klage über *Die versäumte Reform* daher eher zwiespältig beurteilt werden muß.[86] In diesen Chor konservativ-altliberaler Stimmen mischte sich der damals in Deutschland populäre spanische Sozialphilosoph Ortega y Gasset ein.[87]

Einstellungen dieser Art fanden sich auch innerhalb des bürgerlichen Parteienfeldes, nicht zuletzt bei den christlichen Demokraten. Erich Köhler, der Führer der hessischen CDU, verlangte einen »Schutz vor dem Machtrausch der politischen Parteien«.[88] Für die CDU erklärte Adolf Süsterhenn, daß »Parlamentsdiktaturen einen nicht geringeren Gewissenszwang als Einmanndiktaturen ausüben« könnten[89], und selbst Konrad Adenauer befürchtete, daß »eine Diktatur der parlamentarischen Mehrheit« auftreten könne.[90] Robert Lehr sprach im Februar 1948 davon, daß die »künftige gesamtdeutsche Verfassung« das Übergewicht der politischen Parteien wieder zurücknehmen müsse.[91] Äußerungen dieser Art standen in aller Regel im Kontext der Abwehr der verfassungspolitischen Vorschläge der SPD, deren von Walter Menzel vertretener Verfassungsentwurf von seiten der CDU als »eine im Prinzip schrankenlose Tyrannis« hingestellt wurde.[92] Noch im Verfassungskonvent von Herrenchiemsee und einigen vorausgehenden internen Beratungen, darunter denjenigen des Ellwanger Kreises, fanden Überlegungen zur Beschränkung der Souveränität des Parlaments und zur Zurückdrängung der »Massendemokratie« einen unverkennbaren Niederschlag.[93] Soweit diese die Zurückweisung plebiszitärer Elemente betrafen, besaßen sie die Zustimmung der SPD, die jedoch die Volkswahl des Staatsoberhaupts und das Instrument des Volksbegehrens aus anderen Motiven heraus ablehnte. Die krypto-antiparlamentarische Strömung trat vor allem im Mißtrauen gegen die Tätigkeit der politischen Parteien hervor. Folgerichtig waren die versammelten Experten und Regierungsvertreter, die diejenigen der Parteien weit überwogen, bestrebt, in der zweiten Kammer den Parteieneinfluß möglichst zu unterbinden und sie zu einer gleichrangigen Institution gegenüber dem Zentralparlament und zur entscheidenden Legalitätsreserve zu machen, ja ihr die Wahrung der gesetzgeberischen Kontinuität gegenüber dem durch wechselnde Parteienmehrheiten geprägten Bundestag zu übertragen. Auf die Initiative Walter Menzels, der sich durch Einschaltung des widerstrebenden Konrad Adenauer mit Erhard über die Ausgestaltung des Bundesrates als echte Länderkammer verständigte, wurden berufsständische Ansätze endgültig in den Hintergrund gedrängt. Auch noch nach der Verabschiedung des Grundgesetzes regte sich Kritik an der schließlich im wesentlichen durchgesetzten Souveränität des Deutschen Bundestages. So kritisierte der Staatsrechtslehrer Werner Weber am Grundgesetz den »Verlust staatlicher Substanz«; zugleich beklagte er die Mediatisierung des Volkes durch die politischen Parteien.[94]

Der Parlamentarische Rat legte die in hohem Maße von Experten beeinflußten Verfassungsentwürfe von Herrenchiemsee und Ellwangen seinen Beratungen zugrunde, veränderte sie jedoch, was die Freisetzung des parlamentarischen Prinzips anging, in entscheidender Hinsicht. Die vorausliegenden Vorschläge hatten die parlamentarische Ausgestaltung der Landesverfassungen als Präjudiz vorgefunden. Gleichwohl enthielten sie den Versuchs, durch den Einbau konstitutioneller Gegengewichte gegen Bundestag und politische Parteien die Souveränität des Parlaments zu begrenzen. Die Meinungsführer im Parlamentarischen Rat ließen sich dadurch nicht beirren. »Nie zuvor in der deutschen Geschichte ist eine Verfassung so souverän von einer reinen Parteimännerversammlung aufgestellt worden«, urteilte Wilhelm Hennis.[95] Als Spätgeborene der deutschen Nachkriegspolitik kamen die Parteien im Parlamentarischen Rat endlich zum Zuge.

Die Herausbildung eines parlamentarischen Systems nach britischem Vorbild – des Ringens zwischen Regierungs- und Oppositionsparteien – lag gleichwohl nicht in der ursprünglichen Absicht der verfassunggebenden Versammlung.[96] Mit der Zurückdrängung des Bundesrates auf ein bloß suspensives Veto sicherte sie jedoch die Souveränität des Zentralparlaments, wenngleich die von den Befürwortern einer Länderkammer erstrebte retardierende Funktion des Bundesrates teilweise erhalten blieb.[97] Mit der Einrichtung des zuvor bereits in der Länderverfassungsgebung teilweise aufgegriffenen konstruktiven Mißtrauensvotums, der Festlegung der Richtlinienkompetenz des Bundeskanzlers und der Beschränkung des Mißtrauensvotums auf das Gesamtkabinett zog der Parlamentarische Rat Konsequenzen aus der als abschreckend empfundenen Labilität der Weimarer Regierungen, ohne daß deren Ursachen hinreichend erkannt wurden. Damit wehrte er die weitergehende Forderung einer Regierung auf Zeit oder einer Einschränkung der Zuständigkeit des Parlaments ab, für die die Bestrebungen der Präsidialkabinette Pate gestanden hatten.

Mit der Schaffung des Bundesverfassungsgerichts und dessen Recht der Normenkontrolle sowie mit dem Grundsatz der Drittwirkung der Grundrechte wich der Parlamentarische Rat deutlich vom klassischen parlamentarischen Prinzip ab. Allerdings bedeutete dies keineswegs eine vollständige Loslösung vom Weimarer Modell, da Reichsgericht und Staatsgerichtshof sich in zunehmendem Maße die parlamentarische Normenkontrolle angemaßt hatten.[98] Hingegen vollzog die Mehrheit des Parlamentarischen Rats eine grundlegende Abkehr vom Weimarer Verfassungsneutralismus, indem sie die Grundrechte zu verfassungsfesten Normen erklärte. Dies stellte einen glücklichen Kompromiß zwischen den Anhängern eines uneingeschränkten Parlamentarismus und den Verfechtern konstitutioneller Zwischenlösungen dar, die die Zurückdrängung eines zentralistischen Parteiwesens anstrebten und in der Möglichkeit des Parteienverbots eine gewisse Kompensation erblicken konnten. Den gemeinsamen Nenner bildete die negative Einschätzung der Weimarer Demokratie, aus der jedoch auch gefolgert wurde, daß die Verantwortung der politischen Parteien nicht durch plebiszitäre oder präsidentielle Elemente verfälscht werden dürfe.

Zum Zeitpunkt der Verabschiedung des Grundgesetzes haben

die beteiligten Parlamentarier die Folgewirkung des konstruktiven Mißtrauensvotums nicht klar vorhergesehen. Sie bestand in der faktischen Bestellung des Kanzlers durch parlamentarische Wahlen. Noch 1949 sprach sich die Ministerpräsidentenkonferenz, unabhängig von der jeweiligen Parteibindung, für die Beibehaltung der Großen Koalition auch auf Bundesebene aus, um den Fortbestand der Koalitionsregierungen in den Ländern zu gewährleisten.[99] Darin spiegelte sich das herkömmliche Verständnis des parlamentarischen Systems, dem zufolge die politische Willensbildung nicht primär durch Wahlen, sondern durch das parlamentarische Ringen der Fraktionen erfolgt. Konrad Adenauers Entschluß, mit nur einer Stimme Mehrheit eine Bundesregierung zu bilden, und der rückhaltlose Oppositionskurs Kurt Schumachers, der in deutlicher Reminiszenz an die Konstellation von 1923/24 von der Bildung eines »Bürgerblocks« sprach[100], leiteten eine grundlegende Änderung der verfassungspolitischen Praxis ein. Während parlamentarischen Wahlen zuvor in erster Linie die Funktion zukam, die Ausgangsbedingungen für eine grundsätzlich offene Koalitionsregierung festzulegen, gewannen sie nun den Charakter des Kampfes um die Kanzlerbestellung und zur Übernahme der Regierungsmacht. Erst damit löste sich der Parteienwettbewerb von der in Konkordanzdemokratien üblichen Praxis des »Aushandelns« und kam es zur klaren Gegenüberstellung von Regierungsmehrheit und Opposition. Den Parteien, die sich tendenziell in Volksparteien verwandelten, fiel nun primär die Aufgabe der Mehrheitsbeschaffung zu.

Im Zusammenhang mit den unbestreitbaren Erfolgen der »Kanzlerdemokratie« und der Widerlegung jener Kritiker, die einen Rückfall in die Weimarer »Parteienwirtschaft« und die politische Verantwortungsflucht befürchteten, hellte sich das Bild der Weimarer Republik zunehmend auf. Zwar blieb der Vorwurf des unzureichenden Demokratieschutzes von Weimar im Zeichen der nun geschaffenen »streitbaren« Demokratie bestehen. Aber die pauschale Infragestellung ihrer liberal-parlamentarischen Grundlagen verstummte zunehmend. Vielmehr mehrten sich die Stimmen, die die Weimarer Republik im nachhinein grundsätzlich für lebensfähig erachteten und deren Scheitern in erster Linie der 1918/19 ausgebliebenen Demokratisierung und den ungünstigen außenpolitischen und ökonomischen Bedingungen zuschrieben.[101] Karl Dietrich Brachers epochemachendes Werk über *Die Auflösung der Weimarer Republik*, das 1953 erschien[102], spiegelt die veränderte politische Perspektive, die dem zunehmenden Vertrauen in die innere Stabilität des demokratischen Systems der Bundesrepublik entsprang. Nunmehr konnte die deutsche Demokratie von Weimar als Vorstufe für die endgültige Durchsetzung des demokratischen Parlamentarismus positiv gewürdigt und der Nationalsozialismus als eigentlicher Zerstörer der Republik hingestellt werden. Daraus ergab sich dann die Fragestellung, inwieweit die Auflösung Weimars als »Selbstpreisgabe einer Demokratie«[103] interpretiert werden müsse.

Wachsende zeitliche Distanz, aber auch die Erkenntnis, daß das politische System der Bundesrepublik vor der Abnützung und Versäulung der die politische Willensbildung tragenden Institutionen nicht völlig gefeit ist, haben zu einer wesentlich differenzierteren Sicht der Weimarer Republik und insbesondere zur Herausarbeitung der sozioökonomischen Faktoren geführt, die deren relative Funktionsunfähigkeit weit stärker verursacht haben als verfassungspolitische Mängel. Damit rücken mancherlei strukturelle Parallelen zu Weimar, ungeachtet des fundamentalen Unterschieds, der im verfassungspolitischen Konsens aller relevanten politischen Kräfte der Bundesrepublik besteht, stärker ins Bewußtsein. Eine nicht mehr im Vorzeichen des antifaschistischen und antistalinistischen Konsensus aufgewachsene Generation klagt die mangelnde Transparenz des politischen Entscheidungsprozesses ein und wendet sich gegen die unbestreitbar vorhandene Tendenz, unter Beschwörung der »freiheitlich-demokratischen Grundordnung« hinter das Verfassungsverständnis der frühen Bundesrepublik zurückzufallen, das einen größeren Spielraum von politischen Einstellungen umschloß, als dies heute vielfach bewußt ist. Die Geschichte der Weimarer Republik wird – zusammen mit deren zielbewußter Ersetzung durch autoritäre Regierungsformen, die mit innerer Notwendigkeit zur nationalsozialistischen Diktatur führten – zunehmend als ein Paradigma für strukturelle Gefährdungen der demokratischen Ordnung angesichts eines voranschreitenden technologischen und sozialen Wandels begriffen. Es ist eine gewisse Skepsis gegenüber Einstellungen unübersehbar, die der gegenwärtigen Demokratie der Bundesrepublik Deutschland das Gütesiegel des Endgültigen zusprechen wollen und die Einlösung des Anspruchs der sozialen Gleichheit ad calendas graecas aufzuschieben trachten.

Anmerkungen

Die Auflösung des Bürgertums seit dem späten 19. Jahrhundert

1 Vgl. aus der nahezu unüberschaubaren Literatur Utz Haltern, Bürgerliche Gesellschaft – Theorie und Geschichte, in: Neue Politische Literatur 19 (1974), S. 472–488; 20 (1975), S. 45–59 sowie ders., Die bürgerliche Gesellschaft, Darmstadt 1985; M. Riedel, Bürger, Staatsbürger, Bürgertum, in: O. Brunner, R. Koselleck u. W. Conze (Hg.), Geschichtliche Grundbegriffe, Bd. 1, Stuttgart 1972, S. 672–725; Peter Stearns, The Middle Class: Toward a Precise Definition, in: Comparative Studies in Society and History 21 (1979), S. 377–396.

2 Vgl. Jürgen Kocka in: G. A. Ritter/J. Kocka (Hg.), Deutsche Sozialgeschichte II; 1870–1914, 3. Aufl. München 1982, S. 62 ff.; Rudolf Vierhaus (Hg.), Bürger und Bürgerlichkeit im Zeitalter der Aufklärung, Heidelberg 1981; s. auch J. Kockas Projektskizze: Bürger, Bürgerlichkeit und bürgerliche Gesellschaft, MS Bielefeld 1983. Der Begriff »Bürgerlichkeit« erscheint angesichts der Übersetzungsschwierigkeit und der Tatsache, daß darin durchaus gegensätzliche Konnotationen mitschwingen, als nicht hinreichend operationalisierbar. In der von Jürgen Kocka im Anschluß an Stephan Strasser getroffenen Feststellung, daß »Bürgerlichkeit« über den ursprünglichen klassenpolitischen Rahmen hinaus »den Habitus und das geistige Klima ganzer Gesellschaften geprägt« habe, wobei auf den Grundsatz der Rechtsgleichheit, das Prinzip der Rationalität und des liberalen Diskurses abgestellt wird, scheinen sehr unterschiedliche Ebenen begrifflich vermengt und eine keineswegs überzeugende Gleichsetzung von Liberalismus und Bürgertum vorgenommen zu sein.

3 Der Kontext kann hier nur angedeutet werden. Vgl. Karl-Erich Born, Der soziale und wirtschaftliche Strukturwandel Deutschlands am Ende des 19. Jahrhunderts, in: Vierteljahrschrift für Sozial- und Wirt-

schaftsgeschichte 60 (1963), S. 361–376 (auch in H.-U. Wehler (Hg.), Moderne Deutsche Sozialgeschichte, 5. Aufl. Köln 1975, S. 271–284); H.-U. Wehler, Das Deutsche Kaiserreich 1871–1918, Göttingen 1973, S. 30f.; Wolfgang J. Mommsen, Wandlungen der liberalen Idee im Zeitalter des Imperialismus, in: ders., Der europäische Imperialismus, Göttingen 1979, S. 178f. Zusammenfassende empirische Studien für Deutschland fehlen; vgl. jedoch H. Henning, Das westdeutsche Bürgertum in der Epoche der Hochindustrialisierung 1860–1914. Soziales Verhalten und soziale Strukturen. T. 1: Das Bildungsbürgertum in den preußischen Westprovinzen, Wiesbaden 1972.

4 Dazu Fritz Stern, Kulturpessimismus als politische Gefahr. Eine Analyse nationaler Ideologie in Deutschland, Stuttgart 1969, S. 20ff.; Klaus Vondung, Zur Lage der Gebildeten in der wilhelminischen Zeit, in: ders. (Hg.), Das wilhelminisehe Bildungsbürgertum, Göttingen 1976, S. 20–33, 175ff.

5 Vgl. D. Stegmann, Die Erben Bismarcks. Parteien und Verbände in der Spätphase des wilheminischen Deutschland, Köln 1970; Hans-Jürgen Puhle, Parteien und Interessenverbände 1890–1914, in: Michael Stürmer (Hg.), Das kaiserliche Deutschland. Gesellschaft und Politik 1871–1918, Darmstadt 1975, S. 340–373; Thomas Nipperdey, Interessenverbände und Parteien in Deutschland vor dem Ersten Weltkrieg, in: Wehler, Moderne Deutsche Sozialgeschichte, S. 369–388; ferner W. Rügg/Otto Neuloh (Hg.), Zur soziologischen Theorie und Analyse des 19. Jahrhunderts, Göttingen 1971 (dort insbes. die Beiträge von Kaelble, Puhle und Winkler).

6 Vgl. vor allem Ulrich Aufmuth, Die deutsche Wandervogelbewegung unter soziologischem Aspekt, Göttingen 1979; Joseph Mueller, Die deutsche Jugendbewegung als Hauptrichtung neokonservativer Reform, Zürich 1971; P.D. Stachura, The German Youth-Movement 1900–1945, London 1981.

7 Vgl. Werner E. Mosse u. Arnold Paucker (Hg.), Juden im wilhelminischen Deutschland 1890–1914, Tübingen 1976; Monte verità, Berg der Wahrheit. Lokale Anthropologie als Beitrag zur Wiederentdeckung einer neuzeitlichen sakralen Topographie, Ausstellung der Akademie der Künste Berlin, 25. März bis 6. Mai 1979, Mailand 1978; Janos Frécot/Johann Friedrich Geist/Diethart Kerbs, Fidus 1868–1948. Zur ästhetischen Praxis bürgerlicher Fluchtbewegungen, München 1972; sowie Jost Hermand, Der Schein des schönen Lebens, Frankfurt 1972, S. 55–127; Hermann Lübbe, Politische Philosophie in Deutschland. Studien zu ihrer Geschichte, Basel 1963, S. 142ff.

8 Vgl. Lübbe, Politische Philosophie, S. 226f.

9 Vgl. Hans Mommsen, Generationskonflikt und Jugendrevolte in der Weimarer Republik, in: Th. Koebner/R.-P. Janz/F. Trommler (Hg.), »Mit uns zieht die neue Zeit«. Der Mythos Jugend, Frankfurt 1985, S. 55f; in diesem Band S. 58-72; Willibald Karl, Jugend, Gesellschaft und Politik im Zeitraum des Ersten Weltkrieges, München 1973, S. 156ff.; Robert Wohl, The Generation of 1914, Cambridge/Mass. 1979; Elisabeth Domansky, Politische Dimensionen von Jugendprotest und Generationskonflikt in der Zwischenkriegszeit in Deutschland, in: D. Dowe (Hg.), Jugendprotest und Generationenkonflikt in Europa im 20. Jahrhundert, Bonn 1986, S. 113–138.

10 Gregor Straßer, Macht Platz, Ihr Alten!, in: ders., Kampf um Deutschland. Reden und Aufsätze eines Nationalsozialisten, München 1932, sowie Joseph Goebbels, Die zweite Revolution. Briefe an Zeitgenossen, Zwickau 1926, S. 5ff.

11 Vgl. Barbara Stambolis, Der Mythos der jungen Generation. Ein Beitrag zur politischen Kultur der Weimarer Republik, Diss. Phil., Bochum 1982, S. 27ff.; Theodor Wilhelm, Der geschichtliche Ort der deutschen Jugendbewegung, in: W. Kindt (Hg.), Grundschriften der deutschen Jugendbewegung, Köln 1963, S. 50ff.; vgl. auch Walter Z. Laqueur, Young Germany. A History of the German Youth Movement, London 1962.

12 Hermann Lebovics, Social Conservatism and the Middle Classes in Germany 1914–1933, Princeton 1969, S. 164f.; Walter Struve, Elites Against Democracy. Leadership Ideals in Bourgeois Political Thought in Germany 1890–1933, Princeton 1973, S. 253f., Joachim Petzold, Wegbereiter des deutschen Faschismus. Die Jungkonservativen in der Weimarer Republik, Köln 1978, S. 211f. und passim.

13 Klaus Fritzsche, Politische Romantik und Gegenrevolution. Fluchtwege in der Krise der bürgerlichen Gesellschaft: Das Beispiel des Tat-Kreises, Frankfurt 1976; Kurt Sontheimer, Der Tat-Kreis, in: VfZ 7 (1959), S. 229.

14 Theodor Haubach, Die Generationenfrage und der Sozialismus. Soziologische Studien zur Politik, Wirtschaft und Kultur der Gegenwart. Alfred Weber gewidmet, Berlin 1930; vgl. Martin Martiny, Sozialdemokratie und junge Generation am Ende der Weimarer Republik, in: Wolfgang Luthardt (Hg.), Sozialdemokratische Arbeiterbewegung und Weimarer Republik. Materialien zur gesellschaftlichen Entwicklung, Bd. 2, Frankfurt 1978, S. 56ff.

15 Vgl. James M. Diehl, Paramilitary Politics in Weimar Germany, Bloo-

mington 1977; Karl Heinz Bohrer, Die Ästhetik des Schreckens: Die pessimistische Romantik und Ernst Jüngers Frühwerk, München 1978.

16 Vgl. P.H. Merkl, Formen der nationalsozialistischen Gewaltanwendung: Die SA der Jahre 1925–1933, in: W.J. Mommsen/G. Hirschfeld (Hg.), Sozialprotest, Gewalt, Terror. Gewaltanwendung durch politische und gesellschaftliche Randgruppen im 19. und 20. Jahrhundert, Stuttgart 1982, S. 430ff.

17 Grundlegend Jürgen Habermas, Strukturwandel der Öffentlichkeit. Untersuchungen zu einer Kategorie der bürgerlichen Gesellschaft, Neuwied 2. Aufl. 1962, insbes. S. 58ff.

18 Vgl. Thomas Nipperdey, Die Organisation der deutschen Parteien vor 1918, Düsseldorf 1961.

19 Zum George-Kreis, der diese Struktur vorwegnimmt, vgl. Lebovics, Social Conservatism, S. 80ff.; H.N. Fügen, Der George-Kreis in der »dritten Generation«, in: W. Rothe (Hg.), Die deutsche Literatur in der Weimarer Republik, Stuttgart 1974, S. 334–358. Zum ISK s. Werner Link, Die Geschichte des Internationalen Jugend-Bundes und des Internationalen Sozialistischen Kampfbundes (ISK). Ein Beitrag zur Geschichte der Arbeiterbewegung in der Weimarer Republik und im Dritten Reich, Meisenheim 1964, S. 103ff.; zu den Neuen Blättern s. Martin Martiny, Die Entstehung und politische Bedeutung der »Neuen Blätter für den Sozialismus« und ihres Freundeskreises, in: VfZ 25 (1977), S. 373ff.

20 Eine systematische Analyse fehlt bislang. Die Funktionsweise der personellen Querverbindungen geht aus der Darstellung von Heidrun Holzbach, Das »System Hugenberg«. Die Organisation bürgerlicher Sammlungspolitik vor dem Aufstieg der NSDAP, Stuttgart 1981, S. 138ff. und 192ff. eindrücklich hervor. Siehe auch die freilich auf den jungkonservativen Aspekt beschränkte Darstellung Petzolds, Wegbereiter des deutschen Faschismus, S. 111ff.

21 Klaus Breuning, Die Vision des Reiches. Deutscher Katholizismus zwischen Demokratie und Diktatur (1929–1934), München 1969, S. 225f.

22 Vgl. Felix Raabe, Die bündische Jugend. Ein Beitrag zur Geschichte der Weimarer Republik, Stuttgart 1961; zur Freikorpsbewegung zusammenfassend Diehl, Paramilitary Politics.

23 Hans Zehrer, Ein Vorschlag der Verbände, in: Die Tat 20 (1928), S. 125; vgl. Mommsen, Generationskonflikt, S. 59f.

24 Uwe Lohalm, Völkischer Radikalismus. Die Geschichte des Deutsch-

völkischen Schutz- und Trutz-Bundes 1919–1923, Hamburg 1970, S. 53.

25 Vgl. Georg Franz-Willing, Die Hitlerbewegung. Der Ursprung 1919–1922, Hamburg 1962, S. 62f; Albrecht Tyrell (Hg.), Führer befiehl. Selbstzeugnisse der Kampfzeit der NSDAP, Düsseldorf 1969, S. 20f.; R.H. Phelps, Anton Drexler – der Gründer der NSDAP, in: Deutsche Rundschau 87 (1961), S. 1134ff.

26 Iris Hamel, Völkischer Verband und nationale Gewerkschaft. Der Deutschnationale Handlungsgehilfenverband 1893–1933, Frankfurt a.M. 1967; vgl. Larry Eugene Jones, Between the Fronts: The German National Union of Commercial Employees from 1928 to 1933, in: Journal of Modern History 48 (1976), S. 462–482.

27 Siehe Thomas Childers, The Nazi Voter. The Social Foundations of Fascism in Germany 1919–1933, Chapel Hill 1983, S. 233ff.

28 Siehe Gary D. Stark, Entrepreneurs of Ideology. Neoconservative Publishers in Germany 1890–1933, Chapel Hill 1981, S. 22ff.

29 Vgl. ebd., S. 140ff.; Gerhard Kratzsch, Kunstwart und Dürerbund. Ein Beitrag zur Geschichte der Gebildeten im Zeitalter des Imperialismus, Göttingen 1969, S. 369ff. Vgl. ferner Gunter Ehni u. Frank Weissbach, Buchgemeinschaften in Deutschland, Hamburg 1967; Ronald A. Fullerton, Creating a Mass Book Market in Germany. The Story of the »Colporteur Novel«, 1870–1890, in: Journal of Social History 10 (1977), S. 265–283; Helmut Hiller/Wolfgang Strau, Der deutsche Buchhandel, 5. Aufl. Hamburg 1975.

30 Vgl. auch Heinz-Joachim Heydorn u. Gernot Konefike, Studien zur Sozialgeschichte und Philosophie der Bildung, II: Aspekte des 19. Jahrhunderts in Deutschland, München 1973, S. 175ff.

31 Zu Stapel vgl. Heide Gerstenberger, Der revolutionäre Konservatismus. Ein Beitrag zur Analyse des Liberalismus, Berlin 1969, S. 59ff.; Heinrich Keßler, Wilhelm Stapel als politischer Publizist, Nürnberg 1967; s. demnächst die Dissertation von Siegfried Lokatis (Ruhr-Universität Bochum) über die Hanseatische Verlagsanstalt.

32 Vgl. Peter Pulzer, Die Entstehung des politischen Antisemitismus in Deutschland und Österreich 1867–1914, Gütersloh 1966; Paul W. Massing, Vorgeschichte des politischen Antisemitismus, Frankfurt 1959; Richard S. Lewy, The Downfall of the Antisemitic Political Parties in Imperial Germany, New Haven 1975. Vgl. auch Walter Boehlich (Hg.), Der Berliner Antisemitismus-Streit, Frankfurt 1965.

33 Vgl. Stern, Kulturpessimismus, S. 88ff.; Shulamit Volkov, The Social and Political Function of Late 19th Century Antisemitism: The Case of

the Small Handicraft Master, in: H.-U. Wehler (Hg.), Sozialgeschichte Heute, Göttingen 1974, S. 416–431, sowie dies., Kontinuität und Diskontinuität im deutschen Antisemitismus, in: VfZ 33 (1985), S. 231 f.

34 Vgl. Volkov, Kontinuitat, S. 227 f.; ferner Uriel Tal, Christians and Jews in Germany. Religion, Politics and Ideology in the Second Reich 1870–1914, Ithaca 1977; s. auch Shulamit Volkov, Antisemitism as a Cultural Code, Reflections on the History and Historiography of Antisemitism in Imperial Germany, in: Leo Baeck Institute Yearbook 13 (1978), S. 25–46.

35 Vgl. Holzbach, »System Hugenberg«, S. 61 f. sowie Karl Wortmann, Geschichte der deutschen Vaterlandspartei, Diss. Phil. Halle 1926; vgl. auch Stegmann, Erben sowie ders., Zwischen Repression und Manipulation: Konservative Machteliten und Arbeiter- und Angestelltenbewegung 1910–1918, in: Archiv für Sozialgeschichte 12 (1972), S. 351–432.

36 Veit Veltzke, Vom Patron zum Paladin. Wagnervereinigungen im Kaiserreich von der Reichsgründung bis zur Jahrhundertwende, Phil. Diss. Bochum 1986.

37 Siehe Wolfgang Krabbe, Gesellschaftsveränderung durch Lebensreform. Strukturmerkmale einer sozialreformerischen Bewegung im Deutschland der Industrialisierungsperiode, Göttingen 1974; vgl. Kratzsch, Kunstwart, S. 30 f., 36 ff.; Janos Frécot, Die Lebensreformbewegung, in: Vondung, Bildungsbürgertum, S. 138–152, 196 ff.; Nelson Edmundson, The Revolution, in: Journal of Modern History 28 (1966), S. 160–180.

38 Frécot u. a., Fidus, S. 232 ff., 246 f.

39 Kratzsch, Kunstwart, S. 28, 151, 336, 362.

40 Ebd., S. 151 f.; vgl. Klaus Bergmann, Agrarromantik und Großstadtfeindlichkeit, Meisenheim 1970.

41 Kratzach, Kunstwart, S. 337 f.

42 Vgl. J. Hamel, Völkischer Verband und nationale Gewerkschaft, S. 57 ff.

43 Kratzach, Kunstwart, S. 370 f.

44 Friedrich Meinecke, Politische Schriften und Reden (= Werke Bd. II), Darmstadt 1958, S. 388. Vgl. Eike-Wolfgang Kornhass, Zwischen Kulturkritik und Machtverherrlichung; Kurt Riezler, in: Vondung, Bildungsbürgertum; Fritz Ringer, The Decline of the German Mandarins, Cambridge/Mass. 1969.

45 Fritz Stern, Die politischen Folgen des unpolitischen Deutschen, in: ders., Das Scheitern illiberaler Politik. Studien zur politischen Kultur Deutschlands im 19. und 20. Jahrhundert, Frankfurt 1974, S. 52 ff.;

Heinrich-August Winkler, Der rückversicherte Mittelstand: Die Interessenverbände von Handwerk und Kleinhandel im deutschen Kaiserreich, in: Ruegg/Neuloh, Zur soziologischen Analyse, S. 163–179.

46 Siehe Hans Fenske, Beamtenpolitik in der Weimarer Republik, in: Verwaltungsarchiv 64 (1973), S. 117–135; Andreas Kunz, Stand versus Klasse. Beamtenschaft und Gewerkschaften im Konflikt um den Beamtenabbau 1923/24, in: Geschichte und Gesellschaft 8 (1982), S. 55–86, vgl. auch Lothar Döhn, Politik und Interesse. Die Interessenstruktur der Deutschen Volkspartei, Meisenheim 1970, S. 272ff.

47 Vgl. Hans Mommsen, Die Stellung der Beamtenschaft in Reich, Ländern und Gemeinden in der Ära Brüning, in: VfZ 21 (1973), S. 160ff.

48 Larry Eugene Jones, »The Dying Middle«: Weimar Germany and the Fragmentation of Bourgeois Politics, in: Central European History 5 (1972), S. 23–54; ders., German Liberaliam and the Dissolution of the Weimar Party System, 1918–1933, Chapel Hill 1988.

49 Vgl. Hans Mommsen, Zur Frage des Einflusses deutscher Juden auf die deutsche Wirtschaft in der Zeit der Weimarer Republik, in: Gutachten des Instituts für Zeitgeschichte, Bd. 2, Stuttgart 1966, S. 366ff.

50 Leopold Schwarzschild, Heroismus aus Langeweile, in: ders., Die letzten Jahre vor Hitler, hg. v. Valerie Schwarzschild, Hamburg 1966, S. 35; vgl. Hans Peter Schwarz, Der konservative Anarchist. Politik und Zeitkritik Ernst Jüngers, Freiburg 1962, S. 71ff.

51 Ebd S. 88ff.; vgl. auch Thomas Koebner, Die Erwartung der Katastrophe. Zur Geschichtsprophetie des »neuen Konservativismus«, in: ders. (Hg.), Weimars Ende. Prognosen und Diagnosen in der deutschen Literatur und politischen Publizistik 1930–1933, Frankfurt a.M. 1982, S. 354ff.

52 Eine systematische Untersuchung fehlt; vgl. z.B. Günter Plum, Gesellschaftsstruktur und politisches Bewußtsein in einer katholischen Region 1928–1933. Untersuchung am Beispiel des Regierungsbezirks Aachen, Stuttgart 1972, S. 154ff.

53 Vgl. Hans Mommsen, Die nationalsozialistische Machtergreifung und die deutsche Gesellschaft, in: Wolfgang Mischalka (Hg.), Die nationalsozialistische Machtergreifung, Paderborn 1984, S. 32f.; in diesem Band S. 155–174.

54 Vgl. Alexander Keßler, Der Jungdeutsche Orden in den Jahren der Entscheidung, Bd. 2: 1931–1933, München 1976, S. 32ff.

55 S. Larry Eugene Jones, Sammlung oder Zersplitterung. Die Bestrebungen zur Bildung einer neuen Mittelpartei in der Endphase der Weimarer Republik, in: VfZ 25 (1977), S. 265–304.

56 Zur Arbeitslagerbewegung vgl. Karl Bühler, Die pädagogische Problematik des freiwilligen Arbeitsdienstes, Diss. Phil. Aachen 1979; vgl. auch Walter Greiff, Das Boberhaus in Löwenberg/Schlesien 1933–1937. Selbstbehauptung einer nonkonformen Gruppe, Sigmaringen 1985, S. 17ff.

57 Siehe dazu vor allem Klaus-Jörg Siegfried, Universalismus und Faschismus. Das Gesellschaftsbild Othmar Spanns. Zur politischen Funktion seiner Gesellschaftslehre und Ständestaatskonzeption. Wien 1974 sowie Martin Schneller, Zwischen Romantik und Faschismus. Der Beitrag Othmar Spanns zum Konservativismus in der Weimarer Republik, Stuttgart 1971, S. 43ff.

58 Zum Jungdeutschen Orden vgl. A. Keßler, Der Jungdeutsche Orden in den Jahren der Entscheidung, Bd. 1: 1928–1930; Bd. 2: 1931–1933, München 1975–76.

59 Zur Zentrumspartei s. Rudolf Morsey, Der Untergang des politischen Katholizismus, Stuttgart 1977.

60 Vgl. Hans Mommsen, Die nationalsozialistische Machtergreifung und die deutsche Gesellschaft, S. 38f.

61 Siehe Childers, Nazi Voter, S. 228f., 234ff.; abweichend dazu Jürgen Falter, Radikalisierung des Mittelstandes oder Mobilisierung der Unpolitischen?, in: Peter Steinbach (Hg.), Probleme politischer Emanzipation im Modernisierungsprozeß, Stuttgart 1982, S. 438ff.

62 Vgl. Michael H. Kater, The Nazi Party. A Social Profile of Members and Leaders 1919–1945, Cambridge/Mass. 1983, S. 62ff.; Richard F. Hamilton, Who Voted for Hitler?, Princeton 1982, S. 413ff.; Geoffrey Pridham, The Nazi Movement in Bavaria 1923–1933, New York 1973, S. 144f.

63 Vgl. Rudy Koshar, Two »Nazisms«: the social context of Nazi mobilization in Marburg and Tübingen, in: Social History 7 (1982), S. 27–42; s. ders., Organization life and Nazism: A Study of Mobilization in Marburg an der Lahn, University of Michigan Press 1985.

64 Siehe Klaus Scholder, Die Kirchen und das Dritte Reich, Bd. 1: Vorgeschichte und Zeit der Illusionen, Frankfurt 1977, S. 248ff., 255ff.

65 Vgl. neben der in Anm. 61 und 62 zitierten Literatur Hans Mommsen, Zur Verschränkung traditioneller und faschistischer Führungsgruppen in Deutschland beim Übergang von der Bewegungs- zur Systemphase, in: Wolfgang Schieder (Hg.), Faschismus als soziale Bewegung. Deutschland und Italien im Vergleich, Göttingen 1983, S. 157–181 sowie Mathilde Jamin, Zwischen den Klassen, Zur Sozialstruktur der SA-Führerschaft, Wuppertal 1984, S. 372ff.

66 Vgl. Hans Mommsen, Beamtentum im Dritten Reich, mit ausgewählten Quellen zur nationalsozialistischen Beamtenpolitik, Stuttgart 1966, S. 46ff.

67 Vgl. Theodor Schieder, Hermann Rauschnings »Gespräche mit Hitler« als Geschichtsquelle, Opladen 1972, S. 47. Indessen kann heute nicht mehr von der Echtheit des Dokuments ausgegangen werden.

68 Vgl. den Überblick bei David Schoenbaum, Die braune Revolution, Eine Sozialgeschichte des Dritten Reiches, Neuaufl. Köln 1980, S. 170ff., 222ff.

69 Vgl. Rainer C. Baum, The Holocaust and the German Elite. Genocide and National Suicide in Germany 1871–1945, Totowa 1981, S. 24ff., 66ff.; vgl. S. 99f.

70 Bezeichnend dafür ist die Reaktion auf den 30. Juni 1934 (s. Mathilde Jamin, Das Ende der »Machtergreifung«: Der 30. Juni 1934 und seine Wahrnehmung in der Bevülkerung, in: Michalka, Nationalsozialistische Machtergreifung, S. 196–207) und auf die Pogrome am 9./10. November 1938 (s. William Sheridan Allen, Die deutsche Öffentlichkeit und die »Reichskristallnacht« – Konflikte zwischen Werthierarchie und Propaganda im Dritten Reich, in: Detlev Peukert/Jürgen Reulecke (Hg.), Die Reihen fast geschlossen. Beiträge zur Geschichte des Alltags unterm Nationalsozialismus, Wuppertal 1981, S. 397–412).

71 Vgl. Heinrich August Winkler, Mittelstand, Demokratie und Nationalsozialismus. Die politische Entwicklung von Handwerk und Kleinhandel in der Weimarer Republik, Köln 1972, S. 31f., 157ff.; Adelheid von Saldern, Mittelstand im Dritten Reich. Handwerker, Einzelhändler, Bauern, Frankfurt a. M. 1979, S. 13f., 26ff.

72 Stern, Kulturpessimismus, S. 341ff., sowie ders., Der Zusammenbruch von Weimar, in: ders., Das Scheitern illiberaler Politik, S. 226ff.

73 Siehe T. Geiger, Die soziale Schichtung des deutschen Volkes. Soziographischer Versuch auf statistischer Grundlage, 2. Aufl. Stuttgart 1967, S. 124f., 130. Vgl. auch Hans Speier, Die Angestellten vor dem Nationalsozialismus, Göttingen 1977, S. 102ff.

74 Vgl. Ulrich Linse, Barfüßige Propheten. Erlöser der zwanziger Jahre, Berlin 1983, insbes. S. 234f.

75 Geiger, Soziale Schichtung, S. 100, 131.

76 Ebd., S. 131.

77 Vgl. Hans Mommsen, Der Widerstand gegen Hitler und die deutsche Gesellschaft, in: J. Schmädecke/P. Steinbach (Hg.), Der Widerstand gegen den Nationalsozialismus, München 1985, S. 15ff.

Aufbruch zur Nation. Irrwege des Nationalimus in der Zwischenkriegsepoche

1 Harold Poor, Kurt Tucholsky and the Ordeal of Germany, 1914–1935, New York 1968 sowie Istvan Deak, Weimar Germany's Left-Wing Intellectuals. A Political History of the Weltbühne, Berkeley 1968, S. 36ff.
2 Siehe Ulrich Heinemann, Die verdrängte Niederlage. Politische Öffentlichkeit und Kriegsschuldfrage in der Weimarer Republik, Göttingen 1983, S. 62ff.
3 Vgl. Hans Mommsen, Die verspielte Freiheit. Der Weg der Republik von Weimar in den Untergang, 1918–1933, Frankfurt a.M. 1990, S. 102.
4 Vgl. Gustav Stresemann, Vermächtnis, Bd. II, Berlin 1932, S. 543–545.
5 Vgl. Fritz Stern, Kulturpessimismus als politische Gefahr. Eine Analyse nationaler Ideologie in Deutschland, Bern 1963, S. 18ff.; vgl. Hermann Lübbe, Politische Philosophie in Deutschland, Basel 1963, S. 208ff.
6 Max Scheler, Der Genius des Krieges und der Deutsche Krieg, Leipzig 1915, in: ders., Politisch-pädagogische Schriften, Bern 1982, S. 77.
7 Johann Plenge, Der Krieg und die Volkswirtschaft. 2. Aufl. mit dem Zusatzkapitel »Zwischen Zukunft und Vergangenheit nach 16 Monaten Wirtschaftskrieg«, Münster 1915, S. 189f.
8 Gustav Freytag, Das Deutsche Reich als Großmacht, in: Im neuen Reich 14 (1871), S. 999; Plenge, Der Krieg und die Volkswirtschaft, S. 192.
9 Zitiert nach Kurt Sontheimer, Antidemokratisches Denken in der Weimarer Republik, 2. Aufl. München 1983, S. 100.
10 So der Originaltitel seines Buches; s. Anm. 5.
11 Gottfried Benn, Der neue Staat und die Intellektuellen, Stuttgart 1933, S. 27.
12 Gottftied Benn an Paul Hindemith, in: ders., Briefe, Wiesbaden 1978, S. 69.
13 Arthur Moeller van den Bruck, Das dritte Reich, Hamburg 1922, S. 32f.
14 Hans Zehrer, Der Sinn der Krise, in: Die Tat 24 (1932), H. 12, Bd. 1, S. 937f.
15 Vgl. Otto Hintze, Geist und Epochen der preußischen Geschichte, in: ders., Historische und politische Aufsätze, Bd. 1, Berlin (o.J.), S. 28ff.
16 Arthur Moeller van den Bruck, Das dritte Reich, S. 32f.
17 Vgl. auch (Al)fred Schmid, Aufstand der Jugend, Berlin 1932.
18 Hans Zehrer, Achtung, junge Front! Draußen bleiben!, in: Die Tat 21 (1929/30), Bd. 2, S. 25–40.

19 Ernst Günther Gründel, Die Sendung der jungen Generation, München 1932, S. 39f.
20 Vgl. Larry E. Jones, German Liberalism and the Dissolution of the Weimar Party System 1918–1933, Chapel Hill 1988, S. 387f.
21 Friedrich Georg Jünger, Einleitung zu Edmund Schulz (Hg.), Das Gesicht der Demokratie, 2. Aufl. Leipzig 1931, S. 24.
22 Arthur Moeller van den Bruck, Das dritte Reich, S. 308.
23 Hans Zehrer, Rechts oder Links?, in: Die Tat 23 (1931), H. 7, Bd. 2, S. 556.
24 Vgl. Heinrich August Winkler, Von der Revolution zur Stabilisierung. Arbeiter und Arbeiterbewegung in der Weimarer Republik, Berlin 1984, S. 581ff.
25 Vgl. Uwe Lohalm, Völkischer Radikalismus. Die Geschichte des Deutsch-Völkischen Schutz- und Trutz-Bundes 1919–1923, S. 89ff.
26 Edgar Julius Jung, Die Herrschaft der Minderwertigen, ihr Zerfall und ihre Ablösung durch ein Neues Reich, 3. Aufl. Berlin 1930, S. 118 sowie Volker Berghahn, Der Stahlhelm. Bund der Frontsoldaten 1918–1935, Düsseldorf 1960, S. 93. Vgl. neuerdings Stefan Breuer, Anatomie der Konservativen Revolution, Darmstadt 1993, S. 180ff.
27 Ernst Jünger, Der Kampf als inneres Erlebnis, Berlin 1922, S. 107.
28 Ernst von Salomon, Die Geächteten, Berlin 1930, S. 267.
29 Giselher Wirsing, Zwischeneuropa und die deutsche Zukunft, Jena 1932, S. 5.
30 Vgl. Karl Bühler, Die pädagogische Problematik des freiwilligen Arbeitsdienstes, Diss. Phil. Aachen 1978.
31 Max Hildebert Böhm, Das eigenständige Volk, Göttingen 1932, S. 154.
32 Jung, Die Herrschaft der Minderwertigen, S. 674f.
33 Vgl. Hans Mommsen, Regierung ohne Parteien. Konservative Pläne zum Verfassungsumbau am Ende der Weimarer Republik, in: H.-A. Winkler (Hg.), Die deutsche Staatskrise 1930–1933. Handlungsspielräume und Alternativen, München 1992, S. 9ff.
34 Detlef Felken, Oswald Spengler. Konservativer Denker zwischen Kaiserreich und Diktatur, München 1988, S. 196f., 210ff.
35 Larry E. Jones, Edgar Julius Jung, The Conservative Revolution in Theory and Practice, in: Central European History 21(1988), S. 142–174.
36 Vgl. Udo Kissenkoetter, Gregor Straßer und die NSDAP, Stuttgart 1978.
37 Henry Picker, Hitlers Tischgespräche im Führerhauptquartier, Stuttgart 1977, S. 482.

38 Vgl. dazu Rolf-Dieter Müller, Hitlers Ostkrieg und die deutsche Siedlungspolitik, Frankfurt a.M. 1991, S. 105 f.

39 Vgl. M. Rainer Lepsius, Extremer Nationalismus, Stuttgart 1966, S. 29: »Der inhaltlichen Leere nationalistischer Orientierung entsprach die programmatische Gestaltlosigkeit der nationalsozialistischen Bewegung«.

Generationskonflikt und Jugendrevolte in der Weimarer Republik

1 Siehe Lewis S. Feuer, The Conflict of Generations: The Character and Significance of Student Movements, New York 1969; John R. Gillis, Youth and History: Tradtion und Change in European Age Relations, 1770 to the Present, New York 1981, dt. Ausg. Geschichte der Jugend. Tradition und Wandel im Verhältnis der Altersgruppen und Generationen, Weinheim 1980.

2 Ronald Inglehart, The Silent Revolution. Changing Values and Changing Political Styles Among Western Publics, Princeton 1977; ders., The Silent Revolution in Europe: Intergenerational Change in Post-Industrial Societies, in: The American Political Science Review 65 (1971), S. 991 ff.; ferner Stephen F. Szabo, West Germany and Changing Security Perspectives, in: ders. (Hg.), The Successor Generation: International Perspectives of Postwar Europeans, London 1982; Peter Kmieciak, Wertestrukturen und Wertewandel in der Bundesrepublik Deutschland, Göttingen 1976; Joachim Matthes (Hg.), Sozialer Wandel in Westeuropa, Frankfurt a.M. 1979.

3 Inglehart, Silent Revolution, S. 285.

4 Robert Wohl, The Generation of 1914, Cambridge, Mass. 1979. Zur Geschichtswissenschaft siehe Hans Jaeger, Generationen in der Geschichte. Überlegungen zu einer umstrittenen Konzeption, in: Geschichte und Gesellschaft 3 (1977), S. 429 ff.

5 Wohl, Generation, S. 205, 208 f.

6 Karl Mannheim, Das Problem der Generationen, in: L. v. Friedeburg (Hg.), Jugend in der modernen Gesellschaft, Köln/Berlin 1965; auch in Mannheim, Wissenssoziologie; ursprünglich in: Kölner Vierteljahrshefte 7, Nr. 2–3 (1928–29).

7 Vgl. Friedrich Tenbruck, Jugend und Gesellschaft: Soziologische Perspektiven, 2. Aufl. Freiburg 1965; Gillis, Jugend und Gesellschaft, S. 109 ff.; Wohl, Generation, S. 206 ff.

8 Siehe Klaus Tenfelde, Großstadtjugend in Deutschland vor 1914, in: Vierteljahresschrift für Sozial- und Wirtschaftsgeschichte 69 (1982), S. 195 ff.

9 Vgl. Alex Hall, Youth in Rebellion: The Beginnings of the Socialist Youth Movement in Wilhemine Germany, in: Richard J. Evans (Hg.), Society and Politics in Wilhemine Germany, London 1978, S. 442 ff.

10 Vgl. Peter D. Stachura, The German Youth Movement 1900–1945. An Interpretative und Documentary History, London 1981, S. 69 ff., 77 ff.

11 Vgl. Thomas Nipperdey, Jugend und Politik um 1900, in: Walter Rüegg (Hg.), Kulturkritik und Jugendkult, Frankfurt a. M. 1974, S. 87 ff.

12 Zur Jugendgesetzgebung siehe u. a. Berthold Simonsohn (Hg.), Jugendkriminalität, Strafjustiz und Sozialpädagogik, Frankfurt a. M. 1969.

13 Ulrich Aufmuth, Die deutsche Wandervogelbewegung unter soziologischem Aspekt, Göttingen 1979.

14 Vgl. K. Scemkus, Gesellschaftliche Bedingungen zur Entstehung der deutschen Jugendbewegung, in: Rüegg, Kulturkritik, S. 44 f.; Theodor Wilhelm, Der geschichtliche Ort der deutschen Jugendbewegung, in: W. Kindt (Hg.), Grundschriften der deutschen Jugendbewegung, Köln 1963, S. 50 ff.

15 Vgl. Eric C. Leed, No Man's Land. Combat and Identity in World War I, Cambridge 1979, S. 92 ff., 146 f.

16 Vgl. Willibald Karl, Jugend, Gesellschaft und Politik im Zeitraum des Ersten Weltkrieges, München 1973, S. 156 ff.

17 Siehe Joachim Petzold, Wegbereiter des deutschen Faschismus. Die Jungkonservativen in der Weimarer Republik, Frankfurt a. M. 1978, insbes. S. 92 ff.

18 Ernst Troeltsch, Spektator-Briefe. Aufsätze über die deutsche Revolution und die Weltpolitik 1918–22, Neuausgabe Aalen 1966, S. 69.

19 Vgl. Ulrich Linse, Lebensformen der bürgerlichen und proletarischen Jugendbewegung, in: Jahrbuch des Archivs der Jugendbewegung 10 (1978); ders., Die Kommune der deutschen Jugendbewegung: Ein Versuch zur Überwindung des Klassenkampfes aus dem Geist der bürgerlichen Utopie, München 1973.

20 Siehe Jakob Müller, Die Jugendbewegung als deutsche Hauptrichtung neokonservativer Reform, Zürich 1971; Felix Raabe, Die bündische Jugend. Ein Beitrag zur Geschichte der Weimarer Republik, Stuttgart 1961. Zur Jugendbewegung allgemein Walter Z. Laqueur, Young Germany. A History of the German Youth Movement, London 1962.

21 Harald Schultz-Hencke, Die Überwindung der Parteien durch die Jugend in: Werner Kindt (Hg.), Grundschriften der deutschen Jugendbewegung, Düsseldorf 1963, S. 354; vgl. Raabe, Bündische Jugend, S. 108 ff.

22 Hans Zehrer, Ein Vorschlag der Verbände, in: Die Tat 20 (1928), S. 125.
23 Vgl. James M. Diehl, Paramilitary Politics in Weimar Germany, London 1977.
24 A. Keßler, Der Jungdeutsche Orden in den Jahren der Entscheidung Bd. I: 1928–1930; Bd. 2: 1931–1933, München 1975–76.
25 Vgl. F. Borinski, H. Grimm, E. Winkler u. E. Wolf (Hg.), Jugend im politischen Protest. Der Leuchtenburg-Kreis 1923–1933, Frankfurt a.M. 1977.
26 Vgl. Dick Geary, European Labour Protest 1848–1939, London 1981, S. 123f. sowie Tenfelde, Großstadtjugend, S. 214f.
27 Siehe Martin Martiny, Sozialdemokratie und Junge Generation am Ende der Weimarer Republik, in: Wolfgang Luthart (Hg.), Sozialdemokratische Arbeiterbewegung und Weimarer Republik. Materialien zur gesellschaftlichen Entwicklung, Bd. 2, Frankfurt a.M. 1978, S. 56ff.
28 Vgl. Hans Mommsen, Die Sozialdemokratie in der Defensive: Der Immobilismus der SPD und der Aufstieg des Nationalsozialismus, in: Mommsen (Hg.), Sozialdemokratie zwischen Klassenbewegung und Volkspartei, Frankfurt a.M. 1974, S. 123ff.
29 Vgl. Richard N. Hunt, German Social Democracy 1918 to 1933, 2. Aufl. Chicago 1970, S. 106ff.; Stachura, Youth Movement, S. 104ff.
30 Neue Blätter für den Sozialismus, 1 (1930), S. 301; vgl. Theodor Haubach, Die Generationenfrage und der Sozialismus. Soziologische Studien zur Politik, Wirtschaft und Kultur der Gegenwart. Alfred Weber gewidmet, Berlin 1930, S. 106ff.
31 Siehe Larry E. Jones, The Dying Middle: Weimar Germany and the Fragmentation of Bourgeois Politics, in: Central European History V (1972), S. 38ff.; ders., Sammlung oder Zersplitterung? Die Bestrebungen zur Bildung einer neuen Mittelpartei in der Endphase der Weimarer Republik, in: VfZ 25 (1977), S. 265ff.
32 Ernst Niekisch, Hitler – Ein deutsches Verhängnis, 1932, Nachdruck 3. Aufl., Berlin 1979, S. 20ff.
33 Absage an den Jahrgang 1902, in: Die Tat 22 (1930), S. 202.
34 Ernst Günther Gründel, Die Sendung der Jungen Generation, München 1932, S. 39.
35 Gregor Strasser, Macht Platz, ihr Alten! in: ders., Kampf um Deutschland. Reden und Aufsätze eines Nationalsozialisten, München 1932, S. 171.
36 Vgl. Mommsen, Sozialdemokratie, S. 111.

37 Joseph Goebbels, Die zweite Revolution. Briefe an Zeitgenossen, Zwickau 1926, S. 5 f.

38 Vgl. Eugen Rosenstock, Die Arbeitslager in der Erwachsenenbildung, Berlin 1930; Karl Bühler, Die pädagogische Problematik des freiwilligen Arbeitsdienstes, Diss. Phil. Aachen 1978.

39 Achtung junge Font! Draußen bleiben! in: Die Tat 21 (1929), S. 925 ff.; vgl. Klaus Fritzsche, Politische Romantik und Gegenrevolution. Fluchtwege in der Krise der bürgerlichen Gesellschaft: Das Beispiele des Tat-Kreises, Frankfurt a. M. 1976.

40 Siehe Gründel, Sendung, S. 420 ff.

41 Vgl. Leopold Dingräve (pseud. für Wilhelm Eschmann), Wo steht die junge Generation, Jena 1931, S. 13 f., 34 f., 54; vgl. Raabe, Bündische Jugend, S 109 f., 112.

42 Vgl. die kontroversen Stellungnahmen von Michael H. Kater, Bürgerliche Jugendbewegung und Hitlerjugend in Deutschland von 1926 bis 1959, in: Archiv für Sozialgeschichte 17 (1977), S. 127–174; Stachura, Youth Movement, S. 65 f.; Raabe, Bündische Jugend, S. 152 ff.; vgl. ferner J. Götz von Olenhusen, Die Krise der jungen Generation und der Aufstieg des Nationalsozialismus, in: Jahrbuch des Archivs der deutschen Jungendbewegung 12 (1980).

43 Vgl. die Rede des Reichsministers des Innern, Freiherr v. Gayl, zur Verfassungsfeier am 11. August 1932, Schulthess' Europäischer Geschichtskalender 73 (1932), S. 139.

44 Vgl. Barbara Stambolis, Der Mythos der jungen Generation. Ein Beitrag zur politischen Kultur der Weimarer Republik, Diss. Phil. Bochum 1982; vgl. auch Elisabeth Domansky/Ulrich Heinemann, Jugend als Generationserfahrung. Das Beispiel der Weimarer Republik, in: Sozialwissenschaftliche Informationen für Unterricht und Studium 2 (1984), S. 141 f.

45 Ein knapper Überblick zur Generationsfrage in der Bundesrepublik bei M. Rainer Lepsius, Wahlverhalten, Parteien und politische Spannungen, in: Politische Vierteljahrsschrift 14 (1973), S. 300 ff.

Adolf Hitler in der Sicht von Gefolgsleuten und Zeitgenossen: Anmerkungen zur Hitlerismus-Debatte

1 Eine nahezu vollständige Übersicht der Publikationen zu Hitler bei Gerhard Schreiber, Hitler. Interpretationen (= Erträge der Forschung), Darmstadt 1984.

2 Alan Bullock, Hitler. Eine Studie über Tyrannei, Düsseldorf 1961; Neuaufl. 1977.

3 Eberhard Jäckel, Hitlers Weltanschauung. Entwurf einer Herrschaft, 2. Aufl. Stuttgart 1981, S. 44ff.; zum Diskussionsstand vgl. Andreas Hillgruber, Tendenzen, Ergebnisse und Perspektiven der gegenwärtigen Hitlerforschung, in: Historische Zeitschrift 226 (1978), S. 600–621 sowie Klaus Hildebrand, Monokratie oder Polikratie? Hitlers Herrschaft und das Dritte Reich, in: Gerhard Hirschfeld/Lothar Kettenacker (Hg.), Der »Führerstaat«: Mythos und Realität. Studien zur Struktur und Politik des Dritten Reiches, Stuttgart 1981, S. 73–97.

4 Am nachdrücklichsten vertreten von Jochen Thies, Architekt der Weltherrschaft. Die »Endziele« Hitlers, Düsseldorf 1976; daß es Ambitionen in dieser Richtung gab, ist unbestritten; kontrovers ist die Frage, ob sie als ein real faßbares politisches Programm eingewirkt haben.

5 Jäckel, Hitlers Weltanschauung, S. 52; Norman Rich, Hitler's War Aims, 2 Bde., New York 1973–1974; Gerhard L. Weinberg, The Foreign Policy of Hitler's Germany, Bd. 1: Diplomatie Revolution in Europe 1933–1936, Bd. 2, Starting World War II, Chicago 1970, 1981.

6 Karl Dietrich Bracher, Probleme und Perspektiven der Hitler-Interpretation, in: ders., Zeitgeschichtliche Kontroversen. Um Faschismus, Totalitarismus, Demokratie, München 1976, S. 85.

7 Im einzelnen dazu s. Hans Mommsen, Hitlers Stellung im nationalsozialistischen Herrschaftssystem, in: Hirschfeld/Kettenacker, Der »Führerstaat«, S. 43–70; in diesem Band S. 214–247.

8 Siehe Timothy W. Mason, Intention and Explanation: A Current Controversy about the Interpretation of National Socialism, in: Hirschfeld/Kettenacker, Der »Führerstaat«, S. 23–40.

9 Bracher, Probleme und Perspektiven, S. 91; vgl. S. 62ff.

10 Ernst Niekisch, Hitler. Ein deutsches Verhängnis, Berlin 1933, S. 33f.

11 Ministerbesprechung vom 16. Januar 1933, abgedruckt bei Thilo Vogelsang, Reichswehr, Staat und NSDAP, Stuttgart 1962, S. 487.

12 Die Studie von Philipp W. Fabry, Mutmaßungen über Hitler. Kritik von Zeitgenossen, 2. Aufl. Königstein 1979, zeichnet ein Kaleidoskop von Verzerrungen und Fehlurteilen neben seltenen richtigen Einsichten.

13 Hier sind in erster Linie Kurt Lüdecke und Ernst Hanfstaengl, der langjährige Auslandspressechef der Partei, zu nennen, die von bedingungslosen Bewunderern Hitlers zu distanzierten Kritikern wurden (Kurt G.W. Luedecke, I knew Hitler. The Story of a Nazi who escaped the blood purge, London 1938); Ernst Hanfstaengl, Zwischen Weißem und Braunem Haus. Memoiren eines politischen Außenseiters, München 1970.

14 Albert Krebs, Tendenzen und Gestalt der NSDAP Erinnerungen an die Frühzeit der Partei, Stuttgart 1959, S. 148f.
15 Zitiert nach Fabry, Mutmaßungen über Hitler, S. 169.
16 Otto Straßer, Hitler und ich, Konstanz 1948, S. 102; vgl. Die deutsche Bartholomäusnacht, 6. Aufl. Zürich 1935, S. 77.
17 Siehe Henry A. Turner, Hitler aus nächster Nähe. Aufzeichnungen eines Vertrauten 1929–1932, Frankfurt a.M. 1978, S. 127f., 251 (Aufzeichnungen Otto Wageners).
18 Hans Frank, Im Angesicht des Galgens. Deutung Hitlers und seiner Zeit auf Grund eigener Erlebnisse und Erkenntnisse, München-Gräfeling 1953; Otto Dietrich, Mit Hitler an die Macht. Persönliche Erlebnisse mit meinem Führer, 20. Aufl. München 1935; ders., 12 Jahre mit Hitler, München 1955; Alfred Rosenberg, Letzte Aufzeichnungen. Ideale und Idole der nationalsozialistischen Revolution, Göttingen 1955; Karl Wahl: »... es ist das deutsche Herz«. Erlebnisse und Erkenntnisse eines ehemaligen Gauleiters, Augsburg 1954.
19 Joachim C. Fest, Hitler. Eine Biographie, München 1973, S. 440; vgl. Das Tagebuch von Joseph Goebbels 1925/26, hrsg. von Helmut Heiber, 2. Aufl. Stuttgart 1964, S. 60, 72f.
20 Turner, Hitler aus nächster Nähe, S. 127f., 251.
21 Ebd., S. 72f.
22 Ebd., S. 128.
23 Krebs, Tendenzen und Gestalten, S. 126, 146.
24 Ebd., S. 149.
25 Denkschrift Hitlers »über die inneren Gründe für die Verfügungen zur Herstellung einer erhöhten Schlagkraft der Bewegung« vom 15.12. 1932, im Auszug in: Nationalsozialismus im Unterricht, Studieneinheit 11: Adolf Hitler. Hitler als »Führer« der Nation, Tübingen 1984, S. 162ff.
26 Deutsche Bartholomäusnacht, S. 77; O. Straßer Hitler und ich, S. 87f., 92.
27 Fest, Hitler, S. 713f.; Joseph Peter Stern, Hitler. Der Führer und das Volk, München 1978, S. 22; vgl. auch William Carr, Adolf Hitler. Persönlichkeit und politisches Handeln, Stuttgart 1978.
28 Hanfstaengl, Zwischen Weißem und Braunem Haus, S. 317f.
29 Aussage Schacht in IMT, Bd. XII, S. 492.
30 Lutz Graf Schwerin von Krosigk, Es geschah in Deutschland. Menschenbilder unseres Jahrhunderts, Stuttgart 1951, S. 205.
31 Vgl. die grundlegende Studie von Albrecht Tyrell, Vom »Trommler« zum »Führer«. Der Wandel von Hitlers Selbstverständnis zwischen

1919 und 1924 und die Entwicklung der NSDAP, München 1975, S. 162f. sowie Wolfgang Horn, Führerideologie und Parteiorganisation in der NSDAP (1919–1933), Düsseldorf 1972, S. 248f.

32 Siehe Ian Kershaw, Der Hitler-Mythos. Volksmeinung und Propaganda im Dritten Reich, Stuttgart 1982, S. 39f., 44f.

33 Führerbesprechung beim Reichswehrminister am 11.1. 1932, zitiert nach Francis L. Carsten, Reichswehr und Politik 1918–1933, Köln 1964, S. 371.

34 Zitiert nach Fabry, Mutmaßungen über Hitler, S. 143. Vgl. Paul Herre, Kronprinz Wilhelm. Seine Rolle in der deutschen Politik, München 1954, S. 195f.

35 Äußerung nach dem Treffen mit Hitler am 29. Oktober 1930; Fabry, Mutmaßungen über Hitler, S. 84; Thilo Vogelsang, Neue Dokumente zur Geschichte der Reichswehr 1930–1933, in: VfZ 2 (1954).

36 Zitiert nach Fabry, Mutmaßungen über Hitler, S. 158; vgl. K.D. Bracher, Die Auflösung der Weimarer Republik, 3. Aufl. Villingen 1960, S. 664.

37 Vgl. H. Mommsen, Ausnahmezustand als Herrschaftstechnik des NS-Regimes, in: Manfred Funke (Hg.), Hitler, Deutschland und die Mächte, Düsseldorf 1976, S. 39ff.; in diesem Band S. 248-267.

38 Vgl. Martin Broszat, Soziale Motivation und Führerbindung des Nationalsozialismus, in: VfZ 18 (1970), S. 400ff.

39 Kunrat v. Hammerstein, Schleicher, Hammerstein und die Machtübernahme 1933, in: Frankfurter Hefte 11 (1956), S. 17; vgl. Vogelsang, Reichswehr, Staat und NSDAP, S. 127.

40 Formulierung Fritz-Dietlof von der Schulenburgs bei seiner Vernehmung durch die Gestapo; vgl. H. Mommsen, Fritz-Dietlof Graf von der Schulenburg, in: Hans Jürgen Schultz, Der Zwanzigste Juli. Alternative zu Hitler?, Stuttgart 1974, S. 185.

Hitler und der 9. November 1923

1 Hitler, Sämtliche Aufzeichnungen 1905–1924, hrsg. von Eberhard Jäkkel und Axel Kuhn, Stuttgart 1980, Nr. 597, S. 1056.

2 Vgl. Hanns Hubert Hofmann, Der Hitlerputsch. Krisenjahre deutscher Geschichte 1920–1924, München 1961, S. 146f.; Kahns programmatische Rede auf der Bürgerbräuversammlung mit dem Titel »Vom Volk zur Nation« berief sich ausdrücklich auf die Novemberrevolution; vgl. Karl Schwend, Bayern zwischen Demokratie und Diktatur, München 1954, S. 245.

3 Dazu Hofmann, Hitlerputsch, S. 124ff.

4 Siehe Hermann Graml, Reichskristallnacht. Antisemitismus und Judenverfolgung im Dritten Reich, München 1988, S. 16f.; Hans Jürgen Döscher, »Reichkristallnacht«. Die Novemberpogrome 1938, Frankfurt a.M. 1988, S. 78f.
5 Zum Hitler-Ludendorff-Prozeß vgl. Harold J. Gordon, Hitlerputsch 1923. Machtkampf in Bayern 1923–1924, Frankfurt a.M. 1971, S. 423ff.
6 Vgl. Albrecht Tyrell, Vom »Trommler« zum »Führer«. Der Wandel von Hitlers Selbstverständnis zwischen 1919 und 1924 und die Entwicklung der NSDAP, München 1975, S. 116ff.
7 Ebd., S. 175ff.
8 Vgl. Georg Franz-Willing, Die Hitlerbewegung. Der Ursprung 1919–1922, Hamburg 1962. S. 192; Werner Maser, Die Frühgeschichte der NSDAP. Hitlers Weg bis 1924, Frankfurt a.M. 1965, S. 396f.
9 Vgl. ebd., S. 376 sowie Franz-Willing, Die Hitlerbewegung, S. 177; diese Zahlen sind vermutlich zu hoch gegriffen, da sie die Mitgliederfluktuation nicht berücksichtigen.
10 Vgl. Wolfgang Horn, Führerideologie und Parteiorganisation in der NSDAP (1919–1933), Düsseldorf 1972, S. 102f.
11 Ebd., S. 104f.
12 Vgl. dazu Joseph Nyomarkay, Charisma and Factionalism in the Nazi Party, Minneapolis 1967, S. 62f.
13 Vgl. Tyrell, Vom »Trommler« zum »Führer«, S. 134ff.
14 Ebd., S. 135.
15 Dietrich Orlow, The History of the Nazi Party 1919–1933, Pittsburg 1969, S. 73.
16 Vgl. Horn, Führerideologie, S. 217; zu Ludendorff s. Bruno Thoss, Der Ludendorff-Kreis 1919–1923. München als Zentrum der mitteleuropäischen Gegenrevolution zwischen Revolution und Hitler-Putsch, München 1978.
17 Hitler am 14.10. 1923 in Nürnberg, zit. nach Deuerlein, Der Hitler-Putsch. Bayerische Dokumente zum 8./9. November 1923, Stuttgart 1962, S. 220.
18 Aufsatz »Karneval« vom 8.2. 1921, in: Hitler, Sämtliche Aufzeichnungen, Nr. 195, S. 314.
19 Zitiert nach Tyrell, Vom »Trommler« zum »Führer«, S. 57.
20 Vgl. Arthur Moeller van den Bruck, Das dritte Reich, Hamburg 1922, S. 214; Hans Zehrer, Rechts oder Links?, in: Die Tat 23 (1931), Bd. 2, S. 556.
21 Hitler, Sämtliche Aufzeichnungen, Rede vom 4.5. 1923, Nr. 525, S. 924. Es heißt anschließend: »Unsere Aufgabe ist, dem Diktator, wenn er kommt, ein Volk zu geben, das reif ist für ihn!«

22 Dies die plausible These von Tyrell, Vom »Trommler« zum »Führer«, S. 159f.; vgl. Hitlers Schlußwort vor dem Volksgericht, in: Albrecht Tyrell, Selbstzeugnisse aus der »Kampfzeit« der NSDAP, Düsseldorf 1969, S. 64.
23 Hitler, Sämtliche Aufzeichnungen, Nr. 428, Rede vom 21.11. 1922, S. 737.
24 Hofmann, Hitlerputsch. S. 63f.
25 Siehe Gordon, Hitlerputsch 1923, S. 151.
26 Hofmann, Hitlerputsch, S. 65.
26a Zur Verstärkung des militärischen Einflusses in der SA im Sommer 1923, s. d. Richtlinien zur »Gründung einer SA« des Oberkommandos der SA vom 11. Juli 1923; vgl. Heinrich Bennecke, Hitler und die SA, München 1962, S. 69 und Thoss, Der Ludendorff-Kreis 1919–1923, München 1978, S. 315.
27 Hitler, Sämtliche Aufzeichnungen, Denkschrift: Zweck und Aufgabe der Arbeitsgemeinschaft vaterländischer Kampfverbände vom 19.4. 1923, Nr. 515, S. 903.
28 Gordon, Hitlerputsch 1923, S. 171.
29 Ebd., S. 177ff.; vgl. aus zeitgenössischer Sicht Emil Julius Gumbel, München von heute, in: Christian Jansen, Emil Julius Gunkel, Portrait eines Zivilisten, Heidelberg 1991, S. 265ff.
30 Hofmann, Hitlerputsch 1923, S. 76.
31 Hitler, Sämtliche Aufzeichnungen, Denkschrift vom 19.4. 1923, Nr. 515, S. 905.
32 Gordon, Hitlerputsch 1923, S. 93ff; Andreas Werner, SA und NSDAP. SA: »Wehrverband«, »Parteitruppe« oder »Revolutionsarmee«, Phil. Diss. Erlangen/Nürnberg 1964, S. 140f.
33 Deuerlein, Hitler-Putsch, S. 202f., Anm. 69.
34 Ebd S. 202.
35 Hofmann, Hitlerputsch, S. 95f.
36 Siehe die bei Deuerlein, Hitler-Putsch, S. 183 wiedergegebene Denkschrift zur Propagandaoffensive gegen von Kahr (die schwerlich als Flugschrift konzipiert war).
37 Reginald H. Phelps, Dokumente aus der »Kampfzeit« der NSDAP – 1923, in: Deutsche Rundschau 84 (1958), S. 459ff.
38 Im einzelnen dazu Tyrell, Vom »Trommler« zum »Führer«, S. 159ff., 163f.
39 Zitiert nach Hofmann, Hitlerputsch, S. 67, 140.
40 Hitler, Sämtliche Aufzeichnungen, Rede am 23.10. 1923, Nr. 589, S. 1043.

41 Hofmann, Hitlerputsch, S. 135 f.
42 Ebd., S. 149.
43 Der Hitler-Prozeß vor dem Volksgericht in München, Bd. I, München 1924, S. 5; vgl. Bennecke, Hitler und die SA, S. 92, Proklamation an alle Deutschen, Plakat vom 8. 11. 1923, in: Hitler, Sämtliche Aufzeichnungen, Nr. 598, S. 1057 sowie Ausrufung einer neuen Regierung, 8. 11. 1923, ebd., S. 1054. Vgl. Hofmann, Hitlerputsch. S. 149, 169 f.
44 Vgl. Hitler, Sämtliche Aufzeichnungen, Nr. 599, S. 1058 sowie Hofmann, Hitlerputsch, S. 201; es spricht einiges dafür, daß Julius Streichers Aussage in Nürnberg (IMT VII, S. 340) im Nachhinein ein defätistisches Motiv unterstellt, doch erfolgte die Übertragung der Parteiführung zu einem Zeitpunkt, zu dem Hitler noch mit dem Gelingen des Putschversuchs rechnete (vgl. Konrad Heiden, Hitler, Bd. 1, Zürich 1936, S. 169); s. auch Joachim C. Fest, Hitler. Eine Biographie, Frankfurt 1973, S. 233 sowie Maser, Frühgeschichte der NSDAP, S. 452 f.
45 Dies die überzeugende Deutung bei Hofmann, Hitlerputsch, S. 146 f.; s. auch Wilhelm Hoegner, Hitler und Kahr. Die bayerischen Napoleonsgrößen von 1923, München 1928.
46a Thoss, Ludendorff-Kreis, S. 345.
46 Siehe die detaillierten Schilderungen bei Hofmann, Hitlerputsch, S. 160 ff. sowie Gordon, Hitlerputsch 1923, S. 244 ff.
47 Vgl. ebd., S. 296 ff., 315.
48 Vgl. Peter Longerich, Die braunen Bataillone. Geschichte der SA, München 1989, S. 47 f., 108, 112 ff.
49 Karl Dietrich Brachers Betonung des Prinzips der »legalen Diktatur« (vgl. ders., Die deutsche Diktatur. Entstehung, Struktur und Folgen des Nationalsozialismus, Köln 1969, S. 210 ff.) vermittelt den irreführenden Eindruck, als sei die Politik der »Nacht der langen Messer«, die Strategie einer auf die SA gestützten gewaltsamen Erhebung, nicht als Alternative bis zum 30. Januar 1933 präsent gewesen (s. Hans Mommsen, Die verspielte Freiheit. Der Weg der Weimarer Republik in den Untergang, Berlin 1990. S. 511 f.).

Die Illusion einer Regierung ohne Parteien und der Aufstieg der NSDAP

1 Vgl. Hans Mommsen, Die Krise der parlamentarischen Demokratie und die Durchsetzung autoritärer und faschistischer Regime in der Zwischenkriegszeit, in: Karl-Ernst Jeismann/Rainer Riemenschneider (Hg.), Geschichte Europas für den Unterricht der Europäer, Braunschweig 1980, S. 144–165.

2 Vgl. Hans Mommsen, Die verspielte Freiheit. Der Weg der Republik von Weimar in den Untergang 1918 bis 1933, Studienausgabe Berlin 1990, S. 363 ff.; Arnold Brecht, Die Auflösung der Weimarer Republik und die Wissenschaft, in: Zeitschrift für Politik 2 (1955), S. 291–308.

3 Vgl. Karl Kaiser, Transnationale Politik. Zu einer Theorie der multinationalen Politik, in: Ernst-Otto Czempiel (Hg.), Die anachronistische Souveränität. Zum Verhältnis von Innen- und Außenpolitik. Politische Vierteljahresschrift, Sonderheft 1, Opladen 1969, S. 80–109.

4 Siehe Edgar J. Jung, Die Herrschaft der Minderwertigen. Ihr Zerfall und ihre Ablösung durch ein neues Reich, 3. Aufl. Berlin 1930, S. 180 ff.

5 Vgl. Martin Schneller, Zwischen Romantik und Faschismus. Der Beitrag Othmar Spanns zum Konservativismus der Weimarer Republik, Stuttgart 1970, S. 45 f.

6 Vgl. Mommsen, Die verspielte Freiheit, S. 253 ff.

7 Vgl. Larry E. Jones, German Liberalism and the Dissolution of the Weimar Party System, 1918–1933, Chapel Hill 1988, S. 478 f.

8 Vgl. Walter Jellinek, Verfassungsreform im Rahmen des Möglichen, in: Reich und Länder 6 (1932), S. 268 ff.; zu Hellpach vgl. Christian Jansen, Professoren und Politik. Politisches Denken und Handeln an einer liberalen Universität: Heidelberg 1914–1935, Göttingen 1992, S. 212 ff.; Ernst Portner, Koch-Wesers Verfassungsentwurf. Ein Beitrag zur Ideengeschichte der deutschen Emigration, in: VfZ 14 (1966), S. 280–296.

9 Siehe Heinrich August Winkler, Der Weg in die Katastrophe. Arbeiter und Arbeiterbewegung in der Weimarer Republik 1930 bis 1933, Berlin/Bonn 1987, S. 803 ff.

10 Vgl. Dieter Grimm, Verfassungserfüllung – Verfassungsbewahrung – Verfassungsauflösung. Positionen der Staatsrechtslehre in der Staatskrise der Weimarer Republik, in: Heinrich August Winkler (Hg. unter Mitarbeit von Elisabeth Müller-Luckner), Die deutsche Staatskrise 1930–1933. Handlungsspielräume und Alternativen, München 1992, S. 194 ff.

11 Siehe Rudolf Morsey, Der Untergang des politischen Katholizismus. Die Zentrumspartei zwischen christlichem Selbstverständnis und »Nationaler Erhebung« 1932/33, Stuttgart 1977, S. 23 f.

12 Vgl. Friedrich Freiherr Hiller von Gaertringen, Zur Beurteilung des »Monarchismus« in der Weimarer Republik, in: Gotthard Jasper (Hg.), Tradition und Reform in der deutschen Politik. Festschrift für Waldemar Besson, Berlin 1976, S. 138–186.

13 Schulthess' Europäischer Geschichtskalender 73 (1932), S. 161.
14 Vgl. Mommsen, Die verspielte Freiheit, S. 259f.
15 Zur Wahlbewegung vgl. Jürgen Falter/Thomas Lindenberger/Siegfried Schumann, Wahlen und Abstimmungen in der Weimarer Republik. Materialien zum Wahlverhalten 1919–1933, München 1986.
16 Siehe Joachim Köhler, Katholische Kirche und politischer Katholizismus in der Endphase der Weimarer Republik, in: Rottenburger Jahrbuch zur Kirchengeschichte 2 (1983), S. 141–153; Claus Haffert, Zwischen Konfession und Klasse. Katholische Arbeitervereine, Katholische Kirche und Zentrumspartei in der Weimarer Republik, Düsseldorf 1994, S. 170ff.
17 Hans Zehrer, Das Ende der Parteien, in: Die Tat 24 (1932/33), Bd. I, Heft 1, S. 68ff., S. 77.
18 Hans Zehrer, Rechts oder Links?, in: Die Tat 23 (1931/32), Bd. II, Heft 7, S. 547; vgl. ders., Ende der Parteien, S. 73.
19 Siehe Klaus-Michael Mallmann, Kommunisten in der Weimarer Republik. Sozialgeschichte einer revolutionären Bewegung, Darmstadt 1996, S. 87ff.; vgl. auch Conan Fischer, The German Communists and the Rise of Nazism, London 1991, S. 190f.
20 Hans Zehrer, Die eigentliche Aufgabe, in: Die Tat 23 (1931/32), Bd. I, Heft 10, S. 789; vgl. ders., Achtung, junge Front! Draußen bleiben!, in: Die Tat 21 (1929/30), Bd. I, Heft 1, S. 25ff.
21 Hans Zehrer, Die dritte Front, in: Die Tat 24 (1932/33), Bd. I, Heft 2, S. 117; ders., Ende der Parteien, S. 74f.; ders.: Der Sinn der Krise, in: Die Tat 23 (1931/32), Bd. II, Heft 12, S. 948, S. 952.
22 Hans Zehrer, An der Wende!, in: Die Tat 24 (1932/33), Bd. I, Heft 6, S. 440f.; vgl. Anonym (Hans Zehrer), Wohin treiben wir?, in: Die Tat 23 (1931/32), Bd. I, Heft 5, S. 340 sowie Die Tat 24 (1932/33), Bd. II, Heft 8, S. 713.
23 Hans Zehrer, Rechts oder Links?, in: Die Tat 23 (1931/32), Bd. II, Heft 7, S. 551f. sowie ders., Die eigentliche Aufgabe, in: Die Tat 23 (1931/32) Bd. II, Heft 10, S. 793.
24 Vgl. Thomas Childers, The Limits of National Socialist Mobilization: The Elections of 6. November 1932 and the Fragmentation of the Nazi Constituency, in: ders., The Formation of the Nazi Constituency, London 1986, S. 235ff.
25 Deutsche Führerbriefe Nr. 42 vom 3.6. 1932.
26 Nr. 62 vom 12.8. 1932; vgl. Nr. 42 vom 3.6. 1932, wo von der erstrebten »Umformung der Parlamentspartei zu einem Orden« die Rede war.

27 Zitat nach Yuji Ishida, Jungkonservative in der Weimarer Republik. Der Ring-Kreis 1928–1933, Frankfurt a.M. 1988, S. 248.
28 Vgl. Mommsen, Die verspielte Freiheit, S. 474ff.
29 Zehrer, An der Wende!, S. 433.
30 Hans Zehrer, Das Ende der Parteien, S. 68ff.; vgl. Detlef Felken, Oswald Spengler. Konservativer Denker zwischen Kaiserreich und Diktatur, München 1988, S. 131ff.
31 Vgl. Axel Schildt, Militärdiktatur mit Massenbasis? Die Querfrontkonzeption der Reichswehrführung um General von Schleicher, Frankfurt a.M. 1981.
32 Vgl. Udo Kissenkoetter, Gregor Straßer und die NSDAP, Stuttgart 1978, S. 28ff.
33 Hans Zehrer, An der Wende der Innenpolitik?, in: Die Tat 24 (1932/33), Bd. II, Heft 10, S. 822ff.
34 Zehrer, An der Wende!, S. 447–451. Vgl. Hans Mommsen, Gesellschaftsbild und Verfassungspläne des deutschen Widerstands, in: ders., Nationalsozialismus und die deutsche Gesellschaft, Reinbek 1991, S. 275ff.
35 Vgl. Hans Zehrer, Der Sinn der Krise, S. 952ff. Zehrer spach vom »Wachstum einer unabhängigen Schicht«, die in ihrem Kreise handle, nach außen aber abwarte – ein Konzept, das demjenigen des späteren Kreisauer Kreises verblüffend ähnlich ist.
36 Vgl. Klaus Fritzsche, Politische Romantik und Gegenrevolution. Fluchtwege in der Krise der bürgerlichen Gesellschaft. Das Beispiel des »Tat«-Kreises, Frankfurt a.M. 1976, S. 249f. sowie Kissenkoetter, Straßer, S. 127f.
37 Vgl. ebd., S. 173ff.
38 Siehe Ishida, Jungkonservative, S. 247.
39 Edgar Julius Jung, Aufstand der Rechten, in: Deutsche Rundschau 58 (November 1931), S. 88.
40 Siehe Ishida, Jungkonservative, S. 76f., 240f.
41 Vgl. ebd., S. 202f.
42 Siehe Berthold Petzinna, Der »Ring-Kreis«. Ursprung und Entwicklung einer konservativen Sammlungsbewegung in der Weimarer Republik, Phil. Diss. (Mschr.) Bochum 1996, S. 369ff.
43 Vgl. Eberhard Kolb/Wolfram Pyta, Die Staatsnotstandsplanung unter den Regierungen Papen und Schleicher, in: Winkler, Die deutsche Staatskrise, S. 155–181.
44 Vgl. Theodor Schieder, Grundlagen des Parteiwesens, in: Rechtliche Ordnung des Parteiwesens, Gutachten der Parteienrechtskommission,

Berlin 1957, S. 12ff. sowie Helga Grebing, Geschichte der deutschen Parteien, Wiesbaden 1962, S. 46ff.

45 Siehe Sigmund Neumann, Stufen des preußischen Konservativismus, Berlin 1930.

46 Vgl. Ulrike Hörster-Philipps, Konservative Politik in der Endphase der Weimarer Republik. Die Regierung Franz von Papen, Köln 1982, S. 328ff.

47 Vgl. Heinrich August Winkler, Weimar 1918–1933. Die Geschichte der ersten deutschen Demokratie, München 1993, S. 538f.

48 Walther Schotte, Der neue Staat, Berlin 1932, S. 33 und S. 146f.

49 Artur Mahraun, Das jungdeutsche Manifest, Berlin 1927, S. 87.

50 Schotte, Der neue Staat, S. 27.

51 Ebd.

52 Hans Zehrer, Die dritte Front, in: Die Tat 24 (1932/33), Bd. I, Heft 2, S. 117; ders., Ende der Parteien, S. 74f., ders., Der Sinn der Krise, in: Die Tat 23 (1931/32), Bd. II, Heft 12, S. 948, 952.

53 Schotte, Der neue Staat, S. 164.

54 [Kuno] Graf Westarp, Am Grabe der Parteiherrschaft. Bilanz des deutschen Parlamentarismus von 1918–1932, Berlin o. J. (1932), S. 127ff.

55 Ebd., S. 129f.

56 So Hitler in seiner Rede in Eberswalde am 27. Juli 1932, in: Hans Mommsen, Adolf Hitler als Führer der Nation (= Deutsches Institut für Fernstudien (Hg.), Fernstudien Geschichte, Studieneinheit 11: Nationalsozialismus im Unterricht), Tübingen 1984, S. 139ff.

57 So von Papen in seiner Rede vor dem Bayerischen Industriellenverband, in: Akten der Reichskanzlei. Weimarer Republik. Das Kabinett von Papen. 1. Juni bis 3. Dezember 1932, bearb. von Karl-Heinz Minuth, Boppard/Rh. 1989, Bd. 2, S. 762.

58 Zehrer, An der Wende!, S. 448.

59 Friedrich Freiherr Hiller von Gaertringen, Die Deutschnationale Volkspartei, in: Erich Matthias/Rudolf Morsey (Hg.), Das Ende der Parteien 1933. Darstellungen und Dokumente, Düsseldorf 1960, S. 625.

60 Ebd., S. 562.

61 Vgl. ebd., S. 564 sowie Das Freiheitsprogramm der Deutschnationalen Volkspartei, Berlin 1932.

62 Hiller von Gaertringen, Deutschnationale Volkspartei, S. 650.

63 Ebd., S. 652.

64 Oswald Spengler distanzierte sich schon in dieser Phase eindeutig von Hitler; s. Felken, Oswald Spengler, S. 210ff.

65 Vgl. Bernhard Jenschke, Zur Kritik der konservativ-revolutionären Ideologie in der Weimarer Republik. Weltanschauung und Politik bei Edgar Julius Jung, München 1971, S. 167.

66 Deutschlands Erneuerung 16 (Dezember 1932), S. 756.

67 Vgl. Karl Dietrich Bracher/Wolfgang Sauer/Gerhard Schulz, Die nationalsozialistische Machtergreifung. Studien zur Errichtung des totalitären Herrschaftssystems in Deutschland 1933/34, Köln/Opladen 1960, S. 47 und 60f.

68 Vgl. Mommsen, Die verspielte Freiheit, S. 517f.

69 Vgl. Hans Zehrer: An der Wende!, S. 449.

70 Brief vom 13.2. 1933, abgedruckt bei: Hiller von Gaertringen, Deutschnationale Volkspartei, S. 636; vgl. Bodo Scheurig, Ewald von Kleist-Schmenzin. Ein Konservativer gegen Hitler, Oldenburg 1968, S. 128; vgl. S. 122f.

71 Mommsen, Die verspielte Freiheit, S. 531f.

72 Hans Zehrer, Autoritär oder was sonst?, in: Die Tat 24 (1932/33), Bd. II, Heft 12, S. 1028.

73 Vgl. Peter Diehl-Thiele, Partei und Staat im Dritten Reich. Untersuchungen zum Verhältnis von NSDAP und allgemeiner innerer Staatsverwaltung 1933–1945, München 1969, S. 57.

74 Vgl. Larry E. Jones, Edgar Julius Jung: The Conservative Revolution in Theory and Practice, in: Central European History 21 (1988), S. 142–174.

75 Hans Zehrer, Der Umbau des deutschen Staates, in: Die Tat 25 (1933/34), Bd. I, Heft 2, S. 102f.

76 Irriger konnte man die Rührkomödie in der Potsdamer Garnisonskirche vom 23. März 1933, bei der Goebbels die preußische Tradition für die NS-Weltanschauung usurpierte, nicht bewerten. Vgl. Hans Mommsen, Preußentum und Nationalsozialismus, in: Wolfgang Benz/Hans Buchheim/Hans Mommsen (Hg.), Der Nationalsozialismus. Studien zu Ideologie und Herrschaft, Frankfurt a.M. 1994, S. 29ff.

77 Deutsche Führerbriefe, 6. Jg. (1933), Nr. 1, S. 1.

Das Scheitern der Weimarer Republik und der Aufstieg des Nationalsozialismus

1 S. Hans Mommsen, Aufstieg und Untergang der Republik von Weimar 1918–1933, Berlin 1997, S. 383f.

2 Vgl. den Überblick von Gotthard Jasper, Die gescheiterte Zähmung. Wege zur Machtergreifung Hitlers 1930–1934, Frankfurt a.M. 1986, S. 88ff.

3 Vgl. Arnold Brecht, Vorspiel zum Schweigen. Das Ende der deutschen Republik, Wien 1948, S. 170ff.

4 Vgl. Bernd Weisbrod, Schwerindustrie in der Weimarer Republik. Interessenpolitik zwischen Stabilisierung und Krise, Wuppertal 1978, S. 245.

5 Von der umgekehrten Perspektive unzureichender Koalitionsbereitschaft geht H. A. Winkler in seiner Darstellung der Beziehungen zwischen Arbeiterbewegung und Staat (Arbeiter und Arbeiterbewegung in der Weimarer Republik, Bd. 1–3, Bonn/Berlin 1984–1987) aus.

6 Zum innenpolitischen Druck gegen die amtliche Außenpolitik vgl. Peter Krüger, Die Außenpolitik der Republik von Weimar, Darmstadt 1985, S. 480f.

7 Vgl. Ilse Maurer, Reichsfinanzen und große Koalition. Zur Geschichte des Reichskabinetts Müller (1928–1930), Bern/Frankfurt 1973, S. 92ff.; vgl auch Gerhard Schulz, Deutschland am Vorabend der Großen Krise (= Zwischen Demokratie und Diktatur, Bd. II), Berlin 1987, S. 267ff.

8 Vgl. Hans Mommsen, Staat und Bürokratie in der Ära Brüning, in: G. Jasper (Hg.), Tradition und Reform in der deutschen Politik. Gedenkschrift für Waldemar Besson, Berlin 1976, S. 96ff.

9 Vgl. Hans Mommsen, Heinrich Brünings Politik als Reichskanzler: Das Scheitern eines politischen Alleingangs, in: Karl Holl (Hg.), Wirtschaftskrise und liberale Demokratie, Göttingen 1982, S. 16–45 und die dort angeführte Literatur.

10 Vgl. Reinhard Neebe, Großindustrie, Staat und NSDAP 1930–1933. Paul Silverberg und der Reichsverband der Deutschen Industrie in der Krise der Weimarer Republik, Göttingen 1981, S. 13ff., 99ff.; Gerhard Schulz, Aufstieg des Nationalsozialismus. Krise und Revolution in Deutschland, Frankfurt 1975, S. 643ff.

11 Neben der älteren Arbeit von Thilo Vogelsang, Reichswehr, Staat und NSDAP. Beiträge zur deutschen Geschichte 1930–32, Stuttgart 1962, vgl. vor allem Michael Geyer, Aufrüstung oder Sicherheit. Die Reichswehr in der Krise der Machtpolitik 1924–1936, Wiesbaden 1980.

12 Vgl. Larry Eugene Jones, »The Dying Middle«: Weimar Germany and the Fragmentation of Bourgeois Politics, in: Central European History V (1972), S. 23–54.

13 Vgl. R.P. Koops, Zielkonflikte der Agrar- und Wirtschaftspolitik, in: H. Mommsen/D. Petzina/B. Weisbrod (Hg.), Industrielles System und politische Entwicklung in der Weimarer Republik, Düsseldorf 1974, S. 852ff.; Gerhard Schulz, Deutschland am Vorabend der Großen Krise, Berlin 1987, S. 159ff. sowie Jens Flemming, Landwirt-

schaftliche Interessen und Demokratie. Ländliche Gesellschaft, Agrarverbände und Staat 1890–1925, Bonn 1978.

14 Vgl. Ernst Fraenkel, Der Ruhreisenstreit 1928–1929 in historisch-politischer Sicht, in: Staat, Wirtschaft und Politik. Festschrift für Heinrich Brüning, Berlin 1967, S. 97–117.

15 Vgl. Neebe, Großindustrie, S. 99 sowie M. Grübler, Die Spitzenverbände der Wirtschaft und das erste Kabinett Brüning. Vom Ende der Großen Koalition 1929/30 bis zum Vorabend der Bankenkrise 1931, Düsseldorf 1982, S. 23 ff.

16 Eine Gesamtdarstellung steht noch aus; vgl. Walter Struve, Elites Against Democracy. Leadership ideals in bourgeois political thought in Germany 1890–1933, Princeton 1973; Joachim Petzold, Wegbereiter des deutschen Faschismus. Die Jungkonservativen in der Weimarer Republik, Köln 1978.

17 Vgl. Heidrun Holzbach, Das »System Hugenberg«. Die Organisation bürgerlicher Sammlungspolitik vor dem Aufstieg der NSDAP, Stuttgart 1981, S. 154 ff.

18 Vgl. Axel Schildt, Militärdiktatur mit Massenbasis? Die Ouerfrontkonzeption der Reichswehrführung um General von Schleicher am Ende der Weimarer Republik, Frankfurt a. M. 1981, S. 61 f.

19 So die Interpretation bei K. D. Erdmann/Hagen Schulze (Hg.), Weimar – Selbstpreisgabe einer Demokratie. Eine Bilanz heute, Düsseldorf 1980.

20 Vgl. Rudolf Morsey, Der Untergang des politischen Katholizismus. Die Zentrumspartei zwischen christlichem Selbstverständnis und »Nationaler Erhebung« 1932–33, Stuttgart/Zürich 1977, S. 46 ff.

21 Vgl. Gotthard Jasper, Justiz und Politik in der Weimarer Republik, in: VfZ 30 (1982), S. 176 ff.; J. Meinck, Die Weimarer Staatslehre und der Nationalsozialismus, Frankfurt a. M. 1978.

22 Vgl. Hagen Schulze, Otto Braun oder Preußens demokratische Sendung. Eine Biographie, Frankfurt a. M., 1977, S. 708 f., 754 ff.

23 Vgl. Heinrich August Winkler, Der Weg in die Katastrophe. Arbeiter und Arbeiterbewegung in der Weimarer Republik 1930 bis 1933, Berlin 1987, S. 784 ff., 823 ff.

24 Zum Preußenschlag vgl. Gerhard Schulz, »Preußenschlag« oder Staatsstreich? Neues zum 20. Juli 1932, in: Der Staat 17 (1978), S. 553–581; Wolfgang Benz, Staatsstreich gegen Preußen am 20. Juli 1932, Düsseldorf 1982, S. 30 ff.; Helga Grebing, Flucht vor Hitler, in: Aus Politik und Zeitgeschichte, B. 4–5 (1983), S. 37 ff.

25 Zur Politik der KPD in der Endphase der Weimarer Republik vgl. vor

allem Hermann Weber, Hauptfeind Sozialdemokratie. Strategie und Taktik der KPD 1929–1933, Düsseldorf 1982, S. 58 ff. sowie Andreas Dorpalen, SPD und KPD in der Endphase der Weimarer Republik, in: VfZ 31 (1983), S. 104 ff.

26 Zum Aufstieg der NSDAP vgl. Wolfgang Horn, Führerideologie und Parteiorganisation in der NSDAP 1919–1933, Düsseldorf 1972, S. 360 f.; ders., Strukturprobleme der NSDAP vor der Machtergreifung, in: Wolfgang Michalka (Hg.), Die nationalsozialistische Machtergreifung, Paderborn 1984, S. 195 ff.

27 Vgl. Jürgen W. Falter, Wählerbewegungen zur NSDAP 1924–1933, in: Otto Büsch (Hg.), Wählerbewegungen in der europäischen Geschichte, Berlin 1980, S. 159 ff.

26 Vgl. Gerhard Schulz, Aufstieg des Nationalsozialismus. Krise und Revolution in Deutschland, Frankfurt a. M. 1975, S. 565 f., 575 ff.

29 Vgl. Hans Mommsen, Generationskonflikt und Jugendrevolte in der Weimarer Republik, in: Koebner/Janz/Trommler (Hg.), »Mit uns zieht die neue Zeit«, Der Mythos Jugend, Frankfurt a. M. 1985, S. 50 ff.; in diesem Band S. 58–72; Elisabeth Domansky, Politische Dimensionen von Jugendprotest und Generationenkonflikt in der Zwischenkriegszeit in Deutschland, in: O. Dowe (Hg.), Jugendprotest und Generationenkonflikt in Europa im 20. Jahrhundert, Bonn 1986, S. 124 ff.

30 Vgl. vor allem Thomas Childers, The Nazi Voter. The Social Foundations of Fascism in Germany, Chapel Hill/London 1983, S. 268 f.; ferner R. Hamilton, Who Voted for Hitler, Princeton 1982, S. 386 ff. sowie Hans Mommsen, Zur Verschränkung traditioneller und faschistischer Führungsgruppen in Deutschland beim Übergang von der Bewegungs- zur Systemphase, in: W. Schieder (Hg.), Faschismus als soziale Bewegung, 2. Aufl. Göttingen 1983, S. 165 ff.

31 Vgl. dazu Mathilde Jamin, Zwischen den Klassen. Zur Sozialstruktur der SA Führerschaft, Wuppertal 1984, S. 371 f.; Michael H. Kater, The Nazi Party. A Social Profile of Members and Leaders 1919–1945, Cambridge/Mass. 1983, S. 43 f.

32 Dazu demnächst eine Untersuchung von Thomas Childers (vgl. Anm. 30).

33 Vgl. Hans Gies, NSDAP und landwirtschaftliche Organisationen in der Endphase der Weimarer Republik, in: VfZ 15 (1967), S. 341 ff. Dieter Gessner, »Grüne Front« oder »Harzburger Front«. Der Reichs-Landbund in der letzten Phase der Weimarer Republik, in: VfZ 29 (1981), S. 110–123; Martin Broszat, Zur Struktur der NS-Massenbewegung, in: VfZ 31 (1983), S. 65 ff.

34 Vgl. Thomas Childers, The Limits of National Socialist Mobilisation: The Elections of 6 November and the Fragmentation of the Nazi Constituency, in: ders. (Hg.), The Formation of the Nazi Constituency 1919–1933, London 1986, S. 232ff.
35 Siehe Peter D. Stachura, Gregor Strasser and the Rise of Nazism, London 1983, S. 94ff.
36 Vgl. Neebe, Großindustrie, S. 145f.
37 Vgl. Horn, Führerideologie und Parteiorganisation, S. 384ff.
38 Vgl. Hans Mommsen, Die nationalsozialistische Machtergreifung und die deutsche Gesellschaft, in: Michalka (Hg.), Die nationalsozialistische Machtergreifung, S. 38f.
39 Vogelsang, Reichswehr, Staat und NSDAP, S. 364f.
40 Bodo Scheurig, Ewald von Kleist-Schmenzin. Ein Konservativer gegen Hitler, Oldenburg 1968, S. 128; vgl. 122f.
41 Vgl. Wolfgang Sauer, Die Mobilmachung der Gewalt, in: K.D. Bracher/W. Sauer/G. Schulz, Die nationalsozialistische Machtergreifung, Köln 1960, S. 714ff.
42 Vgl. Mommsen, Nationalsozialistische Machtergreifung, S. 29f.
43 Horst Möller, Die nationalsozialistische Machtergreifung. Konterrevolution oder Revolution?, in: VfZ 31 (1983), S. 50, postuliert erstaunlicherweise, daß »die NS-Revolution die Revolution von 1918/19 mit ungleich größerer Intensität fortgesetzt« habe; für die Argumente, die gegen die Anwendung des Begriffs der Revolution auf die Machtergreifung sprechen, siehe mein Nachwort zu David Schoenbaum, Die braune Revolution. Eine Sozialgeschichte des Dritten Reiches, Neuauflage, München 1980, S. 352ff.
44 Vgl. Rainer C. Baum, The Holocaust and the German Elite. Genocide and National Suicide in Germany, 1871–1945, Totowa/London 1981; H. Mommsen, Zur Verschränkung traditioneller und faschistischer Führungsgruppen.

Die nationalsozialistische Machtergreifung und die deutsche Gesellschaft

1 Vgl. Hans Mommsen, National Socialism: Continuity and Change, in: Walter Laqueur (Hg.), Fascism. A Reader's Guide, Berkeley 1976, S. 180ff.
2 Schon Alan Bullock, Hitler. Studie über Tyrannei, dt. Ausg. Düsseldorf 1961, S. 251, betonte: »Hitler hat die Macht nicht ergriffen. Er ist durch Hintertreppenintrigen in sein Amt geschoben worden.«
3 Vgl. Hans Schneider, Das Ermächtigungsgesetz vom 24. März 1933, Bonn 1961; Klaus Revermann, Die stufenweise Durchbrechung des

Verfassungssystems der Weimarer Republik in den Jahren 1930–1933, Münster 1959; s. ferner den Beitrag von Josef Isensee, in: M. Broszat u.a. (Hg.), Deutschlands Weg in die Diktatur, Berlin 1983, S. 201 ff.

4 Vgl. die Einleitung von Martin Vogt, in: Die Entstehung des Youngplans, dargestellt vom Reichsarchiv 1931–1933, Schriften des Bundesarchivs 15, Boppard 1970, S. 56f.

5 Vgl. Gerhard Schulz, Aufstieg des Nationalsozialismus. Krise und Revolution in Deutschland, Frankfurt a.M. 1975, S. 514f.

6 Vgl. Hans Mommsen, Staat und Bürokratie in der Ära Brüning, in: G. Jasper (Hg.), Tradition und Reform in der deutschen Politik, Gedenkschrift für Waldemar Besson, Berlin 1976, S. 96ff.

7 Gerhard Schulz, Staatliche Stützungsmaßnahmen in den deutschen Ostgebieten, in: F.A. Hermens/Th. Schieder (Hg.), Staat, Wirtschaft und Politik in der Weimarer Republik, Berlin 1967, S. 140–204; R.P. Koops, Zielkonflikte der Agrar- und Wirtschaftspolitik, in: H. Mommsen/D. Petzina/B. Weisbrod (Hg.), Industrielles System und politische Entwicklung in der Weimarer Republik, Düsseldorf 1974, S. 852–868.

8 Erwin Schotte, Der neue Staat, Berlin 1932; vgl. Schulz, Aufstieg des Nationalsozialismus, S. 274ff.

9 So der Titel der Aufsatzsammlung Karl Dietrich Erdmann/Hagen Schulze (Hg.), Weimar – Selbstpreisgabe einer Demokratie. Eine Bilanz heute, Düsseldorf 1980.

10 Vgl. die entgegenstehenden Argumente Knut Borchardts, Zwangslagen und Handlungsspielräume in der großen Wirtschaftskrise der frühen 30er Jahre: Zur Revision des überlieferten Geschichtsbilds, in: M. Stürmer (Hg.), Die Weimarer Republik. Belagerte Civitas, Königstein 1980, S. 318–339, auch in: Selbstpreisgabe einer Demokratie, S. 211ff.; dazu Carl-Ludwig Holtfrerich, Alternativen zu Brünings Wirtschaftspolitik in der Weltwirtschaftskrise, Frankfurter Historische Vorträge, H. 9, Wiesbaden 1982; vgl. Gerhard Schulz, Reparationen und Krisenprobleme nach dem Wahlsieg der NSDAP 1930. Betrachtungen zur Regierung Brüning, in: VSWG 67 (1980), S. 200–222.

11 Vgl. Kurt Sontheimer, Antidemokratisches Denken in der Weimarer Republik. Die politischen Ideen des deutschen Nationalismus zwischen 1918 und 1933, München 1962, S. 94ff.; J. Meinck, Die Weimarer Staatslehre und der Nationalsozialismus, Frankfurt 1978; Alan D. Beyerchen, Scientists under Hitler. Politics and the Physics Community in the Third Reich, New Haven 1977, S. 43ff.

12 Vgl. Gerhard Schulz, »Preußenschlag« oder Staatsstreich? Neues zum

20. Juli 1932, in: Der Staat 17 (1978), S. 553–561; Wolfgang Benz, Staatsstreich gegen Preußen am 20. Juli 1932, Düsseldorf 1982, S. 30f.; Helga Grebing, Flucht vor Hitler, in: Aus Politik und Zeitgeschichte B 4–5/83, Jan. 1983, S. 37ff.

13 Grundlegend die Untersuchungen von Eugene Larry Jones, »The Dying Middle«: Weimar Germany and the Fragmentation of Bourgeois Potitics, in: Central European History 5 (1972), S. 23–54; ders., Sammlung oder Zersplitterung. Die Bestrebungen zur Bildung einer neuen Mittelpartei in der Endphase der Weimarer Republik 1930–1933, in: VfZ 25 (1977), S. 265–304; ders., Inflation, Revaluation and the Crisis of Middle-Class Politics, in: Central European History, 12 (1979), S. 143–168.

14 Vgl. D. Grieswelle, Propaganda der Friedlosigkeit. Eine Studie zu Hitlers Rhetorik, 1920–1930, Stuttgart 1972; Jeremy Noakes, The Nazi Party in Lower Saxony, Oxford 1971, S. 209f.

15 Dieses Ergebnis wird präzise bestätigt durch die Untersuchung von Mathilde Jamin, Zwischen den Klassen. Zur Sozialstruktur der SA-Führerschaft, Wuppertal 1984.

16 Vgl. Noakes, The Nazi Party in Lower Saxony, S. 125ff., 166ff.

17 Vgl. Thomas Childers, The Nazi Voter. The Social Foundations of Fascism in Germany, 1919–1933, Chapel Hill/London 1983; ders., The Social Bases of the National Socialist Vote, in: Journal of Contemporary History 11 (1976), S. 17–42; zusammenfassend Jürgen W. Falter, Wer verhalf der NSDAP zum Sieg? in: Aus Politik und Zeitgeschichte, B 28–29/79, S. 13–19; s. auch Richard Hamilton, Who Voted for Hitler?, Princeton 1982, S. 386ff., mit freilich nicht immer stichhaltiger Generalisierung.

18 Überblick bei Alfred Milatz, Wähler und Wahlen in der Weimarer Republik, Düsseldorf 1969.

19 Joseph Goebbels, Vom Kaiserhof zur Reichskanzlei, Berlin 1934, S. 87.

20 Vgl. Reinhard Neebe, Großindustrie, Staat und NSDAP 1930–1933, Göttingen 1981, S. 86f., 131ff.

21 Vgl. Gotthard Jasper, Der Schutz der Republik. Studien zur staatlichen Sicherung der Demokratie in der Weimarer Republik, Tübingen 1963, S. 174ff.; Mommsen, Staat und Bürokratie in der Ära Brüning, S. 119f.; Staat und NSDAP 1930–1932, Quellen zur Ära Brüning, bearb. v. I. Maurer und U. Wengst, Düsseldorf 1977.

22 Vgl. Thilo Vogelsang, Reichswehr, Staat und NSDAP, Stuttgart 1962, S. 188ff.; Axel Schildt, Militärdiktatur mit Massenbasis? Die Quer-

frontkonzeption der Reichswehrführung um General von Schleicher am Ende der Weimarer Republik, Frankfurt a.M. 1981, S. 125f.

23 Vgl. Peter D. Stachura, »Der Fall Strasser«: Gregor Strasser, Hitler and National Socialism, in: ders., The Shaping of the Nazi State, London 1979, S. 88–130; Udo Kissenkötter, Gregor Straßer und die NSDAP, Stuttgart 1978, S. 162ff.

24 Vgl. Karl Dietrich Bracher, Die Auflösung der Weimarer Republik. Eine Studie zum Problem des Machtverfalls in der Demokratie, Villingen 1962, S. 697f., 703f.; Wolfgang Horn, Führerideologie und Parteiorganisation in der NSDAP (1919 bis 1933), Düsseldorf 1972, S. 360f.

25 Neebe, Großindustrie, S. 143ff.

26 Zum Planspiel Ott vgl. die Dokumentation von Fritz Arndt, Vorbereitungen der Reichswehr für den militärischen Ausnahmezustand, in: Zschrift für Militärgeschichte 4 (1965), S. 195–203 sowie Vogelsang, Reichswehr, Staat und NSDAP, S. 333f.

27 Vgl. Hitler »Denkschrift über die inneren Gründe für die Verfügungen zur Herstellung einer erhöhten Schlagkraft der Bewegung« vom 15. Dezember 1932, in der er die Aufhebung der Organisationsabteilung II begründete (BA Koblenz, NS 22/110 und 356).

28 Vgl. Thomas Trumpp, Franz von Papen, der preußisch-deutsche Dualismus und die NSDAP in Preußen. Ein Beitrag zur Vorgeschichte des 20. Juli 1932, Diss. Phil. Tübingen 1963, S. 54f., 215; Staat und NSDAP 1930–1932. Quellen zur Ära Brüning, S. 330; Axel Schildt, Militärdiktatur mit Massenbasis?, S. 54ff.

29 Vgl. Udo Kissenkötter, Gregor Straßer und die NSDAP, S. 155f.

30 Vgl. Vogelsang, Reichswehr, Staat und NSDAP, S. 490: Empfang Schleichers beim Reichspräsidenten vom 25.1.1933 (Dok. 42).

31 Schildt, Militärdiktatur mit Massenbasis?, S. 162ff.

32 Deutschlands Erneuerung. Monatsschrift für das deutsche Volk, 16. Jg., H. 12, Dez. 1932. S. 716.

33 Ebd., S. 756.

34 John A. Leopold, Alfred Hugenberg. The Radical Nationalist Campaign against the Weimar Republic, New Haven 1977, S. 135–138.

35 Siehe Karl Dietrich Bracher/Wolfgang Sauer/Gerhard Schulz, Die Nationalsozialistische Machtergreifung. Studien zur Errichtung des totalitären Herrschaftssystems in Deutschland, Köln/Opladen 1962, S. 70f.; Eberhard Czichon, Wer verhalf Hitler zur Macht? Zum Anteil der deutschen Industrie an der Zerstörung der Weimarer Republik, Köln 1967, S. 82; vgl. Neebe, Großindustrie, S. 180.

36 Vgl. Rudolf Morsey, Die deutsche Zentrumspartei, in: Erich Matthias/Rudolf Morsey (Hg.), Das Ende der Parteien 1933, Düsseldorf 1960, S. 339 ff. Von Papen mußte daran interessiert sein, eine Einbeziehung des Zentrums in die Verhandlungen zur Bildung des Kabinetts der nationalen Konzentration zu vermeiden, da das Zentrum entschlossen war, eine Reichstagsauflösung wie ein mehrjähriges Ermächtigungsgesetz zu verhindern (ebd., S. 337 f.).

37 Vgl. Michael Schneider, Unternehmer und Demokratie. Die freien Gewerkschaften in der unternehmerischen Ideologie der Jahre 1918–1933, Bonn-Bad Godesberg 1975; Bernd Weisbrod, Schwerindustrie in der Weimarer Republik. Interessenpolitik zwischen Stabilisierung und Krise, Wuppertal 1978, S. 472 ff.

30 Deutschlands Erneuerung, 16. Jg., H. 3, März 1932, S. 181.

39 Vgl. Oswald Spengler, Preußentum und Sozialismus, München 1920, S. 12 ff.; Horst Möller, Die nationalsozialistische Machtergreifung: Konterrevolution oder Revolution?, in: VfZ 31 (1983), S. 25–51, geht auf diesen Zusammenhang merkwürdigerweise nicht ein, obwohl er sich um die Wiedergabe der zeitgenössischen Diskussion über das Problem der Revolution bemüht.

40 Vgl. Hans Peter Bleuel, Deutschlands Bekenner. Professoren zwischen Kaiserreich und Diktatur, S. 184 ff.; auch Kurt Sontheimer, Antidemokratisches Denken in der Weimarer Republik, München, S. 51 ff.

41 Hermann Lübbe, Politische Philosophie in Deutschland. Studien zu ihrer Geschichte, Basel 1963, S. 232 ff.

42 Vgl. Joachim Petzold, Wegbereiter des deutschen Faschismus. Die Jungkonservativen in der Weimarer Republik, Köln 1978, S. 219 ff.; Klemens von Klemperer, Konservative Bewegungen zwischen Kaiserreich und Nationalsozialismus, München o.J., S. 217 f.

43 Vgl. Dieter Gessner, Agrardepression und Präsidialregierungen in Deutschland 1930–1933. Probleme des Agrarprotektionismus am Ende der Weimarer Republik, Düsseldorf 1977.

44 Vgl. Neebe, Großindustrie, S. 160 f.

45 Vgl. Kurt Koszyk, Paul Reusch und die »Münchner Neuesten Nachrichten«, in: VfZ 20 (1972), S. 75–103.

46 Henry A. Turner, The Ruhrlade, Secret Cabinet of Heavy Industry in the Weimar Republic, in: Central European Histroy 3 (1970), S. 195–228.

47 Siehe Neebe, Großindustrie, S. 145 f.

48 Vgl. vor allem Heinrich August Winkler, Mittelstandsbewegung oder

Volkspartei? Zur sozialen Basis der NSDAP, in: W. Schieder (Hg.), Faschismus als soziale Bewegung. Deutschland und Italien im Vergleich, 2. Aufl. Göttingen 1983, S. 102ff.

49 Vgl. Andreas Domalen, SPD und KPD in der Endphase der Weimarer Republik, in: VfZ 31 (1983), S. 105ff.

Van der Lubbes Weg in den Reichstag – der Ablauf der Ereignisse

1 Vgl. die Vernehmung van der Lubbes, abgedruckt bei: Fritz Tobias, Der Reichstagsbrand. Legende und Wirklichkeit, Rastatt 1962, S. 603.

2 Vgl. ebenda, S. 23–75; Horst Karasek, Der Brandstifter. Lehr- und Wanderjahre des Maurergesellen Marinus van der Lubbe, der 1933 auszog, den Reichstag anzuzünden, Berlin 1980 und die dort angegebene Literatur. Die Flut von Publikationen, die nur vom Hörensagen über van der Lubbe berichten, darunter die verhängnisvolle Schilderung von Jef Last (Kruisgang der Jeugd, Rotterdam 1939), kann hier unberücksichtigt bleiben.

3 Vgl. Roodboek, Van der Lubbe en de Rijksdagbrand. Publicatie von het Internationaal van der Lubbe-Comité, Amsterdam 1933; Fritz Tobias, Reichstagsbrand (Anm. 1), Dokument 1, S. 597ff.; Karl Bonhoeffer/Jürg Zutt, Über den Geisteszustand des Reichstagsbrandstifters Marinus van der Lubbe, in: Monatsschrift für Psychiatrie und Neurologie 69 (1934), S. 185–213, abgedruckt bei: Fritz Tobias, Reichstagsbrand, S. 675–693.

4 Fritz Tobias, Reichstagsbrand, S. 603.

5 Ebd.

6 Die politischen Äußerungen van der Lubbes im Verhör stimmen mit von ihm überlieferten schriftlichen Selbstzeugnissen in Diktion und inhaltlicher Tendenz völlig überein. Es ist an deren Verläßlichkeit nicht zu zweifeln.

7 Horst Karasek, Der Brandstifter, S. 75.

8 Einzelheiten bei Fritz Tobias, Reichstagsbrand, S. 314ff.

9 Detaillierte Schilderung ebd., S. 59ff.

10 Vgl. ebd., S. 425f. und Anhang, Dokument 2, S. 605f.; zu dem nachträglich immer wieder geltend gemachten, indessen nicht tragfähigen Einwand, daß van der Lubbe den geschilderten Brandweg nicht in der zur Verfügung stehenden Zeit hätte zurücklegen können, vgl. Alfred Berndt, Zur Entstehung des Reichstagsbrandes. Eine Untersuchung über den Zeitablauf, in: VfZ 23 (1975), S. 77–90.

11 Vgl. Fritz Tobias, Reichstagsbrand, S. 121ff.

12 Ebd., S. 552ff.

13 Akten der Reichskanzlei. Die Regierung Hitler. Teil I: 1933/34, Bd. 1, Boppard 1983, S. 2 (Ministerbesprechung vom 30. Januar 1933); siehe auch ebenda, S. 251 (Ministerbesprechung vom 24. März 1933).

14 Vgl. Hans Mommsen, Der Reichstagsbrand und seine politischen Folgen, in: VfZ 12 (1964), S. 408, Anm. 229.

15 Vgl. Horst Duhnke, Die KPD von 1933 bis 1945, Köln 1972.

16 Vgl. Hermann Weber, Hauptfeind Sozialdemokratie. Strategie und Taktik der KPD 1929–1933, Köln 1981, S. 61 ff.

17 Vgl. Akten der Reichskanzlei. Die Regierung Hitler. Teil I: 1933/34, Bd. 1, S. 29 f. (Ministerbesprechung vom 2. Februar 1933) sowie S. 34 f. – Bezeichnenderweise ließ Hitler die ursprünglich vorgesehene Möglichkeit des Organisationsverbots streichen.

18 Joseph Goebbels, Vom Kaiserhof zur Reichskanzlei, München 1934, S. 254.

19 Vgl. auch die Angaben in: Akten der Reichskanzlei. Die Regierung Hitler. Teil I: 1933/34, Bd. I, S. 133, Anm. 2.

20 Vgl. Rudolf Diels, Lucifer ante portas, Stuttgart 1950, S. 188 f.

21 Vgl. Institut für Zeitgeschichte (IfZ)-Zeugenschrifttum ED 1 – Liebmann, Bl. 46 ff.; s. auch Hans Mommsen, Der Reichstagsbrand, S. 404, 393.

22 Vgl. Thilo Vogelsang, Reichswehr, Staat und NSDAP. Beiträge zur deutschen Geschichte 1930–1932, Stuttgart 1962, S. 316; Fritz Arndt, Vorbereitungen der Reichswehr für den militärischen Ausnahmezustand, in: Zeitschrift für Militärgeschichte 4 (1965), S. 195–203.

23 Nach Arndt wurde das Planspiel Mitte Dezember in Beratungen mit Vertretern des Reichsministeriums des Innern und des Preußischen Ministeriums des Innern ergänzt (S. 195). Entgegen späteren Überlieferungen rechnete das Planspiel nicht mehr mit direkten Eingriffen der NSDAP, sondern ging von der Beteiligung der freien Gewerkschaften an möglichen Generalstreikunternehmungen aus. In der Besprechung mit den Innenressorts war auch von »vorbereiteten Schutzhaftlisten« die Rede. Möglicherweise wurde auf sie am 27. Februar zurückgegriffen.

24 Vgl. die Belege bei Hans Mommsen, Der Reichstagsbrand, S. 582 f. sowie die Schilderung bei Fritz Tobias, Reichstagsbrand, S. 78 ff.

25 Sefton Delmer, Die Deutschen und ich, Hamburg 1962, S. 190 ff.

26 Vgl. Martin Loiperdinger, »Das Blutnest vom Boxheimer Hof«. Die antifaschistische Agitation der SPD in der hessischen Hochverratsaffäre, in: Eike Hennig (Hg.), Hessen unterm Hakenkreuz. Studien zur Durchsetzung der NSDAP in Hessen, Frankfurt a. M. 1983, S. 433 ff.

27 Zur Tätigkeit der Nachrichtensammelstelle vgl. Akten der Reichskanzlei. Die Regierung Hitler, Teil I: 1933/34, Bd. I, S. 131, Anm. 2; S. 133, Anm. 4; siehe auch S. 215, Anm. 17.

28 Ebenda, S. 3.

29 Vgl. Klaus-Jürgen Müller, Das Heer und Hitler, Stuttgart 1969, S. 37; Heinz Höhne, Die Machtergreifung. Deutschlands Weg in die Hitler-Diktatur. Hamburg 1983, S. 272ff.

30 Akten der Reichskanzlei. Die Regierung Hitler, Teil I: 1933/34, Bd. I, Nr. 33, S. 131; Nr. 41, S. 146.

31 Vgl. Fritz Tobias, Reichstagsbrand, S. 585f.; daß sich Hitler zugleich der propagandistischen Möglichkeiten bewußt wurde, steht außer Frage. Näheren Aufschluß dürfte der ursprüngliche Text des Goebbels-Tagebuchs geben, dessen Veröffentlichung vom Institut für Zeitgeschichte vorbereitet wird.

32 Rudolf Diels, Lucifer, S. 194f.; Hans Mommsen. Der Reichstagsbrand, S. 386f.

33 Martin H. Sommerfeldt, Ich war dabei, Darmstadt 1949, S. 25; vgl. auch Hans Mommsen, Der Reichstagsbrand, S. 383f.

34 Einzelheiten ebenda, S. 389f.

35 Akten der Reichskanzlei. Die Regierung Hitler. Teil I: 1933/34, Bd. I, Nr. 32, S. 130; Nr. 34, S. 133.

36 Vgl. Heinrich Bennecke, Die Notverordnung vom 28. Februar 1933, in: Politische Studien 19 (1968), Heft 177, S. 33–45.

37 Akten der Reichskanzlei. Die Regierung Hitler. Teil I: 1933/34, Bd. I, Nr. 34, S. 32.

38 IfZ-Zeugenschrifttum ED 1 – Liebmann, Bl. 40.

39 Vgl. Hans Mommsen, Der Reichstagsbrand, S. 405.

40 Vgl. Fritz Tobias, Reichstagsbrand, S. 86ff.

41 Vgl. u. a. Hans Mommsen, Der Reichstagsbrand, S. 411, Anm. 241.

42 Akten der Reichskanzlei. Die Regierung Hitler. Teil I: 1933/34, Bd. I, Nr. 30, S. 123; RGBl. I, 1933, S. 85.

Die NSDAP: Typus und Profil einer faschistischen Partei

1 Die umfassende Darstellung von Dietrich Orlow, The History of the Nazi Party, 2 Bde. Pittsburgh 1969–1973, ist nicht ins Deutsche übersetzt und nur begrenzt rezipiert worden.

2 Vgl. Manfred Funke (Hg.), Totalitarismus. Ein Studien-Reader zur Herrschaftsanalyse moderner Diktaturen, Düsseldorf 1978 sowie Ernest A. Menze (Hg.), Totalitarism Reconsidered, London 1981; Han-

nah Arendt, Elemente und Ursprünge totaler Herrschaft, Frankfurt a.M. 1955.

3 Vgl. Uwe Lohalm, Völkischer Radikalismus. Die Geschichte des Deutschvölkischen Schutz- und Trutzbundes, 1919–1923, Hamburg 1970, S. 285 ff., 295 f.

4 Siehe Albrecht Tyrell, Vom Trommler zum Führer. Der Wandel von Hitlers Selbstverständnis zwischen 1919 und 1924 und die Entwicklung der NSDAP, München 1975; Werner Maser, Der Sturm auf die Republik. Die Frühgeschichte der NSDAP, Frankfurt a.M. 1981, S. 268 ff.; Wolfgang Horn, Führerideologie und Parteiorganisation in der NSDAP (1919–1933), Düsseldorf 1972, S. 58 ff.

5 Vgl. Georg-Franz Willing, Die Hitler-Bewegung. Der Ursprung 1919 bis 1922, Oldendorf 1974, S. 80; Horn, Führerideologie, S. 101 ff.

6 Vgl. Bruno Thoss, Der Ludendorff-Kreis, 1919–1923, München 1978, S. 314 ff.; Hans Hubert Hofmann, Der Hitlerputsch. Krisenjahre deutscher Geschichte 1920–1924. München 1961.

7 Vgl. Harold J. Gordon, Der Hitler-Putsch. Machtkampf in Bayern 1923–1924, Frankfurt a.M. 1971, S. 279 f.; Hofmann, Hitlerputsch, S. 203 ff. sowie Hans Mommsen, Der 9. November 1923, in: Johannes Willms (Hg.), Der 9. November. Fünf Essais zur deutschen Geschichte, München 1994, S. 33–48.

8 Vgl. Horn, Führerideologie, S. 185 ff.

9 Ebd., S. 217 f.

10 Ebd., S. 217 ff. sowie Orlow, History, Bd. 1, S. 78 f.

11 Siehe Joseph Nyomarkay, Charisma and Factionalism in the Nazi Party, Minneapolis 1967, S. 26 ff.

12 Vgl. Ulrich Wörtz, Programmatik und Führerprinzip. Das Problem des Straßer-Kreises in der NSDAP, Phil. Diss. Erlangen-Nürnberg 1966, S. 97 ff.; Gerhard Schildt, Die Arbeitsgemeinschaft Nord-West. Untersuchungen zur Geschichte der NSDAP 1925/26. Diss. Phil. Freiburg 1964, S. 156 ff.; Reinhard Kühnl, Die nationalsozialistische Linke 1925–1930, Meisenheim 1966, S. 44.

13 Vgl. Hans Mommsen, Die verspielte Freiheit. Der Weg der Weimarer Republik in den Untergang, (Studienausgabe) Frankfurt a.M. 1990, S. 250.

14 Vgl. Henry A. Turner, Die Großunternehmer und der Aufstieg Hitlers, Berlin 1985, S. 234 ff.

15 Vgl. Thomas Childers, The Limits of National Socialist Mobilization, in: ders. (Hg.), The Formation of the Nazi Constituency 1919–1933,

London 1986, S. 232–259, hier S. 235, sowie Gerhard Paul, Aufstand der Bilder. Die NS-Propaganda vor 1933, Bonn 1990, S. 26ff.

16 Juan J. Linz, Some Notes Toward a Comparative Study of Fascism in Sociological Historical Perspective, in: Walter Laqueur (Hg.). Facism. A Reader's Guide. Analyses, Interpretations, Bibliography, Berkeley/ Los Angeles 1976, S. 3–121, hier S. 15ff.

17 Siehe Ernst Bloch, Der Faschismus als Erscheinungsform der Ungleichzeitigkeit, in: Ernst Nolte (Hg.), Theorien über den Faschismus, Köln 1967, S. 181–204, hier S. 191ff.

18 Vgl. Hamilton T. Burden, Die programmierte Nation. Die Nürnberger Reichsparteitage, Gütersloh 1967.

19 Siehe Martin Broszat, Der Staat Hitlers. Grundlegung und Entwicklung seiner inneren Verfassung, München 1969, S. 262f.; Dieter Rebentisch, Führerstaat und Verwaltung im Zweiten Weltkrieg. Verfassungsentwicklung und Verwaltungspolitik 1939–1945, Stuttgart 1989, S. 422.

20 Grundlegend Lothar Gruchmann, Die Reichsregierung im »Führerstaat«. Stellung und Funktion des Kabinetts im nationalsozialistischen Herrschaftssystem, in: Günther Doeker/Winfried Steffani (Hg.), Klassenjustiz und Pluralismus. Festschrift für Ernst Fraenkel zum 75. Geburtstag am 26. Dezember 1973, Hamburg 1973, S. 187–223.

21 Siehe Broszat, Staat, S. 160f.; Peter Diehl-Thiele, Partei und Staat im Dritten Reich, München 1969, S. 70ff.; Orlow, History, Bd. 2, S. 138ff.

22 Vgl. Lothar Gruchmann, Der Zweite Weltkrieg, München 1985, S. 236f.

23 Siehe Peter Longerich, Die braunen Bataillone. Geschichte der SA, München 1989, S. 108f.

24 Vgl. Donald M. McKale, The Nazi Party Courts. Hitler's Management of Conflict in His Movement, 1921–1945, Lawrence 1974, S. 120ff.

25 Siehe Broszat, Staat, S. 158; Rebentisch, Führerstaat, S. 190ff.

26 Siehe Reinhard Bollmus, Das Amt Rosenberg und seine Gegner, Stuttgart 1970, S. 85ff.; Ronald Smelser, Robert Ley. Hitler's Labor Front Leader, Oxford 1988, S. 226f. Vgl. auch Hans Mommsen, Hitlers Stellung im nationalsozialistischen Herrschaftssystem, in: ders., Der Nationalsozialismus und die deutsche Gesellschaft, Hamburg 1991, S. 67–101, hier S. 75f.; in diesem Band S. 214–247.

27 Ebd., S. 81ff.

28 Martin Broszat, Soziale Motivation und Führer-Bindung des Natio-

nalsozialismus, in: VfZ 18 (1970), S. 392–409, hier S. 408; Hans Mommsen, Die Realisierung des Utopischen: Die »Endlösung der Judenfrage« im »Dritten Reich«, in: ders., Nationalsozialismus, S. 184–232, hier S. 199ff.

29 Vgl. Joseph P. Stern, Hitler. Der Führer und das Volk, München/Wien 1978, S. 55ff.

30 Eduard Bernstein, Zur Theorie und Geschichte des Socialismus. Gesammelte Abhandlungen. Teil II: Probleme des Socialismus, Berlin 1904, S. 95, 98.

31 Siehe Martin Broszat, Aufgaben und Probleme zeitgeschichtlichen Unterrichts, in: ders., Nach Hitler. Der schwierige Umgang mit unserer Geschichte, hg. von Hermann Graml/Klaus-Dietmar Henke, München 1988, S. 9–35, hier S. 32.

32 Vgl. Childers, Limits, S. 252ff.; Hans Mommsen, Die nationalsozialistische Machtergreifung und die deutsche Gesellschaft, in: Wolfgang Michalka (Hg.), Die nationalsozialistische Machtergreifung, Paderborn 1984, S. 29–46, hier S. 33f.

33 Siehe Udo Kissenkötter, Gregor Straßer und die NSDAP, Stuttgart 1978, S. 162f.; Entwurf des Schreibens von Gregor Straßer an Hitler vom 8.12. 1932, ebd., S. 202f.

34 Denkschrift Hitlers, 15./21.12. 1932, Bundesarchiv (= BA) Koblenz, NS 22/110; abgedruckt bei Hans Mommsen, Adolf Hitler als »Führer« der Nation, Tübingen 1984 (= Studieneinheit 11, Fernstudium Geschichte: Nationalsozialismus im Unterricht, Deutsches Institut für Fernstudien), S. 162ff.; Vgl. Kissenkötter, Gregor Straßer, S. 178ff.

35 Vgl. Jane Caplan, Government without Administration. State and Civil Service in Weimar and Nazi Germany, Oxford 1988, S. 535f., 337; Dieter Rebentisch/Karl Teppe, Einleitung, in: dies. (Hg.), Verwaltung contra Menschenführung. Studien zum politisch-administrativen System, Göttingen 1986, S. 7–32, hier S. 24ff.

36 Vgl. Rede von Rüdolf Heß auf dem Reichsparteitag von 1935, BA Koblenz, NS 26/vorl. 1183.

37 Vgl. Peter Longerich, Hitlers Stellvertreter. Führung der Partei und Kontrolle des Staatsapparats durch den Stab Heß und die Partei-Kanzlei Bormann, München 1992, S. 167ff.

38 Das Memorandum in Institut fur Zeitgeschichte München, Fa. 204. Vgl. Orlow, History. Bd. 2, S. 32f. sowie Longerich, Stellvertreter, S. 119, 191.

39 Vgl. Rebentisch, Führerstaat, S. 459ff.; Longerich, Stellvertreter, S. 159ff.

40 Vgl. Heinz Höhne, Der Orden unter dem Totenkopf. Die Geschichte der SS, Gütersloh 1967, S. 122.

41 Vgl. Rebentisch, Führerstaat, S. 526; Karl Teppe, Der Reichsverteidigungskommissar. Organisation und Praxis in Westfalen, in: Rebentisch/Teppe (Hg.), Verwaltung, S. 278–301, hier S. 289.

42 Vgl. Arne Zoepf, Wehrmacht zwischen Tradition und Ideologie. Der NS-Führungsoffizier im Zweiten Weltkrieg, Frankfurt a.M. 1988, S. 151ff., sowie Volker Berghahn, NSDAP und »geistige Führung« der Wehrmacht 1933–1945, in: VfZ 17(1969), S. 17–71, hier S. 31ff., 37f.; ferner Gerhard Weinberg, Adolf Hitler und der NS-Führungsoffizier, in: VfZ 12 (1964), S. 443–456.

43 Hans Mommsen, Die Rückkehr zu den Ursprüngen. Betrachtungen zur inneren Auflösung des Dritten Reiches, in diesem Bande oben S. 319f.

44 Elke Fröhlich (Hg.), Die Tagebücher von Joseph Goebbels, Teil II: Diktate 1941–1945, Bd. 15, München 1995, S. 232f., Eintrag vom 23. Juli 1944.

Hitlers Stellung im nationalsozialistischen Herrschaftssystem

1 Neben der Darstellung von Martin Broszat, Der Staat Hitlers. Grundlegung und Entwicklung seiner inneren Verfassung, München 1969, ist vor allem auf die Analyse Lothar Gruchmanns, Die »Reichsregierung« im Führerstaat. Stellung und Funktion des Kabinetts im nationalsozialistischen Herrschaftssystem, in: Günther Doeker und Winfried Steffani (Hg.), Klassenjustiz und Pluralismus. Festschrift für Ernst Fraenkel, Hannover 1973 zu verweisen.

2 Vgl. Wolfgang Horn, Führerideologie und Parteiorganisation in der NSDAP (1919–1933), Düsseldorf 1972, S. 268; Broszat, Staat Hitlers, S. 360ff.; auch von Alfred Rosenberg ging eine entsprechende Initiative aus.

3 Vgl. Hamilton T. Burden, The Nuremberg Party Rallies 1933–1939, London 1967.

4 Vgl. z.B. den Auszug der Rede von Heß vom 16.9. 1935 in: Faschistische Diktatur in Deutschland, Politische Bildung 5, H. 1 (1972), S. 20ff.; die Parteitagsreden von Heß in BA Koblenz, NS 26/vorl. 1183.

5 Vgl. dafür neben der Darstellung von Klaus-Jürgen Müller, Das Heer und Hitler. Armee und nationalsozialistisches Regime 1933–1940, Stuttgart 1969, die Untersuchung von Christian Streit, Keine Kame-

raden. Die Wehrmacht und die sowjetischen Kriegsgefangenen 1941–1945, Stuttgart 1978, insbes. S. 58ff.

6 Karl Dietrich Bracher, Zeitgeschichtliche Kontroversen. Um Faschismus, Totalitarismus, Demokratie, München 1976, S. 85.

7 Zusammenfassend Ger van Roon, Widerstand im Dritten Reich, München 1979, vor allem S. 146ff.

8 Es erscheint charakteristisch, daß der »Führerkult« auf die Münchner engeren Parteigänger Hitlers, vor allem Heß und Esser, zurückging und ihm in gewisser Beziehung aufgedrängt wurde; vgl. Albrecht Tyrell, Vom Trommler zum Führer! Der Wandel von Hitlers Selbstverständnis zwischen 1919 und 1924 und die Entwicklung der NSDAP, München 1975.

9 Vgl. Marlis G. Steinert, Hitlers Krieg und die Deutschen. Stimmung und Haltung der deutschen Bevölkerung im Zweiten Weltkrieg, Düsseldorf 1970, S. 556f.

10 Vgl. Steinert, Hitlers Krieg, S. 487f.

11 Hans Mommsen, Spandauer Tagebücher. Bemerkungen zu den Aufzeichnungen Albert Speers im Internationalen Militärgefängnis, in: PVS 17 (1976), S. 108–114.

12 Vgl. Mathilde Jamin, Das Ende der »Machtergreifung«: Der 30. Juni 1934 und seine Wahrnehmung in der Bevölkerung, in: W. Michalka (Hg.), Die nationalsozialistische Machtergreifung, Paderborn u.a. 1984, S. 207–219.

13 Vgl. Steinert, Hitlers Krieg, S. 334ff.; Ernest K. Bramstedt, Goebbels und die nationalsozialistische Propaganda 1925–1945, Frankfurt 1971, S. 356ff.

14 Dies ist das charakteristische Moment der über Unzufriedenheit und partielle Opposition in der Bevölkerung Auskunft gebenden Stimmungsberichte; vgl. Martin Broszat u.a. (Hg.), Bayern in der NS-Zeit. Soziale Lage und politisches Verhalten der Bevölkerung im Spiegel vertraulicher Berichte, Bd. 1, München 1977, insbes. S. 554f. und 595f.

15 Hierin unterscheidet sich meine Position von der wesentlich optimistischeren Einschätzung durch van Roon, S. 39ff. Vgl. Steinert, Hitlers Krieg, S. 589.

16 Die von Martin Broszat (Bayern in der NS-Zeit) vorgelegten Materialien bedürfen noch einer differenzierten Auswertung; grundlegend nach wie vor Heinz Boberach, Meldungen aus dem Reich. Auswahl aus den geheimen Lageberichten des Sicherheitsdienstes der SS 1939–1944, Neuwied 1965.

17 Vgl. Hans Mommsen, Beamtentum im Dritten Reich, Stuttgart 1966, S. 32 ff. und oben Anm. 4.

18 Vgl. dazu Jane Caplan, Government without Administration. State and Civil Service in Weimar and Nazi Germany, Oxford 1988, S. 336 f.

19 Vgl. Horn, Führerideologie, S. 283 ff.

20 Vgl. Mommsen, Beamtentum, S. 115 f.

21 Vgl. das Röver-Memorandum vom Sommer 1942 (Dietrich Orlow, The History of the Nazi Party 1933–1945, Pittsburgh 1973, S 352 f.), NSDAP-Parteikanzlei, IfZ, Bl. 9 ff.

22 Horn, Führerideologie, S. 65 ff.; vgl. die grundlegende Studie von Joseph Nyomarkay, Charisma and Factionalism in the Nazi Party, Minneapolis 1967.

23 Vgl. Karl Martin Graß, Edgar Jung, Papenkreis und Röhmkrise 1933/34, Diss. Phil. Heidelberg 1966 (Mschr.), insbesondere S. 236 ff.; Heinz Höhne, Mordsache Röhm. Hitlers Durchbruch zur Alleinherrschaft 1933–1934, Hamburg 1984, S. 255 ff.

24 Lammers an Frick am 27.6. 1934, BA Koblenz R43/II 495; vgl. Peter Diehl-Thiele, Partei und Staat im Dritten Reich, München 1969, S. 69.

25 Vgl. Broszat, Staat Hitlers, S. 151 ff.

26 Im einzelnen siehe Dietmar Petzina, Autarkiepolitik im Dritten Reich. Der nationalsozialistische Vierjahresplan, Stuttgart 1968.

27 Vgl. Hans Mommsen, Ausnahmezustand als Herrschaftstechnik des NS-Regimes, in: Manfred Funke (Hg.), Deutschland und die Mächte. Materialien zur Außenpolitik des Dritten Reiches, Düsseldorf 1976, S. 35 ff.; in diesem Band S. 248–287.

28 NG-1296, Bl. 4, IfZ.

29 Vgl. u.a. Hermann Weinkauff, Die deutsche Justiz und der Nationalsozialismus. Ein Überblick, in: Die deutsche Justiz und der Nationalsozialismus, Bd. 1, Stuttgart 1968, S. 1 ff.

30 Vgl. Wolfgang Scheffler, Ausgewählte Dokumente zur Geschichte des Novemberpogroms 1938, in: Aus Politik und Zeitgeschichte B 44/1978, S. 3–30; neuerdings die umfassende Analyse von Lothar Gruchmann, Justiz im Dritten Reich 1933–1940. Anpassung und Unterwerfung in der Ära Gürtner, München 1988, S. 487 ff.

31 Vgl. Hans Mommsen, Aufgabenkreis und Verantwortlichkeit des Staatssekretärs der Reichskanzlei Dr. Wilhelm Kritzinger, in: Gutachten des Instituts für Zeitgeschichte Bd. II, Stuttgart 1966.

32 Ein eindrucksvolles Beispiel bietet die Untersuchung von Hans Ro-

binsohn, Justiz als politische Verfolgung. Die Rechtsprechung in »Rassenschandefällen« beim Landgericht Hamburg 1936–1943, Stuttgart 1977.

33 Dies gilt insbesondere für die Haltung der Ressorts zu der Ausschaltung von Juden und anderen verfolgten »rassischen« Gruppen. Ein typisches Beispiel ist die Äußerung von Johannes Popitz in der Chefbesprechung im RWM am 20. August 1935 (Handakten Lösener, F71/2, Vermerk Löseners vom 20. August, Bl. 3, IFZ): es sei notwendig, »daß die Regierung eine bestimmte Grenze – gleichviel wo – für die Behandlung der Juden setze, dann aber mit Nachdruck dafür sorge, daß diese Grenze eingehalten werde«. Vgl. ferner Christopher R. Browning, The Government Experts, in: H. Friedländer/S. Milton (Hg.), The Holocaust: Ideology, Bureaucracy and Genocide, 2. Aufl. New York 1982, S. 183–197.

34 Goerdelers Rücktritt als Oberbürgermeister von Leipzig Anfang 1937 wegen des Konflikts über die Entfernung des Mendelssohn-Denkmals (vgl. Gerhard Ritter, Carl Goerdeler und die deutsche Widerstandsbewegung, München 1964, S. 89) ist symptomatisch, da sie eine gemäßigt antisemitische Haltung bezeugt, die das assimilierte oder der deutschen Kultur zugehörige Judentum ausnimmt.

35 Vgl. Helmut Heiber, Joseph Goebbels, Berlin 1962, S. 280.

36 Martin Broszat, Soziale Motivation und Führerbindung des Nationalsozialismus, in: VfZ 13 (1970), S. 392ff.

37 Vgl. Edward N. Peterson, The Limits of Hitler's Power, Princeton 1969, S. 7ff.; William Carr, Hitler. A Study in Personality and Politics, London 1978, S. 40ff.; abweichend Joachim C. Fest, Hitler. Eine Biographie, Frankfurt 1973, insbes. S. 572ff., vgl. aber S. 923f.

38 Albert Speers »Spandauer Tagebücher« (Frankfurt a.M. 1975) sind voller Anschauungsmaterial. Eine systematische Analyse der Verteiler der verschiedenen Informationsdienste wäre wünschenswert.

39 Das gilt etwa für den Staatssekretär der Reichskanzlei, Dr. Kritzinger (vgl. oben Anm. 31).

40 Vgl. Albert Speer, Entgegnung auf die Ausführung von Professor Erich Goldhagen in »Midstream«, Oktober 1971 (Juli 1972) sowie ders., Ergänzung zu meinen Ausführungen über den Artikel von Professor Erich Goldhagen (Juli 1973), IfZ Archiv ED 99; vgl. Anm. 12.

41 Vgl. Broszat, Staat Hitlers, S. 361ff.

42 Vgl. Gruchmann, Reichsregierung, S. 201.

43 Dies bezieht sich auf die während des Regimes entstehenden neuen

bürokratischen Apparate, darunter der Vierjahresplan, das Reichssicherheitshauptamt, der Apparat des Reichskommissars für die Festigung des deutschen Volkstums und die DAF, die als Parteibehörden oder parteinahe Einrichtungen der herkömmlichen Verwaltung gegenübergestellt werden können.

44 Vgl. Robert Koehl, Feudal Aspects of National Socialism, in: American Political Science Review 54 (1960), S. 921–933.

45 Ein eindrucksvolles Beispiel ist Hitlers Amerika-Politik; vgl. Hans-Jürgen Schröder, Deutschland und die Vereinigten Staaten 1933–1939, Wiesbaden 1970.

46 Vgl. Gruchmann, Reichsregierung, S. 199ff.

47 Vgl. Gerhard L. Weinberg (Hg.), Hitler's Secret Book, New York 1962.

48 Vgl. Martin Broszat, Hitler und die Genesis der »Endlösung«, in: VfZ 25 (1970), S. 746ff. und Hans Mommsen, Die Realisierung des Utopischen: Die »Endlösung der Judenfrage« im »Dritten Reich«, in: ders., Der Nationalsozialismus und die deutsche Gesellschaft, Reinbek 1991, S. 194ff., 214f.

49 Vgl. Karl A. Schleunes, The Twisted Road to Auschwitz. Nazi Policy Toward Jews 1933–1939, Urbana 1970.

50 Grundlegend Andreas Hillgruber, Die »Endlösung« und das deutsche Ostimperium als Kernstück des rasseideologischen Programms des Nationalsozialismus, in: VfZ 20 (1972), S. 133–153.

51 Vgl. Streit, Keine Kameraden, S. 217ff.; vgl. ferner Helmut Kransnick, Kommissarbefehl und »Gerichtsbarkeitserlaß Barbarossa« in neuer Sicht, in: VfZ 25 (1977), S. 682–738.

52 Streit, Keine Kameraden, S. 109ff.

53 Vgl. Robert G.L. Waite, The Psychopathic God Adolf Hitler, New York 1977, S. 219ff. Den weitreichenden psychologischen Schlußfolgerungen, insbesondere der Parallelisierung zur deutschen Geschichte (S. 244) vermag ich nicht zu folgen; vgl. ferner Rudolph Binion, Hitler among the Germans, New York 1976; Carr, Hitler, S. 45ff.; vgl. Helm Stierlin, Adolf Hitler: Familienperspektiven, Frankfurt 1975, vor allem S. 104ff.

54 Bemerkenswert erscheint mir die von Otto Wagener Pfeffer von Salomon für 1929 zugeschriebene Äußerung: Hitlers unangezweifelte und unbestrittene Führerstellung begründe die »große Verantwortung« seiner engeren Parteigänger: »Wehe, wenn die Dynamik, die in dieser Bewegung liegt, falsch gelenkt wird, wenn also der Führer falschen Ratgebern folgen würde, oder … selber seine Ziele übersteigen

würde! Sie würden mitlaufen, hinter ihm her, blindlings, auch wenn sie dabei dem sicheren Tod in die Arme laufen würden» (Henry A. Turner (Hg.), Hitler aus nächster Nähe. Aufzeichnungen eines Vertrauten 1929–1932, Frankfurt 1978, S. 29f.); siehe auch meinen Beitrag: Adolf Hitler in der Sicht von Gefolgsleuten und Zeitgenossen: Anmerkungen zur Hitlerismus-Debatte, in: Wissenschaftskolleg, Jahrbuch 1983/84, S. 229–245; in diesem Band S. 73–91.

55 Steinert, Hitlers Krieg, S. 485ff.

Ausnahmezustand als Herrschaftstechnik des NS-Regimes

1 Siehe Peter Diehl-Thiele, Partei und Staat im Dritten Reich. Untersuchungen zum Verhältnis von NSDAP und allgemeiner innerer Staatsverwaltung, München 1969, S. 33.

2 Vgl. hierzu insbesondere Jeremy Noakes, The Nazy Party in Lower Saxony 1921–1933, Oxford 1971, S. 164f. Die Ende 1929 errichtete Organisationsabteilung II hatte zwar die Aufgabe, die künftige Machtergreifung konkret vorzubereiten, erschöpfte sich aber bezeichnenderweise so wie die Abteilung I in Propagandaaufgaben.

3 Vor allem Helmut Nicolai, Ernst von Heydebrand und der Lasa sowie Hans Pfundtner; vgl. Hans Mommsen, Beamtentum im Dritten Reich, Stuttgart 1966, S. 28f.; Diehl-Thiele, Partei, S. 32, Anm. 90.

4 Joseph Goebbels, Vom Kaiserhof zur Reichskanzlei, Berlin 1934, S. 140, 158; vgl. Helmut Heiber, Joseph Goebbels, Berlin 1962, S. 123.

5 Adolf Hitler, Mein Kampf, 67. Aufl. München 1933, S. 503.

6 Joseph Goebbels, Vom Kaiserhof zur Reichskanzlei, S. 294.

7 Joseph Goebbels, Idee und Gestalt des Nationalsozialismus, Berlin 1935, S. 5f.

8 Joseph Goebbels, Vom Kaiserhof zur Reichskanzlei, S. 261.

9 Vgl. Heinrich Bennecke, Hitler und die SA, München, Wien 1962; sowie Wolfgang Sauer, in: Bracher/Sauer/Schulz, Die nationalsozialistische Machtergreifung, Köln und Opladen 1962, S. 880ff., 927ff.

10 Vgl. Dietrich Orlow, History of the Nazi Party, 1933–1945, Pittsburgh 1973, S. 462ff.

11 Vgl. Karl Dietrich Bracher, Stufen der nationalsozialistischen Machtergreifung, in: VfZ 4 (1956), S. 206.

12 Siehe Martin Broszat, Der Staat Hitlers. Grundlegung und Entwicklung seiner inneren Verfassung, München 1969, S. 103f.

13 Vgl. Hans Mommsen, Der Reichstagsbrand und seine politischen Folgen, in: VfZ 3 (1964), S. 399ff.

14 Vgl. die stärker intentionalistische Deutung bei Karl Dietrich Bracher, Stufen der Machtergreifung, die nach meiner Ansicht das Maß zentraler Steuerung der spontanen Aktionen von SA und Parteiformationen überbewertet.

15 Siehe Bracher/Sauer/Schulz, Machtergreifung, S. 460ff.

16 Vgl. Diehl-Thiele, Partei, S. 86ff. sowie Broszat, Staat, S. 137ff.; Edward N. Peterson, The Limits of Hitler's Power, Princeton 1969, S. 166ff.

17 Vgl. vor allem Heinrich Bennecke, Die Reichswehr und der »Röhmputsch«, München/Wien 1964. Die Zahl der Opfer wird in der Literatur allgemein überschätzt; sie beträgt 88.

18 Das Reichsstatthaltergesetz vom 7. April 1933, das Neuaufbaugesetz vom 30. Januar 1934 und die vorausgehenden Maßnahmen waren ganz unzureichend koordiniert; vgl. Broszat, Staat., S. 151ff.; Diehl-Thiele, Partei, S. 40ff. und 61; ferner Walter Baum, Reichsreform im Dritten Reich, in: VfZ 3 (1955).

19 Vgl. Diehl-Thiele, Partei, S. 195ff.; Hans Mommsen, Beamtentum, S. 117ff.

20 Vgl. den Entwurf der Reichskanzlei zur Bildung eines Führerwahlsenates vom Juni 1941, Bundesarchiv Koblenz, R 43 II, 1213 a; vgl. Broszat, Staat, S. 360f.

21 Vgl. Orlow, History, 1933–1945, Pittsburgh 1973, S. 103ff., 139ff., Diehl-Thiele, Partei, S. 34.

22 Siehe Denkschrift des Gauleiters Weser-Ems (1942), National Archives Microcopy No. T-81, Roll No. R-71, NSDAP-Parteikanzlei, 14591f..

23 Orlow, History, S. 84ff.; ders., Die Adolf Hitler-Schulen, in: VfZ 13 (1965); Reinhard Bolimus, Das Amt Rosenberg und seine Gegner. Studien zum Machtkampf im nationalsozialistischen Herrschaftssystem, Stuttgart 1970.

24 Rede von Rudolf Hess vor dem Führerkorps der NSDAP anläßlich des Reichsparteitags in Nürnberg am 16. September 1935 (Bundesarchiv Koblenz NS 25/ vorl. 1183), im Auszug in: Hans Mommsen/Lutz Niethammer/Hans Kaiser/Wolfgang Elben, Faschistische Diktatur in Deutschland, in: Politische Bildung 5 (1972), H. 1, S. M. 20ff.

25 Vgl. Peterson, Limits, Kap. 4–8.

26 Vgl. Orlow, History, S. 77f., 139ff., 339ff. sowie Diehl-Thiele, Partei, S. 216ff.; vgl. auch die aufschlußreiche Untersuchung von Peter Hüttenberger, Die Gauleiter. Studien zum Wandel des Machtgefüges in der NSDAP, Stuttgart 1969.

27 Vgl. im einzelnen Diehl-Thiele, Partei, S. 197ff.
28 Siehe Bracher, Stufen der Machtergreifung, S. 42.
29 Tim Mason, The Legacy of 1918 for National Socialism, in: Anthony Nicholls/Erich Matthias (Hg.), German Democracy and the Triumph of Hitler, London 1971, S. 220ff., 238ff.; Allan S. Milward, The German Economy at War, London/New York 1965, S. 11f.
30 Siehe Peterson, Limits, S. 4ff., 15f.
31 Jane Caplan, Government without administration. State and Civil Service in Weimar and Nazi-Germany, Oxford 1988.
32 Vgl. hierzu die Arbeit von Wolfgang Horn, Führerideologie und Parteiorganisation in der NSDAP 1919–1933, Düsseldorf 1973, sowie Joseph Nyomarkay, Charisma and Factionalism in the Nazi Party, Minneapolis 1967, insbes. S. 38ff.
33 S. Anm. 22.
34 Vgl. Broszat, Staat, S. 421.
35 Zum Problem der »Stimmung« im Dritten Reich vgl. neben Heinz Boberach, Meldungen aus dem Reich. Auswahl aus den geheimen Lageberichten des Sicherheitsdienstes der SS 1939–1944, Neuwied 1965, die Untersuchung von Marlis G. Steinert, Hitlers Krieg und die Deutschen. Stimmung und Haltung der deutschen Bevölkerung im Zweiten Weltkrieg, Düsseldorf 1970.
36 Zum folgenden vgl. den grundlegenden Aufsatz von Broszat, Soziale Motivation und Führerbindung des Nationalsozialismus, in: VfZ 18 (1970), insbes. S. 405.
37 Zur nationalsozialistischen Judenverfolgung vgl. neben der Darstellung der Endlösungspolitik durch Raoul Hilberg, The Destruction of the European Jews, Chicago 1961, die Untersuchungen von Uwe D. Adam, Judenpolitik im Dritten Reich, Düsseldorf 1972 und Karl A. Schleunes, The Twisted Road to Auschwitz, Nazi Policy toward German Jews 1933–1939, Urbana/Chicago/London 1970.
38 Joachim C. Fest, Hitler. Eine Biographie, Frankfurt/Berlin/Wien 1973, S. 1028; Karl D. Bracher, Die deutsche Diktatur, Köln, Berlin 1969, S. 376ff.; Broszat, Staat, S. 436ff.
39 Vgl. zur Euthanasie Klaus Doerner, Nationalsozialismus und Lebensvernichtung, in: VfZ 15 (1967), S. 121–152.
40 Vgl. vor allem John S. Conway, The Nazy Persecution of the Churches, New York 1968 und Günter Lewy, The Catholic Church and Nazy Germany, London/New York 1954, dt. München 1965.
41 Vgl. Jeremy Noakes, Nazy Party, S. 148ff., 209f.
42 Dirk Stegmann, Zum Verhältnis von Großindustrie und National-

sozialismus 1930–33, in: Archiv für Sozialgeschichte XIII (1973), S. 430f., berücksichtigt diesen Tatbestand nur wenig; vgl. etwa Noakes, Nazy Party, S. 239f.

43 Vgl. Dietmar Petzina, Autarkiepolitik im Dritten Reich. Der nationalsozialistische Vierjahresplan, Stuttgart 1968, S. 40ff., 45ff.

44 Vgl. Eberhard Jäckel, Hitlers Weltanschauung. Entwurf einer Herrschaft, Tübingen 1969, S. 35ff.; vgl. ders., Frankreich in Hitlers Europa, Stuttgart 1966, S. 18ff.

45 Vgl. David Schoenbaum, Die braune Revolution. Eine Sozialgeschichte des Dritten Reiches, Köln/Berlin 1968, S. 26, 348.

46 Hans-Adolf Jacobsen, Nationalsozialistische Anßenpolitik 1933–1938, Frankfurt a.M./Berlin 1968, S. 45–318; vgl. zur Auseinandersetzung mit der grundsätzlichen Position Jacobsens meine Rezension in: Militärgeschichtliche Mitteilungen I (1970), S. 180–185.

47 Vgl. Jacobsen, Außenpolitik, S. 330, 446; Klaus Hildebrand, Deutsche Außenpolitik 1933–1945. Kalkül oder Dogma, Stuttgart 1971, S. 12ff.; A. Hillgruber, Kontinuität und Diskontinuität in der deutschen Außenpolitik von Bismarck bis Hitler, Düsseldorf 1969.

48 A.J.P. Taylor, Die Ursprünge des Zweiten Weltkrieges, Gütersloh 1962, S. 354.

49 Vgl. Jäckel, Weltanschauung, S. 55ff., 82. Allerdings vermeidet Jäckel diese naheliegende Schlußfolgerung, da er Hitler ein klares Fernziel in bezug auf Frankreichs künftige Behandlung unterstellt.

50 Vgl. G. Moltmann: Weltherrschaftsideen Hitlers, in: Europa und Übersee, Festschrift für E. Zechlin, Hamburg 1961, S. 197–240.

Barbarei und Genozid

1 Siehe Doris Krystof, in: Arnim Zweite (Hg.), Soll und Haben. Dauerleihgaben und Neuerwerbungen 1900–1993, Kunstsamlung Nordrhein-Westfalen, Düsseldorf (o.D.), S. 28.

2 Zygmunt Baumann, Modernity and the Holocaust, Oxford 1991, S. 66ff.

3 Henry A. Feingold, How Unique is the Holocaust?, in: Alex Grobmann/David Landes (Hg.), Genocide. Critical Issues of the Holocaust, Los Angeles 1983, S. 398.

4 Siehe Peter Longerich, Politik der Vernichtung. Eine Gesamtdarstellung der nationalsozialistischen Judenverfolgung, München 1998, S. 466 mit einer Erörterung der jüngsten Literatur.

5 Vgl. Karl Heinz Roth, »Generalplan Ost« – »Gesamtplan Ost«. Forschungsstand, Quellenprobleme, Neue Ergebnisse, in: M. Rößler/S.

Schleiermachen (Hg.), Der »Generalplan Ost«. Hauptlinien der nationalsozialistischen Planungs- und Vernichtungspolitik, Berlin 1933, S. 25 ff.

6 Vgl. Götz Aly, Endlösung. Völkerverschiebung und der Mord an den europäischen Juden, Frankfurt 1995, S. 19 f., 104 f.

7 Siehe Hitlers Reichstagsrede vom 6. Oktober 1939, in: Max Domarus (Hg.), Hitler. Reden und Proklamationen 1932–1945, München 1965, Bd. 2/1, S. 1383 f.; Hans Mommsen, Umvolkungspläne des Nationalsozialismus und der Holocaust, in: Helge Grabitz u. a. (Hg.), Die Normalität des Verbrechens. Bilanz und Perspektiven der Forschung zu den nationalsozialistischen Gewaltverbrechen. Festschrift für Wolfgang Scheffler, Berlin 1994, S. 68–84; in diesem Band S. 295–308.

8 Vgl. Karl A. Schleunes, The Twisted Road to Auschwitz. Nazi Policy Toward German Jews, 1933–39, Urbana 1970, 2. Aufl. 1990, S. 257 ff.; Götz Aly, »Judenumsiedlung«. Überlegungen zur politischen Vorgeschichte des Holocaust, in: Ulrich Herbert (Hg.), Nationalsozialistische Vernichtungspolitik 1939–1945. Neue Forschungen und Kontroversen, Frankfurt a. M. 1998, S. 67–97; s. auch den Überblick bei Hans Mommsen, Die Realisierung des Utopischen. Die »Endlösung der Judenfrage« im »Dritten Reich«, in: Geschichte und Gesellschaft 9 (1983), S. 381–420.

9 Siehe die Abhandlung von Christopher R. Browning, Die nationalsozialistische Umsiedlungspolitik und die Suche nach einer »Lösung der Judenfrage«, in: ders., Der Weg zur »Endlösung«. Entscheidungen und Täter, Bonn 1998, S. 13–36.

10 Vgl. die neueren Arbeiten von Thomas Sandkühler, »Endlösung« in Galizien. Der Judenmord in Ostpolen und die Rettungsinitiativen von Berthold Beitz 1941–1944, Bonn 1996, S. 406 f.; Dieter Pohl, Nationalsozialistische Judenverfolgung in Ostgalizien 1941–1944. Organisation und Durchführung eines staatlichen Massenverbrechens, München 1996, S. 405 ff.

11 Hans Mommsen/Dieter Obst, Die Reaktion der deutschen Bevölkerung auf die Verfolgung der Juden 1933–1945, in: Hans Mommsen (Hg.), Herrschaftsalltag im Dritten Reich. Studien und Texte, Düsseldorf 1988, S. 417, Anm. 167.

12 Raul Hilberg, Täter, Opfer, Zuschauer. Die Vernichtung der Juden 1933–1945, Frankfurt a. M. 1992, S. 34 ff.; Christopher R. Browning, Bürokratie und Massenmord. Was deutsche Verwaltungsbeamte unter

»Endlösung« verstanden, in: ders., Der Weg zur »Endlösung«, S. 123f.

13 Raul Hilberg, Das Goldhagen-Phänomen, in: Johannes Heil/Rainer Erb (Hg.), Geschichtswissenschaft und Öffentlichkeit. Der Streit um Daniel J. Goldhagen, Frankfurt a.M. 1998, S. 29f.

14 Neben den bereits genannten Untersuchungen von Sandkühler und Pohl sind vor allem die folgenden Arbeiten zu nennen: Christian Gerlach, Deutsche Wirtschafts- und Vernichtungspolitik in Weißrußland 1941–1944, Hamburg 1999 und Christoph Dieckmann, Der Krieg und die Ermordung der litauischen Juden, in: Hannes Heer/Klaus Naumann (Hg.), Vernichtungskrieg. Verbrechen der Wehrmacht 1941–1944, Hamburg 1995, S. 292–329.

15 Vgl. Daniel J. Goldhagen, Hitlers willige Vollstrecker. Ganz gewöhnliche Deutsche und der Holocaust, Berlin 1996; Christopher R. Browning, Ordinary Men or Ordinary Germans, in: Robert R. Shandley (Hg.), Unwilling Germans? The Goldhagen Debate, Minneapolis 1998, S. 55–73.

16 Siehe Christian Streit, Keine Kameraden. Die Wehrmacht und die sowjetischen Kriegsgefangenen 1941–1945, Stuttgart 1978, S. 180ff.; vgl. Gerhard Schreiber, Deutsche Kriegsverbrechen in Italien. Täter, Opfer, Strafverfolgung, München 1996, S. 97ff.

17 Siehe Jürgen Förster, Die Sicherung des Lebensraumes, in: Horst Boog u.a. (Hg.), Der Angriff auf die Sowjetunion = Das Deutsche Reich und der Zweite Weltkrieg Bd. 4, Stuttgart 1983, S. 1073; vgl. Ruth Bettina Birn, Zweierlei Wirklichkeit? Fallbeispiele zur Partisanenbekämpfung im Osten, in: Bernd Wegner (Hg.), Zwei Wege nach Moskau. Vom Hitler-Stalin-Pakt zum »Unternehmen Barbarossa«, München 1991, S. 283f.

18 Siehe Hans-Adolf Jacobsen, Kommissarbefehl und Massenexekutionen sowjetischer Kriegsgefangener, in: M. Broszat/H.-A.Jacobsen/H. Krausnick, Anatomie des SS-Staates, Bd. 2, 2. Aufl. München 1967, S. 182f.; vgl. Helmut Krausnick/Hans-Heinrich Wilhelm, Die Truppe des Weltanschauungskrieges, die Einsatzgruppen der Sicherheitspolizei und des SD 1938–1942, Teil I, Stuttgart 1981, S. 120f.

19 Vgl. Dieter Rebentisch/Karl Teppe, Einleitung zu dies. (Hg.), Verwaltung contra Menschenführung im Staate Hitlers, Göttingen 1986, 23ff.

20 Hans Mommsen, Der Nationalsozialismus und die Auflösung des normativen Staatsgefüges, in: Wolfgang Luthardt/Alfons Söllner

(Hg.), Verfassungsstaat, Souveränität, Pluralismus. Otto Kirchheimer zum Gedächtnis, Opladen 1989, S. 67–75.

21 Zygmunt Baumann, Modernity, S. 66ff.

22 Vgl. Bernd Weisbrod, Kriegerische Gewalt und männlicher Fundamentalismus, in: Geschichte in Wissenschaft und Unterricht 49 (1998), S. 544–560.

23 Vgl. den Beitrag von Rolf-Dieter Müller, Hitlers Ostkrieg und die deutsche Siedlungspolitik. Die Zusammenarbeit von Wehrmacht, Wirtschaft und SS, Frankfurt 1991, 25f.

24 Christopher R. Browning, Ganz normale Männer. Das Reserve-Polizeibataillon 101 und die »Endlösung« in Polen, Reinbek 1993.

25 Stéphane Courtois (Hg.), Schwarzbuch des Kommunismus, München 1998, S. 21f., 28ff.; vgl. Hans Mommsen, »Das Schwarzbuch des Kommunismus«. Ein Bestseller im Dienste des Ressentiments, in: Zschr. f. sozialistische Politik u. Wirtschaft 4 (1998), H. 102, S. 16f.

26 Vgl. Hans Safrian, Die Eichmann-Männer, Wien 1993, 13ff.

27 Vgl. Omer Bartov, Hitlers Wehrmacht. Soldaten, Fanatismus und die Brutalisierung des Krieges, Hamburg 1995, S. 64f., 70; vgl. ders., Von unten betrachtet. Überleben, Zusammenhalt und Brutalität an der Ostfront, in: Bernd Wegner (Hg.), Zwei Wege nach Moskau, S. 334.

28 Vgl. Hans Mommsen, Die Rückkehr zu den Ursprüngen: Betrachtungen zur inneren Auflösung des Dritten Reiches nach der Niederlage von Stalingrad, in: Michael Grüttner/Heinz-Gerhard Haupt (Hg.), Geschichte und Emanzipation. Festschrift für Reinhard Rürup, Frankfurt a.M./New York 1999, S. 418–434; in diesem Band S. 309–324.

29 Vgl. Hans Mommsen, Die NSDAP als faschistische Partei, in: R. Saage (Hg.), Das Scheitern diktatorischer Legitimitätsmuster und die Zukunftsfähigkeit der Demokratie. Festschrift für Walter Euchner, Berlin 1995, S. 253–267.

30 Martin Broszat, Soziale Motivation und Führer-Bindung des Nationalsozialismus, in: ders., Nach Hitler. Der schwierige Umgang mit unserer Geschichte, München 1988, S. 22ff.

31 Christof Dipper, Warum werden deutsche Historiker nicht gelesen?, in: Johannes Heil/Rainer Erb, Geschichtswissenschaft, S. 93–102.

32 Ebd., S. 100ff.

33 Ebd., S. 123f.

Der Ostraum in Ideologie und Politik des Nationalsozialismus

1 Adolf Hitler, Mein Kampf, 67. Aufl. München 1933, S. 742; vgl. S. 733.
2 Ebd., S. 743.
3 Alldeutsche Blätter. Mitteilungen des Alldeutschen Verbandes, Berlin, vom 7. 1. 1894; vgl. Edgar Hartwig, Zur Politik und Entwicklung des Alldeutschen Verbandes. Von seiner Gründung bis zum Beginn des ersten Weltkrieges 1891–1914, Diss. Phil. Jena 1966, S. 52.
4 Vgl. Paul Weindling, Health, Race, and German Politics between National Unification and Nazism, 1870–1945, 2. Aufl. Cambridge 1993; Hans-Walter Schmuhl, Rassenhygiene, Nationalsozialismus, Euthanasie. Von der Verhütung zur Vernichtung »lebensunwerten Lebens« 1890–1945, Göttingen 1987.
5 Siehe Gottfried Benn, Der neue Staat und die Intellektuellen, Stuttgart 1933, S. 27; Benn an Paul Hindemith, in: ders., Briefe, Wiesbaden 1978, S. 69.
6 Rede anläßlich der Einweihung der Ordensburg Sonthofen über »Aufbau und Organisation der Volksführung« vom 23. November 1937, in: Henry Picker, Hitlers Tischgespräche im Führerhauptquartier, Stuttgart 1977, S. 482.; vgl. Max Domarus, Hitler. Reden und Proklamationen 1932–1945, Bd. I, 2. 1933–1935, München 1965, S. 761.
7 Claß sprach von der Notwendigkeit einer »völkischen Feldbereinigung«; s. ders., Zum deutschen Kriegsziel, München 1917, S. 47ff.
8 Vgl. etwa Paul Rohrbach, Der Krieg und die deutsche Politik, 2. Aufl. Weimar 1915, S. 168, der von den deutschen Minderheiten in Rußland schrieb: »Bringen wir diese zwei Millionen Deutsche in das baltisch-litauische Gebiet und siedeln sie dort an, rufen wir auch aus der übrigen Welt die verlorenen Kinder der deutschen Erde zurück« und von der Zurückgewinnung osteuropäischen Landes »bis zu der gewaltigen strategischen Grenze des Peipus-Sees«, der »besten deutsch-russischen Zukunftsgrenze« träumte.
9 Siehe Imanuel Geiss, Der Polnische Grenzstreifen 1914–1918. Ein Beitrag zur deutschen Kriegszielpolitik, Lübeck 1960; Werner Basler, Deutschlands Annexionspolitik in Polen und im Baltikum 1914–1918, Berlin 1962.
10 Hans-Adolf Jacobsen, Nationalsozialistische Außenpolitik 1933–1938, Fankfurt 1968, S. 165f.; vgl. Hans Hecker/Silke Spieler (Hg.), Nationales Selbstverständnis und politische Ordnung. Abgrenzungen und

Zusammenleben in Ost-Mitteleuropa bis zum Zweiten Weltkrieg, Bonn 1991.

11 Vgl. Wilhelm Friedrich Boyens, Die Geschichte der ländlichen Siedlung, Bd. I, Berlin 1959, S. 51.

12 Hermann Schultz, Arbeitsnot und Siedlung, in: Innere Mission, H. 3 (1931), S. 81, zitiert nach: Tilman Bendikowski, Kirchliche Siedlungspolitik in der Weimarer Republik, Diss. Phil. Bochum 1999.

13 S. Peter Dudek, Erziehung durch Arbeit. Arbeitslagerbewegung und Freiwilliger Arbeitsdienst 1920–1935, Opladen 1988.

14 Dazu im einzelnen Jacobsen, Nationalsozialistische Außenpolitik, S. 225 ff., 234 ff.

15 Siehe Leopold Steurer, Südtirol zwischen Rom und Berlin 1919–1939, München 1980.

16 Siehe Robert Lewis Koehl, RKFDV: German Resettlement and Population Policy 1939–1945. A History of the Reich Commission for the Strengthening of Germandom, Cambridge, 1957, S. 42 f.

17 S. Josef Ackermann, Heinrich Himmler als Ideologe, Göttingen 1970, S. 159.

18 Smith/Peterson, Himmler Geheimreden, S. 246.

19 Siehe Horst Gies, R. Walter Darré und die nationalsozialistische Bauernpolitik 1930–1933, Diss. Phil. Frankfurt a.M. 1966; Gustavo Corni, Richard Walter Darré – der »Blut-und Boden«-Ideologe, in: Ronald M. Smelser/Rainer Zitelmann (Hg.), Die braune Elite. 22 biographische Skizzen, 2. Aufl. Darmstadt 1990, S. 15–27.

20 Vgl. Hans-Erich Volkmann, Zur Ansiedlung der Deutschbalten im »Warthegau«, in: ZfO 30 (1981), S. 527–58; Czeslaw Madajczyk, Die Okkupationspolitik Nazideutschlands in Polen 1939–1945, Berlin 1987.

21 Reichstagsrede Hitlers vom 6. 10. 1939, in: Domarus, Hitler. Reden und Proklamationen, Bd. II, 1, S. 1383.

22 Siehe Götz Aly, Endlösung. Völkerverschiebung und der Mord an den europäischen Juden, Frankfurt 1995, S. 107 f.

23 Ebd., S. 45 f.

24 Vgl. Alexander Dallin, Deutsche Herrschaft in Russland 1941–1945, Düsseldorf 1958, S. 297 ff.

25 Siehe Karl Heinz Roth, »Generalplan Ost« – »Gesamtplan Ost«. Forschungsstand, Quellenprobleme, neue Ergebnisse, in: Mechtild Rössler/Sabine Schleiermacher (Hg.), Der »Generalplan Ost«. Hauptlinien der nationalsozialistischen Planungs- und Vernichtungspolitik, Berlin 1993, S. 25 ff., insbes. 41 f.

26 Vgl. Czeslaw Madajczyk, Vom »Generalplan Ost« zum »Generalsiedlungsplan«, in: ebd., S. 13.
27 Adolf Hitler, Monologe im Führerhauptquartier. Die Aufzeichnungen Heinrich Heims, hg. von Werner Jochmann, Hamburg 1980, S. 54f.
28 Ebd., S. 55; vgl. Hitlers Äußerungen gegenüber Marschall Antonescu vom 2.9. 1943, in: Andreas Hillgruber (Hg.), Staatsmänner und Diplomaten bei Hitler. Vertrauliche Aufzeichnungen über Unterredungen mit Vertretern des Auslandes, T. II: 1942–1944, Frankfurt 1970, S. 309.
29 Siehe Rolf-Dieter Müller, Hitlers Ostkrieg und die deutsche Siedlungspolitik. Die Zusammenarbeit von Wehrmacht, Wirtschaft und SS, Frankfurt 1991, S. 25; vgl. ebd., S. 14ff.
30 Smith/Peterson, Himmler Geheimreden, S. 236f.
31 Martin Broszat, Soziale Motivation und Führer-Bindung des Nationalsozialismus, in: ders., Nach Hitler. Der schwierige Umgang mit unserer Geschichte, München 1988, S. 27f.
32 Siehe Dieter Pohl, Nationalsozialistische Judenverfolgung in Ostgalizien 1941–1944. Organisation und Durchführung eines staatlichen Massenverbrechens, München 1996, S. 298.
33 Aly, Endlösung, S. 85, 97.
34 Vgl. Götz Aly, »Judenumsiedlung«. Überlegungen zur politischen Vorgeschichte des Holocaust, in: Ulrich Herbert (Hg.), Nationalsozialistische Vernichtungspolitik 1939–1945. Neue Forschungen und Kontroversen, Frankfurt 1998, S. 96f.
35 Vgl. Michael Burleigh, Germany Turns Eastwards. A Study of Ostforschung in the Third Reich, Cambridge 1988; neuerdings Ingo Haar, Geschichte der deuschen Ostforschung 1919–1945, Hamburg 1999.
36 Karl-Heinz Roth, »Generalplan Ost«, S. 70.

Umvolkungspläne des Nationalsozialismus und der Holocaust

1 Adolf Hitler, Mein Kampf, 67. Aufl. München 1933 S. 742.
2 Vgl. Imanuel Geiss, Der polnische Grenzstreifen 1914–1918 Ein Beitrag zur deutschen Kriegszielpolitik im ersten Weltkrieg, Hamburg 1960; J. von Hehn/H. von Rimscha/H. Weiss (Hg.), Von den baltischen Provinzen zu den baltischen Staaten. Beiträge zur Entstehungsgeschichte der Republiken Estland und Lettland 1917–1918, Marburg 1971; Martin Broszat, Nationalsozialistische Polenpolitik 1939–1945, Stuttgart 1961, S. 405ff.
3 Vgl. Hans Rothfels, Ostraum, Preußentum und Reichsgedanke, Leipzig 1935.

4 Vgl. Christian Höltje, Die Weimarer Republik und das Ostlocarno-Problem 1919–1934, S. 100ff.; Carole Fink, Stresemanns Minderheitenpolitik 1924–1929, in: W. Michalka/M.L. Leer (Hg.), Gustav Stresemann (= Wege der Forschung Bd. 539), Darmstadt 1982, S. 375–399.

5 S. Hans Mommsen, Die verspielte Freiheit. Der Weg der Weimarer Republik in den Untergang 1918–1933, Frankfurt 1990, S. 303 sowie Schultheß' Europäischer Geschichtskalender, 1930, S. 189.

6 Vgl. Michael Burleigh, Germany Turns Eastwards. A Study of Ostforschung in the Third Reich, Oxford 1988, S. 165ff.; Angelika Ebbinghaus/Karl-Heinz Roth, Vorläufer des »Generalplans Ost«. Theodor Schieders Polendenkschrift vom 7. Oktober 1939, in: 1999. Zschr. f. Sozialgesch. des 20. u. 21. Jhs. I (1992), S. 62–93.

7 Valdis P. Lunnains, Himmler's Auxiliaries. The Volksdeutsche Mittelstelle and the German National Minorities 1933–1945, Chapel 1993, S. 139ff.

8 Vgl. Götz Aly/Susanne Heim, Vordenker der Vernichtung. Auschwitz und die deutschen Pläne für eine neue europäische Ordnung, Hamburg 1991, S. 204, 218f.

9 Martin Broszat, Nationalsozialistische Polenpolitik, S. 20ff.

10 Aly/Heim, Vordenker der Vernichtung, S. 108ff.

11 Vgl. Moshe Lewin, Russian Peasants and Soviet Power, London 1968, S. 507f. sowie Robert Conquest, Ernte des Todes. Stalins Holocaust in der Ukraine, dt. Ausgabe München 1988, S. 158.

12 Vgl. Karl Stuhlpfarrer, Umsiedlung Südtirol 1939–1940, Bd. 1, Wien 1985, S. 60ff., Bd. 2, S. 541ff. sowie Leopold Steurer, Südtirol zwischen Rom und Berlin 1919–1939, Wien 1986, S. 397. Bis Ende 1942 handelte es sich um 79.000 Personen.

13 Für Heydrichs Absiedlungspläne vgl. dessen Reden vom 2.10. 1941 sowie vom 4. Februar 1942 in: Miroslav Karny/Jaroslavá Milotová (Hg.), Proterktorátní politika Reinharda Heydricha, Prag 1991, S. 108, 212ff. Heydrich spricht darin von der Deportierung »der 11 Millionen Juden aus Europa« in den Eismeerraum (S. 220).

14 So kitisierte der Rassendezernent des Ostministeriums Erhard Wetzel den Ansatz Meyers und betonte, daß er von 60 bis 65 Millionen Auszusiedelnden auszugehen habe; Aly/Heim, Vordenker der Vernichtung, S. 412f.; vgl. auch Helmut Heiber, Der Generalplan Ost, in: VfZ 6 (1958), S. 286ff., 305.

15 Zitiert nach Rolf-Dieter Müller, Hitlers Ostkrieg und die deutsche Siedlungspolitik. Die Zusammenarbeit von Wehrmacht, Wirtschaft und SS, Frankfurt a.M. 1991, S. 89.

16 Dazu vgl. im einzelnen Aly/Heim, Vordenker der Vernichtung, S. 1 ff. sowie Burleigh, Germany turns Eastwards, S. 155 ff.
17 Georg Lukács, Die Zerstörung der Vernunft, Neuwied 1962.
18 Müller, Hitlers Ostkrieg, S. 8 f.
19 Ebd., S. 11 ff. und 25 ff.
20 Siehe ebd., S. 147, Dok. Nr. 11.
21 Rede Heinrich Himmlers in Grafenwöhr am 25.7. 1944, in: Bradley F. Smith/Agnes F. Peterson (Hg.), Heinrich Himmler. Geheimreden 1933 bis 1945, Frankfurt 1974, S. 245.
22 Max Domarus, Hitler. Reden und Proklamationen, Bd. II, 1. Halbbd. 1939–1940, München 1965, S. 1383.
23 Im Vorfeld der Rede lagen Verhandlungen zwischen Himmler und der Reichskanzlei, vgl. Robert F. Koehl, RKFDV: German Resettlement and Population Policy 1939–1945, Cambridge, Mass. 1957 S. 247 f.
24 Vgl. Lumans, Himmler's Auxiliaries, S. 160 f., 164; Koehl, RKFDV, S. 90 f.
25 Vgl. D.A. Loeber (Hg.), Diktierte Option. Die Umsiedlung der Deutschbalten aus Estland und Lettland, Neumünster 1973; K.D. Hoover, The Baltic Resettlement of 1939 and National Socialist Racial Policy, in: Journal of Baltic Studies 8 (1977), S. 79–89; Hans-Erich Volkmann, Zur Ansiedlung der Deutschbalten im »Warthegau«, in: Zschr. f. Ostforsch. 30 (1981) S. 527–558.
26 Vgl. Ingeborg Fleischhauer, Das Dritte Reich und die Deutschen in der Sowjetunion, Stuttgart 1983, S. 60 f. sowie dies., »Unternehmen Barbarossa« und die Zwangsumsiedlung der Deutschen in die UdSSR, in: VfZ 30 (1982) S. 299–321.
27 Vgl. Koehl, RKFDV, S. 49 ff; Hans Buchheim, Rechtstellung und Organisation des Reichskommissars für die Festigung deutschen Vokstums, in: Gutachten des IfZ, München 1958, S. 239 ff.
28 Buchheim, Rechtsstellung, S. 242.
29 Im einzelnen s. die Darstellung von Rolf-Dieter Müller, Hitlers Ostkrieg, S. 51–70.
30 Über die Auseinandersetzungen mit dem Ostministerium Alfred Rosenbergs s. Müller, ebd., S. 98 ff.
31 Vgl. Karl Heinz Roth, Erster »Generalplan Ost« (April/Mai 1940) von Konrad Meyer, in: Mitt., hrsg. von der Dokumentationsstelle zur NS-Sozialpolitik, Hamburg 1 (1985) 4, S. 45–52; ders., »Generalplan Ost« – »Gesamtplan Ost«. Forschungsstand, Quellenprobleme, neue Ergebnisse, in: M. Rössler/S. Schleiermacher (Hg.), Der »Generalplan

Ost«, Hauptlinien der nationalsozialistischen Planungs- und Vernichtungspolitik, Berlin 1993, S. 25 ff.; Miroslav Kárny, Generální Plán Vvchod, in: Ćeskoslovensky casopis historícky 25 (1977), S. 345–382.

32 Hitler äußerte Anfang 1942, es gehe darum, »etwa 100 Millionen germanischer Menschen in diesem Raum ein Siedlungsgebiet zu erschließen«; Henry Picker, Hitlers Tischgespräche, Bonn 1950, S. 73 f.

33 Zur Bilanz vgl. Roth, Generalplan, S. 72; Aly/Heim, Vordenker, S. 413 f.

34 Vgl. Fleischhauer, Das Dritte Reich, S. 81 ff.; Nürnbg. Dok. – PS 1018.

35 Vgl. Dallin, Deutsche Herrschaft, S. 297 ff.; Aly/Heim, Vordenker der Vernichtung, S. 432 ff.; Müller, Hitlers Ostkrieg, S. 106 f.

36 Ebd., S. 111 f.; Lumans, Himmler's Auxiliaries, S. 247 f., 251 ff.

37 Götz Aly, Erwiderung auf Dan Diner, in: VfZ 41 (1993), S. 622 f., Ich verdanke dem Autor entscheidende Anregungen für den vorstehenden Aufsatz.

38 Vgl. Broszat, Nationalsozialistische Polenpolitik, Neuaufl. Frankfurt 1965, S. 112 ff.; Aly/Heim, Vordenker der Vernichtung, S. 143 ff.

39 Vgl. ebd., S. 310.

40 Faschismus – Getto – Massenmord, hg. vom Jüdischen Historischen Institut Warschau, Berlin 1958, S. 60 f.

41 Vgl. Niederschrift über die Chefbesprechung am 30. 10. 1941 im Reichsministerium für die besetzten Ostgebiete, abgedruckt bei Müller, Hitlers Ostkrieg, S. 161 ff.

42 Adalbert Rückerl, Nationalsozialistische Vernichtungslager im Spiegel deutscher Strafprozesse, München 1978, S. 267.

43 Götz Aly, Erwiderung auf Dan Diner, S. 622 f.

44 Ebd., S. 491.

45 Vgl. die überzeugende Erwiderung Alys auf die Kritik Dan Diners in VfZ 41 (1993), S. 634 f.

46 Rede Himmlers auf dem Truppenübungsplatz Bistsch am 26. 7. 1944, Geheimreden, S. 236 f.

Die Rückkehr zu den Ursprüngen – Betrachtungen zur inneren Auflösung des Dritten Reiches nach der Niederlage von Stalingrad

1 Siehe Dieter Rebentisch, Führerstaat und Verwaltung im Zweiten Weltkrieg, Frankfurt 1987, S. 121 ff. und 132 ff.

2 Ebd., S. 54; ders., Hitlers Reichskanzlei zwischen Politik und Verwaltung, in: D. Rebentisch/K. Teppe (Hg.), Verwaltung contra Menschenführung im Staat Hitlers, Göttingen 1986, S. 955 ff.; Martin Broszat, Der Staat Hitlers: Grundlegung und Entwicklung seiner inneren Verfassung, 10. Aufl. München 1983, S. 384 f.

3 Vgl. Marlis G. Steinert, Hitlers Krieg und die Deutschen. Stimmung und Haltung der deutschen Bevölkerung im Zweiten Weltkrieg, Düsseldorf 1970, S. 400ff.

4 Helmut Heiber (Hg.), Goebbels Reden 1932–1945, Düsseldorf 1991, Nr. 17, S. 172ff.; vgl. Günter Moltmann, Goebbels' Rede zum Totalen Krieg am 18. Februar 1943, in: VfZ 12 (1964), S. 13ff.

5 Goebbels hatte mit Enttäuschung darauf reagiert, daß er nicht zum Komitee hinzugezogen wurde, sondern nur beratende Funktionen eingeräumt erhielt; vgl. Peter Longerich, Hitlers Stellvertreter. Führung der Partei und Kontrolle des Staatsapparats durch den Stab Heß und die Partei-Kanzlei, München 1992, S. 295.

6 Siehe Die Tagebücher von Joseph Goebbels, T. II., Bd. 7, Aufzeichnung vom 17. März 1943, S. 576f.; vgl. Rebentisch, Führerstaat, S. 478.

7 Goebbels Reden, Bd. 2, hg. von H. Heiber, Düsseldorf 1972, S. 166.

8 Siehe Aktionsplan der Reichspropagandaleitung der NSDAP vom 31.7. 1943 (Entwurf) sowie Besprechung von Oberbefehlsleiter Friedrichs (Parteikanzlei) vom 28. Juli 1943, BA Berlin, NS 18/288 und 289.

9 Anordnungen der Parteikanzlei A 5/43 vom 17. Februar 1943, in: VAB IV, 1943, S. 24ff.; s. auch »Gedankengänge zu den Generalmitgliederappellen« (1943), in: BA Berlin NS 6/167.

10 Siehe Meldungen zur Versammlungswelle der NSDAP vom 8. November 1943, in: BA Berlin NS 6/408, Fol. 397, 404; vgl. das Aktionsprogramm der Reichspropagandaleitung vom 3. Juli 1943, in: Akten der Parteikanzlei, T. II, Nr. 06561ff.

11 Dazu demnächst die Bochumer Dissertation von Armin Nolzen über Martin Bormann und die politische Regenerierung der NSDAP.

12 Vgl. Herwart Vorländer, Die NSV. Darstellung und Dokumentation einer nationalsozialistischen Organisation, Boppard 1988, Dokument Nr. 293, S. 515; s. auch S. 173f. Zu den Anfängen der Aktivierung der NSDAP vgl. Martin Rüther, Köln, 31. Mai 1942: Der 1000-Bomber-Angriff, Köln 1992, S. 66f.

13 Siehe Rolf-Dieter Müller/Gerd R. Überschär, Kriegsende 1945. Die Zerstörung des Deutschen Reiches, Frankfurt 1994, S. 41.

14 Anordnung der Parteikanzlei 55/43 vom 29. September 1943, in: VAB Bd. 4, S. 9 sowie Aufklärungs- und Rednermaterial der Reichspropagandaleitung der NSDAP, Lieferung 9 (September 1943), S. 2 und 4.

15 Dietrich Orlow, The History of the Nazi Party, Bd. 2: 1933–1945, Pittsburgh 1973, S. 345ff.

16 Siehe Karl Teppe, Der Reichsverteidigungskommissar. Organisation

und Praxis in Westfalen, in: Rebentisch/Teppe, Verwaltung contra Menschenführung, S. 279f., 299ff.

17 Siehe RMdI an Himmler am 9. September 1944 betreffend Verteidigungsvorbereitungen für das Altreich, in: Ursachen und Folgen, Bd. 21, S. 255f. sowie Führererlaß vom 1. September 1944, in: Akten der Parteikanzlei, Nr. 10201359ff.

18 Orlow, The History of tbe Nazi Party, Bd. 2, S. 437.

19 Siehe Rede Robert Leys in Ostpreußen vom 7. Juli 1944, in: Völkischer Beobachter, 8. August 1944; Fernschreiben Bormanns an die Gauleiter vom 21. September 1944, zit. nach Edgar Christoffel, Krieg am Westwall 1944/45, Trier 1989, S. 31.

20 Richard J. Overy, War and Economy in the Third Reich, Oxford 1994, S. 356f.; vgl. Gregor Janssen, Das Ministerium Speer. Deutschlands Rüstung im Krieg, Berlin 1968, S. 175f.

21 Goebbels Tagebücher II, Bd. 15, S. 619f.

22 Denkschriften Speers vom 12. und 20. Juli 1944, abgedruckt in: Deutschlands Rüstung im Zweiten Weltkrieg. Hitlers Konferenzen mit Albert Speer 1942–1955, hg. von Willi A. Boelcke, Frankfurt a.M. 1969, sowie Albert Speer, Erinnerungen, Frankfurt a.M. 1969, S. 405.

23 »Führen wir einen totalen Krieg?«, in: Das Reich, 7. Juli 1943; s. Peter Longerich, Joseph Goebbels und der totale Krieg, in: VfZ 35 (1987), S. 298.

24 Abgedruckt ebd., S. 305–314.

25 Chefbesprechung vom 22. Juli 1944, BA Berlin R 43II/664 a.

26 Siehe die Aufzeichnung vom 27.2. 1943, in der er den Plan entwickelte, an der Stelle des Dreimänner-Komitees den reaktivierten Ministerrat für die Reichsverteidigung mit ihm als stellvertretendem Leiter zu setzen; Tagebücher II, Bd. 11, S. 431.

27 Vgl. Rebentisch/Teppe, Verwaltung contra Menschenführung, S. 23ff. sowie Erlaß Bormanns vom 23. August 1944 über »Die Aufgabe des Stellungsbaus«, in: BA Berlin NS 6/351.

28 BA Berlin R 18/1278, Bl. 35–37.

29 Peter Longerich, Hitlers Stellvertreter. Führung der Partei und Kontrolle des Staatsapparats durch den Stab Heß und die Partei-Kanzlei, München 1992, S. 313.

30 Chefbesprechung vom 22. Juli 1944, BA Berlin R 43II/664a, Bl. 86.

31 Zu den Widerständen in der Partei s. Bernhard R. Kröner, »Nun Volk, steh auf ...!« Stalingrad und der »totale« Krieg 1942–1943, in: Jürgen Förster (Hg.), Stalingrad. Ereignis-Wirkung-Symbol, 2. Aufl. München 1993, S. 163f.

32 Vgl. Martin Broszat, Führerbindung und soziale Motivation des Nationalsozialismus, in: ders., Nach Hitler. Der schwierige Umgang mit unserer Geschichte, München 1988, S. 32f.

33 Vgl. J.P. Stern, Der Führer und das Volk, 2. Aufl. München 1981, der den voluntaristischen Kern des nationalsozialistischen Selbstverständnisses mit am eindrucksvollsten herausgearbeitet hat.

34 Siehe Volker Berghahn, NSADP und »Geistige Führung« der Wehrmacht 1939–1945, in: VfZ 17 (1969), S. 17–71; Arne W.G. Zoepf, Wehrmacht zwischen Tradition und Ideologie. Der NS-Führungsoffizier im Zweiten Weltkrieg, Frankfurt 1988.

35 Vgl. Goebbels' Vision einer »Heiligen Volksarmee« des ganzen deutschen Volkes auf dem Gauleitertreffen vom 8. August 1944 (s. Wolfgang Bleyer, Pläne der faschistischen Führung zum totalen Krieg, in: ZfG 17 (1969), S. 132f.

36 Im einzelnen s. Franz W. Seidler, Deutscher Volkssturm. Das letzte Aufgebot 1944/45, München 1989, S. 383ff.

37 Ebd., S. 383.

38 Die Vereidigung der in München am 9. November 1944 vor der Feldherrnhalle aufmarschierten Volkssturmregimenter wurde in das Ritual der Blutfahne integriert. Jeweils drei der jüngsten und drei der ältesten Volkssturmmänner leisteten den Eid auf die Blutflagge; s. Seidler, Volkssturm, S. 129f. sowie den »Völkischen Beobachter« vom 12.11. 1944: »Volkssturm im Geist der Feldherrnhalle«.

39 Zeitschriftendienst/Deutscher Wochendienst, hg. vom Reichsministerium für Volksaufklärung und Propaganda, Berlin, ZD 285.

40 Bezeichnenderweise erinnerte Goebbels Hitler an dessen im Dezember aus Anlaß der Aufhebung der Straßerschen Parteiorganisation verfaßten Denkschrift vom 10. und 15. Dezember 1932 (s. Goebbels Tagebücher, T. II, Bd. 15, S. 232f.; vgl. Eintragung vom 7. Januar 1943, ebd., Bd. 7, S. 177f.; ferner Udo Kissenkoetter, Gregor Straßer und die NSDAP, Stuttgart 1978, S. 202f.). Darin hatte Hitler die »nationalsozialistische Idee« als das entscheidende Signum der Bewegung bezeichnet.

41 Siehe Goebbels Tagebücher, T. II, Bd. 15, S. 673. Goebbels gab sich der Illusion bin, daß etwa 10 Prozent der deutschen Bevölkerung von der Werwolf-Propaganda aktiviert werden könnten; s. ebd., S. 393f., 457 und 498; ferner Charles Whiting, Werewolf, The Story of the Nazi Resistance 1944–1945, London 1972, S. 145f. sowie Arno Rose, Werwolf 1944–1945, Stuttgart 1980, S. 70ff. und Klaus-Dieter Henke, Die amerikanische Besetzung Deutschlands, München 1995, S. 948ff.

42 Akten der Parteikanzlei, Teil I, Mikrofiches 13201272f.

43 Veit Harlan, Im Schatten meiner Filme. Selbstbiographie, Gütersloh 1966.

44 Siehe »Kolberg« Ein Film, Ein Beispiel, in: Völkischer Beobachter vom 31. Januar 1945. Vgl. Francois Coutarde/Pierre Cadars, Geschichte des Films im Dritten Reich, München 1975, S. 217ff.; Erwin Leiser, Deutschland erwache. Propaganda im Film des Dritten Reiches, 3. Aufl. Hamburg 1989, S. 111ff.

45 Goebbels Tagebücher, T. II, Bd. 15, S. 542.

46 Siehe Goebbels Tagebücher, T. II, Bd. 15, S. 637f., 646f. Goebbels übte Kritik am »Schwarzen Korps«, das eingeräumt hatte, daß militärische Chancen nicht mehr bestünden; es komme darauf an, daß die »Idee unter allen Umständen überlebe« (ebd., S. 681).

47 Max Domarus, Hitler. Reden und Proklamationen 1932–1945, Bd. II, 2. Halbbd., München 1965, S. 2197.

48 Telegramm an Karl Holz, in: Ursachen und Folgen. Vom deutschen Zusammenbruch 1918 bis zur staatlichen Neuordnung Deutschlands, hg. von H. Michaelis und E. Schraepler, Bd. XXIII, Berlin 1980, S. 74.

49 Hitlers Proklamation zum Parteigründungstag vom 24. Februar 1945, in: Domarus, Hitler, Reden und Proklamationen, S. 2204.

50 Manfred Messerschmitt/Fritz Wüllner, Die Wehrmachtsjustiz im Dienste des Nationalsozialismus. Zerstörung einer Legende. Baden-Baden 1987; vgl. auch Jürgen Thomas, Die Wehrmachtsjustiz im Zweiten Weltkrieg, in: Norbert Haase/Gerhard Paul (Hg.), Die anderen Soldaten, Frankfurt a.M. 1995, S. 43.

51 Siehe Henke, Amerikanische Besetzung, S. 845ff.; ferner Ralph Angermund, Deutsche Richterschaft 1919–1945, Frankfurt a.M. 1990, S. 215ff.

52 Siehe Bayern in der NS-Zeit, hg. von Martin Broszat/Elke Fröhlich u.a., Bd. IV, München 1981, S. 660ff.

53 Anlage zum Rundschreiben 255/44 der Parteikanzlei vom 21.9. 1944, AVB 1944, 801 80634f.: »Der Führer hat befohlen: (...) Jeder Bunker, jeder Häuserblock in einer deutschen Stadt und jedes deutsche Dorf muß zu einer Festung werden, an der sich der Feind entweder verblutet oder die ihre Besatzung im Kampf Mann gegen Mann unter sich begräbt«.

54 Vgl. Speer, Erinnerungen, S. 453ff. sowie die kritische Bewertung bei Henke, Die amerikanische Besetzung Deutschlands, S. 431ff.; die Interpretation von Matthias Schmidt, Albert Speer. Das Ende eines Mythos. Speers wahre Rolle im Dritten Reich, Bern 1982, S. 159ff. scheint mir überzogen zu sein.

55 Rudolf Jordan, Erlebt und erlitten. Der Weg eines Gauleiters von München nach Moskau, Freiburg 1971, S. 252ff.; Karl Wahl: » ... und es ist das deutsche Herz«. Erlebnisse und Erkenntnisse eines ehemaligen Gauleiters, Augsburg o.J., S. 385ff.

56 Siehe Frank Bajohr, Gauleiter in Hamburg. Zur Person und Tätigkeit Karl Kaufmanns, in: VfZ 43 (1995), S. 293f.

57 Records of the JCS, Part I, 1942–45, European Theatre, Reel 10; deutsche Übersetzung bei Müller/Überschär, Kriegsende, S. 184ff.

Der lange Schatten der untergehenden Republik

1 Vgl. Fritz René Allemann, Bonn ist nicht Weimar, Köln 1956.

2 S. Larry E. Jones, German Liberalism and the Dissolution of the Weimar Party System 1918–1933, Chapel Hill 1988.

3 Vgl. Larry E. Jones, »The Dying Middle«: Weimar Germany and the Fragmentation of Bourgeois Politics, in: Central European History 5 (1972), S. 27ff.

4 Hans Zehrer, Die Dritte Front. Die Revolution des Stimmzettels, in: Die Tat 24 (1932) 2, S. 100; vgl. ders., Das Ende der Parteien, ebd., 24 (1932) 1, S. 68f.

5 Vgl. Thomas Childers, The Nazi Voter. The Social Foundations of Fascism in Germany 1919–1933, Chapel Hill 1983; vgl. auch Hans Mommsen, Zur Verschränkung traditioneller und faschistischer Führungseliten in Deutschland, in: ders., Der Nationalsozialismus und die deutsche Gesellschaft, Reinbek 1991, S. 39–66.

6 Vgl. Hans Mommsen, Die Sozialdemokratie in der Defensive: Der Immobilismus der SPD und der Aufstieg des Faschismus, in: ders (Hg.), Sozialdemokratie zwischen Klassenbewegung und Volkspartei, Frankfurt a.M. 1974, S. 126ff.

7 Vgl. Karl Rohe, Das Reichsbanner Schwarz-Rot-Gold. Ein Beitrag zur Geschichte und Struktur der politischen Kampfverbände in der Zeit der Weimarer Republik, Düsseldorf 1966, S. 318ff., 379ff., 404f.

8 Vgl. Martin Martiny, Die Entstehung und politische Bedeutung der »Neuen Blätter für den Sozialismus» und ihres Freundeskreises, in: VfZ 25 (1977), S. 387ff.

9 Vgl. H. Zehrer, Die dritte Front, S. 7ff.

10 Vgl. Rudolf Morsey, Der Untergang des politischen Katholizismus. Die Zentrumspartei zwischen christlichem Selbstverständnis und »Nationaler Erhebung«, Zürich 1977, S. 178f.; Detlef Junker, Die deutsche Zentrumspartei und Hitler 1932/33, Stuttgart 1969, S. 122ff., 151f.

11 Vgl. Klaus Fritzsche, Politische Romantik und Gegenrevolution. Fluchtwege in der Krise der bürgerlichen Gesellschaft. Das Beispiel des Tatkreises, Frankfurt 1976; Ebbo Demand, Von Schleicher zu Springer. Hans Zehrer als politischer Publizist, Mainz 1971, S. 37f.
12 Hans Zehrer, Achtung junge Front! Draußen bleiben, in: Die Tat 21 (1929), S. 925ff.
13 Vgl. Hans Zehrer, Die eigentliche Aufgabe, in: Die Tat 23 (1932) 10, S. 789ff.
14 H. Zehrer, Das Ende der Parteien, S. 73ff.; vgl. auch Ernst Günther Gründel, Die Sendung der jungen Generation, München 1932, S. 420ff.
15 Vgl. Axel Schildt, Militärdiktatur mit Massenbasis. Die Querfrontkonzeption der Reichswehrführung um General von Schleicher am Ende der Weimarer Republik, Frankfurt a.M. 1981, S. 98ff.
16 Vgl. Gerhard Beier, Zur Entstehung des Führerkreises der Vereinigten Gewerkschaften Ende April 1933, in: Archiv für Sozialgeschichte 15 (1975), S. 286ff.
17 Vgl. Walter Struve, Elites Against Democracy. Leadership ideals in bourgeois political thought in Germany 1890–1933, Princeton 1973, S. 317ff.; Joachim Petzold, Wegbereiter des deutschen Faschismus. Die Jungkonservativen in der Weimarer Republik, Köln 1978.
18 Vgl. R. Morsey, Untergang des politischen Katholizismus, S. 192ff.
19 Zitiert nach ebd., S. 197.
20 Vgl. Hans Mommsen, Beamtentum im Dritten Reich, Stuttgart 1966, S. 36f.
21 Vgl. Alfred Kube, Pour le mérite und Hakenkreuz. Hermann Göring im Dritten Reich, München 1986, S. 66.
22 Vgl. Martin Broszat, Der Staat Hitlers, München 1969, S. 264f.
23 Vgl. Heinz Höhne, Mordsache Röhm. Hitlers Durchbruch zur Alleinherrschaft 1933–1934, Reinbek 1984.
24 Vgl. Jutta Freyberg, Sozialdemokraten und Kommunisten. Die Revolutionären Sozialdemokraten vor dem Problem der Aktionseinheit 1934–1937, Köln 1973, S. 79.
25 Siehe Hermann Brill, Gegen den Strom, in: Wege zum Sozialismus, H. 1, Offenbach 1946, S. 16f., 72ff.
26 Willy Brandt, Links und frei. Mein Weg 1930–1950, Hamburg 1982, S. 141.
27 Vgl. Dorothea Beck, Julius Leber. Sozialdemokrat zwischen Reform und Widerstand, Berlin 1983, S. 148.
28 Siehe Hans Mommsen, Wilhelm Leuschner und die Widerstandsbe-

wegung des 20. Juli 1944, in: Ursula Büttner (Hg.), Das Unrechtsregime. Ideologie – Herrschaftssystem – Wirkung in Europa. Festschrift für Werner Jochmann, Bd. 2, Hamburg 1986, S. 348f.

29 Vgl. Dieter Rebentisch, Hitlers Reichskanzlei zwischen Politik und Verwaltung, in: Dieter Rebentisch/Karl Teppe (Hg.), Verwaltung contra Menschenführung im Staat Hitlers, Göttingen 1986, S. 73ff.

30 Siehe Bodo Scheurig, Ewald von Kleist-Schmenzin. Ein Konservativer gegen Hitler, Oldenburg 1968, S. 128.

31 Vgl. Klaus-Jürgen Müller, Der nationalkonservative Widerstand 1933–1940, in: ders. (Hg.), Der deutsche Widerstand 1933–1945, Paderborn 1986, S. 43ff.

32 Vgl. Hans Mommsen, Die Krise der parlamentarischen Demokratie und die Durchsetzung autoritärer und faschistischer Systeme in der Zwischenkriegezeit, in: Karl-Ernst Jeismann/R. Riemenschneider (Hg.), Geschichte Europas für den Unterricht der Europäer (Studien zur internationalen Schulbuchforschung, Bd. 27), Braunschweig 1980, S. 144–165.

33 Zitiert nach Clarita von Trott zu Solz, Materialsammlung (Nachlaß Adam von Trott zu Solz).

34 Zur Gesamtinterpretation vgl. Hans Mommsen, Gesellschaftsbild und Verfassungspläne des deutschen Widerstands gegen Hitler, in: ders., Der Nationalsozialismus und die deutsche Gesellschaft, S. 233–337.

35 Vgl. Hans Mommsen, Kreisauer Vorstellungen als Antwort auf die Herausforderung des Nationalsozialismus. Festschrift f. Wolfgang Koellmann, Bochum 1989, S. 389–397.

36 Julius Leber, Schriften, Reden, Briefe, hg. v. Dorothea Beck und Wilfried F. Schoeller, München 1976, S. 197.

37 Brief Moltkes an Lionel Curtis vom 18. April 1942, in: Freya von Moltke/Michael Balfour/Julian Frisby, Helmuth James von Moltke 1907–1945. Anwalt der Zukunft, Stuttgart 1975, S. 185.

38 Vgl. H. Mommsen, Gesellschaftsbild.

39 Hermann L. Brill, Gegen den Strom, Offenbach 1946.

40 Vgl. Manfred Overesch, Hermann Brill und die Neuanfänge deutscher Politik in Thüringen 1945, in: VfZ 27 (1979), S. 524ff.

41 Ich verdanke die Kenntnis dieses Stücks aus dem Nachlaß Wilhelm Leuschners Herrn Dr. Gerd Beier, Kronberg i. Ts. (Staatsarchiv Darmstadt, Nachlaß Leuschner 4/8).

42 Vgl. die in mehrerer Beziehung übereinstimmende Denkschrift Bergstraessers vom 10. August 1945 (Pollock-Papers), Archiv des Instituts für Zeitgeschichte, ED 122, Bd. 73, sowie Ludwig Bergstraesser,

Befreiung, Besatzung, Neubeginn. Tagebuch des Darmstädter Regierungspräsidenten 1945–1948, hg. von Walter Mühlhausen, München 1987.

43 Wolfgang Benz, Staatsneubau nach der bedingungslosen Kapitulation. Theodor Eschenburgs »Überlegungen zur künftigen Verfassung und Verwaltung in Deutschland« vom Herbst 1945, in: VfZ 33 (1985), S. 166–213.

44 Ebd., S. 193.

45 Ebd., S. 195.

46 Theodor Heuss, Aufzeichnungen 1945–1947, hg. von Eberhard Pikart, Stuttgart 1966, S. 114.

47 Vgl. etwa Christoph Thoenes, Wir und die Parteien, in: Deutsche Rundschau 71 (1948) 3, S. 214: »Ich glaube, man darf die Behauptung wagen: die Parteien, wie sie 1945 aufgezogen wurden, sind ein schweres Hindernis, das man unserem Volk auf seinen ohnehin nicht leichten Weg zur Demokratie gelegt hat«; vgl. auch Rudolf Pechel, Kein Ausweg, ebd., 71 (1948) 3, S. 4ff. sowie Deutsche Rundschau 70 (1947) 3, S. 190ff.

48 Th. Heuss, Aufzeichnungen, S. 114.

49 Ferdinand Friedensburg, Die Weimarer Republik, Berlin 1946, S. 367.

50 Arnold Brecht, Vorspiel zum Schweigen: Das Ende der deutschen Republik, Wien 1948, S. 170ff.

51 Vgl. auch die Überlegungen Koch-Wesers in der Emigration; s. Ernst Portner, Koch-Wesers Verfassungsentwurf, in: VfZ 14 (1966), S. 280–298.

52 Vgl. F. Friedensburg, Weimarer Republik, S. 369.

53 Siehe Anm. 37.

54 Abgedruckt bei Wolfgang Benz (Hg.), Bewegt von der Hoffnung aller Deutschen. Zur Geschichte des Grundgesetzes. Entwürfe und Diskussionen 1941–1949, München 1979, S. 194.

55 Ebd., S. 204f.

56 Vgl. Klaus Breuning, Die Vision des Reiches. Deutscher Katholizismus zwischen Demokratie und Diktatur (1929–1934), München 1969, S. 80.

57 Frankfurter Hefte 1 (1946), abgedruckt bei W. Benz, Bewegt von der Hoffnung, S. 157, 160, 168ff.

58 Jürgen von Kempski, Betrachtungen zur deutschen Verfassungsfrage, abgedruckt bei W. Benz, Bewegt von der Hoffnung, S. 185f.

59 Die Wandlung 1 (1945/46), S. 462ff.

60 Walter Dirks, Die Zweite Republik. Zum Ziel und Weg der deutschen

Demokratie, in: Frankfurter Hefte 1 (1946); zitiert nach W. Benz, Bewegt von der Hoffnung, S. 132f.

61 Hermann L. Brill, Bericht von einer Besprechung über Verfassungsfragen vom 14. März 1947, abgedruckt in: ebd., S. 243; vgl. Rüdiger Griepenburg, Hermann Louis Brill: Herrenchiemseer Tagebuch 1948, in: VfZ 34 (1986), S. 592ff.

62 Typisch erscheint die Stellungnahme des Bonner Staatsrechtslehrers Ottmar Bühler zum Entwurf der nordrhein-westfälischen Landesverfassung »Die geistige Lage des neuen deutschen Länder-Parlamentarismus«, in: Die Wandlung 3 (1948) 4, S. 338ff.: »Bei der Beurteilung des Werts oder Unwerts des parlamentarischen Regierungssystems bei uns muß man von der elementaren Tatsache ausgehen, daß es sich mit seinen Folgen als der wirksamste Schrittmacher des Nationalsozialismus erwiesen hat ... « Bühler kritisierte die »typische Restauration« des parlamentarischen Regierungssystems, die »Landtags-Omnipotenz ohne irgendein Gegengewicht durch ein nicht parteipolitisch orientiertes anderes Gremium«; er verurteilte die nordrhein-westfälische Koalitionsbildung, die noch alles übersteige, was für die Regierungsbildung in Weimar zutraf und erklärlich mache, warum im Volk »keine Spur von Begeisterung für die parlamentarischen Einrichtungen entstehen konnte«.

63 Siehe O. Bühler; W. Benz, Bewegt von der Hoffnung, S. 175f., 183, 479.

64 Vgl. Wolfgang Benz, Von der Besatzungsherrschaft zur Bundesrepublik. Stationen einer Staatsbildung 1946–1949, Frankfurt a.M. 1984, S. 177.

65 Vgl. Wilhelm Röpke, Civitas humana, Erlenbach-Zürich 1944, S. 270f., wo er sich für die »Verlagerung des sozialen Schwerpunkts von oben nach unten« sowie für einen organischen Aufbau auf der Grundlage »der natürlichen und nachbarlichen Gemeinschaften« ausspricht; vgl. Karl-Heinz Niklauß, Demokratiegründung in Westdeutschland. Die Entstehung der Bundesrepublik von 1945–1949, München 1974, S. 67f.

66 Siehe Lutz Niethammer, Die amerikanische Besatzungsmacht zwischen Verwaltungstradition und politischen Parteien in Bayern 1945, in: VfZ 15 (1967), S. 153ff.

67 Vgl. Eberhard Pikart, Theodor Heuss und Konrad Adenauer. Ihre Einstellung zu Demokratie und Parlamentarismus, in: Adenauer Studien, hg. v. Rudolf Morsey und Konrad Repgen, Bd. 1, Mainz 1971, S. 67f.

68 Günter Willms, Die deutschen Landesverfassungen, in: Frankfurter Hefte 1 (1946) 5, S. 23 f.
69 Ebd., S. 29 f.
70 Ebd., S. 33 f.
71 Walter Dirks, Die neuen Verfassungen, in: Frankfurter Hefte 1 (1946) 3, S. 3 ff.
72 Alfred Andersch, Das Unbehagen in der Politik. Eine Generation unter sich, in: Frankfurter Hefte 2 (1947) 9, S. 924 f., vgl. S. 912; vgl. ebd., S. 865 f., 720 f., 740 f.; vgl. auch Karl Wilhelm Böttcher, Die junge Generation über die Parteien. Bericht über ein Gespräch, in: Frankfurter Hefte 3 (1948) 8, S. 757: »Die aus der Konkursmasse von Weimar wiederauferstandenen Parteien mit ihren ›alten Männern‹, die schon einmal Schiffbruch erlitten haben und die der Situation auch jetzt wieder nicht gewachsen zu sein scheinen, sind ein Anachronismus.«
73 Charakteristisch ist der Kommentar von Walter Dirks zur Kabinettsbildung Adenauers: »Mit 202 Stimmen«, in: Frankfurter Hefte 4 (1949) 10, S. 809 f.
74 Vgl. Landeszentrale für Politische Bildung Nordrhein-Westfalen (Hg.), »Als der Krieg zu Ende war« – Vierzig Jahre danach, Düsseldorf 1986, S. 45 und 47; vgl. ferner Frank Trommler, Mission ohne Ziel. Über den Kult der Jugend im modernen Deutschland, in: Thomas Koebner/Rolf-Peter Janz/Frank Trommler (Hg.), »Mit uns zieht die neue Zeit«. Der Mythos Jugend, Frankfurt a.M. 1985, S. 45 f.
75 Vgl. Karl Buchheim, Die Weimarer Republik. Grundlagen und politische Entwicklung, 2. Aufl. München 1961, S. 5.
76 Vgl. Tagung des Hauptausschusses des Zonenbeirats der britischen Besatzungszone vom 14. Dezember 1946, in: Akten zur Vorgeschichte der Bundesrepublik Deutschland 1945–1949, Bd. 1, September 45-Dezember 46, München 1976, Nr. 48, S. 1133 ff.
77 Vgl. Theodor Eschenburg, Jahre der Besetzung 1945–1949 (Geschichte der Bundesrepublik Deutschland, Bd. 1), Stuttgart 1983, S. 235 ff.
78 Vgl. G. Plum, Versuche gesellschaftspolitischer Neuordnung. Ihr Scheitern im Kräftefeld deutscher und alliierter Politik, in: Westdeutschlands Weg zur Bundesrepublik. Beiträge von Mitarbeitern des Instituts für Zeitgeschichte, München 1976, S. 108 f.
79 Vgl. Dolf Sternberger, Lebende Verfassung. Studien über Koalition und Opposition, Meisenheim 1956.
80 Vgl. Bändigung der politischen Parteien. Ein Briefwechsel, ein Ge-

setzentwurf und ein Kommentar, in: Die Wandlung 3 (1948) 7, S. 630ff., besonders auf S. 644f., wo Adolf Arndt aus der Tendenz, in »romantischer Verkennung des modernen Staats sich sozusagen Glasperlenspieler als Abgeordnete« zu wünschen, bei weiten Kreisen der deutschen Intelligenz eine »selfpity gegenüber den bösen Parteien« ableitet und auf die Dringlichkeit hinweist, sich »von der sich seit 1945 verkrustenden Restauration abzuwenden, die in ihrer Gedankenarmut und ihrer zur Weimarer Untiefe zurückgewandten Blickrichtung noch immer die gegenwärtige und die kommende Generation politisch heimatlos läßt«.

81 Wilhelm Röpke, Die deutsche Frage, Zürich 1945, S. 48f.

82 Vgl. Werner Sörgel, Konsensus und Interessen, Stuttgart 1969, S. 222ff.

83 Vgl. K.H. Niklauß, Demokratiegründung, S. 63. Seine Typisierung von sozialer Mehrheits- und konstitutioneller Demokratie erscheint im Licht der geschilderten Denktraditionen zu harmonisierend.

84 Vgl. Alfred Müller-Armack, Diagnose unserer Gegenwart. Zur Bestimmung unseres geistesgeschichtlichen Standorts, Gütersloh 1949, S. 258.

85 Walter Eucken, Das ordnungspolitische Problem, in: Ordo. Jahrbuch für die Ordnung von Wirtschaft und Gesellschaft, Bd. 1, Opladen 1946, S. 71ff.

86 Otto Heinrich von der Gablentz, Die versäumte Reform. Zur Kritik der westdeutschen Politik, Köln 1960, S. 14f., 26ff.

87 Ortega y Gasset, Der Aufstand der Massen, dt. Ausgabe Stuttgart 1947; vgl. K.H. Niklauß, Demokratiegründung, S. 64, 261.

88 Zitiert nach ebd., S. 74.

89 Adolf Süsterhenn, Ein- oder Zweikammersystem, in: Rheinischer Merkur vom 8. und 15. Oktober 1946.

90 Siehe K.H. Niklauß, Demokratiegründung, S. 71, 78f.

91 Zitiert nach ebd., S. 81.

92 Ernst von Hippel, Gewaltenteilung heute, in: Rheinischer Merkur vom 22. November 1947; vgl. K.H. Niklauß, Demokratiegründung, S. 71.

93 Siehe Volker Otto, Das Staatsverständnis des Parlamentarischen Rates, Bonn 1971, S. 31ff.; Wolfgang Benz, Föderalistische Politik in der CDU/CSU. Die Verfassungsdiskussion im »Ellwanger Kreis« 1947/48, in: VfZ 25 (1977), S. 776–820.

94 Werner Weber, Spannungen und Kräfte im westdeutschen Verfassungssystem, Stuttgart 1951, S. 20f.

95 Wilhelm Hennis, Die Rolle des Parlaments und die Parteiendemokratie, in: Richard Löwenthal/Hans-Peter Schwarz (Hg.), Die zweite Republik Deutschland. Eine Bilanz, Stuttgart 1974, S. 212.

96 Vgl. ebd., S. 214f.

97 Vgl. Gerhard Lehmbruch, Parteienwettbewerb im Bundesrat, Stuttgart 1976, S. 66ff.

98 Vgl. Gotthard Jasper, Justiz und Politik in der Weimarer Republik, in: VfZ 30 (1982), S. 202.

99 Siehe G. Lehmbruch, Parteienwettbewerb, S. 29f.

100 Vgl. Kurt Klotzbach, Der Weg zur Staatspartei. Programmatik, praktische Politik und Organisation der deutschen Sozialdemokratie 1945 bis 1965, Berlin/Bonn 1982, S. 192.

101 Vgl. K. Buchheim, Weimarer Republik, S. 8.

102 Karl Dietrich Bracher, Die Auflösung der Weimarer Republik. Eine Studie zum Problem des Machtverfalls in der Demokratie, Villingen 1955; Vgl. ders., Auflösung einer Demokratie. Das Ende der Weimarer Republik als Forschungsproblem, in: Faktoren der Machtbildung (Schriften des Instituts für Politische Wissenschaft, Bd. II), Berlin 1952, S. 43ff.

103 Vgl. K.D. Erdmann/H. Schulze, Weimar, S. 132ff.

Verzeichnis der Erstveröffentlichungen

Die Auflösung des Bürgertums seit dem späten 19. Jahrhundert
(in: Jürgen Kocka [Hg.], Bürger und Bürgerlichkeit im 19. Jahrhundert, Göttingen 1987, S. 288–315)

Aufbruch zur Nation: Irrwege des deutschen Nationalismus in der Zwischenkriegsepoche
(in: Deutsch-Norwegisches Studienprogramm für Geschichtswissenschaften. Bericht über das 6. deutsch-norwegische Historikertreffen in Leipzig, Mai 1993: Nationale und andere Soldidarstrukturen, Oslo 1994, S. 130–145)

Generationskonflikt und Jugendrevolte in der Weimarer Republik
(in: Thomas Koebner/Rolf-Peter Janz/Frank Trommler [Hg.], »Mit uns zieht die neue Zeit«. Der Mythos Jugend, Frankfurt a.M. 1985, S. 50–68)

Adolf Hitler aus der Sicht seiner engsten Gefolgsleute
(in: Jahrbuch des Wissenschaftskollegs zu Berlin (1983/84), Berlin 1985, S. 229–246)

Hitler und der 9. November 1923
(in: Willms, Johannes [Hg.], Der 9. November: Fünf Essays zur deutschen Geschichte, München 1994, S. 33–48)

Die Illusion einer Regierung ohne Parteien und der Aufstieg der NSDAP
(in: Eberhard Kolb/Walter Mühlhausen [Hg.], Demokratie in der

Krise. Parteien im Verfassungssystem der Weimarer Republik. Schriftenreihe der Stiftung Friedrich-Ebert-Gedenkstätte, Bd. 5, München 1997, S. 113–139)

Das Scheitern der Weimarer Republik und der Aufstieg des Nationalsozialismus
(in: Tel Aviver Jahrbuch für deutsche Geschichte, Bd. XVII, Tel Aviv 1988, S. 1-17)

Die nationalsozialistische Machtergreifung und die deutsche Gesellschaft
(in: Wolfgang Michalka [Hg.], Die nationalsozialistische Machtergreifung, Paderborn 1984, S. 28–46).

Van der Lubbes Weg in den Reichstag
(in: Uwe Backes u.a. [Hg.], Reichstagsbrand. Aufklärung einer historischen Legende, München-Zürich 1986, S. 33–57)

Die NSDAP: Typus und Profil einer faschistischen Partei
(in: Christoph Dipper/Rainer Hudemann/Jens Petersen [Hg.], Nationalsozialismus und Faschismen im Vergleich. Wolfgang Schieder zum 60. Geburtstag, Vierow bei Greifswald 1997, S. 23–35)

Hitlers Stellung im nationalsozialistischen Herrschaftssystem
(in: Gerhard Hirschfeld/Lothar Kettenacker [Hg.], Der »Führerstaat«: Mythos und Realität. Studien zur Struktur und Politik des Dritten Reiches, Stuttgart 1981, S. 43–72)

Ausnahmezustand als Herrschaftstechnik des NS-Regimes
(in: Manfred Funke [Hg.], Hitler, Deutschland und die Mächte. Materialien zur Außenpolitik des Dritten Reiches, Düsseldorf 1976, S. 30–45)

Barbarei und Genozid
(bislang unveröffentlicht. Vortrag gehalten auf einer Konferenz in Bochum, 1998)

Der Ostraum in Ideologie und Politik des Nationalsozialismus (bislang unveröffentlicht. Erscheint 2000 in einer Festschrift für Hans Lemberg)

Umvolkungspläne des Nationalsozialismus und der Holocaust (in: Helge Grabitz/Klaus Bästlein/Johannes Tuchel [Hg.], Die Normalität des Verbrechens. Bilanz und Perspektiven der Forschung zu den nationalsozialistischen Gewaltverbrechen. Festschrift für Wolfgang Scheffler zum 65. Geburtstag, Berlin 1994, S. 68–84)

Die Rückkehr zu den Ursprüngen – Betrachtungen zur inneren Auflösung des Dritten Reiches nach der Niederlage von Stalingrad.
(in: Michael Grüttner/Heinz-Gerhard Haupt [Hg.], Geschichte und Emanzipation. Festschrift für Reinhard Rürup, Frankfurt a. M. – New York 1999, S. 418–434)

Der lange Schatten der untergehenden Republik. Zur Kontinuität politischer Denkhaltungen von der späten Weimarer zur frühen Bundesrepublik
(in: Karl-Dietrich Bracher/Manfred Funke/Hans Adolf Jacobsen [Hg.], Die Weimarer Republik 1918–1933, Bonn – Düsseldorf 1987, S. 552–586)